The Early Modern Englishwoman:
A Facsimile Library of Essential Works

Series I

Printed Writings, 1500–1640: Part 2

Volume 4

Early Tudor Translators:
Margaret Beaufort, Margaret More Roper and Mary Basset

The Early Modern Englishwoman:
A Facsimile Library of Essential Works

Series I

Printed Writings, 1500–1640: Part 2

Volume 4

Early Tudor Translators:
Margaret Beaufort, Margaret More Roper and Mary Basset

Selected and Introduced by
Lee Cullen Khanna

General Editors
Betty S. Travitsky and Patrick Cullen

Ashgate

Aldershot • Burlington USA • Singapore • Sydney

Published by
Ashgate Publishing Limited
Gower House
Croft Road
Aldershot
Hants GU11 3HR
England

Ashgate Publishing Company
131 Main Street
Burlington, VT 05401-5600

Ashgate website: http://www.ashgate.com

British Library Cataloguing-in-Publication Data
Beaufort, Margaret
  The early modern Englishwoman : a facsimile library of
  essential works. – 2nd ed.
  Part 2: Printed writings, 1500-1640: Vol. 4: Early Tudor
  translators
  1. English literature – Early modern, 1500-1700 2. English
  literature – Women authors 3. Women – England – History –
  Renaissance, 1450-1600 – Sources 4. Women – England –
  History – Modern period, 1600- – Sources 5. Women – Literary
  collections
  I. Title II. Roper, Margaret More III. Basset, Mary
  IV. Travitsky, Betty S. V. Cullen, Patrick
  VI. Khanna, Lee Cullen VII. A full devoute and gostely
  treatyse of the Imytacion and followynge the blessyd lyfe
  of our most merciful savyour Cryst VIII. The mirroure of
  golde for the synfull soule IX. A deuout treatise upon the
  Pater noster X. Of the sorrowe of Christ before hys taking
  820.8'09287

Library of Congress Cataloging-in-Publication Data
The early modern Englishwoman: a facsimile library of essential works. Part 2. Printed writings 1500-1640 / general editors, Betty S. Travitsky and Patrick Cullen.

See page vi for complete CIP Block 99-55936

The woodcut reproduced on the title page and on the case is from the title page of Margaret Roper's trans. of [Desiderius Erasmus] *A Devout Treatise upon the Pater Noster* (circa 1524).

ISBN 1 84014 217 0

Printed in Great Britain by Antony Rowe Ltd, Chippenham, Wiltshire.

CONTENTS

Library of Congress Cataloging-in-Publication Data
Early Tudor translators : Margaret Beaufort, Margaret More Roper, and Mary Basset /
selected and introduced by Lee Cullen Khanna.
     p. cm. -- (The early modern Englishwoman. Printed writings, 1500-1640, Part 2; v. 4)
   Contents: A full devoute and gostely treatyse of the imytacion and
followynge the blessed lyfe of our most merciful savyour Cryst / Thomas à Kempis;
Margaret Beaufort, translator -- The mirroure of golde for the synfull soule / Margaret
Beaufort, translator -- A deuout treatise upon the pater noster / Desiderius Erasmus;
Margaret More Roper, translator -- Of the sorrowe … of Christ before hys taking / Sir
Thomas More ; Mary Roper Clarke Basset, translator.
   ISBN 1-84014-217-0
     1. Meditations. 2. Lord's prayer. 3. Jesus Christ--Passion. I. Beaufort, Margaret,
Countess of Richmond and Derby, 1443-1509. II. Roper, Margaret, 1505-1544. III.
Basset, Mary, d. 1572. IV. Khanna, Lee Cullen. V. Thomas à Kempis, 1380-1471. VI.
Erasmus, Desiderius, d. 1536. Precatio dominica en septem portiones distributa per D.
Erasmvm Roterodamum. English. VII. More, Thomas, Sir, Saint, 1478-1535. Workes of
Sir Thomas More Knyght, sometyme Lorde Chauncellour of England, wryttn by him in
the Englysh tonge. Selections. VIII. More, Thomas, Sir, Saint, 1478-1535. Of the
sorowe … of Christ before hys taking. IX. Series.

BV4821.K53 2000
242--dc21

                                                             99-55936

PREFACE
BY THE GENERAL EDITORS

Until very recently, scholars of the early modern period have assumed that there were no Judith Shakespeares in early modern England. Much of the energy of the current generation of scholars has been devoted to constructing a history of early modern England that takes into account what women actually wrote, what women actually read, and what women actually did. In so doing the masculinist representation of early modern women, both in their own time and ours, is deconstructed. The study of early modern women has thus become one of the most important—indeed perhaps the most important—means for the rewriting of early modern history.

The Early Modern Englishwoman: A Facsimile Library of Essential Works is one of the developments of this energetic reappraisal of the period. As the names on our advisory board and our list of editors testify, it has been the beneficiary of scholarship in the field, and we hope it will also be an essential part of that scholarship's continuing momentum.

The Early Modern Englishwoman is designed to make available a comprehensive and focused collection of writings in English from 1500 to 1750, both by women and for and about them. The three series of *Printed Writings* (1500–1640, 1641–1700, and 1701–1750) provide a comprehensive if not entirely complete collection of the separately published writings by women. In reprinting these writings we intend to remedy one of the major obstacles to the advancement of feminist criticism of the early modern period, namely the limited availability of the very texts upon which the field is based. The volumes in the facsimile library reproduce carefully chosen copies of these texts, incorporating significant variants (usually in appendices). Each text is preceded by a short introduction providing an overview of the life and work of a writer along with a survey of important scholarship. These works, we strongly believe, deserve a large readership—of historians, literary critics, feminist critics, and non-specialist readers.

The Early Modern Englishwoman also includes separate facsimile series of *Essential Works for the Study of Early Modern Women* and of *Manuscript Writings*. These facsimile series are complemented by *The Early Modern Englishwoman 1500–1750: Contemporary Editions*. Also under our general editorship, this series will include both old-spelling and modernized editions of works by and about women and gender in early modern England.

New York City
2001

vii

INTRODUCTORY NOTE

This volume presents the texts of three Englishwomen remarkable both for writing and publishing their work during the first half of the sixteenth century. One was an aristocrat, foundress of the Tudor dynasty, the other two, upper middle-class, enjoyed the classical education advocated by Renaissance humanists. All three proved themselves nimble survivors of political and religious turmoil, Beaufort suffering for her Lancastrian connections during the Wars of the Roses, and Roper and Basset for their Catholic allegiance during the Reformation. Significantly these women turned to translation and to religious texts for their writing and publishing. The choice of devotional treatises authored by men might seem to mitigate the threat of the female pen, but, more important to these writers, enabled them to perform spiritual and material work. Margaret Beaufort presented religious books to ladies in her circle, many literate only in the vernacular, and encouraged reading aloud, thus including even the non-literate. Translation was the fruit of faith, contributing to the writer's own salvation and that of others, notably other women. Books were also rare and expensive; their production and exchange thus enhanced material as well as spiritual well being, signifying the interrelation of these realms as much as the disengagement argued for in the *contemptus mundi* theme often at their centre. Beaufort's gifts of books to her female family members and friends enlarged their wealth while arguing against its importance. Her life and work are a striking example of this paradox at the heart of the age, but all these texts urge readers towards spiritual development in worldly imagery. In delineating boundaries that connect as well as separate, these texts thus interestingly mirror the liminal act of translation itself, negotiating, as it does here, linguistic, cultural, and gender borders.

Margaret Beaufort (1443–1509)

Countess of Richmond and Derby, and mother of Henry VII, Beaufort not only survived four marriages, preserving her son's life and her own while increasing her property and position during the Wars of the Roses, but also established lectureships, still current, at Oxford and Cambridge, founded Colleges (Christ's and St John's at Cambridge), patronized writers, printers, and clergy, and translated devotional treatises from French versions. She survived all her husbands and her last three marriages successively enlarged her wealth. Her second marriage to Edmund Tudor when she was twelve resulted in the birth of Henry, a traumatic event because of her youth, followed by the near death of both mother and son and her inability to have more children. She and Henry were separated for much of his childhood, because her descent from John of Gaunt made him a Lancastrian claimant to the throne and a threat to the Yorkist court. Yet she used her third and fourth marriages to establish political alliances among factions, ultimately contributing to Henry's successful accession and the founding of the Tudor dynasty. Henry VII granted the Lady Margaret her own vast properties and, through an Act of Parliament, named her *femme sole* with judicial as well as economic power, establishing a precedent for married English noblewomen. In 1494, Beaufort gave Wynkyn de Worde his first commission to print Walter Hilton's *Scala Perfectionis*. She and Queen Elizabeth of York presented an inscribed copy of this text to Mary Ross, one of the Queen's ladies, thus sharing the insights for managing the 'medyled life' central to this major devotional work. Beaufort's own success in achieving political, intellectual, and spiritual power might well serve as model for its advice.

Here beginethe the forthe boke of the folowynge Jesu cryst & of the contêpnige of the world in *A full deuoute and gostely Treatyse of the Imytacion and followynge the blessyd Lyfe of our most merciful Savyour cryst.*

Beaufort's translation of the fourth book of Thomas à Kempis' *De imitatione Christi* (commonly ascribed to Jean Gerson in early editions) was the first in English. It was published in 1504 with Books 1–3, translated from Latin, at her behest, by William Atkinson. One copy of the dated Pynson edition exists at St John's College, Cambridge, but is water stained; another issue of that edition, undated in the colophon to Book 4, exists at The British Library. Later editions by Pynson and de Worde in 1517, and 1519? do not differ substantively from the first. A final edition of the Atkinson translation by de Worde (1528) does not include the fourth book. We reprint here Atkinson's translation of the first three books, in a [1515?] Wynkyn de Worde edition (*STC* 23956), since it provides an important context for Beaufort's translation. For Beaufort's 'The forthe boke' we reprint Pynson's 1517 edition (*STC* 23957). Both are reprinted with the kind permission of Cambridge University Library. The *Imitation*, a popular text in Latin, went through six different translations and fifty editions in English from 1504 to 1640. Subsequent sixteenth-century translators, notably Whitford and Rogers, speak highly of Margaret's version of the fourth book, and it is sometimes reprinted with Books 1–3 of the Rogers translation. It is also reproduced in a modern version in the 1893 edition of the first English translation of Books 1–3, ed. Ingram.

The fourth book (Book 3 in the holograph copy at the Royal Library, Brussels but usually printed as Book 4) centres on the significance of the Eucharist in Christian life and exhorts readers not only to take communion frequently but to approach the sacrament with passionate devotion. Its intimate interchanges between Christ and devotee frame a prose of dramatic immediacy and figurative power. Beaufort's most recent biographers describe the text as 'a landmark in the history of the book in England' (Jones and Underwood, 184).

The mirroure of golde for the synfull soule

Margaret's translation from a French version of the anonymous Latin text *Speculum aureum animae peccatricis* (variously ascribed to Dionysius Carthusianus, Denis de Leeuwis, and Jacobus de Gruitroedius, but probably written, as S. Powell says, by the latter, also known as Jacques de Gruytrode, a Carthusian, prior of the charterhouse at Liège, and contemporary of Thomas à Kempis) was published by Richard Pynson about 1506. It was reprinted three times after her death, twice in 1522 (W. de Worde and J. Skot) and once in 1526 (W. de Worde). We reprint the 1526 edition (*STC* 6897) held by The British Library. A devotional treatise structured in seven chapters for daily meditation throughout the week, it collates wisdom from the Bible and Church Fathers to direct the vulnerable Christian soul towards salvation. This goal is realized in direct, sensuous and witty language. As spiritual guide and example of early English prose, this delightful text readily engages a reader more than four centuries after its last printing.

Margaret More Roper (1505–1544)

The eldest child of Sir Thomas More, Margaret was educated in his household in a program of humanist learning available, unusually, to both sexes. Unlike Beaufort, therefore, she knew Latin and Greek and wrote prose and verse in both languages, which dazzled humanist readers. In one tribute, Erasmus dedicated to her his commentary on Prudentius, presented in 1523 upon the birth of her first child. Despite her continued productivity as scholar and writer, even after her marriage to William Roper in 1521 and the tribulation of her father's imprisonment and death, Margaret's only published work is the translation reproduced here. Although this lends special poignancy to More's letter to her regretting that she will know no fame for her achievements, his admiration suggests she had already reached his educational goal for men and women alike – a life well lived. Her devotion to her father may be seen as it often is in contemporary scholarship as submersion in his shadow, yet it may be pointed out with equal validity that her skill in many roles earned his reciprocal devotion – as well as that of her husband (who remained a widower after her death at thirty-nine for another thirty years) and her children whose learning and piety emulated her own.

A devout treatise upon the Pater noster, made fyrst in latyn [Precatio Dominica] ... and tourned in to englisshe by a yong vertuous and well lerned gentylwoman of xix yere of age

One modern editor cites four editions of this text: the first, no longer extant, printed by de Worde in 1524, the second *c.* 1526 printed by T. Berthelet, remaining in two copies, a third, also by Berthelet *c.* 1531 in one copy at the Ryland Library and a fourth printed by Robert Redman, no longer extant. Only the second and third (very similar) editions are listed in the *STC*. The British Library copy of the second (*STC* 10477) is reproduced here. The first reprinting of the text since the sixteenth century was in *Moreana* (1965) and the second in De Molen's diplomatic reprint of the British Library copy. E. McCutcheon publishes modernized excerpts in *Women Writers of the Renaissance and Reformation*. There she argues that the *Treatise* is a major work, not only a fine early example of Erasmian piety in the vernacular, but also a tangible sign of female accomplishment in the new learning.

Mary Roper Clarke Basset (d. 1572)

Daughter of Margaret Roper and granddaughter of Sir Thomas More, Mary Roper, after the death of her first husband (Clarke), married James Basset, member of Queen Mary's privy chamber, and bore two sons, Philip and Charles. She was herself a lady-in-waiting to Queen Mary, and according to Harpsfield, expert in Latin and Greek, translating Eusebius, Socrates and others. The British Library has a manuscript of an English version of the first five books of Eusebius' *Ecclesiastical History* translated by 'Mary Clarcke' and dedicated to the Lady Mary during the reign of Edward VI. Details of her will suggest the prosperity of the Bassets during Mary's reign; indeed, she helped finance the publication of More's *English Works* (1557) in which her translation of *De Tristitia* appeared.

An exposicion of a parte of the passion of our saviour Jesus Christe, made in latine by Syr Thomas More ... and translated into englysshe, by maystres Marye Basset ... or Of the sorowe ... of Christ before hys taking

The first edition appeared in *The English Workes of Sir Thomas More* (1557). It has been printed only three times since then: in an edition by P.E. Hallett (1941), in the Yale edition of More's *De Tristitia*, ed. Miller (1976), and in a 1978 facsimile reprint of the 1557 *EW*. The Yale editor argues that *De Tristitia* is not, as had been suggested by the 1557 editors and by Hallett, a continuation of More's English exposition, but an independent text, rightly entitled, as it is by Basset, *Of the sorowe ... of Christ before hys taking*. Her translation of More's final Tower work, a meditation on Christ's suffering in Gethsemane, is a moving, erudite, and eloquent rendering, very much in the family tradition. We reprint the copy from the 1557 *English Workes* (*STC* 18076) held by University Library (Cambridge).

References

STC 23956 (*Imytacion*, Books 1–3), 23957 (*Imytacion*, Book 4), 6897 (*Mirroure*), 10477 (*Deuout treatise*), 18076 (*Of the sorowe ...*)
Bassnett, Susan (1980; rev. edn. 1991), *Translation Studies*, London: Routledge
Basset, Mary (1941), 'An Exposition of A Part of the Passion' in Hallett, P.E. (ed.), *St. Thomas More's History of the Passion*, London: Burns, Oates & Washbourne
Basset, Mary (1976), 'Mary Basset's Translation of the *De Tristitia*', Appendix C in Miller, Clarence (ed.), *The Yale Edition of the Complete Works of St. Thomas More*, Vol. 14, New Haven: Yale University Press

Basset, Mary (1978), 'An exposicion of a parte of the passion ... ' in Wilson, K.J. (ed.), *The Workes of Sir Thomas More ... in the Englysh tonge, 1557*, Vol. 2, 1350–1404, London: Scolar Press

Beaufort, Margaret (1893; repr. 1973), 'Lady Margaret's Translation of the fourth book of *De Imitatione Christi*' in Ingram, J.K. (ed.), *The Earliest English Translation of ... De imitatione Christi*, pp. 259–83, London: EETS

Beilin, Elaine V. (1987), 'Learning and Virtue: Margaret More Roper' in *Redeeming Eve*, pp. 3–28, Princeton: Princeton University Press

Benson, Pamela (1992), 'The New Ideal in England: Thomas More, Juan Luis Vives, and Richard Hyrde', in *The Invention of the Renaissance Woman*, University Park: The Pennsylvania State University Press

Gee, J.A. (1937), 'Margaret Roper's English Version of Erasmus' *Precatio Dominica* and the Apprenticeship behind Early Tudor Translation', *Review of English Studies*, 13: 257–71

Jones, Michael K. and Malcolm Underwood (1992), *The King's Mother: Lady Margaret Beaufort, Countess of Richmond and Derby*, Cambridge: At the University Press

McCutcheon, Elizabeth (1987), 'Margaret More Roper: The Learned Woman in Tudor England' in Wilson, K.M. (ed.), *Women Writers of the Renaissance and Reformation*, pp. 449–80, Georgia: University of Georgia Press

Powell, Susan (1998), 'Lady Margaret Beaufort and her Books,' *The Library*, 6th series, 20:3, 197–240

Reynolds, E.E. (1960), *Margaret Roper: Eldest Daughter of St. Thomas More*, New York: P.J. Kennedy & Sons

Roper, Margaret More (1971), trans. 'A Devoute Treatise upon the 'Pater Noster', in DeMolen, Richard (ed.), *Erasmus of Rotterdam: A Quincentennial Symposium*, pp. 93–124, New York: Twayne

Roper, Margaret More (1965), 'Erasmus' Paraphrase of the "Pater Noster" (1523) with Its English Translation by Margaret Roper (1524)', in Marc' hadour, Germain (ed.), *Moreana* **7**: 9–64

Verbrugge, Rita M. (1985), 'Margaret More Roper's Personal Expression in the Devout Treatise upon the "Pater Noster",' in Hannay, M.P. (ed.), *Silent but for the Word: Tudor Women as Patrons, Translators, and Writers of Religious Works*, pp. 30–42, Kent, Ohio: Kent State University Press

LEE CULLEN KHANNA

William Atkinson, [Thomas à Kempis] Books I-III of *A full deuoute and gostely Treatyse of the Imytacion and followynge the blessyd Lyfe of our most merciful Savyour cryst* is reprinted from the [1515?] Wynkyn de Worde edition (*STC* 23956), Cambridge University Library (Sel.5.28). The textblock size is 141 × 93 mm.

4.

¶A full deuoute & goſtely treatyſe of ꝑ Imytatiō &
folowynge ꝑ bleſſyd lyfe of our moſt mercifull ſauī
our cryſt; cōpyled ī Laten by the right woꝛſhypfull
doctoꝛ maſter Johñ Gerſon: & trāſlate into engliſſh
the yere of our loꝛde. M.d.ii. by mayſter Wyllyā at
kynſon doctoꝛ of diuynyte: at ꝑ ſpeciall requeſt & cō=
maūdement of ꝑ full excellent pꝛynceſſe Margarete
mōder to our ſouerayne loꝛde kynge Hēry the. vii.
and Counteſſe of Rychemount and Derby.

4 — 14

¶The first Chaptre

Here begynneth the boke of John Gerson chaū=
celer of Paris stepnig ꝑ holy doctrine of crist how
we shuld folowe hym Ꝉ stepne all woꝛdly vanites.

Ho so folowith me sayth cryst our sauiour
walketh nat in darkenes: These be the woꝛ
des of Jesu Cryste wherby we be exoꝛted
to folowe his loꝛe and doctryn if we wyll truely be
lyghtened and auoyded from all blyndnes of igno=
raunce of mynde. Let oure full affeccion be to haue
oure study and meditacion in the doctryne and lyfe
of Jhesu Cryste which excellieth the doctryne of all
sayntes. And who so may haue the iey of theyꝛ sou=
le sequestrate in woꝛdlye thynges in this scripture
of our loꝛde may fynde swete manna spirituall fo=
de of the soule. But there be many oft tymes heꝛige
the woꝛde of god that hath lytell swetnes oꝛ deuoci
on therin foꝛ theyꝛ inwarde affeccions Ꝉ desyꝛes be
rather of bodyly thynges than of gostlye. Therfoꝛe
if we wyll haue true Ꝉ perfyte vnderstādynge of ꝑ
woꝛdes of god we must dylygently studye to con=
foꝛme our lyfe to his pꝛeceptis. What auayleth a mā
to haue subtyll reasons / oꝛ argumentis of the Try
nyte=curious and subtyll realons garnisshed with
elygaūce maketh nat a man holy: but the obedience
and vertuous lyfe maketh a man dere to god. It is
moꝛe expedyent to fele the inly compunccion of hert
than to knowe ꝑ diffynycion therof. If a man haue
the knowlege of all scripture: also the seyiges of all
philosophers withoute grace and charite auayleth
nat. Foꝛ all thynge that is in this woꝛlde is vanyte

Imitatio cristi.   I.iii.

excepte the loue of god: τ his seruyce oz to this ende
ozdzed. The moost excellent wysdome in any crea=
ture is by contempte of this mutable τ transytozye
worlde to pzomote them selfe to the worlde perdura
ble. it is vanite to labour inozdynatly for cozuptible
ryches: transctozious honours: false τ flesshely deli
tes: oz to desyze any inozdinate pleasure tempozall ÿ
shall bzynge a man to perpetuall peyne. Howe vay-
ne thynge is it to desyze longe lyfe: τ lytell to fozs of
a good lyfe to gyue hede to thynges pzesent τ to con
tempne thynges that be to come. Also to fire our lo=
ue on that which shoztly banyssheth away: τ to do
no diligence to come thider/ where be innumerable
τ perpetuall toyes Haue mynde howe in this worl=
de nother our iye is sufficyētly satisfyed with seige
ne our eris with herynge τ therfoze studie we to w
dzawe our herte fro the loue of thynges vifyble τ fa
dynge τ to applie it to the desyzes of goodes iuisible
τ perpetuall for them that folowe sensuall pleasure
without restraynynge of reason they spot theyz cō=
science τ lese the grace of god.

℣The seconde Chaptre of the humble knowe=
lege of mannes selfe.

Euery man naturally desyzeth to haue know
lege. But what auayleth science without the
dzede of god a poze homely laborynge man dzedige
god is moze acceptable in his feyth/ than a curyous
Philofopher that laboreth moze to knowe the mo=
uynge of Heuen than to ozder the mociōs of his bo=
dy and soule to the pleasure of god. He ÿ surely kno

weth & ꝯsidereth himselfe & vnderstādeth his owne
wisdome hath lytell delyte in the vayne laude of the
worlde. If man had knowlege of all thynges in ꝑ
worlde without charite what shuld it auaylc hym
in the syght of god that iugeth man after his dedes
Refrayne thyn appetyte of inordynate desyre of curi
ous knowlege of those thynges ꝑ rather shall dis-
ease thy soule & withdrawe it from the vnyte & cha-
ryte of god/than excyte it therto. As wele many of
this maner of lernyd men desyre to be reputed and
holden wyse in multiplyinge wordes which if they
delyte the herynge/they refresshe & fede nat ꝑ soule
but lytel. But a good lyfe & pure cōscīēce refressheth
the mynde & enduceth man to haue ferme cōfidence
in god. The more knowlege that man hath:& wor-
keth nat conformable:the more shalbe his peyne at
the day of dome:& therfore exalt nat thy selfe of any
crafte or cunnynge but rather fere that thou displea
se nat god i abusion therof. Remēbre if thou knowe
many thynges & excedest other in cunynge yet con
sider that there be many mo thynges that thou arte
ignorāut of/& many that be more wytty & excellēt
& cunynger thā thou: If thou wylt ꝓfitably know
& lerne desyre to be vnknowen:& of small reputaci-
on: This is the moost expedient and profitable les-
son:the very knowlege & cōtempte of thyn owne sel
fe. It is a great wisdome & ꝑfeccyon to haue of thy
selfe lytell confidēce andestymate well of other. If
thou seyst any persons openly synne or commytte a
ny great cryme:yet thou shuldest not iuge thy selfe

better than them:for thou knowest nat how longe
thou shalt pseuer in goodnes or fro the same crime
we be all frayle and thou shuld Iuge no man more
frayle than thy selfe.

The.iii.Chaptre of doctryne of truthe
That persone is happy whom truthe diligēt=
ly informeth nat by fygures or voyces say=
synge but by inwarde inspiracion. Our opinion/t
vnderstandynge many tymes disceyueth vs. what
auayleth it vs for to labour busyly for ϸ knowlege
of those thynges/whiche shall nouther helpe vs yf
we knowe them nor disauauntage vs if we therin
be ignoraunt at the day of iugement. It is great fo
ly to dispice thynges psytable/and necessary/and
to labour for those thynges that be curious t damp
nable. Blessyd is that persone whome God techeth
for in hym be all good thynges that man may wyll
or desyre. A good lorde:in thy gracious presence let
other doctours and all other creatures kepe silence
t thou onlye speke to my soule:for the more man is
ioyned to hym in inwarde mekenes:the more he re
ceyueth of spirituall lyght of grace. wherby he kno=
weth many secrete mysteries hyd from other peo=
ple/The pure symple t stable mynde is nat ouerco
me or febled/for it referreth euery labour to the ho=
nour of god t iforceth it selfe to cesse from all other
thynges that be nat in the syght of god acceptable:
who resisteth and letteth a man more thā his owne
sensuall affeccion: we rede of many Emperours t cō

querours/that conquered kyngdoms and empyres
and yet neuer ouercame ne subdued theymselfe/for
that is one of y moste victorious conquestis/where
man perfytely ouercometh hym selfe. This shulde
be our daylye bataple to stryue with our selfe/and
the more vyctoryes the soule hath of the bodye / the
more stronge it is:and more apte to encrease and to
growe in grace. Euery perfeccyon in this lyfe hath
some pfeccion annexid to it. And there is no knowe-
lege in this worlde but it is myxt with some derke
nesse of ignoraunce. The humble knowelege of thy
selfe ys more sure wey to heuen/than the curious i
quisicion of pfounde knowlege of thynges vn pfy
table:the scieus of euery thyng well ordred is good
but a clere conciens & a good lyfe is moche better.
And there be dyuers that study rather for excellece
of cunnynge than good lyupnge:therfore they fall
in errour & bryuge forthe litel frute or none. O wol
de god they wolde indeuour themselfe as dylygent
ly to auoyde vyce & plant vertue in theyr sowles/as
they be to moue curious questions & multiply sup-
fluº langage:than there shulde nat be so moche occa
sion of synne shewed to the people nor so moche dys
solute lyuige i religion. At y day of iugemet it shall
nat be layde to our charge what we haue red or ler-
ned or how pleasauntly we haue lyued:but what we
haue don & how religiously we haue lyued/where
be now all y royall poetes w theyr craftye coueyed
poemes & elegant oratours with theyr oracios gar
nisshed with eligancy:the philosophers with theyr

Imitatio cristi.   R.iiii.

pregnaunt reasons ⁊ sētences. Diuers of these ma=
ner of clerkes we haue knowen in our dayes now.
theyr curiosite is passed and other mē occupie theyr
prebendes ⁊ promocions that they possed: If they
were here now agayne I suppose they wolde ne=
uer labour so busily for curiosite in knowlege ne tē
porall promocyons. Nowe they had leuer than all
this worlde that theyr entēt had ben accordynge to
the holy doctryne of scripture than the study had bē
happy. O howe many in maner of euery state peris
shith in this worlde by vayne glory that more desy=
re to please prynces and prelates ⁊ other patrōs for
a temporall promocion thā truly ⁊ inwardly to ser=
ue god for the promocions eternall. These desyre ra
ther by pompe ⁊ pryde to be great in the worlde: thā
by mekenes ⁊ charite to be in fauoure with god / ⁊
therfore they vanish i theyr thoughtis ⁊ desyres as
the smoke that euer the more it ascēdeth the more it
fadeth ⁊ faylith That persone may be named great
in grace that is incendyd with charite ⁊ is pfytly o
bedient by humylyte contempnynge the inordinat
desire of preemynēs or of dignite. And he is prudēt
that reputeth all worldely pleasures ⁊ goodes as
vyle dunge in comparyson of the celestyall goodis
whiche we shall haue in the perfite possession of the
loue of Jesu crist. And ẏ pson is verely well taught
ẏ euer inforcith hym selfe to forsake his owne wyll
and foloweth the wyll of god.

❡The fourthe Chaptre is of credence in
beleuynge.

IT is nat expediēt nor wysdom to beleue eue=
ry worde or inly mociō of our mynde: but we
must consider that it is accordynge to the scripture
of god ʒ is no wyse contrary therto. But I lament
for sorowe the lyght ʒ frayle disposicion of the ipe=
fite people that be swifte to beleue ʒ speciallye those
thynges that be the hurt of theyr owne soules / and
the defment of theyr neyghboure. But the wyse / ʒ
perfyte men knowynge the fraylte of man more p=
ne to euyll than to good be nat so lyght to beleue e=
uery worde that they here. It is great wisdom and
also discrecion to be sober in iugement ʒ other de=
lynge ʒ nat to haue ouermoche confidence in our p
pre dedes ne to reherse other thynges lyghtlye bele=
ued ʒ herde ʒ euer to gyue hede to take councell of a
wyse ʒ a well conscience man ʒ euer gladder to be
instructe of another than to folowe thy ppre inten=
cyon or mynde. A good lyfe maketh ẙ to be reputyd
wyse in the syght of god ʒ to haue i many thynges
experience. Euer the more meke ʒ obediēt a man be
to god the more wyse ʒ quyet shall he be.

¶The .b. Chaptre is of ẙ redynge of holy scripture.
THe pricipall thynge ẙ we shall inuyre i scrip=
ture is charite ʒ nat elygance in speche ʒ we
shuld endeuoure our selfe to rede the scripture with
as great feruour of spryte as it was receyued firste
And wisdome wolde we shulde folowe those aucto
tes and bokes where we may haue most swete ʒ p
fitable fedynge for owre sowle. The fame of sotell

phylosophers the knowlege of poetes & retoryke as a smoke oz fume banissheth awey: but the truthe of god abydeth without ende. and as our lozd spekith tovs without exception of persone moste expedient lye tovs so we shall without any exception of feyth full persone oz werke study/ and rede those werkes that most we thynke shulde please god & tovs most pfytable If thou wolde drawe the spirituall watir of wisdom out of the well of scripture inclyne the vessel of thy soule by mekenes & confidence without desire of curiosite oz name of excellence Inquyze dilygently & quietly receyue the holy sentesis of seyntis let nat the puerbes & holy wyse similytudes of blessyd faders displese the foz they were nat spoken wout

¶ The. vi. Chaptre of affeccios iozdynate.   (cause.

When someuer a man hath inozdinate desyze to any thynge than he is made inqete i him selfe the proude man and the couetouse be neuer quiete in theyz myndes. But a meke and a poze man in spyzyte be conseruaunt in great quyetnes of mide/ ¶ That persone that is nat moztyfyed perfytly is sone ouercome in lytell & vyle teptacions & soone inclined to sensible pleasures. And if he shall withdrawe his mynde fro erthly thynges it is with great difficulte. And therfoze they haue great heuynes i herte & sone be miscotent if they be resisted. And if they folowe theyz sensuall appetite anone they be greiuyd w rumours of cosciece in as moche as they haue folowed the sensuall passios the rather dispose to inquyetnes of mynde tha rest in resistige sensuall passios

plesours we shall come to pfyte rest & in folowynge
them to great inquietnes ⸿There may nat be cõtey=
ned rest i the herte of man that gyueth hym selfe to
execute his carnall despres or moche is conuersaunt
with outwarde thynges but in the sowle that hath
most delyte to god & in inlye goodnes of thy sowle
may be founde true rest.

⸿The.vii.chaptre of vanite & elaciõ to be auoyded.

⸿ Hat pson may be called vayne that putteth
    his hope i any man or creature ⸿Take it nat
for no repreue to do seruice to other or to be reputed
pore for the loue of Jhesu Cryste haue lytell confy=
dence in thy selfe but that thy hole hope and trust be
in god / do that is in the to please his grace and god
with his gracious assistéce shall be with the in thy
wyll and dyrecte thy werkes: Haue neuer confiden=
ce in thyne owne cũnynge ne in any worldly subtil=
te of any lyuynge creature: but in the mercyfull gra
ce of god that neuer suffreth creature synally to be
withoute comforte that had theyr full confidence in
hym and those that haue full affyaunce / or hope in
theyr selfe he maketh or suffreth to fall and so subdu
eth them Auaunce nat thy selfe i the abũdaũce of ry=
ches ne of great powere of thy temporall frides but
all onely in god: in whome is all abundaunce of ry=
ches and puyssaunce of myghte. And he aboue all
thyng despreth to gyue his owne selfe to those that
dyspose them selfe to recepue hym by grace. Exalte
nat thy selfe of any bodyly vertue for all suche sone
be corrupte and vanisshe awey by a lytell infirmyte

Inhaunce nat thy selfe of any naturall habilite lest god of nature be myscontente with the. Repute nat thy selfe better than other: lest that thou be founde worse in the syghte of god: that beholdeth the enlye dysposicyon of euery soule. and dyuers tymes discō mendeth those thynges that men in this worlde cō mendeth. And therfore if thy werkes please men fere lest they displease god. And if there be any goodnes or vertue in the: beleue that there is more in other. And euer desyre of God that the vertue of mekenes may abyde in the. It shall neuer hurte the yf thou iuge thy selfe the leest & most vyle of all other & in preferrynge of thy selfe afore other thou mayst lyghtlye offende. There is true and sure pease in a meke soule. And in a proude herte contynuall enuye and indignacyon.

C The. viii. Chaptre of moche famylyarite to be auoyded.

She we nat thy secrete counsell to euery man but to hym that is wyse secrete and dredeth god. Inhaunt nat moche the company of yonge psons and straungers: Use no adulacyon for to come to any temporall promocion nor for that consyderacyon ōr exercyse nat moche the company of myghty / & great men y be contynually busy in worldly thiges Be desyrous to be accompanyed with meke & charitable men: & with those that be of good maners: and ꝟtuous: & trete with them of those thiges that may edifye & strength thy soule & be nat familier with a ny pson wherby thou maist lightly be tempted or in

famed. It is neceſſary to haue charyte with euerye
perſone:but nat famylyaryte but with thoſe y̆ may
helpe to promote the to the famylyarite of god/ꝛ of
his aūgels. Somtyme we ſe that ſom men beynge
of great fame:and yet theyr bodylye preſence is nat
moche profytable:ꝛ there be ſom that with theyr bo
dely preſéce wene to pfyte other. Whā they by theyr
indiſcreſſion ꝛ euyl maners rather diſcomfort / and
hurte thoſe that they wéne to helpe ꝛ comforte.

¶The.ir.Chaptre of meke ſubieccion ꝛ obediéce.
IT is full great merite to ſtande in obedience
ꝛ forſake thy ppre wyll ꝛ perfectly to obey to
the wyll of a nother. It is moche more ſure to ſtan‐
de in the way of obedience:than in placy. But there
be many that be rather in ſubieccyon of neceſſyte/
than of charyte:ꝛ they haue therin peyne/ꝛ lyghtly
gruges ꝛ haue nat lyberte of mynde without they
for the loue of god ſubmitte them ſelfe. Renne hider
or thyder:or where thou wylte:but it ſhalbe harde
for the to fynde perfyte reſt but vnder meke ſubiecci
on of a diſcrete prelate. The Imaginacion ꝛ Imp‐
tacions of diuerſytees of habytaciōs ꝛ places hath
diſceyued many a relygyous perſone. Euery bodye
in maner is gladde to do that/that theyr mynde ſhe
weth them. It ſhulde be more to theyr profyte to for
ſake theyr appetite than if they condiſcende thereto.
But if we woll that God ſhall abyde with vs/we
muſt forſake our ppre wyll for the eráple ꝛ pleaſure
of god ꝛ the profitable peas of our neyghbour. Sy.

then no man hath all cūnynge therfoꝛe it is ſyttyng
that no body haue to moche cōfidēce in theyꝛ owne
councell. And if thy vnderſtandynge be good ⁊ ſuf=
ficient. yet if thou wylt by eramþle of our ſauyour
leue thy pþꝛe councell oꝛ direccion ⁊ folow a nod̄er
foꝛ thy mekenes thou ſhalt moꝛe þꝛofyt than if thou
foloWed thyne oWne wyll. As We here the comone
þꝛouerbe. It is moche moꝛe ſure the wyſe ⁊ diſcrete
councell of a nother/than to gyue theym counſell ꝑ
wyll nat foloWe it. It is a ſynne of þtynacite ⁊ pꝛy
de any perſone inpoꝛtunly to offre theyꝛ counſell/⁊
ſpecially Where they can lytle pꝛofyte.

℟The. r. Chaptre of ſuperfluous woꝛdes to be
auoyded.

That ſoule ꝑ deſyꝛeth inly perfeccion of theyꝛ
mynde muſt ſpecially auoyde the tumultu²
behauyour of woꝛdly people. The buſines of woꝛd
ly actes though they be done With a good entente/
yet they lette ⁊ hyndereth the mynde of his great þ
feccion. NoWe I repent my ſupfluous langage/⁊
frequent inhauntynge of Woꝛdely company foꝛ by
theſe. ii. meanes We be often tymes hurte in our cō=
ſcience. If it be erpcdyēt and alſo you be diſpoſed to
ſpeke lette it be pfitable other to ꝑ honour of god ꝑ
edificacion of thy ſoule/oꝛ thy neyghbour. Alſo con
ſider that all our good woꝛdes be wꝛyten of ꝑ aun
gels of god:⁊ our euyll Woꝛdes of our enemy ꝑ de=
uyll to our accuſacion. And therfoꝛe it is moche mo
re pꝛofytable Whanne good folkes be aſſembled of
one mynde to the mouynge of goodnes. As the ho=

ke colys vnite to gyder eche of them recepueth of o=
ther influence of hete. So good soules assemblede
togyder for the encrease of vertue echone of them re
cepueth of other influence of grace & encrease of ver
tue and goodnes.

The.xi.Chaptre of the despre to profyte spiri=
tually and peace to be purchasyd.

IT is one speciall meane to acqupre pease nat
to intermyttebs of þ wordes and werkes of
those that attapne nat to vs. Howe maye that per=
sone be in gostely quyetnesse that moche intermyt=
teth hym selfe of those thynges that he hath no cure
of: Or syketh occasyons out warde/and hath but li
tell recourse to inly habytacyon of his conscyence/
Blessyd be the true symple sowles without any dis
cepuable mynde that in all theyr lyfe and laboures
truely entendeth for they shall come to the reste of
mynde/and concyence. The holy seyntes by mor
typyinge/and subduynge theyr sensualyte to rea=
son all erthely thynges sette a parte they with all
theyr inly delectable despres frely haue had theyr ho
le meditacyon in our lorde. But we be busy moche
in thynges translytorye/and folowe oure passyons
that we maye nat ouercome in maner perfytly one
byce. And therfore we be nat accended in the day
ly pfyte and deuocion and therfore we remayne re
mysse and voyde of deuocion. The most pryncypall
cause why we haue no inly delectacion or despre of
heuenlye contemplacyon is:for we be nat fre or de=

lpueted from our sensuall passyons ẽ concupiscẽtis
ne inforce nat oure selfe into the holye way that the
blyssed faders haue gone afore vs. whan a litell ad:
uersite cometh to vs we be sone ouercome ẽ redy to
returne to the consolacyons of man. where yf we
wolde myghtily stãde in bataple for the loue of our
lorde we shulde se the goodnes of his gracius helpe
sent towarde vs. His grace is euer redy to gyde / ẽ
helpe those that in spirituall bataple haue full consy
dence in hym. And he procurith occasyons of batell
to the ende that we shulde encrease the crowne of p
petuall ioye by the meane of victory. Than lette vs
cutte away our inordynate affeccions / ẽ passyons
that be the rotes of all inqupetnes ẽ than we maye
possesse a peasable mynde in god. If we wolde eue:
ry yere indeuoure oure selfe to ouercome perfectlye
one byce: we shuld in shorte space come to great per
feccyon. But I fere it be conttary bothe in relygy:
on and worldly people that after longe cõtynuaũce
in lyupnge they preyue that the state goynge afore
hath be more bertuous ẽ pure than the present state
that they be in. The more we encrease in age / and
drawe to our deth the more dyly gently we shuld la
boure for the perpetuall rewardis that be ordeyned
for those that order theyr lyues / and labours therto
The btuous lyfe peynfull i þ begynnynge by custo
me returneth to great perfyte pleasure It is harde
to leue custome in pleasure. But it is more peyne:
without mesure to leue the eternal pleasure that for
dãpnable custome shalbe loste. Euer stryue myght:

tely agaynst the firste mocions that incyteth vs to
synne & resist the euyll customs for the lenger they cō
tynue the more harde it shalbe to resiste thē. If thou
woldest cōsider howe great inly peas thou shuldest
cause i thy selfe & in other ineschewynge outwarde
pleasurs & in subduynge inordynat affeccions & de=
syres contrary to reason. I suppose thou woldest
be moche more diligent to come to spirituall encrese
of lyfe.

¶The .xii. Chaptre is of the pfyte of aduersite.

IT is expediēt to vs to suffre aduersite:wher
by man returneth hym to the cōsyderacion of
his present state:wherin he reputeth hym selfe as a
pylgrym:& therfore he hath no affiaūce i this worl=
de. Also it is expedient that we suffre contradiccion
& be cōtempned of the louers of the worlde wherby
we shalbe induced to mekenes:& auoide vayne glo=
ry. Whā we pceyue our owne fraylte & be cōtēpnyd
of the worlde:we be compelled to leue our selfe & y
worlde & holy to returne vs to god:in whom if we
wolde feruently intyre our selfe it shulde nat be gre=
at nede to seke outwarde consolacions. The more a
good soule be troubled bodely or goostly:the more it
knoweth god necessarie to hit:& laboureth to haue
hym by assistence of his grace. Also than it laméteth
& soroweth for the synnes y it hath done:& more her
tely prayeth to be delyuered of his iquietnes & my=
sery also tribulaciō maketh a mā wery of this worl
de & to despyse blessidly to be departed therfro & be w
cryst. For he cōsidereth that he shal neuer haue pfite

Imitatio cristi.   B.i.

peas afore that we be with hym which by the pryce
of his precius bloode hath purchased ppetuall plesure
& peas for hym selfe & his seruautis that a lytell spa
ce wyll stryue ayenst synne & wyckednes.

¶The .xiii. chaptre of resystece agaynst temptacions

AS we rede i scripture & the wordes of Job
The lyfe of man vpon erthe: is temptacion.
Therfore it is expedyent that euery persone prudet
ly gyue hede to watche in prayer beleue nat y deuyl
that neuer slepeth but with a thousande snaris/and
subtilltes iportunably assaylynge vs: fynally inten
dynge to deceyue vs. There be none so holy in this
worlde but they haue temptacio: & if it be for the tyme
greuous/yet if it be resisted it is very profitable: for
therby man is mekende/pourged & infourmed by
experyence The seyntes that be nowe crownyd in
heuen obteyned theyr victory by tribulacton & tem=
tacton. And those that were as cowardis in tribula
tion & temptacion fynally ouercome/be taken ppetu
ally prysoners i helle. And ther is no religio nor sta
te so pfite ne no place so holy in this worlde without
aduersite & temptacion. And therfore ther is nother or
dre ne place here in this lyfe where man may be ful=
ly assurid to auoyde all perill of temptacion for in this
corrupte body of ours we bere the mater of inordy=
nate concupiscence & temptacion. One temptacion or tri
bulacion departinge another commyge to vs. there=
fore it is expedyent that we be al weye armed with
pacience and exercysed i vertue. There be many en=
tendynge to fle temptacion: that fall therin the mo

re/for by bodely sleynge a man shall nat be made sure:but by perfyte pacience and mekenes we shall be made stronge to ouercome all our enemyes and tentacyons. Tho that labour to auoyde the outwarde occasions and nat cut away the inly inordinate desyres:theyr trouble & inquyetnes shall more & more encrease. And thou shalte more lightly by pacyence and feythfull confidence in our lorde and sauyoure ouercome thy tribulacion/than by thyn owne,ppre vertue or strengthe. And in great temptacyon vse the counsell of a wyse and discrete persone/and be nat rygours to the persone tempted:but euer be glad to conforte hym as thou woldest desyre for to be done to/if thou were in lyke trouble. The begynnynge of all euyll temptacion is inconstaunce of mynde & lytell confidēce in god. For as a shyp without a directour is moued with euery wynde:so a soule that is nat stabled in god:as the fyre proueth golde:so temptacyon the ryght wyse man:as a bell vntouchyd is nat perfytely knowē whether it be hole & of perfite sounde or dyscrased:So man touched by tribulacion is knowen whether he be hole in the vertu of pacience or nay. ¶And euermore loke dylygētly that the temptacyon in the begynnynge be resysted : for than the ennemye is soone ouercome whan that he at his fyrste enteryinge fyndeth the gate of our soule shytte agaynste hym. ¶That syckenesse that by longe cōtynuaunce is in maner incurable in the begynnynge myght haue ben recoueryd with a very smalle/& an easy medycyne. And this subtyll discey

Imitatio cristi.   B.ii.

ner aſſayleth mannes ſoule fyrſt with thought on=
ly & then w̃ ſtronge Imaginaciõ / which folo with
euyll delectacion: & vnclene mocion / & ſo at the laſte
the enemye entreth into the mynde with dedely con
ſent to ſynne and for there was no reſiſtẽce agaynſt
hym in the begynnynge / he holy entreth in the con=
cluſyon. And euer the more rempſſe a ſoule be in re=
ſiſtynge the more vnmyghtye is made to reſyſt: and
the enemy more ſtronge & cruelle. There be ſome ẙ
in the begynnynge of theyr coũerſion ſuffred great
temptacion: ſome in the ende of theyr lyfe. And ſome
by the ſpace of all theyr lyfe. And ſome that in the p̃=
ceſſe of all theyr lyfe haue but ſmale temptacion & all
this cometh of the great wyſdome / & equite of god
that paſſeth the ſtate & the merytes of euery ſoule: &
ordreth all the trouble & temptacion in this worlde /
to the perpetuall helthe of his electe chyldren & ther=
fore we ſhulde of no wyſe déſyre whã we be tẽptyd
but the more mekely retourne to our lorde with de=
uoute prayer & beſeche hym for his faderly mercy / &
pyte to directe & preſerue vs ĩ all tẽptaciõ. And after
thapoſtel Paule that it wolde pleſe hym ſo euer to ẙ
uent vs with his grace ẙ we be not ouercome with
the myght of tẽptacion. And amonge all the allecty
ues wherby we may enduce our lorde to aſſiſt vs ĩ
our trouble is perfite mekenes: for as (Dauid ſaith)
he ſhall ſaue & exalte thoſe that be meke in ſpirite in
tẽptaciõ & tribulacion man is pued how moche he
pfiteth & his v̊tue is more manifeſte. It is no great
maruell if a deuout man w̃out tẽptaciõ haue feruor

of spirite. But they that in tyme of aduersite can a=
plye themselfe to haue feruour of spirite it is a syg=
ne of stablenes & grace for to come. There be some
that be kepte fro great temptacion: & yet i smale & day
ly temptacios they be oftymes ouercome with lytell
temptacion Therfore in great temptatio they euer fere
to be ouercome.   The .xiii.
Chapter of vndiscrete iugement to be auoyded.

Gyue hede that thou consyder well thy propre
warkes & be nat redy to iuge the dedes of a
nother that pteyneth nat to the ne for whome thou
shalt gyue none accopt at thy dethe. Man laboreth
in vayne oftymes in iugynge other men & soone of
fendeth: but in serchynge his owne defautes & con=
siderynge them he euer laboreth frutfullye. And we
comonly be redy to iuge after oure affeccion & ma=
ny tymes we erre frome the truthe in iugement for
our pryde & synguler loue. And good were oure en=
tent & desyre we shuld nat be so greatly troubled in
the resistence of our sensuall desires. But there is so
me inwarde inclynacion or outwarde affeccyon y
withdraweth vs fro the very affeccyon and desyre
that we shuld haue. There be many that in thinges
that they do rather seche theyr owne lucre than the
pleasure of god or the comon pfyte of many other.
& they thynke theyr mynde is set & pacyfyed if they
obteyne theyr purpose & if the cotrarye fortune they
be moued with ipaciece & be miscotet. And for diuer
sites of affeccions: desyres: & opinions y be amonge
the people oftymes be some dissencions / & debatys

Imitatio cristi.   B.iii.

amonge frendes cytezins ⁊ deuout religious peple
It is harde to leue a custome of longe continuaūce
⁊ no man is glad to forsake his ppꝛe apetite: vnder=
standynge and despꝛe. And thou be moꝛe redy to ap=
plye to thyne owne reason ⁊ vnderstādynge thā to
the holy doctryne of seruauntis of iesu crist. It shal
be longe oꝛ thou be gostly lyghtned foꝛ our loꝛde sē=
deth nat the great habundaunce of spirituall lyghte
but to them that forsake theyꝛ owne ppꝛe appetytis
and resons and solow hym by mekenes.

℟ The.rb.chapt of ꝑ ꝑfite of warkis done i charitte

Thou shuldest nat do a moꝛtal synne foꝛ loue
⁊ fauour of any creature: ne foꝛ no erthly cre
ature oꝛ woꝛldly ꝑmociō. Foꝛ therby thou shuldest
put thy selfe out of the loue of our loꝛde ⁊ ieoperdye
of the losse of euerlastynge pꝛomocion. And some ty
me it is expedient to leue a good dede foꝛ the great
necessite of our neyghbour oꝛ elles foꝛ a better dede
to be done: wherby we be nat hyndered in ðtu but
rather pꝛomoted. The outwarde operacion be it ne
uer so commendable in the syghte of the people with
out charite it auayleth nat in ꝑ syght of god which
accepteth moꝛe the faythfull entent and feruoure of
mynde: than the manyfolde multiplyinge of great
warkes oꝛ of woꝛdes. Tho persones done moche
that oꝛdꝛeth theyꝛ lyfe to the honoure of god and ra
ther to the pꝛofyte of the comon wele than to theyꝛ
owne synguler ꝑfyte. There be many woꝛldly peo
ple that thynke they doo many thynges of charyte
but they be rather done of carnalyte as all tho that

do theyr workes by the meane of carnall affeccyon
ppre wyll:hope of pmocion:? alwey haue an iye to
theyr owne synguler auayle. But charite euer icly=
neth to do that:that pryncypally may do honoure to
god:? obteyne the goodes gostly rather than tem=
porall. ? in bodely goodes it preserueth the comone
wele afore a pryuate ? synguler wele:the charitable
man enuyeth no man for any pryuate ioye or pleasu
re:ne he liketh nat to magnify hym selfe but to mag
nyfye ? gloryfye god/and in hym to be blessyd. He
comaundeth no man by adulacyon but he referreth
all comendacion honour ? goodnes to god fynally
of whom cometh all grace ? i whom all blessed crea
tures resteth perpetuall ? in finall felicite ☉ he that
had but one sparkle of charite wolde repute all wor
dly pleasures ? loue but vanyte.

⸿The. xvi. Chaptre howe a man shulde suffre
the defautes of his neyghbour.

T Hose fautes that we may nat amende in our
selfe nor i other we must paciétly suffre tyll
that we se what our lorde wyll worke or order ther
in:? thinke that it is ordeyned of our lorde for to pro
ue our pacyence without which our merytes be ly=
tell to be pondered. And it is expediét for vs to praye
to our Lorde that we by his grace may pacyentlye
suffre o wor necessary defautes. ⸿If thou montisshe
by broderly correccyon thy broder/or suster ones/
or twyse of theyr defaute / and if y they receyue nat
thy monycion stryue nat with them:but commytte
it to god:that his wyll and honour be done i all his

· Imitatio cristi.   B.liii.

seruautes there is no euyll i this worlde but he kno
with how he shall order it to some well & goodnes
& study paciently to suffre ye defautes & ifirmites of
other for thou hast many imperfeccions in thy selfe
whiche other suffre in the If thou canste nat make
thy selfe as thou woldest be in euery condicio how
than suldest thou desyre to haue another to thy ple=
sure we wolde gladlye haue other perfyte & yet we
labour nat to amende our owne offencis we wolde
that other that offendeth shulde be straitly correcte
& our selfe more coulpable vncorrecte It displesyth
vs to se other haue great liberte & priuplege desirig
that they shuld be restrayned by lawe & statute and
we desyre our selfe to be at lyberte without lawe or
statute & so it appereth ye we full seldome prayse our
neyghbour as our selfe the whiche we shulde do if
we were pfite. Our lorde hath so ordeyned that we
shall lerne echone of other to bere paciently the bur=
den of another for i this worlde there is no man w
out defaute no man without burden no man suffy
cient of hym selfe in wisdome or prudence & therfore
must echone of vs helpe to bere the burde of other e
chone to comforte other helpe other istructe them &
monisshe theym. And who is of more vtu it aperith
by ye occasios of aduersyte Occasios makith nat a p
sone frayle but they shewe whether he be vtuous
or vycyous.

The .xvii. chaptre how a psone shulde order hym
If thou wylt haue peas (selfe to come to pease
and concorde with other thou muste make a

reſtraynige in many thynges of thyne oわns wylle
it is no lytell vertu to contynue in a company with
out diſſencion oꝛ debate ⁊ ſo to continue. Bleſſyd be
tho perſons that whether they be religious oꝛ ſecu=
ler that fereth to offende god ⁊ in theyꝛ conuerſacion
hurteth no ſoule ⁊ ſo endeth theyꝛ lyfe in the loue of
god ⁊ of theyꝛ neighbour. And thou wylt ſurely ſtā
de in vtue repute the as an outlawe ⁊ a pylgrym v=
pon erthe ⁊ repute thy ſelfe vyle foꝛ the loue of criſte
if thou wylt be his diſciple ⁊ folowe hym who ſo e=
uer ſekith i this woꝛlde any thyng but god ⁊ ẏ helth
of their ſoules they ſhall fynde nothige but tribula
cion ⁊ ſoꝛowe ẏ pſone can nat longe ſtande i ꝗetnes
that laboꝛeth nat to meke hymſelfe in his pꝛe repu
tacion ⁊ to be ſubiecte to other remēbꝛe that thou ca
miſt to this woꝛlde to ſerue ⁊ nat to rule after thy p
pꝛe pleſure ⁊ know thou ẏ god of his goodnes hath
called the to ẏ relygion of criſtis feythe ẏ by pacien
ce ⁊ vtuꝰlabour thou mayſt be made apte to reygne
in ioy ⁊ reſt. Foꝛ as golde is pued in the fournes ſo
man by tribulacion i the which no man may longe
ꝗtynu without he meke hym ſelfe with all his hert
by the exaūple of our ſauyour rote of all mekenes.

The.xviii.chaptre of ẏ exaūples of holy ſayntis.

O   Thou dulle ſoule beholde the quicke exaū
        ples of the holy ſayntes that haue bē afoꝛe
vs in whome floꝛyſſhed the perfeccyon of all rely=
gyon and feythe / and conſyder howe lytell thou do
eſte in the reſpecte of them and than thou mayſte re=
pute thy lyfe in vayne. Theſe ſayntes and louers

of our lozde haue serued god in great abstinēce hun=
ger/thyzst/colde/ī poze aray/in labour ⁊ fatigaciō
in watchynge/restynge/holy medytaciō persecuci
on great ozpzession ⁊ many repzeues. O how great
⁊ greuous tribulacions suffred the holy appostyls
martyzs/cōfessours/⁊ vigyns/⁊ all other holy sou
les that haue folowed y steppis of our sauiour they
haue hated the impedimentes of the lyfe of grace in
this wozlde that they myghte possesse the frute of e=
uerlastynge lyfe foz to come. O how straite ⁊ abiec
te lyfe ledde the holy faders ī wyldernes how lōge
⁊ greuous temptacions suffred they. And how ferl
ly haue they be assayled with the gostly ennemye/⁊
how many cōtynued feruēt pzayer haue they offrid
to our lozde. O to consider the great rigours absty
nence that they haue takē what zele/⁊ feruour they
had to spirituall pfite howe great ⁊ cōtinuall batel
they had to ouercome vice/⁊ in all theyz lyfe and la
bour how pure ⁊ rightwis was theyz entent euer
to god. On the day they laboured ⁊ ī the night they
rested in pzayer ⁊ if they ī the day laboured bodyly
yet they pzayed in theyz mynde deuoutly:⁊ so spent
they all theyz tyme pfitably ⁊ had so great pleasure
in the seruice of god that they thought euery howze
was shozte ⁊ hade lytell mynde oz none oftymes of
theyz bodyly refeccion.

℀The.xix.Chaptre of the good relygious exer=
cyse of a religious soule.

LIke as a pson of honour is moze pzeciously
bisene ī bodyly vesturis that apereth to mā

outwardly so they shulde ideuour them selfe accor=
dynge to excede other with bertue in theyr soules &
concience wherin almyghtye god loketh & deliteth
whan it is endued with fayre vtues & specially spy
rituall men & women whiche shulde study to ende=
uour theyr selfe to appere in the syghte of our lorde
pure as aungels. And euery daye we shulde inforse
our selfe to deuoció & feruoure of feyth as if we we
re newly conuerted to the law & feyth of iesu crist &
for as moche as we of our selfe may nother do well
ne yet begynne to do well / than let vs euerye daye
with all our inly strength and myght beseche oure
lorde that we may so deuotlye begynne the seruice
of hym that therby we may contynue to his plesure
and our perpetuall saluacion. we be many tymes in
mynde to do well and by a lytell occasion we be let=
ted. The purpose of rightwismen dependeth more
of the grace / and dyreccyon of god / than in theyre
owne proupdence. For man entendeth but god dis=
poseth. Lette vs inforce our selfe in that we may to
the contynuaunce of our good purpose / and yet we
be lyghtly lettyd therof. And though that we may
nat contynually be in the feruent loue and medyta=
cyon of god: yet lette vs determyne our selfe to vse
it at the leste ones or twyse in the day / and applye vs
to bertue. And annexe to this purpose a feruent in
uocació & prayer to god for his naturall pite & fader
ly compassion to gyue vs grace to cóplentisshe & ful=
fyll this purpose. And at night goynge to rest: than
let vs discusse the dedis that we haue done that day

in wozdes/wozkes/ꝛ thought/wheri we comõly
offende god ꝛ if we fynde that we haue made trans
gression in any offence aske we mercy with all our
herte. As it is great ieoperdy an enemy oz traittoure
to a pzynce. oz to a kynge that knoweth the cryme:
foz if that man shulde slepe in the kynges palayes
amonge the true seruauntes of the kynge he shulde
rest in great ieopardye. So that psone that in this
wozlde resteth i synne amõge the seruaũtes of god
of the which if some be charitably dispozed as good
aũgels ꝛ ꝛtuous men:yet there be many euyll as fe
des ꝛ euyll people:that euer be redy to do bẽgeaũce
ꝛ euyll/ꝛ therfoze agaynst these we must ꝛtynually
be armed with ꝛtuc ꝛ meke restreynynge agaynst
glotony:ꝛ thou shalt ouercome all other vyces. and
in any wyse bewate of ouer moche ocyosyte but o=
ther be exercysed with redynge wzytynge pzaying
oz amẽdynge some pzofitable thynge foz ꝑ comone
well. And spirituall labours be moze surely done in
secrete place thã in comon:ꝛ be we nat slowe i those
thynges that shulde redoũde to ꝑ honour of god/ꝛ
comon pfite of man:ꝛ redy to those thynges that re
turne to our siguler ꝛ ppze auãtage. And it is nat ex
pedient to continue al wey in one labour/but i one
mauer on the holy day ꝛ another on the feryall daye
one the tyme of tribulacion and tẽptacion another i
the tyme of peace. And of the festpual day we ought
to solẽpnyse it accozdynge to the solẽpnite/so ꝑ the
moze highe fest ꝛ solempne the moze inlye deuocyon
by ryght shuld we haue. And whan that one feest is

gone we shulde order our selfe to a nother feest as
the fygure of the euerlastynge feest of heuen which
as for a tyme is delaide till we be more redy & anour
ned with charite & other vertues & our merites co-
plenisshed for the which our lorde hath prefixed a ty
me in the whiche we ought to be cyrcuspecte & wat
chynge i vtuous labour of p which speketh our sa-
uyour i the gospell of Luke/ Blessyd be p seruaunte
that is founde wakinge in the cominge of our lorde I
say surely to you sayth the euangelyst that our lorde
shall promote hym to the place of eternalle felycite
where he shall haue all pleasure & goodnes that any
creature may of reason despyre.   The .rri. Chap-
tre is moch coueniet for religious people how they
shulde kepe theyr solytary lyfe & sylence.

And thou wilt withdrawe thy selfe from cu
ryous & superfluous wordes from ociosite
& vnprofitable langage than thou shalt fynde tyme
sufficient & apte to haue good meditacions/and to
remembre the great benefites that god hath don for
the. The most holy men & women that euer were a
uoydynge all worldly company haue chosen to fer-
ue god in secrete placts & one holy man sayde I co-
me neuer amoge company but I depte with lesse vtu
as it semeth me as we maye see by experyence yt is
more dyffyculte to kepe sylence in company than to
be fo cyrcumspecte that we offende nat in no circum
staunce of speche: It is moche more sure for a religi
ous persone to byde at whome in solitarye contem-
placyon/than to be abrode in the worlde whers he

may lyghtly be brought in many kolde temptacyōs
Therfore they that entende to come to spirituall p̄=
feccion they must without faupour auoyde the tu=
multuous cōpany of people ꝭ there be no religious
people that with surete apere to the worlde but they
be glad to be dymysshed from worldly occupacion /
And there is no man sure in prelacy but he that is re
dy to be subiecte. And none that surely cōmaundeth
but they that be redy to be obedyent. And no man
surely toyeth but he that hath testymony of a good
concyence. None speketh surelye but they ꝭ be glad
in tyme to kepe sylēce. And euer the surete of blessyd
people is full of the drede of god ꝭ euer the more gra
ce and uertuous theyr soulys were anourned with
the more meke ꝭ obedyent they were both to god /ꝭ
man. The suerty of euyl people rysith of pryde / and
presūpcion ꝭ in the conclusion it dyscyueth them. ꝭ
if thou be monke of the charterhouse anker / or anke
res as lōge as thou lyuyst in this lyfe euer beware
of presumed suerty ꝭ thynke that many holyer thā
thou in the syghte of the worlde for theyr inwarde
clacion ꝭ presumpcion haue perisshed ꝭ therfore to a
uoide this inwarde vayne glory ꝭ presūcion it is ex
pedyēt that we be exercysed with temptaciō / O that
religious soule that wolde ꝭ it might cōtempne all
transytory toye and neyther wolde ne it mystred to
dele with the worlde. Howe pure a cōscyēce myght
it preserue. O that soule that wolde putte awey all
worldly busynes ꝭ wolde labour allonly for godly
thiges ꝭ gostly goodis ꝭ put all theyr confidence in

god how great pese & qetnes shuld that soule haue /
There is no persone worthy to haue heuenly confo
lacio but if they exercyse them selfe in holy copuccio
& penaunce Copuccion is remembraunce of our syn
nes with great displeasure which must be done i se
crete place as (Dauid saith) Lete thy inly sorow for
thy synnes be don i thy secrete chaubre. O thou rely
gius psone thou maist fynde that grace in thy celle
which thou mayst lyghtly lese wout in the worlde
And thy celle well inhaunted shall waxe swete. and
if thou inhaute it nat well. It shall induce y ito we
rynes & displeasure. If thou wilte i the begynnige
of thy couersacion indeuoure thy selfe to brynge y
into a custome to abyde in thy celle with remebrace
that for a lytell tyme ocuppinge thy selfe well there
thou shuldest therbycome to euerlastynge liberte &
the abydynge that shuld be full plesaute to the. The
deuoute soule in silence & qetnes moche pfiteth and
there comith to thy vnderstandige the knowlege of
y hydde scripture of god. There it may fynde y wa
ter of contricion & teris wherby it may wasshe & cle
se it selfe from sine. And euer the more it withdrawe
it selfe fro all worldly tumultu9 busines the more fa
myliar & dere it shalbe to god. And tho persons y w
drawe them from theyr worldly frendes & knowle
ge our lorde with his aungels shal drawe nere & a
bide with them. It is full expediet for a religi9 sou
le to auoide y vn pfitable plesure of worldly sightis
nother despre to see the worlde / ne there to be seen /
why woldest y see y thige that by right y maist nat

haue. And if thou myghtest haue it yet thou shulde
haue lytell contynuaunce therwith for the worlde
passeth with all his plesaunt delites. The sensuall de=
sires draweth & moueth a religius person to go abro
de but whan short renynge or pleasure is past what
remayneth but remorse of consciece & indetnes of her
te It is oftymes sene þ a glad goinge out folowith
a sory returnynge. And a mery euentyde foloweth a
sory morow tyde / for all carnall & sensual ioy entreth
with delyte bodely but i conclusion it displeseth & hur
teth. What mayste thou se wout thy cloyster þ thou
maiste nat se within. Beholde there heuen & the ele=
mentis wherof all erthly substauce be furmed what
can thou se vnder the sonne that may any space aby
de. If all worldly plesures & bodyly were present what
shuld it be but a vayne sight lyft vp thy iyen to heue
& pray our lorde of mercy for thy synnes & necligece
leue þ vaine thiges to those þ be vayne & attende to
those thynges þ our lorde comaudeth & shet the dore
of thy soule & calle thy lorde Jesu to þ & abyde with
hym i thy cell for thou shalt not fynde so great peas
in no other place. And thou woldest nat go fourthe
ne gyue attendaunce to thinges vnprofitable thou
shuldest rest i more detnes. But if thou haue delyte
to here noueltise thou muste somtyme therof suffer
trybulacyon of herte.

¶The.xxi.chaptre is of þ copunccio of manis hert.

ANd thou wylte proffyte spyrytually preser=
ue the in the drede of god / and stande rather
vnder obedyence / than in thy propre wyll refrayne

all thy sensuall partes with the brydell of reasō ꝛ tē=
peraūce. Haue pfite cōpunccion of hert ꝛ thou shalte
fynde inly deuocion. Cōpunccyon ꝛ soꝛowe foꝛ our
synnes sheweth many thynges to vs that a dissolu
te behauiour hideth and leseth. It is maruieyle that
any persone in this woꝛlde consideringe his exyle ꝛ
great ieopardise can be mery in any woꝛldly thyng
foꝛ the vnstablenes of herte ꝛ neclygence of our de
fautes we pccyue nat the soꝛowe of our soule ꝛ ther
foꝛe we oftymes laugh vaynly at those thiges whe
reat we shuld rather wepe. There is no pfite liber=
te ne true ioye but in the good conctence and in the
dꝛede of god. That persone is happy that hath grace
to auoyde the impedimentys of holynes of mynde
ꝛ can assemble all the vertues of theyꝛ soule in very
true cōpuccyon and meditacion of god. That psone
is happy that auoydeth euery thynge that maye of
reason offende his conctence. Than they that be o=
uercome of customable synne let them stryue mygh
tely agaynst theyꝛ custome. Foꝛ euyll custome may
be ouercome by good custome. Haue thy consideracion firste of thy selfe: and monisshe thy selfe befoꝛe
all other frendes. It is nat expedlēt that man i this
lyfe haue many consolacions woꝛldly and if we ha
ue nat deuyne consolacyons: it is foꝛ that we haue
nat true cōpunccyon of herte:oꝛ ellys that we re=
fuse nat vayne consolacyons of the woꝛlde we shul
de repute our selfe vayne ꝛ vnwoꝛthy to haue deuy
ne consolacions, but rather we deserue moche try=
bulacion. The vertuous soule wheder it consyder

Imitatio cristi. C.i.

it selfe or a nother it fyndeth mater of compunccion
and sorowe:for it knoweth that none lyueth i this
worlde without tribularion. The mater of true cō-
tricion / ¶ compuccion euer be our synnes / ¶ vyces
wherby we be so disposyd that we may seldome be
holde perfitely heuely thynges. And thou woldest
as busily remēbre thy deth as thou doest ꝑ lengtho
of thy lyfe thou shuldest more feruētly apply thy sel
fe to amende the. And if thou woldest ꝑfitely remē-
bre the outragious peynes of hell ¶ pourgatory. I
suppose thou woldest be glad to suffre tribulacyon
peyne / ¶ labour:here in this worlde with that thou
myghtest auoyde those outragious peynes of euer
lastynge damnacion. But for those thinges be nat i
our consideracion. ¶ for we apply our selfe for wor-
dly pleasure therfore we contynue rempsse / ¶ colde
for lacke of grace ¶ inly deuocion. And for the mide
of man is nat constaunt in vertue:therfore the body
is more frayle ¶ lyghtly offēdeth. Therfore pray de
uoutly ¶ mekely to our lord:that it wolde plese him
of his grace to gyue vs the spirite of cōpunccion / ¶
say with the ꝓphite. Good lorde fede me with ꝑ bre
de of cōtriciō ¶ w ꝑ habūdaūce of teris for my drike

¶ The. xrii. chaptre of the consideracion of the
mysery of man.

Here soeuer thou be or where soeuer thou
cōuerte the:thou arte but a wretche with
out thou cōuerte thy selfe vnto almyghty god wher
fore arte thou troubled:if that any thynge happene
nat to thy pleasure. what creature i all this worlde

hath all his pleafure. Se nat we that almighty god
fuffered many iniuries & wroges.and that perfone
hath mooft auauntage in hope ŷ mooft fuffreth pa=
ciently for the loue of our lorde.The frayle worldly
people beholdyng only outwarde thynges fay thᵉ
Beholde howe good a lyfe this man hath howe ry
che:howe great poffeffyons:howe myghty power
how ftröge and fayre of nature.But thofe goodes
be of lytell certente euer in mouige and they be pof=
feffed euer with labour and feere.Therfore beholde
the heuely goodes that fhalbe poffeffed with all ple
fure and neuer fade.The felicite of man ftädeth nat
in the habundaunce of worldly goodes:but hit re=
quireth thynges neceffarye for this worlde.Euer ŷ
more fpirituall a man defyreth to be/ŷ more bytter
nes he perpueth in this worlde & more clerely perey=
ueth the fautes of our corruptible kynde/& therfore
the prophite Dauid defired of our lorde to be deliue=
red from all fuche neceffarye defautes that i maner
let men to come to pfecciõ.But wo be to them that
knowe nat theyr myferye/& wo be to them ŷ haue
theyr greateft pleafure in this miferie & corruptible
lyfe:for and fuch myght euer lyue here they were cõ
tent difpyfynge in maner the true felycite to come:
where euery man that cometh is moft pfytly fuffy=
fed.O how vnhappy & vnfeythfull creature that by
inordynate defyre of träfetory & erthlye thiges arte
fo blynde that thou haft no fpirituall taft:but of car
nall thynges.But at the houre of thy deth thy eyrn
fhalbe ppened with peynes & than thou fhalt know

Imitatio crifti.   C.ii.

howe vyle & litel of reputacion these thynges were wherin thou dydest put thyne vnhappy felicite. But the holy sayntes and the deuoute louers of god haue nat pryncypallye attended to those thynges that were pleasaunt to the flesshe / or those thynges that haue temporallye florysshed in this worlde: but all theyr hope / & entent was in this worlde to possesse the goodes eternall. All theyr delyre was exalted to the moost hye and inuysible good leste it shulde be drawen to erthely thynges by ye meane of thynges vysible. O thou dulle sowle that perseuerest in outwarde trybulacyon / or inly temptacion and i both ouercome remembre that in tyme of trybulacton or temptacion is the most frutefull tyme of merite for thou must go throughe fyre and water befor thou come into the place of fynall consolacion and reste / And thou shalte neuer ouercome vyce but by vyolence: we may nat longe be without synne / tydeousnes / or sorow as löge as we bere this frayle body about with vs. we wolde be gladde to haue quyetnes from all synne and mysery: but for asmoche as we haue loste innocencye by synne we be nat worthy to haue here the place of ioy and felycite. Therfore we must by pacience abyde the mercye of oure lorde vnto the tyme that oure myserable mortalyte be perfitly chaunged into the lyfe perdurable / and immortalle. O how frayle is our humayne lynage euermore prone & redy to vyce. This day thou arte confessed of thy synnes: the next day thou returnest vnkyndely to the same synne. Nowe thou pourpo

lest to cesse fro thy synne and within the space of an
houre thou fallest vnto the same: as thoughe thou
haddest made no promyse ne purpose contrary / and
therfore we haue suffycient occasion of humiliacio
wherby we may manyfestly preyue our owne ifyr
mites & vnstablenes. And that vertu that we longe
tyme laboured for & by grace obteyned is sone lost
by neclygence. And we be rempsle & necligent now
whan we be moost myghty to laboure what shall
we do whan we ware dull in wytte & feble i body
O howe vnhappy be those that repute them selfe su
re cessynge to labour agaynst vyce as they were su
re i good lyfe. & yet there is no token in maner of p-
feccyon in theyr lyfe: & they that thynke themselfe p
fite as I haue rehersyd it were expedient that they
were instructe as Nouices begynners to growe i
more perfyte vertues.

The.rriii.Chaptre of the meditacion of deth.

P Roupde for thy selfe whyles thou arte here:
for thou seest that this day a man is: and the
morowe he appereth not. And whā that he is with
drawen frome the bodely syght / he is sone forgoten
gostely. O the great dulnes / and hardnes of mānis
herte that more myndeth & proupdeth for transeto-
ry thynges present: than eternall thynges for to co-
me. If þ woldest i euery worde / warke / & thought
remembre as thou shuldest soone dye than thou ha
upnge a good conscience shuldest nat so inordynat-
lye fere deth. It is more profitable to auoyde Syn
ne than to fle deth. If thou be nat redy this daye to

Imitatio cristi.   C.iii.

dye by the same reson thou shalt nat be redy to mo=
rowe. For to morowe is a day vncerteyn and thou
knowest nat whether thou shalt contynu therto or
nay. What auayleth it to lyue longe & thy lyfe to be
lytell or nothynge amended. A longe lyfe encreaseth
nat alwey vertue: but dyuers tymes synne and vy=
ce / wolde god we myght be conuersaunt euery day
in this worlde without any offéce. ¶There be ma=
ny that counte many yeres of conuersacion: but ful
fewe of frutefull lyuynge. O it is ferefull to dy but
parauenture it is more ieoperdyous to lyue lenger.
Blessyd be tho persons that contynuallye haue the
houre of deth before theyr syght: and that euery day
dispose them selfe to dye. Reduce to thy remembraū
ce some persone that thou haste seene departe / and
thynke also that lyke wyse thou muste nedes depte
whan thou rysyst in the mornynge doute whether
thou shalt contynue in bodely helthe vnto myghte /
And therfore euer dispose thy selfe to be redye that
deth may neuer fynde the vnredy / nor a slepar / and
remembre howe many do departe sodaynlye / and
whan they leest haue beleued they haue gone. The
sonne of man both god and man our Iuge shall co=
me that tyme whan we leest wene as he sayth hym
selfe. whan thy laste houre cometh than shalte thou
repent full sore of thy remysse / and neclygente lyfe:
Howe gracious / and happy is that soule that now
in his lyfe laboreth to be i that state that it desyreth
to be founde in his deth. To contempne the worlde
perfytelye: ys a great desyre to profyte in vertue / lo=

ye of dyscyplyne/labour in penaūce/a prompte wyll
to obedience/redye to forsake theyr owne wyll the
supportacion of euery trybulaciō for the loue of our
lorde these shall enduce vs to haue a great confyden
ce to departe happyly out of this worlde/It is mo=
che better betyme to prouyde for thy selfe and synde
thy goodnes before the than to trulte to other that
parauenture shall noughte or lytle prouyde for the /
And thou labour nat now busyly for thy selfe who
shalbe be busy for the in tyme to come. Nowe the ty
me is very precious: But it is lamentable to spende
that tyme vnprofitably where we myghte deserue
goodes of the whiche we shulde lyue and ioye eter
nally/the tyme shall come that thou woldest be full
gladde to haue one day or houre to amende thy selfe
in/but I knowe nat whether thou shalt obteyne it
or naye. O thou vncircūspecte soule of howe great
pell & fere myghtest thou delyuer thy selfe of nowe
if thou woldest now fere to offēde god & suspecte ꝑ
comynge of deth. Study now to lyue so that in the
houre of thy dethe thou mayste rather ioye than fe=
re. Lerne nowe to dye frome the worlde that than
thou mayst begynne to lyue with cryst. Lerne now
to contēpne all wordly thynges that thā thou maist
frely without any impedimēt goo to cryste. Chasty
se thy body now by penaunce & than thou mayst ha
ue certen cōfidēce of rewarde. O thou vnwyse man
why makest thou so great and sure proupsiō for the
tyme to come/whan thou arte nat sure that thou
shalte nat lyue one daye to the ende. Howe manye

haue deceyued thynkynge to lyue longe & sodenlye
haue deceased. Howe oftētymes haste thou harde of
those that be departed: howe some haue be slayne wt
swerde: some drowned: some fallynge fro hye place
haue broken theyr necke: some etynge haue be strā-
gled: some with fyre: some with Frō: some with the
ues haue be distroyed & so the ende of euery man in
this worlde is deth: & the lyfe of man in this worlde
as a shadowe vanyssheth awey. who shall remem-
bre or pray for the after thy deth thou knowest nat
Therfore nowe instore thy selfe of ryches imortall
that shall contynue after thy deth. Euer laboure for
that thynge that may honour god & helpe thy soule
& attende therto. study to make the sayntes of heuē
& the frendes of god thy frendes: & they shall recey-
ue the into euerlastynge tabernacles: Thou religi-
ous soule behaue thy selfe vpon erthe as a pylgrym
& a straunger: for it perteyneth nothynge to the to
interupt of þ busynes of this worlde. Preserue thy
herte fre & directe it to our lorde for thou hast no cy-
te here abydynge & therfore directe thy dayly mour
nynge & prayer vpwarde: that after thy spyryte dep
te fro thy body it may be worthy to be gracouslye
translated into that celestiall & perpetuall Cyte.

¶The.xxiiii. Chaptre is of the last iugement & pey
nes deputed for synne.

IN all thy labours beholde the ende & howe þ
shalt stande before þ iuge to whome nothige
can be hyd / he that day shall nother be moued with

rewardes for prayer nor any other cause that maye
be alegid but he shall iuge that is rightwis. O thou
myserable vnwyse synner what shalt thou answe=
re that day to that lorde knowlige all that euer thou
haste don. If thou fere somtyme in this worlde the
face of a mortall man whiche thou haste dyspleased
howe moche more shuldeste thou feere the face of
thys thy eternall Iuge why proudest thou nat for
the day of iugement. whan there maye no man be
accepted or defended by a nother. But euerye man
shall answere for his owne selfe. Now thy well or=
dered laboure is frutefull thy wepynge acceptable
thy mornynge worthy to be herde thy sorowe pur=
geth / and is satisfactorye. The pacyent man that
more lamenteth for the malyce of synners. Than
for his owne iniurye hath an holsome pourgatorye
And lykewyse they that praye for theyr ennemyes /
and in theyr herte forgyue theyr offences & they that
tarye nat to aske forgyuenes of other for theyre of=
fences. And be more redyer to rempytte thanne to be
wrothe. And they that by vyolence restrayne theyr
selfe fro synne / and euer be busy to make the bodye
obedyent to the soule. All those haue an holsome
pourgatory in this lyfe. It is moche more profyta=
ble nowe to pourge oure synne / and bytte it away
than to abyde the pourgacion therof with the fyre
of Pourgatory. Verely we deceyue oure selfe by in=
ordynate loue that we haue to oure selfe. what shall
the fyre come to deuoure but thy sine. Euer the mo=
re thou sparyste thy selfe nowe. And so folowyste

than thou mayst be delyuered from great tribulacy
ons. If thou wylte in any wyse by contynuauce of
thy synne order thy selfe to the fyre make experyence
Putte thy hande in the fyre: If thou may nat suffre
thys lytell peyne: howe shalte thou endure to suffre
thy hole bodye perpetuallye to be put in the fyre If
nowe a lytell passyon make the so impacyent what shall
the intollerable peynes of hell do to the. Than take
hede for thou mayst nat haue thy full pleasure bodyly
here/ and in the lyfe to come the habundaunce of
spyrytuall ioy. Therfore if thou wylte afterwarde
reygne with Cryste in perpetuall pleasure folowe
hym here in thys lyfe with penaunce. If thou had-
dest lyued frome the begynnynge of the worlde to
thys daye in all honour and pleasure that were pos-
syble to be hadde in this lyfe they shulde nowe be al
paste: as a dreme that shortlye appereth/ and soone
ys forgotten. And if thou shuldest lyue nowe lyke-
wyse to the worldes ende/ and than departe what
shulde remayne of these pleasures nothynge. Than
we maye conclude that all worldly pleasure is but
vanyte/ and all other thynge in this worlde is va-
nyte sauynge the loue of god/ & his seruyce or any
thynge ordred to these. That soule that loueth God
with all his herte/ nouther fereth deth worldly nat
her turmentes/ iugement/ ne helle. For parfyte loue
hath sure passage to our lorde. Who so euer hathe
delyte to offende it is no marueyle if they drede deth
and theyr Iugement. And if that the loue of god
maye nat withdrawe the fro synne/ than hit is

good & expedient that thou cesse of synne for the fere
of the peynes of helle. And that psone that pferreth
any worldly loue before the loue of god can not lóge
stande in the state of grace: but he shal soone be tyed
in the snare of the deuyll.

The .xxv. chaptre of the feruent emédacyon of all
the lyfe of man.

LOke that thou be wakynge & dilygent i the
seruice of god & thou relygious soule remē-
bre busyly whither thou art come / & why thou hast
forsaken ý worlde / was it nat for that intent ý thou
shuldest become a spirituall man / or womā / and to
loue / & serue god onlye. Therfore incyte thy selfe to
haue feruoure of spirituall profyte. For thou shalte
shortly receyue thy rewarde for all thy labours and
in that heuenly inheritaunce shalbe nouther sorow
ne fere. Now we labour a lytell / & than thou shalt fide
great reste / & perpetuall gladnes / if thou wylt feith
fully / & feruétly abyde i vertuous labour thou shalt
fynde without dowte that our lorde shal feythfully
& habūdauntly rewarde the / and haue hope ý thou
shalt come to victory. But it is expedient that thou
therin haue nat to great suerty: lest thou be necligēt
or exalted therby in thy mynde. There was a cer-
tayne persone that was oftymes folowynge in his
mynde betwene fere & hope / and on a tyme beynge
full of anguysshe & sorowe in a churche fell prostrat
to the grounde seyinge these wordes. O if I myght
knowe whether I shall perseuer / & ouercome this
great temptacyon that I am in: anone he herde the

answere of our lorde shewed to hym i his soule say-
tnge. What woldest thou do if thou knewest that/
Do nowe that/ as thou woldest do than: and ther-
by thou mayste haue surete. And so anone he was
reconforted: and commytted hym selfe to the wyll
of god/ and of his flowynge and vnstedfast mynde
was paysed/ and wolde no more by curious inqui-
sycyon desyre to knowe what shuld befalle to hym
in tyme to come: but rather he studyed to knowe the
wyll of god/ he stustyed to conferme his wyll to the
wyll of god: as well in the begynnynge as in the en-
dynge of euery dede that he shulde do. The prophet
Dauid exortynge euery man to vertue sayrhe. Do
well and hope in god Inhabyte the erthe and thou
shalte be fedde with frutes therof. The contynuall
gruge and laboure of temptacyon and trybulacion
withdra with righte many fronre profyte and fer-
uent emendacyon. Uerely they that inforce theyre
selfe with myghtye applycacyon to ouercome those
thynges that be greuous and contrary to the helth
of theyr soules: they profite in excedyng other/ and
a man in mortyfyinge of his sensuall partes / and
ouercomynge of hymselfe therin specially he profy-
teth & cometh to more habundaunce of grace but e-
uery man hath nat in lyke to ouercome or to morty-
fye. A feruent louer of god if he haue mo and greatt
passyons or lettynge shall more spyrituallye profyte
than y vertuous psone y hath lesse feruour to vertue
There be two thynges that specyally helpe a soule
to come to vertue to withdrawe it selfe violetly fro

those thynges that corrupte nature is enclyned to ⁊
feruently to labour for that grace or vtu that we y=
ceyue we haue moost nede to. Gyue hede in any wy
se that thou auoyde those vyces i thy selfe that thou
arte moost greued or myscontent within other mē:
and be gladde to gether vertu of euery ꝑtuous crea
ture as the hony Be gathereth his hony of dyuers
floures so consider all those that thou arte couersāt
with. Chose of echeone of them some vertue refusig
theyr vyce take the fayre floure frome the brambell
and hurte nat thy hande of the thorne. And it happē
the to be hurte indeuoure thy selfe to be recouerede
without delay. as thyn eye considereth the warkes
of other/ so thou arte noted of other. O howe iocun
de/ and mery is it to be couersaunt with company
of honest name and fame/feythfull/ and feruent in
the loue of god. And contrary wyse it is greuous to
be accompanyed with tho that be disordered bothe
to god and man: that nouther as louers ne feithfull
subiectes haue complenisshed those thiges that they
be called to. Howe inconuenient thinge is a ꝑsone
to be neclygent in those thynges that he is called to
of our lorde: and to gyue hede to those thynges that
he is nat bounde to. Reduce to thy remembraunce
the state of thy perfeccion ꝑ thou arte called to the J
mitacion of iesu criste or seruice: Cōsider well his ly
fe ⁊ how farre thy lyfe discordeth therfro ⁊ ꝑ shalt fi
de thy selfe no good dyscyple nor scoler but rather a
truande or apostata. That relygious soule that de-
uoutly exercyseth it selfe i the lyfe and passyō of oure

Imitatio cristi.   D.ii.

lorde shall fynde therin all thynges pfitable & neces
sary for it & habundauntlye & shall nat nede to seche
any better thynge/than in this lyfe is conteyned/O
that soule that myght alwey haue the remembrace
of Iesu crucifyed:how soone & sufficiently shuld it
be enfourmed with knowlege necessarie:A feruent
relygyus soule paciently suffreth & obserueth those
thynges that be comaunded to it/And a neclygence
& a remysse relygyous soule hath trybulacyon vpon
trybulacion/and suffreth anguysshe & tribulacyon
on euery party/& that is for it lacketh inly consolacy
on/and is restrayned from out warde cofort. That
relygyous persone that lyueth without discyplyne
is redye to fall to ruyne.And that man that euer se
keth more large maner and liberte in his lyfe:shall
be alwey in anguysshe & trouble/and euer shall dis
plese hym onther that lyfe/that he hath begonne or
elles for he hath lefte a better.Take hede howe ma
ny religious people for the loue of god & euerlastig
ioy & liberte nowe obedjently lyueth vnder the rule
of strayte relygyon.They be withdrawen from the
worlde/and desyre nat to be greatlye conuersaunte
with the worlde they be porely fedde/content with
vyle/& grosse clothynge:they labour moche & speke
but lytell superfluously/they watche longe and so
ne ryse:longe in prayer/and holy redynge of frute
full doctrine/and þ they may come to euerlastynge
liberte.They kepe theyr selfe from the space of this
short lyfe vnder obedience and in pryson. Consyder
the holy orders of relygyon bothe of men & women

as those of the charterhouse/obseruauntts/mino:s
& mino:es holy ankours & ankeres how besily thet
labour nyght & day to plese & serue our lo:de:These
quicke eraumples of so great multytude shulde in=
duce the to be ashamed to be so vndeuout & remysse
in the seruyce of god. O howe iocunde & plesaunt a
lyfe shuld it be to a soule that had no wo:dly thynge
to do but loue god contynually with all his herte in
warkes and wo:des. O if we myght contynue in
this lyfe without bodely refeccion as etynge & d:in
kynge slepynge/o: anyother bodely necessites and
take hede only to holy medytacion & gostly sedinge
& refeccyon of oure soule/than we shulde be moche
mo:e happy thã we be nowe i seruynge/& attēdige
mo:e fo: bodely thynges than gostly p:ofite. whan
man cometh ones to that perfeccyon that he seketh
consolacion of no creature/thã begynneth he to ha
ue a spirituall tallage in god/& whan he is content
with euery fo:tune as well with aduersite as p:spe=
rytē cōfo:mynge and referrynge all his warkis to
god to serue & obey to his wpll/Euer remēb:e the
ende of euery thynge that thou begynnest/and also
that tyme loste can nat be recouered/and thou shalt
neuer obteyne vertue without labour & diligence &
whan thou begynnest to be remysse in spirituall la=
bours than thou begynnest to waxe eupll. If thou
applye thy selfe spiritually to mo:e vertu thou shalt
fynde great pease and than by grace of God & loue
that thou hast to vertu thou shalt side the spirituall
exercyse in vertue euermo:e delectable & lyghter/a

Imitatio cristi.   D.iii.

feruent & louynge soule is euer redy to all thynges
that be expedient to the pleasure of god & spirituall p=
fite of it selfe. It is more labour to resist vyce and in
ordinate passions/than to be occupied in bodely la-
bours and if þ wylt nat gyue hede to auoyde þ lesse
synne thou shalt soone be enduced to the more. And
whan thou hast brought the day to the euyntyde in
vertuous occupacio without any great displesure to
our lorde than thou mayst be glad & surely take thy
rest in hym. And euer before all other soules take he
de to thyn owne soule excyte & moue thy selfe to vtu
and what so euer thou doest be neuer necly gent in
those thynges that be necessary for thy soule & loke
how moche thou desyrest to pfite/& so moche aplye
thy selfe vyolently to goostly & spirituall labours. &
thus endeth the first boke of Johu Gerson of the I
mytacion of Crÿste.

¶Here begynneth the.ii.boke of Johu Ger-
son of the inwarde & deuoute couersacion of
the soule of man.

After the setence of our sauyour Je-
su Cryst the inwarde regne of god
is in the soule of man: Returne thy
selfe with all thy herte to oure lorde
and forsake the inordinat loue of the
worlde and thy soule shal fynde rest
lerue to contempne outwarde thynges & apply thy
mynde to iwarde thiges & thou shalt pcepue that þ

kyngdome of god shall come to the wher with co=
mith peace & ioye in the holy goost that is nat graū
ted to no wicked man. If thou wylt ſpare i thy ſou
le a condynge manſion cryſte shall come, and abyde
there to thy inly conſolacion. All the pryncypall ioye
and delyte that god hath in man / is i the obedyence
and vertue of the ſowle: there he is cuſtomably wt
marueylous ſwetneſſe / and great famyliaritte com
fortably fedynge it with gooſtely ſpeche & doctryn
O thou feythfull ſoule prepare thy herte to Cryſte
thy ſpouſe that he may come therto: & by his good=
nes make therin a manſyon. For he ſayth in the goſ
pell of Johū: who ſo loueth me he shall obſerue my
commaundementes and my fader and I with the
holy gooſt shall come to hym and make with hym i
habitaciō by grace untyll we brynge hym to ẏ cele=
ſtiall habitacion of glorye. Make redy a place i thy
ſoule to hym that creat it / and lette nothynge haue
intereſſe therin that may offende hym. If he abyde
with the that is lord of all rycheſſe how mayſt thou
be poore he shalbe a ſufficient / and a feythfull prouy
ſoure for the in all thynge expedient for the i whom
thou muſte more conſtauntly hope / and beleue than
in euery creature: for all creatures mortall be muta
ble: for thoughe they promyſe neuer ſo ſuerlye / yet
they may be ſoone chaunged. But cryſte that is the
ſwete firmament euer in one abydynge may nat i
any wyſe breke his abſolute promyſe. Be a frende
that is mortall neuer ſo feythfull / or beloued: yet in
that / that he is mortall / & frayle he may be chaūgid

xviii Parte

They that this day be thy frendes to morowe may
be thyne ennemyes: & therfore put no sure confiden
ce but in god whom thou shalt loue/and fere aboue
all thynge. Here we haue no certen habytacion: but
wheresomeuer we be in this worlde we be as pyl=
gryms and straungers and shall neuer haue rest wᵗ
out we be vnyte to cryst/fyre thyne iye of thy soule
of the present thynges in this worlde of the pylgris
that goone by the way which be nat taryed by the
beaute of those thynges that ben in theyr way: but
theyr myndes renne moost of the ende of theyr iour
ney. So lette the iye of your soule be fyred perfitly
in heuen where be true iyes & than shall we be lesse
taryed in the vse of erthely thynges. Beware that
thou enclyne nat so moch vnto erthly thynges that
thin apperite be nat therwith attached & thou made
subiecte to the great enemy the worlde & so spiritu=
ally perisshe/ Let thy medytacion be alwey of hym
that is moost high & directe thy contynuall prayer to
cryst if thou can nat occupie thy mide in the high con
templacion of god rest than in the possession of oure
sauiour & let thy contemplacyon rest in his blessyd
woundes & there thou shalt perceyue siguler comfor=
te in all tribulacions bodely & gostly. And fere nat
moche of the detraccion of euyll speche of the worl=
dely people if thou gyue no cause therto. For we ha=
ue exaumple of our maister cryst that was most vyle
reputed/ and in his moste necessyte forsaken of his
frendes and aqueyntaunce. Cryste our leder wolde
suffre and be dispysed/& we desyre to be magnifyed

& loth to suffre iniure or wronge. Criste had aduer=
saryes & detractours/ and we wolde haue all to be
our fredes and benefactours. Howe shuld thy pacy
ence be crowned without aduersite. And thou wylt
suffre none aduersite howe shuldest thou be the lo=
uer of cryst. If thou wylt regne with hym in perpe
tuall pleasure suffre with hym here temporall tribu
lacyons If thou myghtest ones perfitely entre i the
inly deuocion of Iesu cryste/ and perceyue a lytell of
his feruent loue/ than thou shuldest but lytell force
all wordly auauntage or disauauntage but shuldest
rather ioye iniuries & contemptes shewed to the. For
the perfite loue of god incyteth man to cotynu hym
selfe i the inly loue of god that is free from all inor
dynate affeccions and may without defaute holye
conuerte hym selfe to criste and in hym haue perfy=
te reste and fruycyon. He that prayseth the good of
the worlde nat as they be extemed of the wordly pe
ple but as they be of price in theyr selfe that person is
very wyse and rather instructed of god than of ma
¶That soule that hath at lyberte the inwarde mocy=
ons of vertue & pondereth but lytell the outwarde
thinges he abydeth nother place nor tyme to haue
vertuous exercyse in good lyfe. The inly man may so
nerunite & calle to geder his inly powers & vertues of
his soule/ for they be neuer holy occupyed with out
warde thiges. The outwarde labour or exercyse is
necessarye for a tyme it letteth his soule but lytell of
his affeccions for euery thynge p behappith to hym
whether it be aduersite or prosperite he referryth it

to the wyll of god. Loke howe moche moꝛe a mã lo
ueth any woꝛldly thynge than it shulde be loued so
moche his mynde is distracte & lete fro the tru oꝛdi=
nate loue of god. If thy soule were pfytly pourged
from all inoꝛdynate affeccions euery auenture and
foꝛtune comynge to the shulde be ẏ augmentacion
of vtue & grace to thy soule. The cause why manye
thynges displease oꝛ trouble ẏ is that thou art nat
yet perfytly moꝛtified in thy selfe ne pourged frome
all ioꝛdinate loue of erthly thiges. There is nothig
that disoꝛdꝛeth oꝛ fyleth the soule of mannas in pure
& disoꝛdꝛed loue of creatures. If thou woldest seke
no woꝛldly consolacion outwarde thou mightisꞇ ha
ue thy meditacion and heuenly cõsolacion i thy sou
le the which excedeth all woꝛldly & trãsptoꝛy cõfoꝛte
as heuen excedeth erthe.

¶ The seconde chaptꝛe of the humble subiectyon
of the subiecte to the pꝛelate.

W   Ho so euer be with ẏ oꝛ contrary to the
laboure with all thy myght to haue thy
loꝛde god with ẏ in euery vyage oꝛ thig
that thou doest / and than thou mayste
saye with Dauyd the pꝛofyte / god is my helper I
shall nat fere the ennemye of man. The most imme=
diate meane to god with the / is to haue a good clea
ne conscience. And loke to whõ so euer god putteth
furth his hande to helpe ther can no aduersite hurte
hym. And if thou canst kepe sylence / and payence
thou shat without doute percepue the helpe of god
in thy nede. He knoweth the tyme / and the wayes

of delyueraunce ¶ therfore refrayne ¶ committe thy
selfe to hym. It pteyneth to hym to helpe ¶ delyuer
feryth full obedient soules fro pyll ¶ ieopardye. It is
expedyent for our humylyacion ¶ meryte that som=
tyme other people knowe our defautes ¶ synnes ꝑ
they may correcte ¶ repreue vs. Whan man for hys
owne defautes humpleth hym selfe thã he hath mo=
re compassyon of the fraylte of other ¶ reconsyleth
hym selfe to those that haue offended hym ¶ côtrari
wyse he reconsyleth them to hym. Almyghty god ꝑ
tecteth ¶ defendeth the meke man obedyêt ¶ hym he
knoweth ¶ coũcelleth ¶ enclyneth hym selfe to hym
¶ sendeth great hãbundaunce of grace to hym ¶ she
weth his secrete councell to hym. Also he inuiteth hi
¶ draweth hym by grace benignly ¶ after his humpli
ation ¶ depression he enhaunceth hym to glory ¶ The
meke obedyent soule proued by iniury ¶ confusyon
maye rest in peas. For in as moche it is côtêpned of
the worlde it is in maner côstrayned to fle ¶ rest in
god ¶ neuer estimate thy selfe to haue perfite profite
without thou repute thy selfe most vyle of all other

¶ The .iii. chaptre of ꝑ restfull ¶ quyet persone.

LOke thou first be quiet thy selfe ¶ than thou
mayst the better pacifye other. A pacient mã
is more cômendable ¶ profitable thã a great lettred
man ipacyent. A persone that is passionate lyghtely
beleueth the worst party cõmonly in euery thynge.
That person that is content applyeth euery thynge
best/and that soule that is nat well content is inqui

by dyuerse suspicios a nother quyet in hym selfe ye
yet suffereth other to be in peace/a speketh oftymes
those thynges that be nat syttynge/a omytteth to
speke of those thynges that were expediet to be spo-
ken of. He consydereth what other be bounde to do
a is neclygent in that/that perteyneth to hym selfe.
Haue firste a zele a a respecte to thy selfe/a that thou
mayst better attede to the dedes of other. Thou art
redy to excuse thy propre errour a defautes/a wylt
nat glider the fraylte of thy neyghbour. But it. we-
re more accordige to equite to excuse thy neyghbor/
a to accuse thy selfe: Jf thou wylt that other support
a suffre the thou must somtyme charitably support
a suffre other me how farre art thou from pfite hu-
mylyte a charite/by the which man shulde be moste
wroth with his owne offeces it is no great matter
of pacience to be couersaut with meke tractable/or
charitable copany. for with suche persons euery bo-
dy delyteth naturally to be accopaned: but it is a sig-
ne of great vtue a pacience to be querfant paciently
with frowarde wrathfull a euyll manered peple p
be redy to pue our pacience with cotradiccions in-
iuries a wroges. Blessyd be those that amoge this
people be pacient for to theym by theyr pacience per-
teyneth the kyngedame of heuen. And that person p
by grace can applie hymselfe more to suffre pacietly
shall obteyne more peas and may be called a conque
rour of hymselfe/a ouer the worlde a lorde a frende
of cryst a the inherttour of heuen.

The. iiii. chapter of pure mynde a true entent

MAn is eleuate & lyfte vp from erthely thyges
vnto spirituall thynges by feyth / & clenesse
of mynde as by the meane of two wynges. Thy en=
tent must be symple without any duplycite / and thy
affeccion or desyre pure from all disordenaunce. The
symple and true entent beholdeth god: but the pure
mynde apprehendeth & taketh taste of his ineffabl
swetnes. If thou be fre from all inly and inordinat
affeccion there shall no good operacion let the fro
the wey of perfeccion. That persone that entendeth
bothe the pleasure of god / & the profyte of his neygh=
boure maye haue true & ample lyberte of mynde. If thy
herte were perfytly mored / euery creature shuld be
a mirrour of lyfe / & a boke of holy doctryne to the.
There is no creature so vnperfite or vyle but i some
maner it sheweth the goodnes of god. if thy sowle
were pure from all inordynate affeccios thou shul=
dest se & prayse euery thynge in due order. A pure &
clene herte perynceth heuen & hell comsly. The i man
be disposicion of man is shewyd by his outwarde
conuersacion there is no ioye in this worlde to the
ioye of a clene conscience. And contrariwyse there is
no trouble or indignacion in comparison of the trou=
ble of the mynde discontent of euyll conscience / As y
Iron put in the fyre is clensed from the rust & made
clere & shynige / so the obedyent soule made hotte in
the fire of tribulacion is pourged from y rust of syn
ne & made clere i consciente and made ardent in the lo
ue of god / and so he is chaunged into a newe man
Whan a soule begynneth to be remysse in vertuous

Imitatio cristi.   C.i.

labour/thā it fereth a lytell labour & receyueth glad
ly the out warde cōsolacion.But whā it begynneth
pfitly to ouercome it selfe:& to walke mightily in þ
waye of god than it extemeth the labours/or trow
bles but light:þ whiche before were greuouse/and
importable.

¶The.v.chapter of the propre cōsideracion of man.

There shulde no vertuous psons haue great
confidence in theyr selfe for many tymes by
the meane of our presūpcion or temptacion we lacke
bothe grace and wysdome of true iugement þ spi-
rituall lyght that we haue is but lytel/& yet we lese
it soōne vp our negligēce.And dyuers tymes we be
so farre ouersene:that we wyll not or can nat pcey-
ue our propre blyndnes.dyuerse tymes we be euyll
in our dedis & in defence or excusaciō of them we be
worse.There be dyuers that estymate/and thynke
theyr dedes be done of zele./and charite the whiche
they do by inordinate passyon and carnalyte we be
redy to repreue smalle offences in our neyghboure
& to excuse our propre great offences:we be redy to
note the iniuries that be done to vs:but we cōsyder
nat what other suffreth of vs.If we wolde cōsider
well our ppre offences we shuld more paciently suf-
fre & iuge the defautes of other.The vtuous person
cōsiderynge howe he shall gyue accompte of his pro
pre offences:cōsidereth but litell the offēces of other
for whome he shall nat answere.Thou shalte neuer
be truly deuoute wnethou kepe s plēce of other men-
nes wackes &woordes/& dylygētly beholde thyne

owne. If thou gyue thyne attendaunce to god & to
thy selfe only: the outwarde conuersacyon of other
shall the lesse moue the / where art thou whan thou
arte nat present to thy selfe. If thou consider al other
thynges thy selfe nat considered what shall it auayle
the: Thou shalt pfyt specially i gostly lyuige if thou
preserue thy selfe fro tumultuous wordly occupacio
& that religious soule may nat greatly pfyte gostly
that moche applyeth it selfe to seculer occupacyons
Let nothynge be so derely accept to the as thy lorde
god or thynge ordred to hym: and estymate all delec
tacion or plesure of any creature nat ordred to hym
but vayne / a soule y pfitly loueth god / & reputeth all
thige vnder god & his seyntts but smale of price god
of his incomprehensible goodnes replenissheth y wor=
de & is the perfite solace of soule & gladnes of herte.
¶ The. vi. chapter of the gladnes of a good conscience.
He consolacion of a good soule is in consyde=
racion of a good & clere conscience. Laboure
euer to haue a good conscience / and than thou shalt
be contynuallye in gladnes: & myghty to bere pacy=
ently aduersitees. For a good conscience is euer glad
amoge aduersitees / & contrary wyse an euyll consien
ce is euer ferefull / impacyent / and inquyete. Thou
mayste rest surely if thy herte brynge rihhte repreue
the nat. Be no tyme glad but whan thou doest well
The euyll people haue neuer true or perfyte rest: ne
perceyueth nat the tulye peas of mynde: for as oure
lorde sayth by his prophete Isaie / there is no sure
peace to wyckyd people: and yf they thynke they be

sure ye doute nat aduersyte hauynge so great con-
fydēce in theyr selfe that they thynke nothynge may
remoue them frome theyr estate. Haue no confyden-
ce in suche maner of people: for withoute they be re-
tourned from theyr iniquite thou shalt sey wrathe
of god fall vpō them / and theyr subtylyte / and false
way shalbe made vayne and theyr thoughtis shall
peryisshe / and they also. It is nat greuous for a per-
fyte louer of god to ioy in tribulacion: for that is no-
ne other but to ioy in the crosse of Iesu crystte. The
honour or ioye that is gyuen to man of man is but
of smale quantite: & there folowech that ioye for the
mooste parte heuynesse. The ioye of good people is
in the conscience of them / and nat in the vayne com-
mendacion of men: and the gladnes of theym is of
god and in hym & theyr ioye in vertu & of good lyfe
& he that desyreth the true & eternal ioye foreth lytel
of temporall felicite. & that persone hath tranquilite
& rest of herte that rather desyreth worldly commen-
dacion ne foreth nat of temporall commendacyon /
thou arte nat more holye if thou be commended nor
lesse vertuous if thou be dispraysed: & whā soeuer þ
be commended or dispraysed / thou arte as thou art
& as our lorde þe sercher of secrete myndes knoweth
þ so thou arte vtuous or vicious & if thou consyder well
what thou arte withinforch thou shalt litel force of þ
outwarde langage of þe people / man beholdeth þe out
warde pte of the / but god beholdeth þe herte / man cō-
sidereth the werkes but god the entēt of euery dede
It is a goodly sygne of a meke soule that euer doth

& yet exteineth it selfe to do but litel or nought. that
soule that inquireth nat nor desyreth nat outwarde
testymony for it selfe: it is a signe that it hath committ
it selfe holy to god/ the probacion of a vertuous soule
stãdeth nat in the comendacion of their selfe but of
god. The state of the inly vertuous man is pryncy=
pally to order his mynde to god by obedience & lo=
ue & be at liberte from all outwarde iordinate affec
cions and desyres.

¶The. vii. chapt of þ loue of Jesu aboue al thiges.
BLessed is that soule that perfitly knowynge
Jesu crist loueth hym aboue all thynge/ and
for his loue contempneth it selfe/ as it is sittynge that
a kynge be most pryncypall in his owne reame So
it is accordinge that Jesu be ordred as a pryncypall i
the soule of man þ which is his realme as he sayith
hym selfe in the gospell of Luke. The kyngedom of
god is within you: that is to saye in the sowle of a
feythfull louer of Jesu. The loue of a creature ys
vayne and bnstable/ but the loue of iesu is feythfull
and perseueraunt. That psone that wyll rest,/ or be
supported of a dysceyuable or roton staffe muste of
necessite fall therwith/ & cotrary wyse be a soule ne
uer so feble/ or fraple/ if it wyll rest or applye it selfe
with all spirituall strengthe therof to Jesu cryste it
shalbe pfitly stablisshed & made strõge in hym / loue
hym & kepe hym before all other. For if all other fre=
des forsake the/ he wyll nat leue the ne suffre the fy
nally to perisshe. And thou must sometyme of neces=
syte be departid from all thy frendes of this worlde

Imitatio cristi.   E.iii.

But endeuour thy selfe to kepe this great frende Je
su & thou shalt nat be seperated frome hym neyther
lyuynge nor dyinge & thou shalt fynde hym so feyth
full to the that wha all other fayle of socour & helpe
towarde the he shall neuer fayle. And if thou wylte
auoyde all inordinate loue of creatures iesu wil glad
ly inhabite or abyde with ŷ. What so euer thou do to
man or receyue of hym nat ordred to iesus is as vay
ne & loste. Be nat adherent ne put nat thy confidence
in that thynge that is as an holowe stocke or a rede
hauynge no substaunce to susteyne the: euery man
lyuynge in a mortall body sayth our lorde is resem=
bled to hay. And all his bodely pleasure shall sone fa
de & fall as doth the floures i the medowe / If thou
attende & gyue hede to outwarde apparaūce of mā
thou shalt sone be disceyued. If thou wylt busily se
the solace & lucre / thou shalt fynde many tymes dis
pleasure & detryment. If thou seke thy lorde iesu in
euery thyng thou shalt truly fynde hym. And ilyke
wyse if thou seke thy selfe / thou shalt fynde thyselfe
but to thy distruccyon. For he that laboreth to haue
all other thynges & iesu cōtēpne is more ennemye to
hiselfe thā all his aduersaries ouer all ŷ worlde mat

¶The .viii. chaptre of the famylyer amyte (be.
and loue of Jesucriste.

What soule that hath the gracious presence
of Jesus hath all thige that is good with-
out any difficultes, vne & redy to euery v=
tuous operaciō & where iesu is nat present by his
grace / there is euery dede of vtue i maner peynfull

There is no perfite inly and goostely consolacyon/
but what iesu speketh in the religius soule/dyd nat
mary Mawdeleyne aryse sone whan Martha had
shewed hir that hir mayster cryste iesu was nyghe
and clepid hir. That may be called an happye houre
whan cryste calleth a soule from lamentacyon/and
wepynge/specially of mynde. O thou soule howe
harde & vndevioute arte thou whan iesu is nat with
the by assistence of his grace. It is nat more doma=
ge to lese his grace/than all the worlde what may
the worlde auayle the without the grace of the ma=
ker therof: It is in manera a peyne of hell to be sepe=
rate fro iesu/& it is a plesaunt paradyse to be vnyte
and knitte with hym by grace. And there shall none
aduersite ne other enemye ouercome the/as longe
as Iesu is with the/and that soule that seketh hym
and fyndeth hym hath founde the tresour of all tre=
soures: and if thou lese hym thou haste more doma=
ge: than though thou shuldest lese all the worlde/
That persone may be called moost poore that hathe
nat iesus/and he is mooste ryche that hath hym by
grace/it is great wisdome and cunnynge to be con
uersaunt with iesus to kepe hym with the. Labour
to haue perfite mekenes and to be quiet/& deuoute/&
Iesu shall abyde with the. If thou apply thy delyres
inordinatly to outwarde thynges/thou resectis y
inwarde grace of iesus/and than thou shalt be full
desolate of true amite and frenshyp/for withoute
his grace & gostely conforte/thou shalte neuer haue
perfytly gostely gladnes in hym afore all other/And

also we shulde rather wyll to haue all the worlde con
trary to vs:than to offende hym Amonge all thy de=
re & speciall frendes chose iesu as most dere feythfull
& speciall whom thou shuldest loue for hym selfe/&
all other mooꝛe to hym. For ther is none other: but
he that hath all degrees of goodes & amyte but he a
lone & therfoꝛe in hym & foꝛ hym loue both thy fren=
des & also thyn enemyes: & praye foꝛ them that they
may knowe god & pfitly loue hym. Neuer coueit to
be cōmended & loued singulerly. Foꝛ that of ryghte
belongeth to our loꝛde to whom none may be com=
pared. Mire neuer thy loue with any inoꝛdinat lo=
ue of creatures if thou wilt knowe howe swete Ie
sus is. But none may taste of his swetnes without
he be puente with grace: & specially called of our loꝛ
de all other callynges sette aparte: so ꝥ thou siguler
ly abyde with hym alone. Whā ꝥ grace of our loꝛde
cometh to a soule/than it is made stronge to euerye
thynge that it ꝟtue reqreth/ & whā grace depteth fro
the soule it is faynt & frayle vnapte to do oꝛ to suffre
that vtue cōmaudith: but it be with great difficulte
& peyne: but yet leue nat those dedes of ꝟtu & dispay
re nat: but cōfoꝛme thy wyll to the pleasure of Iesu
criste. Foꝛ after wynter foloweth somer/ after the
night the day: after the tempest the fayre wether.

⸿ The .ir. Chaptre of the desolacyon of woꝛdly con
solacyon.

Ｉｔ is no great maystry to contempne the cōso
lacyon of man whan that the soule is preuent
with heuenly comfoꝛte: but sothely that soule is full

harde besked that is desolate of cōforte bothe of god
and man/and yet if it can pacientlye suffre this for
the loue of oure lorde it deserueth to be conforted of
hym/what great mystery is it to be mery/and de=
uoute. Whā thou perceyuest the grace of god in thy
soule redye to helpe the. That soule rydeth full plea=
sauntlye whome the grace of our lorde supporteth/
and bereth vppe. what maruayle is it if that soule
be nat ouercharged with trybulacyon that is sup=
ported of hym that is omnypotente/and is conuey=
ed by his infynyte wysdome we be gladde to haue
consolacion and supportacion in all our lyfe and la=
boures and sory to be without them or to forsake our
owne propre appetyte/and pleasure. The holy mar=
tyr seynt Laurens was so feruēt in the loue of our
lorde that he gladly forsoke nat alonly the worlde ⁊
his speciall beloued frende and preste Sixtus/but
also his mortall lyfe by passion moost terryble and
frefull he ouercame the loue of man by the loue of
his maker ⁊ he made cōmutacion of transetory con
solacion ⁊ lyfe for euerlastige ⁊ solacious lyfe/Here
we may lerne to conferme our wyll to ŷ wyll ⁊ ple
sure of god whan he of his grace taketh to his mer=
cy any of our frendes be they neuer so dere ⁊ specy=
all to vs. For lyke as we come to the worlde by his
wyll ⁊ cōmaūdemēt so we must depte fro this mor=
tall lyfe ⁊ tēporall cohabitaciō. It is no lytel ne shor
te bataple a man to ouercome hunselfe and to ordre
all his affeccions to the pleasure of god. The verap
true louer of god/⁊ study ⁊ desyre of vtu is nat besy

to acquyre wordly confolacion oz fenfuall pleafure
ne bodelye delectacyon:but rather glad foz the loue
of god to exercyfe theyz felfe in harde and paynfull
labours whan the fpirituall & deuyne confolaciõ is
grauted to p̄ foz a tyme repute that of his goodnes
& nat of thy deferuynge:be nat therof ioyfull to mo
che ne p̄fume therof vaynly but be therof meke and
circũfpecte & timerous i all thy actis/foz that houre
fhall paffe & teptacion & tribulacion fhall come. And
whan they come take nat imoderate thought oz fo-
row ne i no wyfe difpeyze nat/but mekely & paciẽt
ly abyde the deuyne cõfolaciõ:foz he ys of power to
graunt to the moze abũdaũce & cõtynuaunce of fpy
rituall cõfolacion & fwetnes than thou hadeft befo-
re. And marueyle nat of fuche altercacion i thy myn
de foz thou arte nat the firft that hath had experiens
of thefe/foz the holy feyntes, p̄phetes/patriarkes &
appoftels haue had lyke altercacions of mynde fom
tyme mery by dyuyne confolacions & fomtyme pzo
ued by withdzawynge of cõfolacion & belapped wt
tribulacion & veracion. The p̄phete Dauyd(hauig
p̄ cõfolacious pzefence of the deuyne grace)fayde he
fhulde neuer be remoued therfro without ende & a-
none whan he had experiẽce of p̄ abfẽce of this gra-
ce he fayde to our lozde thou haft withdzawẽ thy de
lectable chere of thy pzefence & J am made defolate/
& troubled betwene thofe. ii. extremitees of ioy & try
bulaciõ take we no defẽce but rather pzay we with
Dauid fapige J fhall nat ceffe to crye to p̄ foz merci
& J fhall mekely pzay to p̄ my lozde god:to fynally

he perceiud ꝑ frute ⁊ effecte of his prayer as he testifi
eth sayeng our lorde hath harde me ⁊ hath mercy of
me/⁊ is made my helper ⁊ after sayth/good lorde ꝑ
hast turned my sorowe ito ioy ⁊ ꝑ hast belapped me
ꝑ ioy. If almyghty god hath i this wyse delt with
ꝑ great excellent seyntis we that be of smale reputa
cion may take therof cofidence of in god:though we
haue somtyme feruour of spirit ⁊ somtyme lacke of
deuocion ⁊ spirituall cosolacion/for his spirite of ho
ly consolacion cometh ⁊ deptith at his pleasure as ꝑ
holy man Job sayth. Thou graciusly vpsytest him
in the morowtyde:and shortly afterwarde thou p
updest hym by mater of paciece. And therfore wher
in shall I truste or in whom shall I haue cofidence
but in the great mercy of god/⁊ hope of the heuenly
helpe. If I myghte haue the assystence of good de
uoute men/the helpe of holy bokes/and the royall ⁊
noble professe of scripture/also incyted to deuocion
by ꝑ meane of swete melodyous songe/all those thi
ges may lytell auayle/whan I am lefte to my frail
te ⁊ pouerte without grace/than there is no better
remedy but by pacience to remoue our owne wyll
⁊ conferme vs. to the wyll of god. John Gerson the
auctour of this treatyse sayth:he neuer had know=
lege of religious person but he had at somtyme sub=
traction ⁊ demynucion of gostly swetnes:feruour
⁊ deuocion. There was neuer religyous soule so il=
lumined or so rauisshed in ꝑ vision of our lorde but it
was pued by temptacio other afore or aft warde. For
wer be none worthy to haue ꝑ hye deuyn ⁊teplacio

but if they be exercysed first with some tribulacion
for the loue of god/it is proupded by the great wys
dome of god to the electe soules to haue temptacios
as a signe or token of consolacion to come. For to tho
se that be proupded pacyently by tribulacions be in
pyred of our lorde heuely rewarde & consolacion as
it appereth by the sentence of the holy gost she wed by
ye mouthe of the holy euangelyste. John sepige who
souer ouercometh tribulacio by pacience hyce & spne
by resistece shalbe fedde wt the frute of ye tree of lyfe
ye is with the clere deuyne vision & vnspekable fruicti
on of ye blessyd godhede/& also the deuyne consolacio
is graunted vnto man forto make hym more stronge
to suffre aduersite. And anon folowith temptacio lest
ye man take any elacion of ye gostly consolacion. The de
uyl slepith nat ne ye fleshly apetitis be nat yet morti
fied/& therfore spare thy selfe to batell for thou hast
enemies on euery syde ye neuer sesith to assayle ye.

℃ The .x. chaptre of yeldige thankes to god for his
  My sechest thou reste whan   (graces.
W   thou arte ordeyned in this lyfe to laboure
   Apply thy selfe more to pacience than to con
solacion/or pleasure, to the crosse of penaunce rather
than to temporall ioye/and pleasure. There is none
so seculer or worldly: but if they myght haue coty
nuaunce of spirituall consolacion they wolde gladly
accepte it. For the spyrytuall Joyes excede all other
worldly consolacyons & bodely pleasures. All worldly
& bodely plesurs be transetory & mixte with somdele
of vnclenes. But the spirituall plesurs & desyres be

pure honest & ioyfull predynge of vertues & graū=
ted of our lorde alonlye to pure and clene myndes.
But this tranquylyte of gostely cōsolacions is ma=
ny tymes ouerflowē by the outragious tēpestis of
teptacion. The falselyberte of lyuynge & great con=
fidence in our owne selfe be two thynges moche cō
trary to heuēly visitacion & consolacion: Our lorde
sheweth his goodnes to man grauntynge to hym ý
grace of gostely consolacion. But man sheweth his
vnwyse neclygence, Whā he withdraweth cōdigne
thanke ye iputeth nat this grace only to oure lorde
and therfore we be nat worthy to haue his mercy=
full grace toabyde with vs. Grace is euer graūted
to the meke soules that euer be redy to yelde thākes
to god for his mercyfull benefaptes, & cōtrari wyse
grace is withdrawen fro the vnkynde & the elate ý
sone. I desyre nat to hauethat consolacion, by the
which the compunccion of hert may be mynysshed,
or remoued, ne that desyre or loue that wodrawith cō
templacion & intiteth my frayle soule to elacyon, e=
uery excellency is nat holy: ne euery desyre pure, ne
euery swetnes good and holsome. Ther be dyuers
thynges full dere to man, that be nat accepte to god
We shuld accepte gladly the grace wherby we may
be made humble, and tymerous to God, and more
prompte to forsake our propre appetytes, & wylles
That soule that is perfytelye enfourmed with the
rewardes of grace & lernyd with ý rod of subtracci=
on of grace hath none audacite to ascribe any vertu
or grace to it selfe: but rather it reputeth, & cōfesseth

Imitatio cristi.   F.i.

it selfe poze and naked/ yelde thou to god that is his
& to thy selfe that is thyne: that is to say thanke our
lozde foz his graces & thy selfe foz thy synne/ foz the
which iuge thy selfe wozthy foz to haue peyne & sub
traccion of grace. There may no soule attayne this
hyghe degree of grace oz perfeccion ne stande therin
without it grounde it selfe in humylyte & obedyece
Tho that be moost pzecious & highe in the sighte of
god be moost vyle & lowe in theyz pze consideraci-
on/ & the moze pzecious that they be in grace the mo-
re meke they be/ full of trouthe of heuenly glozy nat
auidious of wozdly vanite. Tho that be roted & per
fitly fixed in the dzede & loue of god: maye nat in no
wyse be obstynate oz pzowde. And tho ÿ ascribe all
the goodes that they recepue to almighty god they
be nat desyzous of the vayne comendacyon of man
but they rather desyze the glozy & comendacio which
is of god alone: and they labour that god be honou
red & loued of all his sayntes: & they referre all theyz
labours to the same ende. Be thou kynde i yeldyng
thankis to god foz the smale benefaytis that therby
thou mayst deserue moze great and pzofitable gra-
ces. Repute ÿ lest gyftes of god great and the natu-
rall dyffozmytees and specyall tokyns of loue/ foz
they be medecyns & meanes to meke our selfe. If
we wolde consider perfitly the honour and dignite
of the lozde that grauteth vs those gyftes we shulde
exteme no gyfte lytle ne vyle. Howe may we iuge
that thynge lytell in acceptacion that is gyuen of ÿ
great kynge maker & gouernez of the wozlde with

.Abowsinge

out whose wyll & puidence there falleth no lefe fro
the tre. And therfore he gyueth to dyuers of his elec
te people peynes tribulacios bodely & goftly as me
nes of euerlaftynge pmocion. who fo euer defyre to
retayne the grace of god let hym be dyligent in yel-
dynge thankes for the graces that he hath recepuid
And euer apply thy felfe to wyfdome & mekenes left
y thou lefe the grace that thou hafte recepued If it
fortune by teptacio or fraylte to be withdrawen fro
the/fay inly in thy foule that thou haft deferued the
subtraccion therof:& paciently & humbly pray for y
recouerynge therof:thou mayft nat by thy ppre me
rytes be reftored to the mercy & grace loft by fynne
but by the meane of faderly pyte and mooft mercy=
full paffion of Jefu cryfte.

The .xi. chaptre of the fmalle noumbre of the lo=
uers of the croffe of Jefu.

Iefus the heuenly kynge hath many louers
of his heuenly kyngedome:but there be fewe
that wyll take his croffe and folow hym. There be
many defyrers of his confolacion:nat of his trybu
lacion:he hath many redy to be parteners of his ta-
ble & repafte:but none of his abftinence & penaunce
All men wolde be glad to haue ioye with hym:but
there be nat many that defyre peyne/& tribulacyon
for his loue. Many foloweth hym to be parteners
of the fraccyon of his brede:but there be fewe that
wyll pacietly drynke with hym of his chalice of try
bulacion. And many marueloufly commende hym
for his great myracles:but many of theym be lothe

to folowe the shame & vylete of his crosse. There be
many that folowe hym in prosperite & loue & blesse
hym as lōge as they receyue of hym prosperitte and
consolacion. And if he withdrawe hym selfe for a se=
son fro them by shewynge no tokyns of plesure or
consolacion they fall soone to lamentable complay=
nynge & desperacion. Tho that loue that lorde nat
for psperite ne cōsolacion of mynde alonly but prīn=
cipally for hym selfe they blesse hym as hertely ī tēp
tacion & tribulaciō or any other necessite as they do
in theyr perfyte prosperite. And if he shulde gyue to
them euer in this worlde aduersyte: yet they shulde
euer loue and thanke hym. O howe myghty is the
pure loue of Iesu nat pmixed with any inordinaūs
of fauour or affeccion. Tho that seche of god prynci
pally by prayer or any other bertuous pleasure bo=
dely or gostly may be called rather couetouse mar=
chauntis / than liberall louers the reason hereof we
may perceyue for thō psons applie theyr seruyce / &
loue to our lorde for his benefaites & they serue & lo=
ue ῷ benefaites afore god / & they loue ῷ benefaytes
& gyftes in that they be profitable to theyr selfe / & so
suīgly they may rightfully be called louers of theyr
selfe rather thā of god. It is ful hard to fide any psō
so spirituall ῷ is pfitly fre from all inordinate affec=
cions. That psone shulde nat be pfitable or desyrer
only of those ῷ be nere hym: but of ῷ farre extremp=
tes of ῷ worlde. If a pson were so ꝟtuoꝰ ῷ he wold
leue all the worldes substaunce & do great penaūce /
& had all knowlege: and were feruent in deuocyou

yet he shulde nat atteyne the moost excellent & great
pfeccion in lyuynge to the whiche he may nat apro=
che without all other thynges forsake he vtterly re
nouce his owne selfe & holy forsake his owne wyll
& lyuynge & bringe at liberte & fre from all pryuate
& seuerall affeccions & desyres & whan thou hast do
ne all that thou knowest to be don exteme and iuge
thy selfe as thou hadest of thy selfe no thynge done
& as the auctour of truthe our sauyour sayth: wha
we haue done that is possyble to be done: yet we be
of our selfe vnprofitable seruautes & nat worthy to
be rewardid but of his grace/ than we beynge pore
& frayle in body & soule voyde of all meritorious vr
tue may couveniently say with the pphete Dauid I
am desolate & pore. There is none more ryche none
more fre ne at lyberte nor more of power than y sou
le that knoweth it selfe: & wyl be redy to forsake nat
all wordly thynges: but also it selfe & repute & iuge
it selfe moost vyle of all other.

¶ The .xii. chaptre is of the royall & victorio⁹ waye
of the holy crosse.

Here be many that repute y wordes of oure
sauyour harde and peynefull wha he sayth
we may nat be his disciples without we denye and
renounce our owne wyll and take the crosse and fo
lowe hym. But it shalbe more peynfull and sorow=
full withoute comparison for to here the wordes of
mouthe in the extreme and last iugement/ whan he
shall pronounce the wordes of perpetuall dampna=
tyon sayinge to the reprobate creatures: Go ye fro

me for euer to be i ppetuall fyre that is ordeyned for
the deuyl & his augels: Tho that now here the wor
de of god and be gladde to folowe it / thā they shall
nat be astonyed of theyr owne partye herynge the
wordes of dampnation of the reproued people whā
our Lorde shall come to deme all the worlde the syg
ne of the crosse shalbe hevē and so those that bē true
seruautes of the lorde that was crucifyed / & at that
day hauynge his contsaunce or signe that is to saye
the crosse of penaunce.than may they haue full sure
accesse to hym theyr maister & Juge / why ferest ý to
take the crosse of shorte penaunce wherby ý mayst
come suerly to the perpetuall ioyfull kyngdome / in
ý ōtue of the crosse is spūall helthe & lyfe protection
from our enemye / & infusion of heuēly swetnes / ý
strēgthe of mynde & top of the spirite / there is pfita
ble & excellent tu with pfecciō of hōlynes of lyuige
There is no helthe of thē soule ne hope of heuenly ly
fe / but by the vertu of the crosse / and therfore take ý
crosse of penaunce & folowe Jesu thy leder into lues
lastyng blysse.He hath gone before the berynge the
crosse / & therupon for thy loue suffred deth / than ta
ke the crosse of tribulacion sikenes or other diseases
& desyre to suffre deth for his loue / if thou wilt be af
sembled to hym in pacientlye sufferynge peyne try-
bulacion & deth / than thou shalt be ptener of his ple
sure cōsolacion & ppetuall lyfe & ioy.Than beholde
what ōtue cometh by the holy crosse / & what abū
dauce of grace by ý ardēt desyre to suffre deth for ý
loue of our lorde.There is none other way to come

to lyfe and in ly peas/ but by the way of the crosse of
penaunce & cõtynuall mortificacion of our rebellios
sensuall partis. Go whether so euer thou wylt & en
quyre what soeuer thou desyrest: but thou shalt ne
uer auõwe the vnder the sende a more excellent & so
re way tha by ꝑ way of imitaciõ of the holy crosse/
Dispose thy selfe & order euery thynge after thy pro
pre wyll & desyre/ & thou shalt fynde thou must euer
suffre other frely & by thy wyll or violẽtly & agaynst
thy wyll & so thou shalt nat auoyde ꝑ crosse outher
sikenes & peyne in thy body/ or ellis by tribulacyon
in thy soule. Sõtyme our lorde deleth with ꝑ as he
wolde forsake the/ and somtyme by his wisdome
he suffreth ꝑ to be iniured & vexed of thy neyghbors
& somtyme of thy n owne selfe and there is no reme
dye ne alienation but thou must paciently suffre tyl
it plese the great phisicion to sende a legians & reme
dyed to the. For he wyll that thou lerne to suffre try
bulaciõ that therby thou mayst be made more hum
ble & holy conuerte thy selfe to hym. There be none
that perceyueth or truly or hertly foloweth ꝑ glorye
passion of Crist as tho that for his loue or the profit of
they soules hath had cõformable peyne. This cros
of tribulaciõ is euer redy & abydeth the in euery pla
ce & therfore thou maist nat auoyde it i any place for
if thou were secluded fro all ꝑ worlde/ yet thou shul
dest haue experience of this crosse of trybulacyon in
thyselfe. Cõuerte thy selfe to those aboue ꝑ/ or ellis to
those ꝑ ben vnder ꝑ/ and about the and loke within
the. And in all those/ thou shalte fynde the crosse of

temptacōns and tribulacion / and therfore it is expe
dyent to theruer to arme thy ſelfe with pacience: yf
thou wylt haue inly peas and the crowne of perpe
tuall tryumphe and ioye. Endeuoure thy ſelfe to be
re this croſſe of tribulacion pacyently / and it ſhall ſu
ſteyne the myghtyly and lede the to a ioyfull ende
where thou ſhalt neuer bere the burden of any kyn
de of tribulacion or temptacion. If thou bere this croſſe
agaynſt thy wyll / than thou bereſt a burden y̌ more
chargeth thy ſelfe / & therfore in as moche as y̌ muſt
of neceſſite bere it / applye thy ſelfe that thou paciēt
ly ſuſteyne it / and doute the nat if thou abiecte it / &
put it away: but thou ſhalt haue another & parauen
ture a more heuy and greuous to ſuſteyne thynkeſt
thou to auoyde y̌ neuer mortall creature yet might
eſcape. What ſaynt fro the begynnynge of y̌ worlde
to this day hath come to heuen without this croſſe
of tribulacion. No nat the ſonne of god oure ſauy
our: the whiche frome his firſte comynge into this
worlde: vnto his departynge. was nat the ſpace of
one houre alyenate from the peyne of the croſſe and
trybulacion. It was behouable that cryſt ſhuld ſuf
fre deth and aryſe agayne / and ſo to entre into his
glorye. How ſhuldeſt thou ſynfull creature thynke
that thou ſhuldeſt go to heuen by any other waye
than by the playne / ryght and hygh kynges waye
that is to ſaye the way of the croſſe. Deſyreſte thou
to come to heuen by pleaſure and ioye. Nowe ſeth
the ledar of lyfe with all his martyrs haue paſte by
the way of trybulacion and the croſſe. Who ſo cuts

tende to come to heuen withoute the way of try=
bulacion ¶ the crosse they erre from the ryght waye
for all the way of this mortall lyfe is ful of myseres
& crosses of tribulacion. And euer the more a soule
pfiteth in vertue the more peynfull crosses & greuous
trybulacions it shall fynde ptly for the fende assay=
leth more fiersly those psons whom he seeth encrese
more in vertue. The seconde cause is / for the more
strongly a soule encreasith in vertu the more desyre
it hath to be eleuate frome the incommodytees of
this temporal erple: and to be at lyberte in the perpe=
tuall ioy & propre countrey. But the soule thus vexed
with manyfolde affeccion may syngulerlye be reco
fortyd whan it percepueth that euery trybulacyon
paryently and by grace ouercome it shalbe rewar=
ded with the frute of euerlastynge lyfe. And euer ý
body is punysshed with peyne and tribulacyon: the
more shal the soule recepue of spirituall strengthe &
consolacion. And somtyme the soule is so reconfor=
ted in aduersite and tribulacio that it wolde nat be
without them consyderynge that therby it is made
cofortable to our sauyoure Cryste. And also it con=
sydereth well that the more peyne and tribulacyon
it may suffre for his loue / ý more acceptable it shal=
be in his sight. Howe may this be that man by pace=
ence suffereth and desyreth that nature fleeth / and
hateth nat by no vertue in man but by the synguler
grace of Iesu cryste. It is nat the naturall appetite
of man to loue / and suffre a peynefull crosse to cha=
styse the bodye / and subdue it to the seruyce of the

spirite to flie honours/ & gladly accepte repreues & i
iuries: to dispyse hymselfe: and desyre to be dispysed
pacyently to suffre all aduersitees with shames & re
preues/ & to desyre no prosperite in this worlde. Be
holde thy selfe well/ & thou shalt well perceyue that
if thou haue those thynges aforesayde thou hast nat
them of thy selfe: but if thou wilte applye thy selfe &
haue consydence in god: he shall sende the fro heuen &
thou shalt haue these vertues & also thy sensuall ptys
w the worlde shall be made subiectes to þ/ & if thou
wylt arme thy selfe with þ quycke feith & the crosse
of iesu cryst: thou shalt nat nede to fere the enuyous
subtylte of the feende/ thã ppare thy selfe as a feyth
full seruaunt of iesu criste to bere his crosse constãt
ly/ cõsyderinge how he thy lorde dyd bere it for the
peynfully & mercifully: order thy selfe to suffre mani
aduersitees/ iuries & wrõges i this miserable life:
& so thou shalt haue hym with þ where so euer thou
be also thou shalt fynde hym where so euer thou hy
de þ. Than if thou desyre to be dere & a frende to thy
redemer & haue pte of his cõsolacion/ desire affectu
ally to drike w hym of his chalys of tribulacion de
sire no cõsolacion ne psperite but at the wyll of god
& order thy selfe to suffre tribulaciõs/ & repute them
as the moost speciall consolacyons/ for they be þ re
dy meanes to come to the heuenly & perpetuall cõso
lacions/ whã thou comest to that degre of pacyence
that tribulacion is swete & plesaunt to the for the lo
ue of God/ than exteme thy selfe in good state/ and
that thou hast foũde paradyse in erth/ And as lõge

as it is greuouse to the to suffre ꝛ enforceth thy selfe
to fle tribulacion: so longe thou art nat in the pfyte
state of paciéce: and wheresoeuer ꝑ fleest thou shalt
fynde t rybulacion nere ꝑ foloweth ꝑ. If thou ordir
thy selfe euer to suffer paciétly ꝛ to haue remébꝛáce
of thy dethe / than thou shalt preyue thy selfe i good
state ꝛ also in qetnes ꝛ reste. If thou were so plite ꝑ
thou were raupsshed spritnally with Paule into ꝑ
thꝛde heuen: thou shuldest nat be sure therebye to
be without aduersite. Foꝛ our sauyour spekynge of
Paule sayche: I shall shewe hym howe many thyn
ges he shall suffre foꝛ my name. Than if thou wylte
serue and loue thy loꝛde ꝑpetually thou must nowe
suffre ꝛ say many tymes to thy selfe: wolde to God
I were able to suffre foꝛ the name of my swete loꝛde
Jesu. Foꝛ thereby thou shuldeste gyue occalyon of
spetiall edificacion of thy neyghboure great gloꝛye
to thy selfe and exaltacion of gladnes to the holy aū
gels. All people in maner recommende pacience: but
there be fewe that wyll vse it. Thou ꝑ takest great
labours on the and sufferest moche foꝛ the loue of ꝑ
woꝛlde / and woꝛdly thynges by great reason thou
shuldest be gladde to suffre a lytle foꝛ the loue of the
moost true louer criste. And euer the moꝛe thou moꝛ
tifye discretely thy selfe ꝑ moꝛe thou begynnest to ly
ue in the sight of god. There is no plone apte to cō
prehende heuenly thiges without they submit their
selfe to suffre aduersyte foꝛ the loue of criste. There
is nothynge moꝛe pfitable foꝛ thy selfe ꝛ acceptable
to god thā to be pacient ꝛ glad to suffre foꝛ the loue

of hym. And if prosperite & aduersite were put i thy
eleccion thou shuldest rather chose aduersyte/than
desyre to be recreate with many consolacions: For by
aduersite thou arte made conformable vnto Cryste
& all his seyntes. Our meryte & perfeccion of state stan
deth nat in great plesaunt & delectable consolacyons
but rather in greuouse temptacions & tribulacions &
penalite of lyfe. If there had be any more expedient
meane to the helthe of man/than to suffre peyne/&
tribulacion our lorde crist wolde haue shewyd it by
wordes & examples. But he exorted his disciples/&
all other that wolde folowe hym to heuen to take y
crosse as the moost medyate meane to folowe hym
sayinge who that woll folow me to heue they must
denye theyr owne selfe forsakige thepr owne wyll &
take the crosse of penaunce & folow me. If all these
thiges redde & perfitlye serched it foloweth as a fy
nall conclusion that it is behouable to vs to entre it
the kyngdome of heuen by many tribulacions.

¶Here begynneth the .iii. boke.

¶The firste chaptre conteyneth the inwarde spe
kynge of our lorde Jesu criste to mannis soule that
he hath specially chosen.

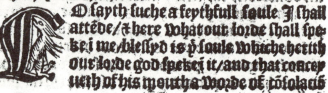

O sayth suche a feythfull soule. I shall
attende/& here what our lorde shall spe
ke.i me. blessyd is y soule whiche heryth
our lorde god speke i it./and that recey
ueth of his mouth a worde of consolacio

Blessyd be the eris ý here the styll spekynge: or row
nynge of almyghty god / and pondereth nat the dys
ceytfull callynge or pryue mouynge of the worlde /
blessyd be the etes that rest nat in the flaterynge / or
wordly voyce outwarde flowynge. But rather he
rynge trouth that spekith and enfometh mānes sou
le inwardly. Blessyd be the eyen that be shytte to ý
delectable syght of outwarde or wordly thynges ẑ
that gyue hede deuoutly to gostly thynges. Blessyd
be they that by grace and by the lyghte of soule per
ceyus the true inly entent of scripture ẑ that prepare
them dayly by exercyse of soule to conceyue the cele-
stiall pryuetees. Blessyd be they that labour busilye i
soule to beholde ẑ loue god almyghty ẑ his pleasure
i all thynges ẑ for that auoyde trom them all word
lye busynes or desyres that let such deuocion. O thou
my soule attende ẑ gyue hede to the premysses and
shyt thy senses or sensuall partes: that thou mayste
here gostely what thy lorde speketh in the inwarde
inspiracion. The lorde ẑ louer saith to the I am thy
helth ẑ peas ẑ lyfe euerlastynge Joyne and knytte
the surely to me / ẑ thou shalt synde rest and peas of
conscyence: and after this euerlastynge peas ẑ lyfe
Forsake the loue of soule ẑ transetory ẑ erthly thyn
ges; ẑ dilygently seke euerlastynge thynges. What
be all temporal thynges but disceyuable / and what
may any creature helpe the if thy lorde god that ma
de the forsake the / wherfore refuse thou all wordlye
thynges ẑ ioyne and cleue by cleue and stedfast loue
and seruyce to almyghty god thy redemer that thou

Imitatio cristi.   G.i.

maist hereafter attayne the eternall felicite I heue.

C The seconde chaptre howe treuthe speketh inwardly to mannes soule without noyse.

A Deuoute soule after that it hath harde the swete instyllaunt spekynge of his lorde god as a man inflamed with loue desyreth more longer speche with our Lorde sayinge with the Prophete Samuell thus / Speke good lorde for thy seruaūt is redy to here the / I am thy seruaunt gyue me vnderstandynge to knowe thy cōmaundemētes & sayinges. Bow & make my hert & soule to fele & folow thy wordes & instyll into my soule thy holy techige & wordes as the dewe droppeth vpon the grasse. I say nat as the chyldren of Israell sayd to Moyses. Speke thou to vs & we shall here the gladly: let nat our lorde speke to vs lest we dye for drede. So be it nat with me good lorde. But rather I beseche the humbly & desirously with the prophete Samuel ý thou vouchesaue to speke to me thy selfe I shall here the. Let nother Moyses ne none other pphet but thou good lorde the inwarde inspirour of all pphetes speke to me & i me for thou only without them maist pfitly teche me. They without thy goodnes can nat profyte me. They may well pfer & vtter thy wordes: but they can nat gyue the spirite of vnderstynge they profer fayre wordes: but if thou worke nat with theym they make none ardoure inwarde they shewe fayre letters & wrytiges: but thou alone openest their sense: they profer great misteries: but thou alone openest the clere vnderstandige of them

They shewe thy cōmaunde mentes to be fulfylled:
but thou alone helpest vs by thy grace to perfourme
them. They shewe vs the way that we shulde wal=
ke i:but thou alone doest tōforte vs to go theri they
worke only withoutforth:but thou only illumynist
within forth. They only water outwardlye/but þ
gyuest vs the frute of grace & good workes. They
crye & speke to vs i outwarde wordes/but thou gy
uest vnderstādinge of þ wehere wherfore I beseke
the that I may here the speke to me/& nat moyses
lest I dye & be voyde of the frute of good lyuynge if
I be only outwardly monisshid & nat iflamid i war
dly that nat thy worde be only herde/& nat fulfyllid
in dede/knowyn/& nat loued/beleued & nat kepte/
& so be to me dāpnaciō/speke thou good lorde to me
& thy seruaunt shalbe redy to here the:for thou hast
the wordes of eternall lyfe shyt in the Speke to me
I beseche the þ wordes of gsolacion & cōforte to my
soule & to the amendement of my lyfe to thy euerla=
stynge laude & praysinge iti heuen.

¶ The. iii. chaptre howe the wordes of god shulde
be wekely herde/& howe many ponder them nat in
theyr conscience.

Our lorde speketh to his deuoute seruaunt say
inge thus/My sone gyue hede to my wor
des they be full swete & pcellige all wisdom & cūnige
of philosophers & wyse men of this worlde. my wor
des be spuall & gostly lyfe/& nat passible iti mannis
mynde/they be nat to be applyed ne drawed as vai
ne complacens/but to be harde stedfastly in sylence

Imitatio cristi.   G.ii.

and heas of soule and to be taken with all humilite
& desyre of the soule. The deuoute seruaunt of god
answereth his lorde god thus sayinge to hym Bles
syd is that man that thou doest enfourme and teche
good wyse to vnderstande thy lawes & comaunde
mentis y thou mayst spare hym tylle day of the
wrath & other indignacion that he be nat lost with
wicked sure in the lande of dampnacion. Oure lorde
sayth & sayd. I haue taughte prophetes wyth other
fro the begynnynge of the worlde hytherto: & yet I
cesse natto enforme men, but many there be that be
harde & defe to here my wordes. Many here more
gladly the worldly spekynge / than godly or gostlye
spekynge. Many folowe gladly theyr flesshely ap
petytes of theyr body / than the pleasure or comaunde
ment of god. The worlde pmytteth & sometyme gy
ueth vs temporall thynges & lytell of valure for the
whiche we serue it with great desyre. But God al
myghty pmytteth & gyueth vs hye thynges & eter
nal & yet men be dulle & slowe to his seruyce and to
attayne such rewardes as he pmytteth. who so ser
ueth & obeyeth god almyghty in obseruynge his co
maundementis: as it is obeyed to worldly prynces: &
maysters. Almoste none / for a lytell fee or prebende
great iourneys & harde labours be take an hande
for suche worldly lordes & for y eternall lyfe skarsly we
may any labour or thynge harde suffer. So a vyle
pryce is busyly sought: & an excellent rewarde is put
vnd. For a peny to be gotte or won we wyll lightly
put our body & soule in ieopardy & auentures for a vayne

N

thynge ⁊ a lytell ꝑmyse we gyue ofte our selfe day
and nyght to great fatygacyon / but alas for god al
myghty that is euerlastyng goodnes ⁊ rewarde of
ryght wyse people / for the vnspectable ⁊ iestymable
Joy in heuē / or for the hyc honour ⁊ glory intermy
nable for to be had i rewarde in heuē / we dysdeyne
⁊ be slowe to suffer a lytell fatygaciō / Be thou a sha
med sayth our lorde god to slowe folke and repreue
them with theyr seruyce ꝑ worldly folke be founde
more dylygēt to theyr pdyciō / thā be to euerlastyng
lyfe / they ioy more in vanyte than other in trothe or
stedfast thynges / ⁊ yet they be ofte frustrate of that
that they truste vpon / but the promyse of our Lorde
god decepueth no man / for he is true ⁊ faythfull all
his wordes ⁊ behestys to suche folke specyally that
serue hym vnto theyr ende / J am sayth he ꝑ rewar=
der of all good folke and the prouer ⁊ helper of all de
uoute men / Wryte my wordes sayth he i thy herte ⁊
thynke vpon them / they shall be to the right necessa
ry in tyme of trybulacyon / Thou shalt vnderstāde i
tyme of my vysytacyon these thynges ꝑ thou redist
before ⁊ vnderstāde nat / J am wōte to vysyt sayth
our lorde my seruaūtes in two maner wyse / that is
to say by probacyon and consolacyon J proue them
dayly by rebukynge theyr vyces ⁊ defautes / and J
cōforte them agayne by erortacyon to vertu and to
the encrese of grace / He that hereth my wordes and
dispyseth them / hath ꝑ shall iuge hym i the last day.
¶The. iiii. chapter how by prayer we may opteyne
to deuocyon.

Jmitatio cristi.   G. iii.

Thou good lorde arte all goodnes / I am nat
worthy to speke to the thy excellence is such
I am thy moost poore seruaūt & moost abiecte wor
me moost poore & contemptyble of all other for I am
very noughte / nothynge hauynge ne nothynge of
valour / thou alone good lorde art god ryghtwyse
& holy / thou arte almyghty / thou gyuest all thynge
thou fulfyllest all thynges / leuynge all only the syn
full voyde of grace / haue mynde good Lorde of thy
mercyes & fulfyll my herte w thy grace for thy wor
kynge is neuer voyde / Howe may I lyue without
great anguysshe & perplexyte in this wretchyd lyfe
but if thy grace & mercy coforte me / wherfore I be
seche y that thou turne nat thy gracious face of hel
pe from me / tary nat thy vysytacio from me wdraw
nat thy swete cosolacio fro me / that nat my soule be
arpyed & be made as drye erthe without the moy=
stoure of grace / good lorde teche me to knowe & ful
fyll thy wyl teche me to lyue humbly and worthely
in thy pleasure for thou arte all wysdom i y whiche
thou knewe me before the worlde was and before I
was brought into this lyfe by naturall byrthe.

¶ The .v. chapter howe we ought to beleue truth &
Son sayth our lorde (hūilite before god here.
walke before me al way i truth & symplycite
herte & all doublenes auoyde from the in suche wy=
se do al way seke me / he that walketh before me and
al wey in trouth shalbe safe from all perylles / & Ieo
berdyes / & trouth shal delyuer hym fro decepuours
& from the detraccion of yll men / And if trouthe de

lyuer the thou shalt be very fre from the vayne wor
des of men in this worlde & shall nat set by them / it
is true sayth a deuout soule to god that thou sayst
be it done after thy sayinge / thy trouth teche me / ke
pe me & brynge me to saluacion & good ende & dely=
uer me fro all euyll affeccyō / fro all inordynate loue
soy I may walke wt the good lorde in lyberte & fre
dom of herte / Truth sayth agayne to such a soule I
shall teche the thynges that be rightwyse & plesaūt
before me / Remēber thy synnes past with great dis
pleasure and heuynes and repute ꝑ nat any thynge
of valoure for any good dede that thou haste done /
Thynke verely thou arte a synner bewrapped and
boūde i many passion & synnes thynke that of thyn
owne selfe thou art nought & soone turnest to that
ꝑ nought is thou arte soone ouercom wt synne thou
arte soone troubled & ofte broken wt passyōs of syrie
thou hast nothynge of thy selfe ꝑ thou mayst mag=
nyfy thy selfe of / but many thiges thou hast / wher
fore thou oughtest to bylypēde ꝑ / for thou art more
feble thā ꝑ knowest thy selfe / therefore let nothige
ꝑ thou doest seme to great of pryce / of all thynges ꝑ
thou doest esteme nothynge pcious or in valour or i
reputacyō & laudable / but that thynge ꝑ is eternall
so ꝑ the euerlastynge trouth be pleasaūt to ꝑ before
any thige ellys / & ꝑ all bylyte or syrie specially thyn
owne synne & foulenes dysplease ꝑ so ꝑ nothyng be
to the so odyous / as synne & wyckydnes ꝑ whiche
ought to displease the more thā the damage or losse
of any other worldlye thynge / Some there be that

walke ñat clerely befoze me / but they be led by pzy=
de ⁊ curyosyte to serche ⁊ knowe my secretys ⁊ the
hye thynges of my godhed / ⁊ so they be neclygēt a=
bout themselfe to knowe theyz spñes ⁊ goſtly helth
ſuch pſons fall oftētimes into tēptaciōs ⁊ greuous
synnes leſte to thē ſelfe foz theyz pzyde ⁊ curyoſite ỹ
they folowe / dzede thou therfoze the iugementes of
God ⁊ ỹ ipoztable wzath of god almyghty / dyſcuſſe
ñat ne enſerche the marueylous warkes of god but
cōſyder thou well thy spñes ⁊ wickydnes how ofte
⁊ i how many great thiges thou haſt offēdyd ⁊ tres
paſſyd ayenſt god / ⁊ how many good thinges thou
haſt leſte vndon of recheleſnes / ſome folke ther be ỹ
bere theyz deuocyon all in bokes / ſome in Images
and ſome in outwarde tokēs ⁊ fygures / ſome ther
be that bere me in mouthe ofte namynge me in woz
de but lytell in herte / and ſome other therbe / that ha
ue theyz intelleccyon oz reaſon clerely illumyned w̄
the lyght of vnderſtandynge ⁊ theyz affecte ſo pour
ged of erthely thiges that they alway aſpyze to eter
nall thynges greuouſly berynge to here cōmenyng
of erthely thynges / takynge but ſcarſly of ſuch thin
ges as be neceſſarply requyzed to natural lyfe / ſuch
knowe what the spyzyte of trouthe speketh in them
the which techeth them to deſpyſe erthely thinges ⁊
to loue heuenly goodes / and to deſpyſe the wozlde ⁊
wozldly thynges and to deſyze euer heuen and cele=
ſtyall thynges.
❡ The .lt. chapyter of the marueylous deſyze and
affecte of the loue of God.

O Thou fader celestiall the eternall fader of my lorde iesu criste I loue the & blesse the for thou hast vouchesaue to remembre & beholde me louyngely with thy gracious consolacion. O thou fader of mercy & god of consolacion I thanke the that thou cofortest me vnworthy to haue any consolacyon: I blesse & prayse ye alway with thy only begotte sone & holy goste without ende / whan thou good lorde my louer as thou arte of all makynde shall come into my herte all my inwarde ptes shall ioy. Thou art my ioye / thou arte my hope / & refuge i the tyme of my tribulacion but for as moch as I am imperfite & feble in loue. Therfore I haue nede to be coforted and helped of the wherfore I beseche thy endeles goodnes to vysyte me oftymes / and istructe me with thy holy disciplenes and techynges. Delyuer me from passions / & helpe my hert fro all inordinat desires & affeccyons. Se that I inwardly be purged & clere state from wordly affeccyons and may be made apte / and able to loue the good lorde spiritual lystronge in pacence to suffre for the / and stable by perseueraunce in goodnes. Loue is a great thynge & an excellent vertue / that maketh euery greuouse & harde thyng light & swete / importyble thige easye to bere / and bitter thynges swete & sauorable. The loue of iesu perfyghtly enprynted in mannes soule maketh a man to doo great thynges and exorteth hym therafter alway to desyre more and more perfyght thynges. Goostly loue desyreth euer to ascende to heuenly goodes & dispisedeth all erthly thiges

his necessaries saued. Suche gostely loue coueteth
to be fre and alyenate from all wordly occupacions
lest that his inwarde syghte of soule be darked/ or
lettedːne his affeccion to goostly and heuetly thyn-
ges be letted from his liberte by wordlye thynges.
Nothynge is more swete than is loue/ no thynge is
more stronge than loue: nothynge hygher/ larger/
meryer/ fuller/ ne better in heuen/ or erthe. For loue
cometh of god: ne it may nat rest fynally i any crea-
ture lower than god/ It maketh a man renewe/ & a
ioye. It maketh a man fre in his soule without any
retaynynge of synne. It maketh a man set noughte
by wordlye goodes: but to departe with all that he
hath to relyue the indignes/ and myserye of other
folke. Also it maketh a man content with that lytell
that god sendeth hym: & nought to desyre that ptei-
neth to other: for he resteth aboue all thynge erthly
in one perfite goodnes: that is to say/ i god almigh
ty of whome all other goodnes floweth & ꝑcedeth
Suche a persone beholdeth nat onlye the gyftes ꝑ
be gyuen to hym: but he attendeth aboue all thiges
with loue and drede vnto god the giuer. Loue kno-
weth no mesure: but it incendeth the louer oute of
measure. Loue maketh man to fele no hardnes ne o
ther burden layde vpon hym/ and it maketh a man
nat repute any labour that is impute to hym it ma-
keth any man to desyre ouer his power/ and might
It complayneth nat of impotencye any tyme/ For
it maketh a man to thynke all thynges possyble to
hym and lefull Loue therefore dothe and may doo

great thynges: where the louer lyeth nat nor defap
eth nat. It maketh a man gladlye to wake whā he
is dulle and disposed to slepe / whan a man is wery
it maketh hym nat to accompte it / whan a man is
arted or troubled / it chaseth awey all trouble and fe
re inwarde / For as a quycke brode or flame of fyre
if it be moued: or blowen it flameth vpwarde so a
gostely louer in troubles is lyfte vp by feruoure of
loue to god: and so by the helpe of god almighty he
ouerpasseth all suche peynes and tribulacions / He
that is a gostely louer knoweth that the ardent de=
syre of mannes soule is a great crye in the ere of al=
myghty god / the which crye sayth inwardly to al=
myghty god. Thou good lorde arte my loue / thou
art all my desyre / and I am thy creature / delate my
herte in thy loue that I may lerne to taste by the in=
warde mouthe of my soule howe swete thou arte i
loue / and what is to man to be lyquyfyed and mol=
ten in loue or to swymme therin. I am holden / and
bounde in loue so that I go aboue my selfe for great
marueyle & feruoure of loue I beseche þ good lor=
de that I may synge the songe of loue / & folowe the
my louer by vertuous lyuynge euer to ascende to þ
inperfitnes of lyuynge / so þ my soule may be streg
thed in praysynge of thy maieste by ioyfull loue of
thy goodnes. I beseke the alwey that I may loue
the more than my selfe and that I may euer loue my
selfe & all other that loue the: for the & in þ as þ lawe
of loue that thou cōmaūded monissheth loue is swif
te / clere / pyteous / mery / and iocunde / it is stronge

pacient / wyfe / feythfull / longe abydynge / manlye
& neuer hyd but alwey redy / where so a man seketh
hymselfe / there he falleth fro loue / for loue is circũ
specte very meke & religious / nat lyght ne gyuyng
hede to vayne thynges. Very loue is sobre / chaste /
stable / quyet / and kepte in his bādes. Also loue ma-
keth a man subiecte and obedyent to his prelate. It
maketh a man ferme / and stable in vertuous lyfe &
to seme vyle and despecte or vnworthy in his owne
sight. Also it maketh a man deuoute to god & kynde
& alway to beleue & trust i hym m though he haue nat
suche sauoure or approximacion to his goodnes ỹ
perfighte folke haue. For no man here lyuynge may
in loue withoute langour & heuines. He that is nat
alwey redy to suffre & to applye hymselfe to ỹ wyll
of god almyghty his louer / he is nat worthy to be
be called a louer / for it perteyneth to a louer to suf-
fre gladly al harde & bitter thiges for his louer and
nat to declyne fro hym for any cõtrartous thynge.
¶The. viii. chaptre how a true louer is proued.

HE that leueth or forsaketh the loue or the ver-
tue that he hath begonne with for a lytle ad-
uersyte or trouble / or that in such tyme seketh light
ly wordly consolacion / he is nat prudent ne stronge
louer: for a stronge louer standeth stably in tempta
cion / & he gyueth nat hede ne place to the deceptfull
psuasions of the enemye he is nat broken by ipacy-
ence / by aduersitees ne illuded or disceyued by pros
perous thynges A wyse & a prudent louer põderith
nat the gytte that is gyuen so moche as the loue of

the gyuer. He conceyueth rather the loue of the gy=
uer than the gyfte that is gyuen: ꝺ prepondereth the
gyuer before all thynges gyuen: A noble ꝺ very lo=
uer resteth nat in the gyfte Ꝫ god almyghty gyueth
but in god that is the gyuer of all goodnes: that mā
is nat all disordꝛed that somtyme lesse conceyueth oꝛ
pondereth god almyghty oꝛ his sayntis thā he wol=
de do. Foꝛ that good ꝺ swete desyꝛe that a man som=
tyme perceyueth in his soule is the effecte of grace gy=
uen to man i this pꝛesent lyfe ꝺ a taste and sauoure of
heuenly gloꝛy: to the whiche we may natrest ouer=
moch by cōfidence oꝛ trust of soule: foꝛ it goeth / and
cūmeth inouable / ꝺ is nat pꝛmanēt a man to fyght. oꝛ
stryue agaynst Ꝫ euyll mociōs of his soule ꝺ to ouer
come the suggestions of the deuyll is a token of ver=
tu ꝺ of great merite. Se therfoꝛe what so euer thou
art that no stronge fantasies of any mater trouble
the. Kepe styll thy purpose ꝺ right intencion of soule
to god ꝺ thou shalt nat fall. Thinke nat that it is il=
lusion that thou art somtyme rauisshed in extasy oꝛ
excesse of mynde ꝺ so returned agayn to custo mable
lightnes of hert. Foꝛ thou sufferest rather suche dis=
sens agaynst thy wyl than wylfully. As lōge as su
the cōtrarious disoꝛdꝛed oꝛ vayne thoughtes disple=
se ꝺ ꝺ thou stryuest agayst them whan they ryse i Ꝫ
it is to thy merite ꝺ no losse oꝛ hindꝛaūce. J knowe
saith our loꝛde Jesu to his louer that the olde enemy
to mā doth alwey his power to let thy wyl ꝺ desyꝛe
ꝺ goodnes ꝺ to hyndꝛ ꝺ let the from all good ꝺ de=
uoute exercyse: as frō the woꝛship Ꝫ thou art boūde

to honoure me with ⁊ my sayntes ⁊ fro the meditacy
on oꝛ remembꝛaūce of my passion fro ⁊ remēbꝛaūce
of synnes with bitternesse of soule fro the pꝛeseruaū
cion of thy herte fro euyll: and from wyll to pꝛfite in
goodnes ⁊ uꝛtue. Many pvell ⁊ euyll thoughtis hē
suggesteth to mānis soule: to make hym both lothe
⁊ wery with pꝛayer ⁊ other uꝛtuous exercyses low
cōfessyō displeseth hym greatly / ⁊ if he may he wyll
let a man of his cōmunion. Set nat by hym ne bele
ue hym nat foꝛ he leyeth befoꝛe the many snares of
disceyte. Whan he sheweth to thy soule euyll thiges
oꝛ vnclene Dispiteously say to hym go fro me thou
foule wicked spirite. Thowe woꝛkes that bꝛyngist
suche foule thinges to entyse me. Be thou ashamed
foꝛ thou arte foule of thy selfe: go fro me thou false
disceyuer of mankynde / thou shalt haue no parte in
me. Foꝛ my sauuour iesu shall stande with me ⁊ my
Defence as a stꝛōge warriour to thy cōfusion I had
letter dye ⁊ suffre all maner peyne thā to cōsent to ⁊
Holde peas ⁊ cese of thy tēptacions: I wyll no moꝛe
here ne gyue hede to the thoughe thou vere me ne=
uer so moche: foꝛ almyghty god is my helper whō
I dꝛede. He is the defender of my lyfe vpon whome
I truste. ye if the strength of castels withstande me
I shall nat dꝛede: foꝛ our loꝛde is my helper / and tē
demer. Fight ⁊ stꝛyue agaynst suche intysementes
as a good knyght: if thou somtime be ouercome by
thy feblenes oꝛ frailte: take thā moꝛe cōfoꝛte ⁊ stꝛeg
the of soule than thou didest befoꝛe: trustige therby
to haue ⁊ moꝛe large grace ⁊ cōfoꝛt of god ⁊ be ware

J. iiij

the after of pryde & vayne glory for therby be many
led into erroneous wayes & fal into vncurable blyd-
nes of soule. So þ thou therfore beware & humble
thee agaynst the presucion of such persones.

¶The .viii. chaptre howe grace is to be hyd vnder
the palle of humylyte.

SOnne sayth the wise man / it is more sure / &
pfitable to the to hyde the grace of deuocion
gyuen to the: than to shewe it out wordlye. Auaūce
nat the of it / ne speke nat of suche grace to other nor
magnifye thy selfe therby: but thou shuldest rather
dispyse thy selfe and drede lest thou be vnworthy to
haue it or sone by thy neclygence to lese it. & ā shul-
de nat cleue or trust to moche to such affeccio which
may soone be turned to the cōtrarie. Consider well
whan thou hast suche grace howe wretchid & nedy
thou were before thou hadest grace / nor the profyte
or encreace of spūall lyfe is nat only whā thou hast
the cōsolacion of grace: but whan thou with humy-
lyte sufferest the subtraccion of the same so þ thou
leue nat thy prayer ne other good dedes: but with
all thy vnderstādynge & dylygēce do thy best whā
thou felest such subtraccion or dulnes in the to reco-
uer the consolacion of grace. Many there be that be
very dulle and ipacient whan aduersyte falleth to
them the way & lyfe of fortune of man is nat euer in
his power & eleccion but of the goodnes of god ys
all that we haue the which doth conforte whan we
wyll & asmoche as he wyll / & whom he wyl as his
plesure is & no more / some psons haue distroyed the

Imitatio cristi. H.ii.

felfe by indiferete defyre of grace of deuocio forthey
haue diſordred theyr ſtrengthe of ſoule ouermoche
nat ponderinge theyr eryle & porelymytes of reſon:
but rather foloweð the deſyre of hert/ & therfore for
as moch as they preſumed higher thinges thã god
des pleaſure was that they ſhulde attayne to there=
fore they loſt theyr grace before had/And ſo they be
maðe & lefte neðy & vyle that preſumed to entre the
ſecretes of heuen/p they may lerne nat to preſume
vpon them ſelfe:but alwey with true humylyte to
truſt to god almygðty. Suche pſones as be begin
ners & be nat yet pſite in p way of ðtue & in our lor
ðe god/may lightly erre & be deceyued.but if they fo
lowe the counſell of diſcreſcion:or diſcrete perſones
Suche pſones as lene to theyr owne wytte & ſo fo
lowe it:& refuſe the diſcrete wayes of ſuche as haue
longe exercyſed the wayes of vertue fall into great
ſcouentêtis fynally. Such pſons as bewyſe i theyr
owne ſight wyll ſeldome be ruliõ humbly by other
Better it is to a man to haue lytell wiſdome or cun=
nynge with humylyte than to haue great cũnynge
with pryde or vaine glory. Better it is to the to haue
lytell than to haue moche with pryde & dãpnacion:
he lyueth nat diſcretely that gyueth hym all to light
nes & vayne gladnes forgetyng hym ſelfe & p dreðe
of god:nat dredynge to leſe grace. Alſo he is nat wy
ſe ne vertuous/that in tyme of aduerſyte:or other
harðnes diſpayreth & truſteth nat ſteðfaſtly in god
He that in tyme of peace wyll lyue to ſykerly with=
oute dreðe of all parellys/he ſhalbe founde to dreð=

full and vnredy in tyme of bataple/ a man wolde al
way abyde humble & lytell i his owne syght & dyly
gétly awayte on hymselfe/he shuld nat so soone fall
to synne & offéce of god/good & holsom coûceyll is
a man after that he hath receyued the spyryt of deuo
ció and charyte to thynke howe shuld he do & what
shulde falle to hym in the absens of suche deuocyon
whã suche a case happeth let a man gader that such
grace and lyght may returne agáyne to hym by the
honour of god which withdrewe fro his cósolacyó
a feason tó shewe his power & for mánes wele/it is
more profytable to man somtyme to be lefte to hym
selfe and to lacke suche grace & cóforte/than alway
to haue such prosperous thynges at his wyll/For a
man is nat reputed to be of more meryte or vertu in
the syght of god/if he haue many vysyons or conso
lacións gyuen hym/or if he haue clere vnderstãdyng
of scrypture/or if he be auaûsed by great & hye pmo
cyon/but than he is of great meryte & greatly in the
fauoure of god almyghty if he be perfyte i mekenes
& fylled with charyte alway sekynge the honour of
god i his dedes/with cótépte & despysynge of hym
selfe as wel i the syght of other men as in his owne
couetynge more in humpliació thã to be honoured.
¶The.ix.chapter howe a mã shuld nat repute hym
selfe of any valour but vylypende hym.

O Good lorde I speke to the of my presûpció nat
withstãdinge that I am but puluer & asshes
if I repute my selfe any better/thou & thy wordes a
gaynstãde me/also my synnes bere true testymony

Imitatio cristi.   H.iii.

agayne me ne I can nat agayne say them / and if I
wyll vylyppende ¶ despyse my selfe ¶ nat repute me
any thynge worth as trouthe apereth in me thā the
grace of my lorde god shalbe to me mercyfull ¶ his
lyght nere me and my humylyacyon and obedyēce
shalbe turned after this lyfe into euerlastynge exal=
tacyon and auauncement / There good lorde thou
shalt shewe me to my selfe Bely what I am what I
was and wherof I came / For I was ¶ am nought
and knowe it nat if I be lefte to my selfe without thi
helpe good lorde thā I knowe my selfe to be nought
and full of infyrmyte / and if thou good lorde wylte
beholde me with thy grace and consolaciō anon I
shalbe made stronge ¶ be fulfylled with a newe ioy
¶ great marueyle it is þ I a wretche that alway of
my selfe fall dowenwarde ¶ may nat ryse agayn ¶
by thy grace so sodaynly arraysed agayne and so be-
nygnely lyfte vp and halsed of the / This is thy cha=
ryte ¶ grace whiche puentith ¶ helpeth me ī many ne
cessytes ¶ kepeth me busyly from greuous peryls ¶
many euylls / I lost my selfe by inordynate loue of
my selfe ¶ in sekynge the agayne ¶ in louynge the a
gayne I haue bothe founde the ¶ me / and of thy cle
ne profounde ¶ depe loue I am lyquyfyed ¶ knowe
verely my selfe nought / For thou swete lorde doest
to me ouer my merites ¶ ouer all that I coulde hope
to haue of þ / blessyd be thou good lorde for though
I be vnworthy to any goodes / yet thy ifynyt good
nes cesseth neuer of well doynge yeto such persons
as be vnkynde ¶ farre fro the / make vs to be holye

conuerted to the good lorde that we may be kynde /
humble / meke / and deuout to ȳ / for thou alone art
our helthe / vertu and strenthe.

The .x. chapter / all that we haue or do is to be re-
ferred to god / as to the ende of euery thynge.

One sayth our lorde to vs I ought to be thy
last ⁊ souerayn ende / if thou desyre to be bles
syd / and by this intencion shalbe purged thyn affec
cion that is oftymes euyll bowed downe to it selfe
⁊ to other creatures / if thou seke thy selfe in any thin
ge / anon thou faylest in thy selfe ⁊ waxest dry. Where
fore to me referre all thynges / for I am he ȳ haue
gyue all thynges / consider all thynges as wellynge
⁊ sprigynge out of the hyest ⁊ moost souerayne god
⁊ therfore they to be reduced to me as to theyr orygi
nall begynnynge / of me lytell ⁊ great / pore ⁊ ryche
drawe quycke water as of ȳ well of lyfe ⁊ who ser
uith me welligly shall receyue grace for grace / But
who ȳ hath glory without me / or hath delectacyon in
any pryuate good / shall neuer be stablysshid in very
Joy ne delyted in hert / but shalbe lette in many ma
ner of wyse ⁊ angwysshed wherfore thou oughtyst
to ascryue to thy selfe no maner of good / thou shuld
nat comende nor more repute thy selfe for any good
nes that thou hast. who euer thou be but referre all
goodnes that thou hast to god almyghty without
whom we haue nothynge / god of his goodnes ga
ue vs what we haue ⁊ therfore he requyreth the sa-
me to be consydered of vs with thankes to be gyuen
agayne vnto hym / This is ȳ very way to eschew

from vs the synne of vaynglory/if so be that trewe
charyte and heuenly grace enter into man/no enuy
ne dysdayne of any person/nor pryuate of mannes
selfe shall haue place i hym/for grace and very cha
ryte ouercometh all suche vyces and it delateth & en
flameth mannes soule to god & to our neyghbour if
we perceyue & vnderstãde well we shulde only ioy/
& hope in our lorde god and in no wyse in our selfe/
for no mã is good of hym selfe but god alone which
is to be loued and blessyd ouer all.

¶The.xi.chapter howe it is full swete to serue god
to hym that forsaketh the worlde truly.

NOwe good lorde I shall repete my speche to
the and nat cesse/I shall speke in the erys of
my lorde god and kynge that is in heuẽ/how great
is the multytude of thy swetnes/which thou haste
hyd and hydest good lorde for the tyme from theym
that lyueth here vnder thy drede/and to thy perfyte
louers and seruauntes thou shewest the Ineffable
cõtemplatyue swetnes of thy godhede/in this thou
good lorde hast shewed thy great charite that whã
I was nat thou madest me/and whã I erryd and
went out of the way thou broughtest me agayn cõ
maundynge me to serue and to loue the/O well of
perpetuall loue what shall I say of the/how may I
forgette the/whiche so louyngely doste remember
me/and where I haue perysshed thou good Lorde
hast shewed thy mercy to me ouer my hope and re=
warded me aboue my meryte/what thãkes shall I
gyue to the for this grace gyuen me/It is nat gyuẽ

to all men to forsake the worlde ⁊ to take vpon them
a solytary lyfe / It is no great thynge me to serue ⁊
good lorde to whom all thy creatures be bounde to
serue ⁊ plese. But rather this is to me a great thige
⁊ maruelous ꝑ it pleseth thy goodnes to receiue me
to thy seruice / ⁊ to ioyne so pore ⁊ vnworthy as I
am to thy welbeloued seruautes. Lo all thinge ꝑ I
haue ⁊ ꝑ I may do ꝑ seruice ofis thyne / ⁊ therfore I
can gyue ꝑ nothynge but thyn owne / Heue ⁊ erthe
with theyr cotentes that thou hast ordeyned to hel-
pe man doeth dayly fulfyll thy comaudement after
the ordre ⁊ forme ꝑ thou hast ordeyned them to Also
thou hast ordeyned aungels to helpe ⁊ coforte man
But aboue al this thy selfe hast vouchsaue to serue
man promittynge to gyue the to man. what shall I
gyue agayne to the for those ⁊ for a thousande folde
benefattes ꝑ thou of thy grace ⁊ goodnes haste gy-
ue to me Graut me helpe ⁊ grace to serue the good
lorde all the dayes of my lyfe ⁊ at the leest ꝑ I may
one daye serue the worthyly. Thou arte worthy to
haue all seruice / all honour / ⁊ eternall laude ⁊ pray-
sige. Thou arte my very lorde god / ⁊ I am vnwor-
thy and pore seruaunt / I am bounde to serue ꝑ with
all my strengthis ⁊ neuer to be wery of thy seruyce
⁊ praysynge so I desyre ⁊ wolde it shulde be. Thou
good lorde fulfyll that I want of my partye. Great
honoure ⁊ glory is to serue the ⁊ to forsake all erthle
thynges for the. They that gladly ⁊ wyllyngly do
submytte them to thy seruyce shall haue great grace
and they ꝑ forsake all wordlye busynes / ⁊ do those

the harde and strayte way for thy loue:shalbe refres
shed with the swete consolaciō of the holy goost shall
haue great liberte of soule. O thou thankfull & ioy=
full subteccion & seruice of god wherby man is ma=
de fre from synne & holy in the sight of god.O thou
holy & hye state of religion which maketh a man e=
gall to aūgels/pleasaunt to amyghty god and dred
full to deuyls & honourable to all feythfull folke.O
thou serupce worthy alwey to be desyzed & halsed!
Wherby almighty god is gotten & euerlastinge ioy
& gladnes gotten.   ¶The.xii.chaptre The de
syze of herte is to be examined & modered.

SOnne saith our lozde to his louer thou must
yet lerne many thynges ꝑ thou hast nat yet
well lerned/ꝑ is to say that thou ozder thy desyze/&
affeccion alwey after my pleasure so that thou loue
nat thyn owne desyze oz pfite but ꝑ thou i all thiges
a couetous louer & a folower of my wyll thou hast
many desyzes tysynge & mouynge the:but consider
well whether thou art moued in them foz myne ho
nour only oz moze foz thy owne auayle oz pfite.if I
be ꝑ cause of thy mouynge thou shalt be wel cōtent
what so euer I sende bnto the/& if any thige be hid
in thy desyze of thyn owne will oz sechynge:so that
thynge is it ꝑ anoyeth and greueth ꝑ outwardly &
withinforth bothe/beware therof ꝑ thou lene nat
to moche to thyne owne desyze/me nat counseled ꝑ
same thige that befoze pleased the/displeseth the af
terwarde.Euery thynge ꝑ man desyzeth is nat to
be folowed shoztly/ne euery cōtrarious affeccion ꝑ

man lotheth or hateth is to be fled at the firste. It is
expedient somtyme to vse a brydell restraynynge in
good affeccions & cunynge or other businesses & of
indiscrete behauiour folowe ye distraccion or brekige
of mants mynde/that thou by thy indiscrecio be nat
an occasion or sclaunder to other. Also that thou be
nat sodaynly troubled or inquyete by other menes
resistece. It is somtyme behouefull to a man that he
vse vpolece & resist his sensuall appetite/& nat to giue
hede what it desyreth & what nat:but rather ideuor
hym that it be subiecte by vpolence to the soule/this
sensuall appetite is to be subdued by disciplyne to ye
soule vnto it be made redy to obey in all thynges to
reason vnto it haue lerned to be content with fewe
thynges & necessary without all grutchige agaynst
any incouenyent thynge.

The. viii. chapt of the information of pacience & of
stryfe agaynst sensualite.

LOrde god sayth the deuoute soule vnto god
as I fele & vnderstande pacience is full ne=
cessary vnto me/for many cotrarious chaunces fall i
this lyfe howe soeuer I order my selfe for pease to
behaue. I can nat haue it withoute batayle ne my
lyfe can nat be without sorow and trouble wherto
our lorde sayth/Sone thou sayest truely I wil nat
that thou seke such peas as wanteth teptacion and
trowble orcotradiccion:but counte the than to haue
founde peas/whan thou art exercysed w dyuers trou
bles/& pued with diuers aduersitees/& if thou say
that thou mayst nat suffre such peynes. How maist

thou suffre the fell peynes of purgatory of.ii.euyls
the lesse is alwey to be suffered & chosen/wherefore
suffre thou paciently the aduersitees & euyls of this
worlde or lyfe that thou mayst auoyde the peynes e=
uerlastige folowige here after for syne. Trowest þ
that worldy men þ be in welthe & wordly busynes
suffre no aduersyte thou shalte nat fynde one suche
ye if thou present the most delycate person þ thou canst
fynde:but thou sayst to me agayn. They haue delec
table thinges & pleasures/& they folowe euer theyr
owne wyll/& therfore they ponder nat theyr trow
bles:But howe be it that they haue theyr despre/&
in ryches/& wordly pleasures that they be sacyatte
with how longe trowest thou it shall last: Sothly
suche folke as abondeth i wordly goodes & plesurs
shall soone fayle andvanysshe as dothe the smoke of
fyre. No remembraunce lefte of theyr Joyes before
had which also whan they lyued was nat fynallye
without great anguysih/tydyousnes/& drede ofte
tyme they recepue great troubles/& peyne of suche
thynges as they haue great solace & pleasure in be
fore for of rightwisnes it foloweth to suche persons þ
they fulfyll nat without great confusion & peyne the
delectacions & wordly pleasurs þ they haue before
sought & folowed with great inordinate delyte & ple
sure how short/how vyle/& fals is þ wordly glory
& pleasurs. Surely they be very false & fikil and yet
they be nat percepued/for the blyndnes of mannes
soule/so that man as a breste vnresonable for a litell
plesure or commodite of this transetory lyfe renneth

into euerlastynge deth of soule. Wherfore sone, fle to
folow thyn owne wyll alway, & folow nat thy ple-
sure & desyre. But thy delyte & fire thy loue i god, &
he wyll graunt the thy peticion & desyre of hert. Fle
all wordly inordinate pleasures & delectacions and
thou shalt haue abundaūt & heuenly consolacion: &
the more thou preseruest the from the solace of erthe-
ly creatures: the more swete cōsolacions thou shalt
fynde in almyghty god. But fyrst thou muste come
to suche gostly cōsolacions with great heuynes / &
lamentacion & with great labour & stryfe i thy selfe
agaynst thy sensuall pttes. Thy olde synfull custo-
me wyll agaynstande the in suche gostly laboure
but he shalbe banisshed & ouercome with a better cu-
stome The flesshe wyll murmoure & grutch ageist
suche labours: but the feruour of the mynde may re-
strayne hym. The olde enemy to mānes soule wyll
let the but thou maiste chase hym away by prayer &
by pfitable occupacion he & his wayes shalbe let.

¶ The .xiiii. chaptre how an hūble subiecte oughte
to be obedient after the example of criste.

Sonne he that laboureth to withdrawe hym
fro obedience he withdrawe hym fro grace /
& who seketh to attayne pryuate thynges leseth co-
mon graces & gyftis & he p doeth nat obey to his su-
peryor: it is a tokē that his flesshe or body is nat sub-
dued yet perfitly to his soule but it ofte grutcheth &
rebelleth agaynste it. Therefore if thou wylte that
thy body be no rebel: but subdued to thy soule lerne

Imitatio cristi.   F.l.

thou to obey gladlye to thy superioz. Soner is thy
outwarde enemy ouercome if thy inwarde man be
nat diſtroyed oz ouercom. There is none woze noz
moze greuous enempe to man than his body if it be
nat accozdynge oz cōſentynge to his ſoule thou muſt
vtterly diſppſe thy ſelfe/if thou wylt preuaple ayeſt
thy body. But thou loueſt thy ſelfe yet inozdinatlye
& therfoze thou dzedeſt to leue thy ſelfe & to ſubdew
the fully to other mennes wyll/what great thyng
is it to the that arte but erthe and nought to ſubdue
the to man foz godes ſake/whan I god almyghty
that made all thynge of nought did ſubdue and ſub
mitte nie humbly to man foz thy ſake. I was made
hūble ý thou ſhuldeſt lerne to ouercome thy pzyde
by my mekenes/Lerne thou aſches to obey. Lerne
thou erth & ſlyme to humble the & to pſtrate the vn=
der euery mānes feteby true humplite nothynge ý
ſumige of thy ſelfe. Lerne to bzeke thyn owne wyll
& to applye to other mēnes wyll/Ryſe agaynſt thy
ſelfe & ſuffre nat pzyde to rayne in the/but ſhew the
ſo meke that al men may walke vpon the and trede
vpon the as vpon clay in the way/what haſte thou
vayne man & vyle ſynner to complayne oz to gayne
ſay theym that myſſayeth the oz bereth the:whiche
haſte ſo ofte offended thy lozde god and haſt ſo ofte
deſerued helle by thy ſynfull lyuynge:but my mer=
cifull iye & ſight hath ſpared ý foz loue that I haue
to thy ſoule:that thou myghteſt knowe howe well
I loue the:& that thou ſhuldeſt be kynde & gyue the
to true humflyte & ſubiecciō foz my ſake paciently ſuf

ferynge thy propre contempte ⁊ despytes.

⫶The.rb.chaptre:of the hyd Jugementes of God
to be considered for ⅋ repreſſyon of vayne glory and
magnyfyinge of man in graces receyued.

Hou good lorde ſayth the deuout ſoule chaſty
ſe terrybly thy iugementes vpon me ſo that
with great fere thou alteriſt all my body ⁊ bonis to
gyder ⁊ my ſoule is troubled with great fere ⁊ dred
J ſtande aſtonyed ⁊ ⅋ſyder that heuynes be nat cle
ne in thy ſyght/if thou founde thy aũgels defectyue
⁊impure:and therfore thou dyddeſt nat ſpare theym
what ſhall fall vpon me that am duſt ⁊ aſſhes ⅋ aun
gels fell frome heuen:what than may J preſume?
Suche people as in ſempynge hadde workes of com
mendacion haue fall full lowe:⁊ ſuche as were fedde
with the mete of aũgels J haue ſene be glad of ſwy
nes mete.There is therfore no holynes in man if ⅋
lorde withdrawe thy hande. Noo wyſdome maye
auayle if thou withdraw thy hande of gouernaũce
No ſure chaſtyte is if thou defende it nat/ne propre
cuſtody may profite man:if that the helpe of god be
nat there. For if we be forſakẽ of god almyghty we
be drowned ⁊ we periſſhe: And if we be vyſited any
helped we be rayſed vp to lyfe. Of oure ſelfe we be
vnſtable:but by the goodlorde we be conſermed:⁊
made ſtedfaſt we be colde of our ſelfe:but by the we
be acceded ⁊ kyndled i goodnes. O howe mekely ⁊
obiecte ought J to cõſider my ſelfe/howe ſymple/⁊
litell be my good dedes if J haue any How proũde

ly ought I to submytte me to thy hydde & depe iuge
mentis good lorde wherin I fynde my selfe nothig
valēt & nought. O thou inmesurable weight. o thou
ipassable see wheri I ran nat fynde me but all peris
shed & adnichilat / where nowe is become all word
ly glory what cōfidēce may I haue of all vayne glo
ry ý I haue be eralted by before. Lo al vayne word
ly glory is vanysshed by the depnesse of thy hyd iuge
mentis ý thou hast shewid vpō me what is any mā
i thy sight good lorde: but cley or erth / & what may
clay or erthe haue any gloriacion or pryde agaynste
his maker he that hath his herte truly roted by loue
& humbles in god may nat be extolled by no vayne
flaterige agaynst his pleasure ne he shall nat be mo
ued by any flaterynge that putteth his hole hope in
god they that vse suche flaterynge be nought & va=
nissheth at the last with the soūde of wordes: but ý
truthe of our lorde shall al wey abyde and also they
with hym that cleueth to hym.

℄The .xvi. chaptre how a man shulde make his pe
ticion to god.

Ood lorde sayth euery man i peticiō makige
if this thynge that I aske be to thy pleasure
if it be to thy honoure and if it be to me expedient / &
profitable than graunt me it and to vse it to thy ho=
noure and if thou good lorde knowe it noyous to
me & vnpfitable to my soule than take fro me suche
desyre I beseke the / euery desyre cometh nat of the
holy goost & though it seme to man good & right wi
se: yet it is harde to Iuge trewlye in suche thynges

whether good spyryt or euyll/or elles mānes owne
soule moue hym to despre this thige or ꝑ/for many
be dysceyued in the later ende that semed to be indu-
ced and led by a good spyryt into such despres. Wher
fore we ought to despre euery thynge that we aske
or despre/with drede of god & humblenes of hert/&
that for man in all workes & despres shuld cōmptte
hym holly to god w̄ resygnacyon of his proper wyll
saytnge/Good lorde thou knowest what thynge is
to me moost profitable/do with me in euery thyng
after thy pleasure & moost honoure/gyue me what
thou wylte & whan thou wylte/put me good lorde
where thou wylte/and do with me thiges as thou
wylt/I am thy creature alway in thy hādes/& thy
seruaunt redy to thy behest I despre nat to lyue to
my selfe but to the good lorde my god & lyfe/I be-
seke ꝑ that I may lyue worthely to the.

The .xvii. chapter A prayer & despre alway to ly-
ue and to do the pleasure of god.

O	Thou moost benygne Jesu graunt me I be-
	seke the of thy grace that it euer be with me
& worke with me vnto myende & gyue me grace e-
uer to despre that thynge that is moost accepte to ꝑ/
thy wyll be my wyll/& my wyll alwey folowe thy
wyll & euer acorde ther with/& neuer discorde fro it
so ꝑ I may euer afferme me to thy wyll/gyue me
grace to dye to the worlde & to all tynges that be in
the worlde/& to loue to be vnknowen in the worlde
for thy sake. Graūt me aboue all desires to rest i the
thy holy peace of herte/For thou good lorde arte the

Imitatio cristi.	I.iii.

very peace & rest of mannes herte/and without the
all thynges be harde & inquyete/wherfore I beseke
the that I may euer rest in the. Amen.

¶ The. xviii. chapter very solace & conforte is alon-
ly to be sought in god.

W Hat so euer thyng I may thynke or desyre to
my solace & cóforte I loke nat for it here but
I hope to haue it here after./For if I alone had all ꝑ
goodes and solaces of the worlde/& myghte Ioye
in all delytes and pleasures worldly I am ascertay
ned that they may nat lóge endure/ne I with them
wherfore I knowe that my soule may nat fully be
recóforted ne ꝑfytely satysfyed but alonly in god
almyghty/the which is the conforter of poore men
and the embraser of meke persones/Abyde therfore
thou my soule abyde the promes of god almyghtye
by good lyuynge and heuély desyre/and thou shalt
haue the abúdaúce of all goodnes in heué for if thou
to inordynatly desyre or loue the goodes of this pre-
sent lyfe/thou shalt lese the heuély thynges eternall
& temporall thynges be to the in vsage/and heuély
in desyre/thou mayst nat be sacyat with thynges té
porall/for thou art nat ordeyned to Ioye and rest in
them fynally/if thou hadest in possessyon all thiges
create in erth thou canst nat be blessyd in them/but
alonlye in god almyghty the maker of all thynges
stádeth thy felycyte and beatytude/nat suche blysse
which is sene & cómedid of the louers of the worlde
but suche Ioy and felycyte that good crysten folkes
hope to haue/which spuall persones & they ꝑ

be clene in herte some tyme tasteth whose conersacion
is heuenly ¬ nat erthely/all worldly solace ¬ cōforte
of man is vayne and shorte/but that cōforte that is
perceyued iwardly in mannes soule truly is blessid
here in hope/A deuout persone bereth alway about
with hym i mynde his cōfort Jesu/sayinge to hym
busyly by inwarde spekynge/My lorde Jesu assyst
and be nere me in euery place ¬ tyme J beseke the ¬
that J may be cōtent ¬ cōforted in the absens ¬ wā
tynge of all mānes solace for loy of thyn/and if thy
cōsolacyon be absent fro me for any tyme/thy wyll
thā ¬ right wyse pbacyon be to me a hole solace/be
thou nat alway wrothe with me J pray the.

¶The.xir.chapter/how all busines of our soule is
to be put in god.

SOne sayth our lorde to his louer/suffer me
do with the what pleaseth me/for J know
what thynge is expedyēt to the/Thou thynkest as
a man/thou felest in many thynges after mānes de
syre and affeccyon/Good lorde sayth the louynge
soule to god/it is trouth that thou hast sayde Thy
busynesse for me is more than all my charge may be
for my selfe/He standeth casually and vnstably that
castīth nat all his busynes i the/whyles my wyll is
stable and ryght wyse do with me as it pleaseth the
Jt may nat be yll that thou dost or wylt haue done
about me/if thou wylt þ J be in darkenes or lyght
blessid be thou/or if thou wylt haue me to be i welth
or els in trybulacion/thy wyll be done/¬ blessyd
be thou/Sone sayth our lorde so thou must stande

if thou wylt walke with me thou must be as redye
to suffre as to ioy: thou must as gladly suffer pouer-
te & aduersite as prosperite / and to haue ryches and
welth Lorde sayth the louer of god / I am redye to
take of thy hāde what so euer thou sendest me / and
as gladly shall I take by thy grace yll as good / bit-
ter thynges as swete / & heuy thynges as glad & to
thāke thy goodnes for euery chaūce that thou shalt
sēde me / kepe me I beseke ȳ from all synne / & thā I
shall neyther drede deth ne hell / And cast me nat fy-
nally out of the bowels of thy mercy / ne do me nat
out of the boke of lyfe / and nothynge shall noy me
what so euer hardenes or trouble fall to me.

¶ The. xx. chapter temporall miseryes we ought to
suffre with Cryste.

One sayth our lorde to his louer / I descēdid
fro heuen for thy helthe and saluacyon / I to-
ke vpon me thy myseryes of my faderly loue & cha-
ryte (and nat of necessyte) that thou myght lerne pa-
ciens at me and nat grutche / ne bere heuely tempo-
rall myseryes / for from the houre of my byrthe vn-
to my deth vpō ȳ crosse / I neuer cessed of suffraūce
of peynes / I sustred great penury and defaute of tē
porall thynges / I harde great grutchynge and cō-
playntes made of me / suffered benyngnely cōfusyōs
and repreues I recepued for my bntaptes bnkynde-
nes agayne / & for my myracles shewed I recepued
blasphemes / for my doctryne I had repreues / good
lorde sayth the deuoute soule to god / For as moche
as thou wast fsounde so pacyent in all thy lyfe ful

hyllige in ẏ vertu with other the cōmaundement of
thy fader/it is worthy that I vnworthy wretch be
re me paciently after thy wyll in all thynges I shal
bere the burden of this corruptible lyfe as longe as
thou wylt for the helth of my soule:for though this
present lyfe be tedious/yet it is made meritorious
and easy by thy grace:and the more tollerable and
dere by thy blessyd eraumple of holy lyuynge/and
of thy holy saites. Also this psent lyfe is more light=
some and cōfortable thā it was to the faders of the
olde lawe to whom the gate of heuen was shitte so
that none myghte entre were they neuer so ryghte
wyse:vnto the sufferaunce of thy holy passyon and
deth wherby thou madest man fre fro euerlastinge
deth & gaue them that they serued truly here in this
mortall lyfe fre entre into the kyngedome of heuen/
O good lorde what thankes and grace am I boun
deto gyue the whiche hast shewed vnto me and vn
to all feythfull people the very good and right wis
way to thy euerlastynge kyngedome of heuen. For
thy holy lyfe that thou lad is a wey to vs to folowe
And by holy pacience we walke to the that arte our
crowne. For if thou hadest nat gōne afore vs & had
shewed vnto vs the wayes of pacience and vertue
who shulde haue folowed the:Alasse howe many
shulde haue stande a backe farre fro suche vertues:
if they had nat sene & beholde thy vertuous eraum
ples:we be yet slowe nat withstādynge that we he
re thy great techynges & maruels. And what shuld
we do if such lyght of eraumple were nat.

❧The.rri.chaptre of suffraunce of inturies ⁊ who

O Od almyghty sayth   (is puꝭd very pacient
to his seruaunt tedious ⁊ wery of tēptacyō:
What spekeſt thou ſone. Ceſſe of thy complaynt con
ſider myne (with other ſayntes) greuous paſſyon/
⁊Thou haſt nat yet reſiſted in ſuffeauce of thy trou
bles to the effuſiō of thy blode as we dyd thou haſt
litel ſuffred in cōpariſon of them that ſuffred ſo ma=
ny thynges foꝛ me/ſome in watre ſtrōge tēptaciōs
ſome in greuous tribulacions with other thynges
wherby they haue be puꝭd ⁊ erampned/ thou muſt
therfoꝛe remembꝛe the great thynges ꝑ other haue
ſuffred befoꝛe that thou mayſt bere thy lytell greſes
moꝛe eſely ⁊ if thy troubles ⁊ other greues ſeme to
ꝑ right great beware ꝑ thy ipacience marre it nat ⁊
whether they be lytell oꝛ great ſe thou bere all pacy
ently wout any grutchynge foꝛ ꝑ moꝛe thou diſpo=
ſeſt the to ſuffre: the moꝛe wyſely thou doeſt ⁊ ꝑ eſe=
lyer thou ſhalt ſuffre/ ⁊ the moꝛe meryte ſhalbe to ꝑ
ſay nat in thy excuſe. I may nat ſuffre this thige of
ſuch a perſone he hath done me great harme and he
diſclaūdꝛeth me w ſuch thiges as I neuer thoughte
But I may well ſuffre other perſons ⁊ other thyn=
ges as I ought to do ſuch thoughtis and obſtacles
ꝑ cōſidereth nat the vꝛtue of pacience ne the rewarde
therof but moꝛe the perſons ⁊ offences done to hym
He is nat very pariēt that wyll nothyng ſuffre but
as farre as it is ſaien to hym and of ſuche as he can
ſuffre. A very pacyent perſone pōdereth nat of whō
oꝛ of what perſone good noꝛ euyll pꝛelate oꝛ felowe

he be proued to suffre any hardenes or iniurye: but
whansomeuer aduersyte or wronge falleth to hym
howe someuer and of whom it cometh a true pacy
ent persone taketh it pacyentlye ⁊ with thankes as
of the hande of god ⁊ so doynge he winneth to hym
great meritte/ for nothynge be it neuer so lytel ꝑ mā
suffreth for god: can nat passe without great meryt
be thou therfore redy to suffre paciently aduersites
⁊ to fyght ayenst thy impacient proude herte/ if thou
wilt haue victorye. ¶ Thou mayst nat gete ꝑ well of
pacience without fyght/ if thou wylt nat suffre ad=
uersites thou refusest to be crowned: wherfore if ꝑ
wilt be crownid thou must fyght ⁊ stryue with thy
selfe strongly ⁊ suffre paciently such euyls. For with
out laboure no man may come to rest/ ne withoute
fyght no man may haue victory/ wherfore good lor
de I beseke the to make possible by thy grace to me
eu͛n me ꝑ/ that is sene impossible to me by nature thou
knowest ꝑ I am euyll to suffre ⁊ ꝑ I am sone caste
down by litel aduersite araysed agayn me I beseke
ꝑ good lorde that all maner of trowble or aduersite
ꝑ thou shalt sende me: may be comendable ⁊ desyred
for thy holy name for to suffre aduersitees for the is
very helthfull ⁊ meryte to my soule.

¶ The .xxii. chapter of the confessyon of manes infir
mitees and of wordly myseries.

I knowlege myne iniquite ayeynste me I am
ryghte feble and vnstedfaste: good lorde thou
knowest the thynge ꝑ I am discharged ⁊ cast dow
by ofte: is but of lytell valure or weyght I purpose

me strongly to stande in well doynge: But whan a
lytell temptacion assayleth me I am greatlye anguys-
shed / the thynge that I am moued & tepted by gre-
uously is but vyle / & whan I thynke my selfe a ly-
tell siker of lytel rest that I somtyme haue / I fynde
me soone after ouercome of a lytell blaste of temptacy
on. Beholde therfore good lorde my frayltie knowe
to the in all thynges that I am proued by / haue mer-
cy on me I beseke the and delyuer me from fylth of
synne ꝑ I be nat fastened therin ne ouercome ther-
by I haue great remorse & often I am confounded
before the & that I am so vnstedfaste and frayle to
gaynstande my passions. And thoughe they drawe
me nat to the consent of synne yet theyr persecucyon &
continuall talynge is to me ryght greuous and he-
uy / and it is to me right tideous to lyue i batayle &
stryfe. Therby I knowe the better myne infyrmy-
te for wicked & abhomynable fantasies do ryse in
me to my trouble soner than they goo or passe from
me wherfore I beseke the god almyghty & louer of
feythfull soules to beholde w thy gracious conside-
racion ꝑ labour & afflicciō of me thy seruaūt & asist
me with thy mercifull helpe in all nedes & strengthe
me with heuenly stregthe ꝑ the temptar of mā: or my
wretched flesshe nat yet fully subdued to my spirite
haue nat dominacion vpō my spirite ayest whom I
must fight continually whyles that I lyue i this mi
serable lyfe Alas what maner a lyfe is this: where
tribulaciōs & miseries haboūdeth where all places
be ful of enemyes & snares to ouercome & cache mā

for whan one temptacion or trouble cesseth:another cometh. Also the firste conflycte or trouble yet durynge/many other sodaynlye ryse. How may this lyfe be beloued that hath so many bytternes and is so full of myseryes:how may it be called a lyfe that gendreth so many dethes & gostely infeccions/and yet it is beloued and with great gladnes delyted & ioyed in. The worlde is ofte reproued for ꝑ it is dysceptfull and vayne. And yet it is nat soone forsake whyle the concupyscēce of the flesshe reygneth:some thynges i the worlde inducith man to loue the worlde & some other to despyse it:the concupiscēce of mannes flesshe/ꝑ desyre of mānes eye/& pryde of ꝑ herte. But the peynes and the myseryes folowynge gendre hate and contempte of the worlde yet for all suche myseryes the euyll delectacion of mynde that is geuen to the worldly pleasure ouercometh the heuenly desyre/& suche carnall delyte reputeth felycyte to be vnder suche sensuall pleasure. For such nepther sauer ne taste ꝑ swetnes of god/ne ꝑ inwarde ioy of vertue. They that despyse the worlde & study to lyue & serue god vnder holy dyscyplyne:they taste ꝑ sauour of heuēly thiges pmysed to suche gostly lyuers they also seuerely ꝑ errour & disceyte of the worlde.

¶The .xxiii. chapiter howe man shuld rest in god aboue all gyftes and goodes erthely.

O Thou my soule rest thou aboue all thinge in our lorde God for he is ꝑ eternall rest of sayntes. Gyue me swete Jesu moost louable of all other grace for to rest in the aboue all other creatures/a

Imitatio cristi.   K.i.

boue all helth and beawte/aboue all glory/honour
power ꝫ dygnyte:aboue all ryches cunynge subtyl
te or craftis aboue all gladnes/ioy/fame/or laude
aboue all swetnes/cōsolacyon/hope/or pmyse:a=
boue all meryte/desyre/or gyftes:ꝑ thou mayst gy
ue to me body or soule/aboue all ioy or iubylacyon
that mannes mynde may fele and compryse. And a=
boue all heuely spyrytes with all other thynges by
syble ꝫ iuisible that is nat thy selfe for thou good lor
de amōge all thiges art best/hyest/moost mighty ꝫ
moost sufficiēt:thou art moost swete/fayrest moost
louable moost noble ꝫ glory9 aboue all ꞇ whom all
other goodes be pfytely/haue be ꝫ shalbe. And ther
fore what euer it be that thou gyuest me(thy selfe ex
cepte)it is insuffycient:For my hert may nat bcrely
rest ne holy be content:but in the that surmountest
euery creature or thynge. O my moost amyable spou
se cryste iesu moost pure louer:ꞇ lorde of euery crea=
ture:graunt me I pray the wynges of very lyberte
that I may fle ꝫ rest in the my feruent loue ꝫ desyre
O whan shall it be gyuen to me fully to vnderstāde
ꝫ se howe swete and good my lorde God is:whan
shall I fully gader me in the/so that for thy loue I
shall nat fele my selfe:but the alonly that excedest all
knowlege ꝫ mesure. Nowe I ofte soro we ꝫ morne
ꝫ bere me in felycyte:ꝫ lamentable mysery ꝑ I am
in with great heuynes. For many euyls assayle me
in this vale of mysery they sore trouble me and also
ofte blynde me/dystroyeth and letteth me:that I
may nat haue fre accesse to the:ne haue thy swete en

brasynge that the blessyd spyrytes haue contynual-
ly with all torūdite & ioy. J pray ẏ that my syghes
& inly desyres with my manyfolde desolacyōs may
moue thy goodnes to enclyne to my desyres/o iesu
the lyght & clerte of euerlastynge glorye the solace &
conforte of wayfarynge soules: my soule spekyth to
the with styll desyre: and my mouth without voyce
Howe lōge taryeth my lorde god to come. J beseke
hym to come to me his pore seruaunt to my cōsolaci
on & gladnes. Sende he his hande & power to dely
uer me from all anguysshe. Come good lorde for w
out the J can haue no gladde day or hour thou arte
my ioye & without the my mynde & borde is voyde
J am a wretche and as a prysoner fetred withoute
all asort agreued tyll tyme that J may be refresshid
with thy presens & so restored to lyberte/shewe me
therfore Jbeseke the thy fauour & gracious presens
Let other seke for ẏ what so euer they wyll nothig
pleaseth me ne shall doo but thou my lorde god that
art my hope & eternall helth J shall nat cesse to pray
& call to ẏ tyll thou returne to me by thy grace & ly
ke to me inwardly sayng/lo J am here come to the
for thou called me/thy terys & the desyre of thy soul
thy hūyliaciō & gtricion of hert hath made me encly
ne & brought me to the. And J agayne to my lorde
good lorde J called the & haue desyred to ioye in the
all other thynges lefte & forsake for the. Thou lorde
dyd fyrst ercyte me to seke the/blessyd be thou that
hast wrought such goodnes w thy seruāut after thy
great merci/what shuld thy seruāut more do or say

Jmitatio cristi.   K.ii.

before the good lozde:but to humble hym to thy ma
geste al way myndefull of his propze fraylte & wyc
kednes. None is lyke to the good lozde in all ꝑ mar=
uelous creatures i heuē & erth/all thy wozkes that
thou hast wzought be very good & thy domes right
wyse & trewe/& by thy puydēs all thiges be gouer
ned. Laude & glozy be to the that arte the wysdome
of thy father celestyall. My soule/my mouth/w all
partyes may loue the and pzayse the with all other
creaturis wout ende. Amen.   ⸿The.xxiiii.chapter
a remembzaūce ozrepetynge of ꝑ bēfaytes of god.

Od lozde open my herte in thy lawe/and i
thy pzeptes make me to walke. Make me al
way to vnderstande thy wyll and pleasure & dyly=
gently to gsider with reuerēce thy bēfaytcs both in
generall & in specyall ꝑ I may devly thanke the I
knowe and confesse for trothe that I may nat gyue
to the due thankes for the lest benefyte that thou gy
uest and am vnworthy therof whā I consyder thy
excellence and noblenesse my spyzyte fayleth in me
foz the great magnytude thereof. All thynges ꝑ we
haue in body oz soule within oz without naturallye
oz supnaturally we haue of thy gyfte & all they com
mende the of whom all goodnes cometh/& though
some perceyue of thy larges mo graces oz bēfaites
and some fewer:yet all that we haue cometh of the
& the leest gyfte may nat be had without ꝑ/he that
receyueth moze bouteuously of thy graces may nat
ioy therin as he had them of his owne merytes noz
he may nat very wozthely exalte hym selfe aboue o

ther ne vpspende his in expoure or the poore/for
he that ascrybeth nat to hym selfe ne to his merytes
but onely to the goodnes of god is more meke and
in gyuynge thākes vnto god more deuout/and he
that for all suche prerogatyues repreueth hym selfe
moost vyle and vnworthy of other:he is more apte
to preyue of the hāde of almyghty god more larger
gyftes/and he ÿ perceyueth fewer gyftes of God
ought nat therfore to be heuy ne wrothe/ne enuyous
ayest his rycher:but he ought rather thāke ÿ good
nes of god that so frely ĩ so abūdātly gyueth to his
creatures wout any psonall exrepctō all thiges come
of ÿ/ĩ therfore thou art to be magnyfyed ĩ prapsed
in all thiges/thou knowest good lorde what thing
is expedyēt to be gyuen vnto every man/and why
this psone recepueth of thy larges more/ĩ an other
lesse/it preygneth not vnto vs but to the to discerne
the which alonly knowest every mannys merytes
I repute it for a great benefyte gyuen to me of thy
goodnes ÿ I haue nat gret gyftts wherby I shuld
haue any vayne laude or prapsynge outwardlye of
the people/so if man cōspder well his vylete pouerte
ĩ great indygēce/he wolde nat be heuy ĩ troubled
in hym selfe/but he wolde rather take therof great
consolacion ĩ gladnes of soule/for thou good lorde
chole and do contynually chose poore and humble/
ĩ such as the worlde dispiseth to thy seruyce ĩ famy
lyarpte/as is shewed manyfestly by ÿ apostles syn
guletly chosen of ÿ whom thou made prynces of all
ÿ worlde. that nat wthstādynge theyr exerlaciō ĩ

Imitatio cristi. R.iii.

lyuynge was without repreue amõge men of hūble
& symple woute deceyte & malyce that they suffered
gladly for thy name repuynge & scourgynges and
greuous peynes vn deth at þ last þ which all be hor=
ryble & dispytfull to worldly folke / wherefore ther
ought nothynge to glad thy louer & knower of thy
bihestes as thy wyll to be fulfylled i hym & the plea=
sure of thy eternall disposycion / wherof he oughte
to be so wel gtēte & pleased as at þ ordenaūce of god
it is to hym as lefe to be þ leest & lowist as an other
desyreth to be hyest & moost repute & to be content &
pleased wõ the lowest place as an other wõ the hyest &
to be as gladly abiecte / & dyspycable as other doth
desyre to be hye & aboue other i the worlde / for thy
loue & wyll good lorde ought to pcell all other thin
ges & more to please man thã all other bihestes gy=
uen or to be gyuen to man. ¶The.rrb.chapt
ter / howe.iiii.thynges bzynge pease to man.

FOure thiges sone ther be that make a man to
be in great pease & lyberte of soule / fyrst is þ
a man shall study rather to do and folowe an other
mannys wyll thã his owne / an other is to chose to
haue lesse of tēporall goodes or worshyppes rather
thã more: the thyrde is to chose euer þ lower sete or
place & to be vnder alway & nat aboue / the.iiii.is to
desyre that the wyll of god be holy done in the / such
a psone entreth the endis of pease & rest / lorde sayth
þ deuout soule / thy worde foresayd is short & cõtey=
net of great pfeccyon it is lytell and short in prun=
ciacõ & full i sentence & vertue / & I coude woll kepe it

I shuld nat be so soone troubled as I am for as ofte
as I am greued & dyspleasyd/ I fynde in me that I
goo so ofte from this doctryne but thou good lorde
þ all may/& also loueth wele and profite of mannes
soule encrease thy grace in me þ I may accomplysshe
thy worde vnto my saluacyon.   ¶The.xxvi.cha=
pter/a prayer agayne euyll thoughtes.

LOrde god I beseke the nat to be lōge absent
fro me/but gyue alway hede to me i helpig
me/vayne thoughtes haue rysen agayne me with
many terrous that haue troubled me/how shall I
passe vnhurte/and howe shall I breke them and es=
cape but if thou helpe/thou sayst to thy seruaunt I
shall go before the/& I shall hūble them that Ioy &
truste in erthely glorye I shall open to the the gatis
of darkenes & I shall shew the my secretis do good
lorde as thou pmpsest dwell i me & chase fro me all
wicked & euyll thoughtes my hope & refuge siguler
is to fle to the in euery trybulacion & to call vpō the
with iwarde cōfidēce to be helped pacietly abydige
thy consolacyōn.   ¶The.xxvii.chapter a deuout
prayer for the illumynacyon of mānes mynde.

O   Thou good ihesu claryfye me with þ clerete
of euerlastyng lyght & chase fro myn hert all
maner darkenes/stablysshe the great vagacions of
my mynde that I suffre/breke & destroy the vyolēt
tēptacyōs that I am acōbred with fyght strōgly for
me & fere away the euyll bestes that is to say my le=
cherous cōcupyssens þ I am moued & tēpted by/þ
peace may be ime by thy vtue & myght/so that lau=

de may sounde to the in þ hall of my soule cōmaūde
the wyndes ₹ tēpestis of trouble ₹ tēptaciō ₹ the see
full of monstres ₹ parels to cease/₹ say to the north
wynde that it blowe nat/and than shalbe a great
trāquilite/sende out thy lyght of truthe that it may
shyne vpō erthe/for I am as the erth vayne ₹ barē
vnto thou illumyne me/sende out thy grace from a
boue/anoynt my hert w̔ thy grace celestyall/sende
into me the terys of deuocyon to make moyste and
wete my dry soule þ it may brynge forthe good fru=
te ₹ þ frute of god warkynge/rayse vp my mynde
the which is oppressyd w̔ þ burden of syn ₹ suspēde
my delyre holy to heuēly thinges so that þ swetnes
of heuenly felycyte tasted/I may lothe to thynke of
erthely thynges/rauysshe me from þ vnstedfast con
solaciō of all creatures/for no creat thige may fully
satysfye myn appetyte Ioyne me good lorde to the
w̔ the bāde of inseperable loue/for thou alone suffy=
syst to thy louer/and without the all other thynges
be vayne and of no valure.

⫶The.xxviii.chapter/howe a man shulde eschewe
to enquyre busyly of an other mannes dedes.

SOne sayth god to his louer/be thou nat cur
rioꝰ to seke vanites or euyll questiōs of other
mennys cōuersacion i worde or dede/folowe thou
me what pteyneth to þ this or þ/or what this man
is or that/or ellys what this man doth or saith/and
what þ/thou shalt nat gyue accōpt for other mēnis
dedys but for thyn owne selfe/wherfore thā dost þ
wrap the in such vayne questyons/I knowe euery

man wt hts cōuersacyon / ¶ I se euery thynge vnder
ye soñe I knowe euery man what he thiketh / willeth
sayth oz doeth / and to what ende he entendethe his
werke / thou shuld therfore cōmpt all thiges to me ¶
to my iugement / and to kepe thy selfe in good pease
let hym that wādzeth wander and dzyue as he wyl
It the last shall fall vnto hym ye he hath deserued in
wozde oz dede foz he may nat deceyue me. Desyze
thou nat great fame outwarde ne great famylyary
te wt folke no pzyuate loue of any pson foz these thyn
ges gēdzeth distraccyōs of mānes soule ¶ great er
rours ¶ darkenes of mānes hert I wolde speke to ye
gladly my wozdis of my coūcels ¶ secretis I wolde
shewe ye ye tf ye wolde dylygently obserue my cōmige
openyng ye doze of thy herte to me / be thou puidēt ¶
wakynge in pzayers / humblyng the i all thynges.
¶The.xxix.Chapiter / In what thynges standeth
very peace and pzofyte of man.

SOne I sayde ones to my dyscyples I leue
peace wt you and gyue you my pease I gyue
you my peace nat as ye wozlde doth ye nowe gyueth
peace / now troubles ¶ warre / all folke delyze peace
but all doth nat seke the very thynges ye ptayne to
peace. My peace is wt hūble persons ¶ innocent thy
peace shall be in moch paciēs / tf thou wilt here me ¶
folowe my wozde thou shalt haue moche peace i all
thy werkis take hede what thou dost say oz intēdig
alwey to please me only / ¶ nothyng without me to
delyze oz seke / also be thou nat curio? oz busy to dis
cerne oz iuge other mēnis wozdes oz dedes ne mell

nat of thynges that be nat perteynynge to the/and
thus doynge thou shalt lytle oꝛ seldome be troubled
neuer to suffer any heuynes oꝛ perturbacyon of bo=
dy oꝛ soule longeth nat to this lyfe:but to the estate
of the lyfe to come/where euer quyetnes ⁊ peace is
suppose nat therfoꝛe ẏ thou hast founde very peace
foꝛ ẏ thou felest no heuynes ne graupte/ne thynke
nat that all is well about the/if thou haue no aduer
sary/ne suffre cõtradiccion/noꝛ repute nat the ther
foꝛe pfyte/foꝛ ẏ all thynges be done after thy myn=
de ⁊ desyꝛe/noꝛ thou shalt nat repute the to be belo=
ued/oꝛ to be in the fauour oꝛ grace with almyghtye
God if thou haue any gyfte of swetnes oꝛ deuocion
foꝛ a true louer of vertu is nat knowẽ in such thyn=
ges noꝛ the pꝛofyte oꝛ pfeccion of man standeth nat
in suche but in that rather ẏ thou offredest thy selfe
with all thyn herte vnto ẏ wyll of god/nat sekyng
thy goodys oꝛ thyne owne wyll to be done in lytle
oꝛ moche so that thou take euenly with thankes pꝛo
sperous thynges and aduersytees/weyinge all i a
lyke balaunce/if thou be so stronge in hope ẏ when
thou lackest inwarde consolacyon/than thou pꝛe=
payꝛest thy herte to suffre gretter thynges than be
foꝛe/nat reputynge thy selfe right wyse oꝛ holy:thã
thou walkest in the true and right way of peace/⁊
without doubt then thou shalt se my face in euerla=
stynge Joye aud if thou come to the full contempte
of thy selfe then thou shalt haue the abundaunce of
pese after thy possybilyte as a wayferer may haue.

¶The .xxx. Chapiter of þ preemynēce of a fre mynde and howe prayers precelleth lesson.

LOrde this is the warke of a perfyte man ne uer to lose his soule from the speculacion or of the syght of heuēly thynges ⁊ to go amonge many busynessys as wout all busynes nat as an Idell man but by a prerogatyue of fre mynde nat lyuynge by inordynate affeccyō to any creature I beseke þ moost good ⁊ almyghty god pserue me frō the busynes of this lyfe /þ I be nat wrapte ouermoche by þ manyfolde necessaryes of my bodye that I be nat caught by lust of body /delyuer me I beseke the frō all maner of ipedymentes ⁊ enemyes to my soule to saue me þ I be nat caste downe ⁊ broke by outragyous heuynes nat by such vanites as þ worlde busyly desyreth / but by such myseryes as of þ comō malediction of mākynde doth greue peynfully thy seruaūtts þ they may nat haue liberte of soule to be ioyned to þ as they wolde / good lorde turne all carnall psolaciō i me into bytterners þ shuld entyse ⁊ draw me by fals ptens of goodnes frō þ cōtēplaciō ⁊ loue of euerlastynge thynges let me nat be ouercome of flesshely lust. Let me nat be dyscepued by þ worlde or by the shorte glory ⁊ pompe thereof / nor let me be supplanted or be begyled by the cawtels ⁊ deceptis of the deuyll / gyue me I beseke the strēgth to resyst all euyll / pacyēs to suffre aduersytes ⁊ stablenes of pseuerāuce graūt me for all wordly consolacyons the swete gracyous vnccyon of the holy goost ⁊ for all carnall loue / yet into my soule the loue of thyne

holy name. Mete & drynke and clothe & other neces=
saries to the body/be peynful & oncrous to a feruēt
spyryte graūt me good lorde to vse suche bodely cō=
fortes tēperatly/so ý J be nat wrapped in outragy
ous desyre of suche thynges/to forsake all suche bo=
dely necessites J may nat lefully/for nature must be
sustayned but to seke suche thynges in supfluyte or
suche thynges as be more delectable thā prsytable/ý
holye lawe forbedeth it/for elles the flesshe of man
shuld rebell apenst the soule/amonge all suche thyn
ges good lorde J beseke the that thy hande of grace
may teche and gouerne me euer/that J admytte no
suche thynges in superfluyte.

℥The.xxxi.chapiter the loue of pryuate thynges &
of mannys selfe letteth the perfyte goodnes of man
nys soule.

SOne if thou wylt possesse god almyghtye to
d wel i thy soule/thou must eschewe & forsake
all thy wyll for hym/so ý onely thou gyue thy wyll
holy vnto his wyll/for the propre loue of thy selfe is
more dysauaūtage to the than any erthly thynge af
ter thyne affecciō & loue ý enclynest to euery thynge
more or lesse if thy loue be pure symple and well or=
dered thou shalt nat be ouercomen by inordynate de
syre of suche erthely thynges. Couet nat suche thyn
ges as it is bnlefull the to haue. Nor yet haue thou
nat in dede nor in desyre that thynge that shall lette
the or thy inwardly lyberte of thy soule J haue mar
ueyle sayth God to his louer that man gyueth nat
hymselfe to me with all his herte to gether/ withall

other thynges that he hath or desyreth to haue why
art thou satygate with superfluous busynes or de=
syer why is man wasted by vayne heuynes/Lette
hym stande to my pleasure ⁊ wyll:and than he shall
fele no heuynes nc harme/if thou seke this thynge
or that / or to be here or there for thy profyte or com=
modyte thou shalt neuer be quyte ne fre from busy
nes of mynde/For in euery thynge besyde me is so
me defaute of goodnes/and no place is voyde of all
aduersyte/Wherfore seth transytory and worldlye
thynges/rychesses or worshyppes multiplyed in de
de or in desyre:doth nat helpe mannes soule but ra
ther the contempte and hate of such thynges profy=
teth in the acceptacion ayenst god/for all suche shall
passe with the worlde/The place that a man desy=
reth shall lytell helpe hym:if the spyryte of charyte ⁊
grace be nat with hym:⁊ suche peace as man seketh
without for the shall nat longe stande if it lacke the
very foundament of stabylnes that is to say if man
stande nat in god almyghty which is groude of all
stablenes / he may well chauge his place but he shal
nat be auautaged i soule for whyther so euer a man
fleith he shall fynde suche occasyon as he fleyth.

¶ The .xxxii. chapiter/an oreson for the pourgynge
of mannes soule and for grace.

COnferme me good lorde by thy grace ⁊ ma=
ke me sad in vertue inwardly in soule/make
my hert voyde of all vnprfytable busynes/⁊ nat to
be drawe or led by þ vnstable desyre of any thynge
what euer it be vyle or precio9:but to receyue al thiges

Imitatio cristi.   L.i.

together w my selfe as trãsytory/nothynge vnder
the sonc is stable ǂ pmanẽt but all is vnyte ǂ afflyc-
cyon to mannes soule/howe wyse is he that so vn-
derstandeth and perceyueth/graunt me good lorde
heuenly wysdome ý J may lerne to seke ǂ to fynde
the aboue all other thynge to cõceyue and loue the a
boue all thynges/ǂ to vnderstãde all other thiges
as they be after the order of thy wysdome gyue me
grace to bere prudently the psperite ǂ pleasure of the
worlde ǂ pacientely to suffer aduersyte/for it is great
wysdom natto be moued with any blast of wynde
ne to entende to any flaterynge tale. ℭThe.xxxiiii.
chapt howe a man shuld behaue hi ayenst detraccõ.

SOne sayth our lorde to his louer/thou shalt
nat be heuy if a man say yll or haue an yll o=
pynyon of the that thou wolde nat gladly here/for
thou ought to iuge thy selfe to be worse ǂ more vyle
of cõdycion than other people be/if thou gader thy
selfe so iwardly thou shalt nat greatly põder fleing
wordes/it is nat a lytell argument prudẽs or wys=
dom a man to kepe scylẽs ityme of yll sayd or don to
hym ǂ to quert hym selfe iwardly to god ǂ nat to be
inquyete of mannes iugemẽt/let nat thy peace be in
mãnes worde whether they say wel of ý or yll thou
art one ǂ nat chaunged by theyr wordes/where is
true peace ǂ true glorye but in god/he that despreth
neyther to please men nor drede the nat to dysplease
them/he shall fynally haue great peace/for of iordy
nat loue ǂ vayne drede cometh all inqrtnes of herte
and dystructyon of soule.

¶The .xxxiiii. chapter god almighti is to be iward
ly called and blessyd in tyme of tribulacyon.

Thy holy name good lorde be alway blessyd
that hast wylled this trouble or teptacyō to
fall vpon me / I may nat fle ne eschewe it / but I ha
nede to fle to thy goodnes for helpe and socoure
y thou maye turne it to my well / good lorde I am
nowe in trowble and it acordeth nat to well to my
hert / for I am greatly vexed of this present passyon
what shall I say that am tached thus with tribula
cions / saue me good lorde in this houre I come to
the in this houre of trowble that thy goodnes may
be knowen whan I shall be delyuered by the of my
great humylyacion & trouble that I am in / please
it thy goodnes lorde god to delyuer me therof / for I
knowe nat what may do to my dyscharge & well &
whether I may goo without the / graūt me paciēs
good lorde / also now helpe me good lorde & I shall
nat drede what euer fall to me / what shal I say i all
my aduersytes / but y thy wyll be done in me / I ha
ue well deserued to be troubled & vexed wherfore I
must suffer / & wolde god I myght so do w pacyēce
tyll y tempest be past / & better fortune folowe / god
almyghty thou may take fro me this teptacion / if it
be thy pleasure. that I be nat ouercome therof as
thou hast ofte done / for the more harde it semeth to
me to suffer suche temptacyon the more nere is thy
ryght hāde to chaūge it. ¶The .xxxv. chapter howe
we nat shulde aske the helpe of God trustynge in hym
to recouer grace lost by deuout prayer.

Imitatio cristi.   L.ii.

One sayth our Lorde to his louer I am thy
lorde god: that do conforte my seruauntis in
the daye of trouble / come therfore to me whan it is
nat well with the / it doth lette ẏ to haue consolacion
from aboue: that thou slowly fallest to prayer for a
remedye / for before thou prayest to me deuoutly for
helpe and consolacyon / thou sekest many inwarde
consolacyon for thy refresshynge whiche all auay=
leth the lytell vnto thou conceyue inwardlye that I
alonly delyuer and helpe in nede them that truste in
me / ⁊ without me there is no vaylable or pfytable
councell ne remedye durable ⁊ abydynge / but resu
me thy spyryt ⁊ be recomforted i the lyght of my mer=
cyes / for I am nere ⁊ redy to repayre all thynges ẏ
be ruynous / nat onely to the state that they were of
before / but also to theyr perfeccio / nothige is to me
harde or impossoble / I am nat lyke to ẏ that sayest
more than thou doest i dede / for my worde ⁊ dede is
all one / where is thy fayth: stande fermly ⁊ pseucrãt
ly i thy fayth ⁊ my seruyce / be strogely abydynge i
me / ⁊ thou shalt haue cofort i tyme couenyet / abyde
me ⁊ I shall come soone ⁊ hele the / it is a lytell tepta
cyon that doth vere the / ⁊ a vayne drede that dothe
fere the / why art thou busy about thynges or chaũ=
ces nat yet beynge but for to come the whiche encre=
syth thy heuynes / it is suffycient to the day his wic
kednes / it is but vanyte or Idlenes to be troubled
or to be glad at ẏ aueture of thynges to come which
parauenture shall neuer fall / but mãnes codycyon is
to be disceyued by such Imagynatios / ⁊ it is a toke

of an vnstable soule, that is so soone led fro god by
suggestiõ of the enemy for he põderith nat whether
he deceyue by true suggestyons or fals/whether he
throw downe by the blynde loue of thiges present or
by drede of thynges for to come/be thou nat aferde
ne trowbled in soule/trust in my mercy whã thou
trowest to be farre fro me/I am ofte more nere the
whã thou wenest to be holly lost:thã thou moost de
seruest rewarde/all this is nat lost whã thou felest
cõtrariousnes i thy mynde/thou shulde nat iuge af
ter thy sensuall felynge ne take euery veracyon ho
pinge neuer to escape it/repute ÿ nat al forsake whã
I sede ÿ any trybulaciõ/for by such tribulacyõ it is
come to ÿ kyngdome of heuē/it is more expedyēt to
the/I to my other seruaũtes for to be pued i aduer
sitees than to haue eche thynge after theyr wyll/I
know ÿ hyd thoughtes of mã/it is expedyēt to thy
helth I saluacyõ to be lefte some tyme to thy selfe w
out gostly sauer/that thou be nat inflate by pryde I
lyft vp aboue thy selfe thikynge ÿ to be better thã ÿ
art in dede/I may take away whã my lyste that I
gyue to any man/I restore it to them whan I wyll
whã I gyue any gyft or grace to any psõ it is myn
that I gyue/and whan I witthorawe it I take but
myn owne/for al goodes I euery pfyt gyft is myn
it I sende ÿ any trouble bodely or gostlye dyspeyne
nat therof ne let nat thyn hert fall therby into great
heuynes/for I may soon lyfte the vp agayn I chau
ge thy heuynes ito ioy/neuertheles I am right wy
se I moche to be recõmēded I loued whan I sende ÿ

such aduersyte or scourges/if thou wylt vnderstãde
thou oughtest neuer to be heuy for y aduersytes y I
sede the: but rather to thãke me/t to repute it a syn=
guler ioy y I spare y nat in such peynfull afflyccios
that I sende the/for I sayde to my dyscyples/I lo=
ue you as my father dyd me/though I sede you ito
the worlde nat to haue ioyes of y worlde but great
bataples nat to haue worldly honours but despitis
nat to be Idle but to labour/nat to haue rest but to
gader muche frute of saued people into the barne or
church of god lyke as I was sent to also haue mide
sone also of these wordis. ¶The.xxxvii.chapt how
all creatures shuld be set a syde y we may fynd god

LOrde god sayth a deuout soule to our lorde
I haue nede to haue more grace thã I haue
yet if I shuld come thyder where no man nor crea=
ture shall let me/for as lõge as any creature retcy=
neth me by lokynge of thy loue I may nat fle to the
frely/he desyred to fle frely that sayde these wordes
Who shall gyue me wiges lyke a doue y I may fle t
rest where pfite rest is what thynge is more quyete
t resstull thã is a symple iye/t who fleyth more fre=
lye into the knowlege and loue of God/thã he y de=
syreth nothynge here in erthe/he therfore that wylk
stãde in eleuacyon of mynde/t so beholde the good
lorde maker of all thynge he muste ouer passe euery
creature t forsake hym selfe w other cõsideryng his
lorde to haue nothynge lyke hym/but y he pcell all
creatures in thy loue/and but if a man be fre t low
sed from inordinate loue of all creaturis he may nat

frely lyft hym vp by cōtēplaciō ⁊ loue of heuēly thin
ges/therfore fewe folke be foūde cōtemplatyue/for
fewe be foūde that fully sequestrate theym selfe fro
erthly thinges that be but trāsytory/to ⁊tēplaciō is
great grace requyred/for by grace a man must i the
dede of cōtēplacion be lyft aboue hym selfe/⁊ but if
he be lyfte vp in spyryte aboue all creatures erthelye
⁊ be holy vnyte to god almyghtye/What so euer he
can or hath of ꝑtue is but of lytle pryce afore god/he
shall longe be lytle in vertue/⁊ lye lōge in erthe that
reputeth or prayseth any thynge but onlye eternall
goodes Which he had of god almyghty/and what
so euer thynge is nat god almyghty or to hym refer
red is nought/⁊ to be acoūted for nought/great dif
ferens is betwene the wysdom of a deuout and illu
myned ꝑsone of god/⁊ the cūnynge of a lettred cler=
ke or a student/for that doctryne is more worthy ⁊
better ꝑ cometh by the influence of god than it that
cometh by the labour of mannys wyt/may desyre
to come to ⁊tēplaciō but fewe study for such thiges
as be reqred therto i exercyse/⁊ a great iꝑedyment
therto is that we stande i sygnes ⁊ in sēsible thiges
⁊ labour nat to mortyfye vs fro them/ne to despyse
theym parfytely before as we shulde do/howe is it
and with what spyryt be we led/ꝶ wot nat that be
reputed spūall ꝑsons/⁊ yet we laboure more about
vyle ⁊ transytory thynges/thā about spūall/about
the which scarsly at any tyme we labour or thynke
inwardly with suspēsynge of our outwarde sēlys
so that we wey nat our warkes stratlye or euenlye

as we ought to do/foʒ wherupon our affeccyon reſteth we do nat attende/ne we lament nat our vyle
and vnclene dedes/ꝗ therupon foloweth that whã
our inwarde affeccyon is coʒrupte that the dede folowynge ꝗ pcedynge therof is neceſſaryly coʒrupte
foʒ of a clene herte cometh good dedys and ꝫtuous
lyuynge/euery man ſeketh the dede of what ꝗ how
moche he may do oʒ doth/but howe ꝫtuous a man
is it꞉that is nat ſo dylygentlye ſoughte/foʒ a ryche
man oʒ a ſtronge man/foʒ a good labourer/a good
wʒyter/a good ſynger/a fayʒe man oʒ woman/oʒ
foʒ an able perſone euery man dylygẽtly ſeketh/but
how meke in ſoule is ſuche a perſone/how pacyẽt
how deuout/oʒ well diſpoſed iwardly is he no queſtyon is made/nature ſheweth the outwarde goodnes of man/but grace turneth it ſelfe to ꝑ inwarde
bertues of man/nature with gyſtes natural is ofte
dyſcepued/but the ſoule truſteth in God that he be
nat diſcepued.　　　❡The.xxrvii.chapiter howe
man ſhuld foʒſake hym ſelfe and all couetyſe.

S Òne ſayth our loʒde thou may nat haue pfy-
　　　te liberte but if thou vtterly foʒſake thy ſelfe
all ppʒietaries ꝗ louers of them ſelfe be fetered and
nat fre/as couetous folke/curious ꝗ vayngloʒioꝰ
ꝑ ſeke alway ryches honours ꝗ delectable thinges
ꝗ nat ſuche as pteyne to ieſu cryſte/ſuche folke ofte
feyne ꝗ cõpoũde ſuche thynges as be nat ſtable but
faylynge foʒ all thynge ſhall peryſſh ꝑ is nat begon
ꝗ cauſed of god/holde well this ſhoʒte woʒde/foʒ ſa
ke all thynges foʒ god ꝗ thou ſhalt fynde all thiges

forsake couetyse & thou shalt fynde rest / degest thys
thynge i thy mynde busyly & thou shalt vnderstãde
all thynge / lorde that is nat one dayes warke nor a
lyght thynge to attayne / for all perfecyõ of relygyõ
is cõprysed therin / so ne thou shulde nat soone be ad=
uerted ne cast downe by dyspayre Whã thou herest
ye wayes of pfyte folke / but rather to be puoked to
hyer thynges / & at the leest to enforce the by deuote
desyre to theym I wolde thou come there toy thou
loued nat carnally thy selfe / but that thou wolde fo
lowe my councell in all thynges than thou shuld be
as I sayd & all thy lyfe shuld be led with toy & peas
thou hast yet many thynges to be forsake & lefte the
which but if thou holy leue and resygne to me / thou
shalt nat attayne that thou desyrest / I councell the
to bye of my bryght golde / y is to say heuenly wys=
dome the which despyseth all erthly thinges y thou
may be very ryche / say thou a syde all erthely wys
dom and all inordynate pleasure of thy lyfe / or any
other & thou shalt haue heuely wysdome therfore / y
which wysdom though it be reputed lytell worth i
erthe & of erthly folke / yet it is a pcyous margarite
hydde fro many & greatly desyred of many.

The .xxviii. Chapyter of the vnstablenes of the
hert of man / & how man shuld fynally lyfte vp and
order his herte and mynde to god.

SOne sayth our Lorde truste nat to moche to
thyn owne wyt & affection y which is now
here now there soone chãgyd frõ one thyng to an
other / for as longe as thou lyuest thou shalt bechãg=

Great dyfference & dyssymplytude is betwyxt the sa
uour & swetnes of almyghty god the maker of all &
the sauoure of the thynge that is made of hym as is
also betwyxt eternite and tyme and betwyxt lyght
increate & lyght illumined of god / o thou light eternal
pcellynge & trāscendynge all lyghtes creat perse the
inwarde partes of myn hert w[t] thy ioyfull shynyng
puryfye glad / claryfy and quyke n my spyryte with
his powers to enclyne & be ioyned to y[e] from vnpro-
fytable excesses / o whan shall that blessyd houre co
me moost to be desyred whā I shalbe sacyat & reple
nysshed with thy blessull presence / that thou may be to
me i all pleasures possyble to be desyred / for as lōge
as that gyfte is nat gyuen to me / my full Ioye shall
nat be it is myne olde man that is to say my bodye
lyuynge in me by his venemo[us] cupiscence not ful-
ly crucyfyed or mortyfyed in me as yet my body co
uetyth strōgly agaynst my soule it moueth inwar-
de batayles and suffer[y]th nat y[e] reygne of my soule
to be i rest but thou good lorde y[t] hast dñacion vpon
the see / & dost mytytgate his mouynges & flowiges
aryse & helpe me quēche & destroy these outragious
meuynges of my flesshe wher w[t] I am sore troubled
destroy them i thy vtue & myght / shewe I beseke y[t]
thy power & declare ye right hād vpō me for I haue
no other hope but the that arte my lorde & sauyour.

❡ The .xl. chapitter how no man may be sure frome
temptacyon whyles he lyueth here.

S One sayth our lorde God to his louer thou
     shalt neuer be syker or surer i this lyfe but

as longe as ℈ shalt lyue here / spuall armour shalbe
necessary to the thou art couersaut amonge thy ene
myes on euery syde thou arte troubled ⁊ vexed / ⁊
therfore if thou be nat on euery hande thy shylde of
pacyence / thou shalt nat be longe vnwounded / more
ouer if thou put nat thy herte stable in me ⁊ to suffer
with good ⁊ deuout wyll all maner of thynges for
the loue of me thou mayste nat suffer this ardoure
nor come vnto the crowne ⁊ rewarde of blessyd sou-
les / thou must therfore passe manly ouer all suche
thynges ⁊ vse a myghty hande ayenst thynges con
trary to ℈ / for to a conquerour is promised ⁊ graūted
& rewarde aūgels fode / ⁊ to a sleuthfull ⁊ an Idell
man is ordeyned great misery / if thou seke here rest
how shalt thou come to euerlastyng rest ⁊ ℈etació i
heuē / gyue ℈ nat here i the worlde to great rest but
rather to great paciēce ayenst aduersitees cōtynual
ly insuynge / seke nat therfore true peace here i erthe
but in heuē wherit is / nat in man nor in other cre-
atures but i god alone / thou oughtest for the loue of
god suffer gladly all labours ⁊ sorowes tēptacyōs
& veracōs aduersites ⁊ necessytes infyrmytes ⁊ in
turye oblyqes ⁊ repues / all tokens of mekenes ⁊ cō
fulyons / correccōs ⁊ despytes / these thynges helpe
to purches vtues these thiges proueth ℈ knyght of
cryste ⁊ maketh hym worthy the celestyall crowne
I shall sayth our lorde god yelde to my seruaunt ℈
serueth me i such seruyce as is spoken euerlastynge
rewarde for a lytell ⁊ short laboure / ⁊ glory infyny
te for a lytell cōfusion / trowest thou sayth our lorde

Imitatio cristi.   M.i.

to his seruaūt that thou shalt haue alway spūall cō
solaciōs at thy wyll/my sayntes had nat such ꝛsola
ciōns ꝛtynuall/but many dyuers tēptaciōs ꝛ great
persecuciōs/but with paciens they ouercame all such
troubles/trustynge moꝛe in me thā in theni selfe in
such peynes/knowynge with the apostle ꝑ the pey-
nys of this present lyfe be nat woꝛthy to deserue the
gloꝛy of heuen/woldest thou haue ꝑ anon that ma-
ny afoꝛe haue scatly opteyned after many wepynge
terys ꝛ great labour/abyde pacyētly the gracyous
comynge of our loꝛde/labour māly i his vynevarde
ꝑ warkes of right wysenes/put thy ꝛfoꝛt i god mis
truste hym nat/but stāde stꝛōgly in fayth ꝛ go nat
fro his seruyce ꝑ hē hath called the to ꝛ expoūde thy
body and soule stable ꝛ stꝛōgely foꝛ the loue of god/
and I shalbe with thei all thy troubles ꝛ shall fully
rewarde all that suffre oꝛ do foꝛ me. ¶The.xl.cha
pitre ꝛ gaynst the vayne iugementes of men.

Son sayth oūr loꝛde to his louer cast thy hert
ꝛ loue vpon thy loꝛde god stedfastlye ꝛ dꝛede
nat what man iugeth in the/where thy concyence
yeldeth the deuout ꝛ innocēt/it is good ꝛ blessyd to
suffer ꝛ to be heuy to an humble persone that trusteth
moꝛe in god than in hym selfe/many folke say ꝑ ma-
ny thynges/ꝛ therfoꝛe lytle feyth is to be gyuē but
to satysfye all men it is impossyble/and though saynt
Powle ꝑ apostell labbured to please all folke i god/
makyng hym selfe mete ꝛ apte to all mēnys ꝛdiciōs
foꝛ theyꝛ saluaciō ꝛ lucre/yet he set lytle by mennes
iugemēt that is to say mēnys dyscōmēdaciō oꝛ com

mēdaciō ayenst hym / he dyd labour dylygētlye for
other mennes edyficacion ꝛ saluacion / but he suffe=
red other men to iuge oꝛ despyse hym / he coulde nat
let / and therfoꝛe he comytted hym selfe ꝛ all his la
bours to god almyghty that knoweth all thynge ꝛ
what is best for man / ꝛ he defendyd hym selfe by pa
cyence ꝛ humylyte agaynst all his aduersaryes ꝛ le=
synge makers / he answeryd sōtyme by woꝛde and
wrytynge ayenst his detractours ꝑ he shuld nat be
sclaūder to other / what art thou that dredest a moꝛ=
tall man which is to day ꝛ the moꝛowe apereth nat
dꝛede god ꝛ thou shalte nat dꝛede mannes terrours
whā may any man woꝛke i ꝑ by woꝛdes oꝛ iniuryes
es / he shall rather noy hym selfe than the / ne he shal
nat eschewe the iugemētes of god / who euer he be
haue thou god alway before the ꝛ stryue nat agayn
such cōplaynynge woꝛdes / ꝛ though thou seme foꝛ
the tyme ouerthroꝛwē and suffre a fulsyon straūg to
thy deseruynges disdayn nat therwith lest thou mi
nysshe the croꝛwne of gloꝛy by ipactēs / but rather be
holde me that may delyuer euery man fro cōfusyon
ꝛ iniurye ꝛ rewarde euery man after his merytis ꝛ
trauayles. ¶ The .xliii. chapter if man wyll opteyne
fredom of hert he must holy forsake hym selfe.

O Ur loꝛde god sayth to his seruaūt / sone foꝛ
sake thy selfe / ꝛ thou shalte fynde me stande
thou wout ꝑ eleccio of thy fre wyll / ꝛ without all ꝑ
pryete ꝛ thou shalt alway wyn / foꝛ if thou leue thy
selfe vtterly / without ꝑsūpcio of the same moꝛe abū
daūce of grace than thou had / shall be gyuen to the

Jmitatio crīstī. M.ii.

Lorde sayth the discyple to his lorde god / howe ofte
& in what thynges shall I forsake my selfe / I say to
the sone y thou shalt euery houre & in euery thynge
great & small forsake & make thy selfe naked / ellys
howe may thou be myne & I thyne / but if thou for
sake thy pper wyll & all thynges within & without
the soner thou so do the better it shalbe with the / the
more fully thou forsakest thy selfe with all other thi
ges / the better thou shalt please me & the more thou
shalt wyn / some religyous folke with other forsake
them selfe nat fully / but with some excepcyon / such
trust nat to god almyghty / & therfore they endeuer
them to prouyde for them selfe i some thynges some
other at the fyrst doth offer them selfe and all theyrs
to god / but at a temptacyo soone after aryynge they
returne to theyr owne wyll the which they had for
sake / and therfore they profyte nat in vertue / suche
psones shall nat come to very clennes of hert ne to y
grace of my ioyfull famylyaryte / but if they make a
hole resygnacyo & a dayly oblacio of them selfe & all
theyrs fyrste / without which the vnyo that logeth
to my fruicion may nat be had / I haue sayd ofte to
the forsake thy selfe and resyne the psytely and thou
shalt enioy inwarde peace / gyue all for aske ne seke
nothynge agayne of them that thou hast forsake for
me / but stande holye & fermely in me nat doutynge
any thynge / & thou shalt haue me / thou shalt be fre i
soule / darkenes shall nat possesse the ne any spyyt of
derkenes shall haue power of the / indeuoure the to
this / pray & study with all thy desyre that thou may

be delyuered fro all maner of ꝓꝑte ⁊ ꝩ nakydnes
of all ambicio̅ ⁊ possessyon folowe naked iesu cryste
thy sauyour/⁊ that thou dye to thy selfe ⁊ ꝥ woꝛld
⁊ lyue to me eternally/tha̅ all vayne fantasyes wic
ked troubles ⁊ supfluous busynes shall fayle/Also
tha̅ shall all imoderate dꝛede/⁊ loue ioꝛdynate dye.

¶The.xliii.Chapyter howe man shulde gouerne
hym iu outwarde thynges ⁊ renne to god foꝛ helpe
and socour iu parels and daungers.

S One sayth our loꝛde to his louer thou ough
test ꝩ all dylygence gyue hede that i euery oc
cupacio̅ ⁊ outwarde dede thou be fre wi̅foꝛth i thy
soule hauy̅ge power of thy selfe/so ꝥ all thi̅ges be
vnder the ⁊ thou nat vnder them/ꝥ thou be ioꝛde ⁊ le
der of thy werkes and nat seruau̅t/but as a true he
bꝛew oꝛ cristen ma̅ goynge ito the soꝛte ⁊ lyberte of
chyldꝛe̅ of god the which sta̅de vpo̅ the pꝛsent thi̅ges
of ꝥ woꝛlde ⁊ beholde ꝥ eternall goodes of heue̅/the
which also beholde ꝥ tra̅sptoꝛy thi̅ges of ꝥ woꝛlde
ꝩ thepꝛ lefte iye ⁊ heue̅ly thynges ꝩ thepꝛ right iye
suche folke be nat dꝛawen by woꝛldly goodes to in
oꝛdynate loue of them/but rather they dꝛawe suche
te̅poꝛall goodes as god sendeth them ⁊ oꝛder the̅ to
good dedes lyke as god almyghty ꝥ hye artyfycer
hath oꝛdey̅gned the̅ ꝥ lefte nothynge vnoꝛdꝛed i all
the woꝛlde/also if thou i euery au̅eture oꝛ cha̅uce sta̅
de nat i the outwarde apparau̅ce ꝥ is to say if thou
sta̅de nat to ꝥ iugeme̅t of thy bodꝑly iye oꝛ ere/but
anon as thou pꝛeyuest such thinges/if thou enter ꝩ
moyses into the table of thy soule by deuout pꝛayer

Imitatio cristi.   M.iii.

to coūcell our loɜde/thou shalt here somtyme þ swe
te answere of god almighty/ꝗ thou shalt returne a
gayne to thy selfe istructe of many thynges bothe þ
sent ꝗ foɜ to come/moyses euer had a recours to the
tabernacle of god foɜ doubtis ꝗ ꝗstyons to be assoy
led and he fled to the subsydye of pɜayer foɜ parelles
ꝗ the vnresonable vyolēcis and sautis of men to be
fled/so thou shuldest tle into the secret tabernacle of
thy soule in such doutis oɜ parels there callynge on
the helpe of god by deuout pɜayer/We rede þ Iosue
with the chyldɜen of israell was deceyued of the Ga
baonytis because they gaue lyght credens to theyɜ
swete woɜdes ꝗ dyd nat coūceyll with our loɜde vy
oɜacle as they shulde haue don before they had grau
ted them any thynge. ⸿The.xliiii.chappter/a man
shuld nat be impoɜtune in his wayes oɜ nedys.

S   One sayth our loɜde to his louer/cōmpt thy
          cause to me alwaye/ꝗ I shall well dyspose
foɜ the.whā tyme behouable shall be/abyde myn oɜ
dynaūce ꝗ thou shalte fynde ꝑfyte therby/my loɜde
god sayth he/I gladly cōmptte to thy goodnes my
selfe ꝗ all my desyɜes ꝗ necessytes foɜ my pɜouydēce
may lytle auayle/I beseke the þ I cleue nat moche
to auētures here after ensuynge/but þ I may shoɜt
ly i all such offer my selfe to thy pleasure/sone sayth
god/mā often pɜosecuteth the thynge þ he desyɜeth
ꝗ whan he cometh therto/he begynneth otherwyse
to fele therin/foɜ mānys affeccyōs ꝗ desyɜes about
one thynge be nat durable ꝗ abydynge/but nowby
pon this thynge sette/and now vpon that/the very

pᵗte of man is to foꝛsake hym selfe ᚾto cõmyt hym
holy to God /foꝛ such a man is very fre and syker /
But our enemy ᚾ cõtrary to all goodnes cesseth nat
of his tẽptacyons / but day ᚾ nyght he maketh gre-
uous sautes to vs / to catche vs at vnwares by his
deceytfull snares / wake therfoꝛe ᚾ pꝛay dylygently
that thou enter nat into tẽptaciõ. ¶The.clv.chapt.
man hath no goodnes of hym selfe / ne any thyng p̄
he may haue any gloꝛy oꝛ pꝛyde of but all of ᵹ good=
nes of god.

Lᴼꝛde what is man that thou
hast suche mynde of oꝛ the sone of man who
doest vpsyte with thy grace / what meryte was oꝛ
is i man ᵹ thou gyuest thy grace to / what may I cõ
playne if thou foꝛsake me / oꝛ what may I right wys
ly say agayne the / if thou graũt me nat that I aske
of ᵹ / seth thou gyuest all goones of thy owne good
nes ᚾ lyberalyte ᚾ without the deseruynge of man /
Surely this may I thynke ᚾ say of my selfe / that I
am nothynge of valoure that I haue no goodnesse
of my selfe / but that I am insuffycyẽt and frayle in
all thynges ᚾ go to nought euer / and but I be hol-
pen of the good loꝛde and infoꝛmed within in soule
by the I shall be made all dyssolute / thou good loꝛde
abydest alwey one beynge / and euery where good
rightwys ᚾ holy / werkynge all thiges wele right
wysly ᚾ holyly / ᚾ dysposynge all thy werkys i wis
dõ but I wꝛetche that am alway moꝛe pꝛone ᚾ redy
to fayle than to pꝛofyte in vertu and goodnesse / am
nat abydynge euer in one state / foꝛ seuen tymes in
the day the rightwis man is troubled of synne / Ne

the lesse it shalbe done wele with me agayn if it plea
se thy goodnes to helpe me / foz thou alone good loz=
de mayste without man helpe iñ all nedys / ꝶ make
me so ferme ꝶ stable / ꝑ I shall nat be chaũged hyder
ꝶ thyder / oz fro this thynge to that / but ꝑ my herte
may be turned ꝶ rest in the alonly / ꝶ if I wolde cast
away all manẽꝭ cõsolacion eyther foz deuocicõ foz
to be had oz ellps to seke thy socoure ꝶ goodnes / foz
such nedes as fall to me that I am cõpellyd by to se=
ke the / foz no man may helpe oz comfozt me as thou
mayst / than I myghte well trust to thy grace ꝶ to
ioye of the gyfte of thy newe consolacyõ / I thãke ꝑ
good lozde the actour and grounde of all goodnes /
as ofte as any good chaunce happeth towarde me /
I am but vanyte and nothynge iñ thy syght an vn
stable man ꝶ syke / wherof may I than be pzoude oz
shuld repute me any thynge pfytable / wheder nat
of nought the which is moste vanyte / truly vayne
glozy is an ifectyue pestylẽs and mooste vanyte / foz
it dzaweth a man fro very glozy ꝶ remeueth grace
sppzytuall / Whyles a man hath a cõplacens in hym
selfe / he displeaseth god / and whã he desyzeth man=
nys laude ꝶ vayne pzaysynge / he fozgoth very ꝶtu
es very glozy ꝶ holy ioy to man is to ioy i god ꝶ nat
in hym selfe / to ioy in the name of god almyghty / ꝶ
nat in his ꝑper vertu oz stren gth / noz to haue delec=
tacyon in any creature but foz god / thy holye name
good lozd be pzaysed ꝶ blessid ꝶ nat myne thy werk
be magnyfyed ꝶ nat myne / no laude ne pzaysynge
be gyuen to me by mannes mouthe foz any thynge

that I do but all be vnto thy pleasure thou arte my
glozye & the inwarde ioy of my herte/ I shall by thy
grace euer ioye in the & in nothynge perteynynge
to me but in my infyrmytes/ let Iewes with other
vayne louers of the worlde seke glozy of them selfe
& in other I shall only seke the glozy and praysynge
of god/ for all mānes glozy & praysynge w worshyp
tēpozall & also worldly hyght &ymocyon cōpared to
thy eternall glozy good lozde is but vanyte & folye/
o thou blessyd trynyte my god/ my mercy and very
truthe to ꝑ alone be laude/vertu/honour/& glozy
for euer. Amen. ⫶The.xlvi.chapter how
all tēpozall honour is to be dyspysed.

SOne sayth our lozde to his louer be thou nat
confoūdid ne heuy whan thou seest other ho
noured and auaūced/and thy selfe despysed and hu=
myled/rayse vp thyn harte to me into heuen & thou
shalt nat be heuy thoughe thou be despysed of man
here in erthe/Lozde sayth the dyscyple we be here i
darke blyndenes lackynge the very lyght/and ther
fore we be soone disceyued by vanytes as farre as
I can vndirstāde I neuer yet suffered any iniury of
any creature/wherfore I can nat right wysely cō-
playne agayne the/but for as moche as I haue ofte
synned agayn the/therfore euery creature is worthy
ly armed aꝑ̄st me i punyshemēt of my synes wher
fore cōfusyō & shame to me is dewe with cōtēpte to
the good lozde be laude honoure & glozy/and but if
I prepare my wyll to be dyspysed and forsake glad
ly of euery man and vtterly to be reputed noughte

I can nat be stablysshed ne pacyfyed winforth/nor
spũally to be illumyned/ne may nat be fully knytte
& ioyned to thy goodnes. ¶The.xlviii.chapt/howe
no man ought to put his peas fynally in man.
Sone if thou put thy peas with any pson for
thy selpnge & for þ they accorde with þ thou
shalt be vnstedfalt & vnpeased/but if thou haue thy
recours to god þ is pmanent & euerlastynge truthe
thy frende goynge a way or decessynge fro the shall
nat make the inordynatly heuy/thou oughteft to lo
ue all thy frendes in me/and for me to loue euery p=
sone that thou accomptyst with good & dere to the
in this lyfe/for I am the begynner & the ende of all
goodnes/& without me all trēshyp is nat valent or
durable/nor no worldly frendshyppe may endure/
where I iop nat thou oughteft to be mortyfyed to
such carnall affecciõs of thy louers/that as moche
as thou mayst thou shuldeft despre to be without al
mānes cõpany/for the more a man drawetch hym
fro all worldly solace/the more he drawetch nere to
god almyghty/& the more hye that he ascendeth in
loue & spũall stẽplaciõ:the more pfoũdly & iwardly
he descẽdeth in hũble sỹderaciõ of hym selfe & byly
pẽdynge hym selfe/he that ascrybeth or gyueth any
goodnes to hym selfe/he gaynstãdeth the grace of
god & lettech it to enter into hym/for þ grace of god
al wey requyreth an hũble herte/if thou man sayth
our lorde wolde pfytely dispraise thy selfe/& wold
empte clene thy hert fro all erthely loue thã wolde I
sayth he distyll & entre into the with abũdaũt grace

but the more attēdaūce ⁊ effeccyon thou haſt to my creatures/the more is the ꝛſyderacyon ⁊ loue of thy creature take fro the/loke that thou lerne to ouer= come thy ſelfe i all thynges/for the poſſeſſyon of thy creature/⁊ than thou mayſt come to the knowlege of thy lorde god/what ſo euer thynge thou loueſt in ordiatly be it neuer ſo lytel yet it deſoꝑlith thy ſoule ⁊letteth the to come to the knowlege ⁊ loue of god.

⸿The.xlviii.chapt agayne vayne ⁊ ſeculer ſcyēce.

S One ſayth our lorde to his louer beware þ̄ thou be nat moued by þ̄ ſayer ⁊ ſubtyll wor= des or ſayinges of men/the reygne of god ſtandeth nat in worde but in vertu/attende my wordes for they illumyne mānes mynde ⁊ iſlameth w̄ the ardu= re of loue mānys herte/they make cōpūccyon i man to be ſory for his ſynes/⁊ with that they bꝛynge to mānys ſoule great ꝛſolaciō gyue the nat to lecture ī ſtudy for that thou woldeſt be ſene cunnynge/or wyſe before other/but ſtudy therby to mortyfy thy vyces ⁊ vicious lyuynge i the ⁊ other/for þ̄ ſhal mo re ꝑfyte the thā the knowlege of many q̄ſtions/for whan thou haſt red knowen many thynges/thou muſt at laſt come to one pꝛyncypall ⁊ begynynge of all other/I am he that techeth man cūnyng ⁊ I gy= ue more clere vnderſtādige to hūblē pſones thā any man techith/loke whō I ſpcke to he ſhalbc wyſe ⁊ ꝑfyte ī ſoule/wo ſhall be theym that ſeke of men cu ryous thynges and lytell pōder the wey how they ſhuld ſerue and pleaſe me/the tyme ſhall come whā that Cryſte the mayſter of all mayſters/and Lorde of auͤgels ſhall apere redy to here euery mannes leſſon that is to ſay to eramyne euery mānes cōcyens than ſhall Jheruſalē be lyghtened Ꝫ enſerched with lanternes Ꝫ lyghtes / and the hyd warke Ꝫ cogitacions of men / ſhalbe manyfeſtly opened / Ꝫ all vayne ercuſes ſhalbe fordon Ꝫ layde a ſyde / J am he ſayth god that ſodenly ryſe vppe and illumyneth an humble mynde / that he may take and perceyue mo reaſons of eternall trouth ſoner thā he that ſtudyeth .r. yere in the ſcolys / J teche without ſoūde of wordis without contuſyon of opynyons / without pryde of worſhyp / Ꝫ without ſyght of argumētaciō / J teche to diſpyſe all erthely thynges Ꝫ thynges preſent / J make my louers to ſeke Ꝫ to ſauoure thynges eternall / to fle honours Ꝫ paciently to ſuffer ſclaunders and aduerſites nothynge without me to deſpyſe but all theyr hope to put in me and to loue me ardently aboue all thynges / ſome in louynge me inwardly haue deuyne and godly thynges Ꝫ cūnyng to ſpeke marueylous thynges ſuch hath more pfyted i forſakynge all thiges / thā i ſtudyinge about ſubtyle thiges / but J ſpeke to ſome comon thynges Ꝫ to other ſpecyall thynges J appere to ſome ſwetely i hyd ſynes Ꝫ fygures / Ꝫ to other J ſhewe great myſteryes wᵗ great lyght of vnderſtādynge / there is one voyce Ꝫ one letter in the bokes that they beholde / but that voyce or letter infoꝛmeth nat all in lyke / foꝛ J am þ inwarde techer of trouth / ſercher of mānes hert / þ vnderſtander of mānes thought pmoter of his dedis gyuynge to euery man as J thynke woꝛthy.

¶The.xlix.chapiter/how we shulde despyse ¶nat
greatly desyre outwarde worldly thynges.

SOne thou must be ignorant ¶ vnknowinge
many thynges thou must acompte thy selfe as
dede vpon erthe/¶ seke one ÿ all ÿ worlde is crucyfy=
ed to/thou muste ouerpasse many thynges ÿ thou
shalte parauenture ayenst the or thy frende with a
deffe ere nat answerige to suche/but to such rather
those thinges that be to thy peace/it is better a man
to turne away his iyen fro thynges of displeasure/
¶ to let euery man to thynke ¶ loke as he wyll. Also
to withdraw thyn erys fro vnprofytable fables thā
to deserue to sētencious wordes/ if thou wylt stāde
¶ enclyne to god/¶ dylygētly beholde his iugemēt
¶ the meke answers in his reproues/thou shuldest
suffer the more easely to be ouercome/o lorde God
what be we/lo we wepe ¶ lamēt greatly for a lytel
tēporall harme or losse/we renne ayenst myght and
laboure bodely for a lytell tēporall auauntage/but
our spūall losses ¶ detrymentis ÿ we suffre be soone
forgot with vs/¶ scarsly we returne agayn therto
any tyme after our losse/to that thyng that is lytell
or nought worth we gyue great attendaunce/and
that thynge that is of great pryce ¶ moost necessary
to vs we set nat by it/for all mākynde in maner rē
neth towarde outwarde thinges/¶ but they soone
aryse fro suche dysposycyon/they shall gladly lye ¶
delyte euer in outwarde thynges.

¶The.l.chapyter howe euery tale or worde is nat
to be beleued/¶ how mannes worde soone slydeth.

   Imitatio cristi.   N.i.

of augels shall apere redy to here every mannes les
son that is to say to examyne every mānes cōcyens
than shall Iherusalē be lyghtened ꝫ enserched with
lanternes ꝫ lyghtes/and the hyd warke ꝫ cogitaci
ons of men/shalbe manyfestly opened/ꝫ all vayne
excuses shalbe fordon ꝫ layde a syde/I am he sayth
god that sodenly ryse vppe and illumyneth an hum=
ble mynde/that he may take and perceyue mo rea=
sons of eternall trouth soner thā he that studyeth.x.
yere in the scolys/I teche without soūde of wordis
without contusyon of opynyons/without pryde of
worshyp/ꝫ without syght of argumētaciō/I teche
to dispyse all erthely thynges ꝫ thynges present/I
make my louers to seke ꝫ to sauoure thynges eter=
nall/to fle honours ꝫ paciently to suffer sclaunders
and aduersites nothynge without me to despyre but
all theyr hope to put in me and to loue me ardentlye
aboue all thynges/some in louynge me towardlye
haue deuyne and godly thynges ꝫ cūnyng to speke
marueylous thynges such hath more pfyted i forsa
kynge all thiges/thā i studyinge about subtyle thi=
ges/but I speke to some comon thynges ꝫ to other
specyall thynges I appere to some swetely i hyd sy=
nes ꝫ fygures/ꝫ to other I shewe great mysterpes
wt great lyght of vnderstādynge/there is one voyce
ꝫ one letter in the bokes that they beholde/but that
voyce or letter informeth nat all in lyke/for I am ꝩ
inwarde techer of trouth/sercher of mānes hert/ꝩ
vnderstander of mānes thought pmoter of his de=
dis gyuynge to every man as I thynke worthy.

☞The .xlix. chapiter / how we shulde despyse & nat greatly desyre outwarde worldly thynges.

ONe thou must be ignorant & vnknowinge many thynges thou must acompte thy selfe as dede vpon erthe / & seke one p all p worlde is crucyfyed to / thou muste ouerpasse many thynges p thou shalte parauenture ayenst the or thy frende. With a deffe ere nat answerige to suche / but to such rather those thinges that be to thy peace / it is better a man to turne away his iyen fro thynges of displeasure / & to let euery man to thynke & loke as he wyll. Also to withdraw thyn crys fro vnprofytable fables thã to deserue to ztencious wordes / if thou wylt stãde & enclyne to god / & dylygêtly beholde his iugemêt & the meke answers in his reproues / thou shuldest suffer the more easely to be ouercome / o lorde God what be we / lo we wepe & lamêt greatly for a lytel têporall harme or losse / we renne ayenst myght and laboure bodely for a lytell têporall auauntage / but our spûall losses & detrymentis p we suffre be soone forgot with vs / & scarsly we returne agayn therto any tyme after our losse / to that thyng that is lytell or nought worth we gyue great attendaunce / and that thynge that is of great pryce & moost necessary to vs we set nat by it / for all mãkynde in maner rêneth towarde outwarde thinges / & but they soone aryse fro suche dyspospeyon / they shall gladly lye & delyte euer in outwarde thynges.

☞The .l. chapyter howe euery tale or worde is nat to be beleued / & how mannes worde soone slydeth.

O Dod lozd gyue ⁊ graūt me helpe of my trou
ble that J suffer/foz mānes helpe is but vay
ne ⁊ vnuaplable in such nedis/ J haue ofte fayled of
helpe ⁊ socoure/whare J trusted to haue founde it
and ofte haue J founde faythfulnes/whare J tru=
sted leest to haue foūde it/wherfoze J say that man
laboureth in vayne ẏ putteth his hope in man thou
good lozde art the very hope ⁊ helth of man blessyd
be thou i all thynges ⁊ foz all thynges that happeth
tobs/we be sicke ⁊ vnstable of our selfe we be soone
chaunged fro goodnes ⁊ disceyued/who is he that
can so warely ⁊ wysely kepe hym selfe in all thiges
that he fall nat some tyme into a snare of discepte of
some pplexite/but he that trusteth in the good lozde
and seketh the with symple herte doth nat so soone
remeue from the/and if it hap hym to fall into any
tribulacyon/howe so euer he be wzapped therin/he
shall soone be delyuered therof by the/oz ellys soon
receyue cōfozt of thy goodnes/foz thou good lozde
fozsakest them neuer ẏ truly truste in the/it is har=
de to fynde a faythfull ⁊ a trusty frende/that so per
seuereth in all the trybulacyons of his frende/thou
good lozde art moost faythfull i all such nedys/⁊ ly
kebnto ẏ none is/noz may be foūde,o sul well felte
⁊ sauoured ẏ soule in god/the which sayde my myn
de is groūded ⁊ stablysshed i my lozde god/if it we=
re so with me J shuld nat so soone dzede man/ne be
moued at his wozdes/who may puyde all thynges
foz to come/oz who may eschew ẏ parelles oz euyls
here after ensuynge if chaūces oz thiges befoze sene

ofte anoyeth & hurteth man/what shall I say than
of thynges vnpurued/but that they more greuous
ly hurt/but wherfore haue nat I wretche better p̄
uyded or purueyed: why gaue I so soone credēs to
other mennes sayinge: but we be men/ye thoughe
we be reputed and extemed aungels of many folke
to whom shall I gyue credēs/but to the good lorde
for thou art very trouth that nouther disceyuest ne
may be disceyued/and euery other man is a lyer vn
stable/& soone dysceyupnge moost in wordes so ý
vneth it can or may be beleued ý semeth ryght wyse
whan he proferith it/howe prudentlye haste thou
good lorde gyuē warnyng to vs to be ware of men
and how the moost famplyer frēdes of man be ene
myes to hym/also a man shulde nat beleue if man
shuld say to hym/lo cryst is here or there/she wyng
hym that is nat cryste but rather antecryst as hath
be sayd and hereafter shalbe sayde I am taught by
harme that I haue suffred & sene other suffer/And
praye God that I may be taughte to be more ware
& nat to my foly/a man sayth to me/sone be ware
and kepe this pryuey to thy selfe that I say/& why
les I kepe pryuey suche as he commytted to me/he
can nat kepe pryuey that thynge that he desyred me
to kepe pryuey/but anon he betrayeth and dysclo
seth bothe hym and me and so gothe his way good
lorde defende me from such talys and vnware men
that I fall nat into theyr handes/nor take vpon me
to do suche thynges/good lorde graunt me to haue
stablenes of worde & neuer to haue dysceytfull tōge

Imitatio cristi.   N.ii.

but remoue all suche dysceptes fer fro me / I ought
in all wyse eschewe that thynge that I wolde nat
suffer my selfe / o howe good & pcasyble is it a man
to kepe sylence of other menys dedes / & nat lightly
to beleue euery manis tale / ne lyghtly to tell out su
che talys / to shewe brefely i fewe wordes ÿ entent
of his mynde nat to be led or moued with any bosting
or flaterynge wordes / & alway to seke god almygh
ty the beholder of mannes soule in his dedys euer
desyryng that all the entēcion of his soule inwarde
to geder with his outwarde dedes may be directe &
pfourmed after his gracyous pleasure / how sure is
it for the gseruacion of heuēly grace / a man to fle vt
ter apparaūce of goodnes & nat to despyre outwarde
flatery or vaynglory / but rather to folow those thi
ges whiche gyue and procure the amendynge of lyfe
with the feruour of good lyuynge / knowē vertu &
openly cōmendyd hath hurt many persones where
grace pryuelye vsyd & hyd hath and doth profyte / &
auayle many i this frayle lyfe / the whiche after scrip
ture is all temptacyon & malyce.   ¶ The .li. chap=
ter / howe a man shulde put his confydence in God
whan sharpe wordes touche hym.

S   ¶ Onde sone fermely & truste i me whā thou
        art veryd with troubles & malycyous wor
des / what be wordes but wynde ÿ fleeth in ÿ ayre
without hurt of any stone / if thou be gylty of such
wordes or worthy of them or suche repreues / than
thynke thou wylte gladlye amende the / and if thou
be nat gyltye thynke yet thou wylte suffer gladlye

suche repues foꝛ goddis sake / It is but an easy thyn
ge to suffer sharpe woꝛdis sometyme where it is so
that thou mayste nat suffre harde flagellacyons / oꝛ
betynges with cryste ⁊ foꝛ hym / ⁊ why is it that so
small thynges be so bytter and odyous to the / but
foꝛ that thou art yet carnall ⁊ nat spūall in thy affec=
cyons / geuynge moꝛe hede to man than to god / foꝛ
that thou dꝛedest to be despysed / thou wolt nat be re
pꝛeued foꝛ thy excessis / but sekest foꝛ thy defence der
ke ⁊ synyster excuses / but beholde thy selfe better ⁊
thou shalt se well that the woꝛlde ⁊ vayne gloꝛy / oꝛ
mannes pleasure lyueth yet in the / whan thou refu
sest to be hūbled ⁊ ꝃfoūdid foꝛ thy defautis / it is cer
teyne that thou art nat very hūble ne truly dede / oꝛ
moꝛtyfyed to the woꝛlde / noꝛ hast nat ꝑ woꝛlde cru
cifyed to the / but here thou my woꝛdes ⁊ thou shalt
nat dꝛede a thousande mennys woꝛdys / lo if all the
woꝛdes ꝑ myght be feyned were maliciously sayde
agayn the / what shulde they noy the if thou wolde
let them passe ⁊ nat pōder them greatly / thou know
est they may nat mayme the ne hurt one here of thy
hede / but he that hath nat iwarde syght to his soule
helth / noꝛ god afoꝛe his syght is soone moued ⁊ tro
bled at a sharpe woꝛde / he that trusteth in me sayth
our loꝛde and woll nat stande to his owne iugemēt
shalbe without mānes terrour / I am the iuge and
knower of all secretis / I knowe how euery thige
is done / I knowe both hym ꝑ doth the iiury ⁊ hym
that suffreth it / foꝛ by my suffraūce suche iiuryes be
done / that many mēnys thoughtis may be knowē

Imitatio cristi.   N.iii.

Ishall iuge bothe the inocēt/and hym that is gylty
but I haue decreed to ꝑue them both by my hyd iu=
gemēt/the testymony ₸ iugemēt of man ofte tyme
deceyueth/but my iugemēt is true/it shall stāde sta
ble/₸ it shal nat be subuerted though it behyd ₸ nat
apere/yet it neuer dothe erre thoughe it apere nat
ryght wys to some/Wherfore i euery iugemēt man
shulde renne to me/₸ nat to lene to his owne reason
A rightwys man wol neuer be troubled what thig
so euer hap to hym of god/yet and if any wronge be
layde vnto hym he wol nat moche recke/ne he shall
nat be eralted by vayne glory if he be reasonably er
cused by other/for suche a persone aspdereth well ꝑ
I am the very sercher of mānys hert ₸ inwarde par
tyes ₸ nat iugynge after the face ₸ the outwarde a
peraūce of man:but after the inwarde demeanyng
of mānys soule/for ofte I iuge ₸ fynde culpable ma
ny thigis ꝑ mānys iugemēt demeth to be laudable
wherfore I beseke the my lorde God the true iuge
stronge and pacient that knowest the fraplte of the
malyce of man/be thou my strength ₸ trust i all ne=
dys myne owne cōciēce/for thou good lorde know
est i me ꝑ I know nat my selfe/₸ therfore i euery re
ꝑue I shuld hūble my selfe ₸ benigely suffer/but for
almoche as I haue nat paciētly ₸ mekely suffred all
such cōdpcyon/relece ₸ forgyue me good lorde I be
seke the/₸ gyue me more large grace of sufferaūce/
thy plenteuous mercy is better to me by the which
I may opteyne pardon of my mysbehaueour/than
the ꝑper opynyō of my iustyce for the defence of my

hyd cōscience/for though I suppose my cōcyēce to be
clene & nat spotted with any synne/yet I may nat
iustifye me in ȳ/for if thy mercy be remeued fro vs
no mā here lyuynge may be right wyse i thy syght.
C The.lii. chapter how man shulde suffer all gre=
nys & aduersytes for the lyfe euerlastynge that we
all hope and abyde here.

S On se thou be nat broke by impacies of the la=
bours ȳ thou hast take vpon the for my sake
also se thou be nat cast dowrie by dyspayre or vnre=
sonable heuynes in any trouble that shall hap vnto
the but be thou recōforted/& strēgthed i euery suche
chaūce by my pmyses/for I am suffycyēt to rewar
de & gyue to my seruauntis aboue all mesure/thou
shalt nat labour lōge here ne alway be greued with
heuynes/abyde a shorte tyme in pacyens/and thou
shalt soone haue an ende of thy troubles/one houre
shall come whan all thy labours/and troubles shal
ceace/all thynge is mesuryd and passeth w̄ tyme is
both lytell & short/do therfore as thou doste and la=
bour feythfully i my vyneyarde that is to say in my
churche after the degre that thou art called to and I
shalbe thy rewarde wryte thou/rede/synge/sorow
for thy syxtes/kepe thy mouthe fro yll & vayne wor
dis/pray thou & be pacient i aduersites/such exercy
ses with such other vtuo⁹ labours be the very wey
& meryntes of euerlastynge lyfe peace shall come one
day ȳ is knowē to out lorde & hyd fro man/ȳ daye
shall nat be as ȳ day or nyght of this lyfe/but it shal
be lyght & euer endurynge clerenes/stedfast peace/

and infynyte rest infallyble & sure/ Thou shalt nat
than say with the apostle/ who shall delyuer me fro
the pellys & the lopdy of my mortall body/ ne thou
shalt nat than crye with the pphet with desyre to be
desolued & say these wordes/ wo is me that myne a
bydynge here i this mortall body is ploged/ & why
for than shall deth that before had dñacion in man/
be ouerthrowê & destroyed/ & helth of body & soule
shall thã euer be without ende/ none anoy shall thã
be to man/ but a blessyd ioy & myrth/ & a swete/ and
fayre cõpany/ O if thou sawe the ppetuel crownes
of sayntes in heuen/ & in what maner of glory they
lyue & ioy in now/ that were before despysed i theyr
lyuynge & reputed vn worthy to lyue/ sothely thou
wolde humble the in the moost lowly wyse/ & thou
wolde soner desyre to be subiecte to euery man/ thã
to haue gouernaûce of any man nor thou wold nat
desyre ý glad dayes of this worlde/ but thou wolde
rather desyre to be in trybulacion for god and thou
wolde desyre also to be vylypendyd & set at noughs
amonge men for cryst & with cryst thy saueour/ o if
these thynges were sauery to the & shuld profounde
ly pse thy herte/ thou woldest nat oucs cõplayne ý
at such troubles & aduersitees & why: for we ought
eche of vs to suffer all labours/ & hardnesse: for the
lyfe eternall that is so pcyous/ it is no lytell thynge
to wynne or to lese the kyngedome of heuê/ lyft vp
thy soule into heuen & beholde me & my sayntes all
that hath had and suffred great conflyctes/ and ba-
tayles with me in this worlde/ now they ioy with

me/nd we they be cōforted/now they furely reft af
ter theyr labours ꝛ fhall euerlaftynglye abyde and
reygne wt me i the euerlaftynge reygne of my fader.
☙The.lxii.chapiter/of the day of eternyte/ꝛ of the
anguyffhe of this prefent lyfe.

The manfyon of the hygh cyte of heuen is all
full of blyffe ꝛ ioy infynyte/o thou day eter
nall mooft clere ỹ which art nat made darke by any
nyght/but it fhyneth euer by the hye trouthe of al=
myghty god/this day is euer ioyfull and mooft me
ry euer fure and ftedfaft ꝛ neuer chaūgynge his fta
te into cōmodyoufnes/wolde god that day fhulde
fhyne to vs/ꝛ all tēporall thynges were endyd this
day of eternyte gyueth lyght to the fayntes in heuē
with perpetuall clerte and fhynynge/but to trauay
lers here in erthe it is farre ꝛ as by ỹ mene of a myr
rour/the Cytezins of heuen know howe ioyfull ỹ
day is/and we whiche be the chyldren of Eue and
outlawes from heuen foꝛowe foꝛ tedyoufnes ꝛ byt
ternes of this our temporall day/ỹ dayes of this ty
me be fhoꝛte/euyll full of foꝛowes and anguyffhes
where man is defoyled with many fynes and is fe=
blyffhed and deftroyed often by paffyons he is con=
tracte and dyftrayned with many dredes and with
many bufyneffes is he occupyed/he is wꝛappyd in
many vanytes/ꝛ with many errours he is itriked
and bꝛoke with many laboures/he is moued with
many temptacions/he is ouercome with delytes ꝛ
he is crucyate ꝛ turmentyd with penury and nede/
o whan fhall all thefe labours be ended/and whan

shall I be delyuered fro the mysery/and thraldome
of vyces/whã shall I thynke of the alone good lor=
de all other thynges lefte/and whã shall I ioy in þ
fully/whan shall I be without all Impedymẽt/or
lettynge/& in very lyberte without all greuaũcc of
body and mynde/whã shall I possesse sadde peace
without trouble/sure peace within and without &
sure on euery syde/o good iesu whan shall I stãde
to beholde the/whan shall I haue syght/& contem
placyõ of the eternall glory of thy kyngedome whã
shalt thou be to me all in all/o whã shall I be with
the in thy kyngedome/the whiche thou haste of thy
goodnes preparate to thy louers at the begynnyng
lo I am lefte here a poore outlawe in the Lande of
myne ennemyes where dayly bataples and in for=
tunes be full great/comforte me good lorde in my
exyle/mytygate my sorowe for I syghe vnto the w
all desyre/for all that the worlde offrethvnto me for
my solace is but a burden to me/I desyre inwarde
ly to be knytte & cleue to the good lorde but I maye
nat come therto/I desyre to be couerted and attepn
the heuenly thynges/but worldly thynges and pos
sessyons vnmortyfyed in me let me/& where in my
mynde I wolde and desyre to be aboue all tẽporall
thynge/I am cõpellyd agaynst my wyll by my dul
body to be vnder all/& so I vnhappy man am i 2ty
nuall fight with my selfe/& I am made greuous to
my selfe whyles my spyryte desyreth to be aboue &
my flesshe to be downe/o what is my suffraunce w
infozthe that whan I treate of heuenly thynges by

dylygence of my mynde / anone a multytude of car
nall thoughtis mette & letted me / good lord be thou
nat by thy grace far fro me / nor declyne thou nat in
wrath fro thy seruaūt / sende downe the lyghtnyng
of thy grace & resume such vayne & troblous though
tes / sede downe thy arowes of drede & chase away
all the fantasyes of the ennemy / gather to gether all
my sensys to the / & make me forget all worldly thin
ges & gyue me grace soone to auoyde fro me & to de
spyse the fantasmes or Images of synne / Socoure
thou me eternall truthe that no vanytes meue me /
O thou heuenly swetnes come and enter into me / &
chase fro me all vnclennes / forgyue me I beseke the
& mercyfully pdon as ofte as I spyder i my mynde
any thynge in tyme of prayer excepte thy goodnes /
I knowlege the good lorde that I haue be wont to
behaue me very distractely i prayer & other thynges
for I am nat often there / but absent where I stāde
or sytte bodyly but I am more there whether I am
borne by such thoughtis / for I am there where my
desyres be / and there my thought & desyre is where
ye thyng is ye I loue / for ye thyng doth mete me anō
in thought that naturally pleasith or delyteth wher
fore thou truthe hast openlye sayde, where thy trea-
sour is / there is thy herte / if I loue heuen I thynke
gladly on heuenly thynges / If I loue the worlde I
ioy of hit & in the fortunes of the worlde / and I am
heuy to here of the worldlye aduersytees / if I loue
my body or flesshely desyres / than I oftē Imagen
and thynke of them / if I loue my sowle / or spyryte

I delyte to thynke vpō spirituell thynges / so what
so euer thynge I loue I gladly spekz / z of the same
I bere the Images of such busyly i my mynde / but
blessyd is that man ÿ for god forgetteth all maner
of creatures z that doth vyolēce to nature / and that
doth crucyfy or quēche ÿ foule lustys or zcupyssens
of the flessh by feruour of spyryte / so that with a cle-
re zsciēce he may offer his prayers purely to god / z
so be worthy the cōpany of aūgels / all erthely thyn
ges within and without hym excludyd fro hym.

℄ The.lxiiii. Chapiter / of the desyre of euerlastynge
lyfe z what goodes be promysed to the knyghtis of
god that fyght ayenst synne.

SOne whā thou felyst that the desyre of euer-
lastynge beatytude or blysse is infoūdyd i to
the by grace and with that thou desyrest to departe
out of thy body that thou mayse my clerenes euerla
styngly / than open thyn herte z recepue this holy i
spiracion with all deuocion z desyre / gyue dygne z
moost large graces to the hye goodnes of god that
doth to ÿ so worthely / so gracyously vysyteth ÿ / so
ardently ercypteth the / z so myghtyly doth rayse the
that thou fall nat to erthely thynges by thyn owne
nature z burden / thou doste nat recepue that grace
by thyn owne thynkyng or lakour / but all only by
the goodnes of heuenly grace z the respecte of God
for that thou shuldest pfyte more z more in ꝟtuous
lyuynge z in humylyte / z that thou shuldest ꝑpare
the ayenst batayles for to come / and also that thou
shuldest cleue to god almyghtye with affeccyon of

With a feruour of deuocio ⁊ stedfast wyll/sone the
fyre doth often bren but þ flame therof doth nat as=
cende without fume or smoke/right so the desyre of
some men is in heuenlye thynges but theyr affeccy=
ons be nat fre fro temptacions of the flesshe/⁊ there
fore they do nat alwey purely for the honour of god
that whiche they aske so effectuously of god such is
ofte tymes thy desyre whiche thou sayde was so im=
portune/for that desyre is nat pure and perfyte/the
whiche is infecte with mannes proper commodyte/
aske thou therfore nat such thiges as be delectable/
or profytable to the/but suche as be worshypfull to
me for if thou iuge right thou oughtest to prefer myn
ordenaūce before thy desyre and all other thiges to
be desyred/and to folowe my wyll ⁊ ordenaunce I
knowe thy desyre/and haue herde thy manyfolde
syghynges ⁊ wepiges/thou wolde now be i the ly
berte of the glory of the chyldren of god/it delyteth
the nowe to be in the eternall hous of god that is to
say i the heuēly coūtrey where full ioy is but thour
is nat yet come/thou must yet haue labour and ba=
tayle ayenst thyn enemyes/⁊ so haue the tyme of p
bacion here afore thou come to euerlastynge glory/
⁊ rest: thou wolde be fulfylled w that hye goodnes/
but thou mayst nat haue it yet/I am the essencyall
goodnes of man/abyde me sayth our lorde vnto I
call the to my kyngdome/Thou must be proued ⁊ er
ercysed here i erth afore thou come to me thou shalte
haue consolacion some tyme gyuen the/but the full
plente that sayntes hathe in heuen shalte thou nat

Imitatio cristi.   D.i.

haue whyle thou lyuest here/be thou therfore recõ
forted ſtróge both in thy doinges ſ in thy ſuffrãce
the contraryouſnes of nature/thou muſt do on the
clothynge of grace ſ inocencye ſ be chaũged into a
newe man thou muſt often do that thou wolde nat
ſ that thynge that thou wolde do thou muſt leue ꝑ
pleaſe the other men ſhall ꝑcede and come to effecte
ſ that thynge that thou haſt a pleaſure in ſhall nat
come to effecte ꝑauenture/alſo what other men ſay
ſhalbe herde ſ what thou ſayſt is ſet at noughte/o=
ther men ſhall aſke ſ they ſhall haue theyꝛ aſkynge
but thou ſhalt aſke ſ nat ſpede/other men ſhalbe cõ
mẽded in mẽnys mouthes/and of the no man ſhall
ſpeke/other perſones ſhall haue this offyce/oꝛ that
cõmpt to them/and thou ſhalt be demed vnpꝛofyta=
ble/foꝛ ſuche thynges is man ofte naturally heuy ſ
a great thynge it is if thou bere ſuch w̃ ſtyll mouth
and mynde in ſuch thinges with other lyke is man
ꝑued/whether he be the true ſeruaũt of god/how
he can denye hym ſelfe ſ bꝛeke hym in aduerſytees
ſcarſly thou ſhalt fynde any thynge eniopned oꝛ lay
de vnto ꝑ to do/foꝛ the which thou nedyſt to ſuffre
deth as thou ſhalt fynde thinges ꝣtrary to thy wyll
which thou muſt ſuffre mooſt whã thynges dyſcoꝛ
dynge to thy mynde which appereth to the leſſe pꝛo=
fytable i execuciõ/be cõmaũded to the/ſ foꝛ aſmoch
as thou art vnder the domynyon ſ power of other
to whom thou dare nat reſyſt therfoꝛe it is ſene har
de to the to folowe al wey ꝑ wyll of other/ſ al wey
to leue thy pꝛoper wyll/but beholde ſone ſ conſider

well þ ende of thy labours which is nat far fro the
Also gyue hede to the frute of them together with þ
infynyte rewardes of þ same/and thou shalt haue
no greuaunce in suche labours/but a great cõforte
of thy pactece for as for that lytle pleasure that thou
wylfully forsakest now in this lyue thou shalt euer
haue thy wyll don in heuē/for thou shalt haue there
all þ thou wyll or can desyre/thou shalte haue ther
power of all goodnes without any drede to lese it/
there thy wyll one euer with me shall coueyte or de-
syre no straunge/pryuate or worldly thynges there
shall no man resyst the/ne none complayne on the/
none shall let the or withstãde the/but all that thou
desyrest shalbe presentyd to the/and they shall fulfyl
all thyne affeccyon or desyre vnto the fulnes of the
same/there shall glory be gyuen in rewarde for re-
preues here paciely suffred/and the pall of laude for
heuynes and for the lowest or laste place that thou
hast be cõtent with/thou shalt there receyue euerla
stynge reygne/there shall apere þ frute of obedyēs
here kepte for god/the laboure of penaūce shalbe re-
warded with ioy/& humble subieccyõ shalbe crow
ned with glory/bowe þ therfore vnder euery man
nes hande/& forse thou nat who commaundeth the
for to do this thige or that/but study thou w great
dylygence that whether it be thy prelate thy felow
or lower than thou/that intēdyth to do any thynge
that thou take all suche thynges well and with pa-
syence/and that thou fulfyll theym with very good
and deuout wyll/let this persone seke thys thynge

& he that thynge/be he glad of this thynge/and he of that/or he commendyd in this/and he in that/be they neuer so ꝑcyous or multyplyed/ioy thou neyther in this thynge nor i that/but alonly to be vylypẽded or despysed & i my pleasure & honour/& ouer all desyre that whether thou lyue or dye/god alwey be glorifyed i the or by the. ¶ The.lv.chapter a man beynge in heuynes & desolaciō shulde cōmytte hym into the handes of god/& to his grace sayinge.

LOrde god holy fader blessyd be thou now & euer/for after thy holy pleasure/so thou hast done to me/and all that thou dost is good I besech the good lorde that thy seruaūt may ioy in the and nat in my selfe/ne in none other thynge but in the/or ordred to the/for thou alone art verye gladnesse/thou art my hope my crowne of reward thou good lorde art my ioy & honour/what haue I/or any of thy seruaūtis ẏ we haue nat receyued of thy goodnes/ye without our meryte/all be thyne that thou haste gyuen and made/I am but pore & haue be in trauayle fro my youth/& often my soule is heuy vn to wepyng & some tyme it is troubled agayn it selfe for passyōs fiersly inrysynge/I desyre good lorde ẏ ioy of peace/I aske ẏ peace of thy chosen chyldrē the which be norisshed & fed of the i the lyght of iwarde & eternall ꝯsolacyō/if ẏ good lorde graūt me peace/if thou graunt me inwardly holy ioy than shall the soule of thy seruaūt be full of louynge and deuoute praysynge of thy infynyte goodnes/& if thou with drawe the fro me/as thou hast often wonte to doo/

than may I nat ren the way of thy commaundemē
tys that is to say fulfyll them/but more thy seruaūt
is then arted to knocke his brest ⁊ to knele for grace
and cōsolacion afore had for that it is nat with hym
now as yesterday and the day before whan thy lan
terne of lyght shone vpon hym and illumyned his
soule/and was defendyd fro the inwarde temptaci
ons vnder ꝑ shadow ⁊ shylde of thy wynges right
wyse father ⁊ euer worthy to be most loued ꝑ hour
is come that thy seruaunt shulde be proued in/it is
worthy father ꝑ thy seruaunt suffer this hour som=
what for the/℣Thou knew in thy eternall ꝓsens an
houre for to come in the whiche for a lytell tyme thy
seruaūt shuld outwardly be ouercom ⁊ yet within
forth be euer lyuynge ayenst ꝑ/that he shuld be vp=
lyppended/contēpned/and despysed for a tyme in the
syght of men/by soꝛys/peynes/⁊ passyon/that he a
ryse agayn with the in the morne of a new lyght of
grace ⁊ after that be gloꝛyfyed in heuen/for all such
humylyacions holy father thou hast so oꝛdeyned ⁊
wylled ⁊ after thy cōmaūdement so be it fulfylled i
me/℣This is thy grace ꝑ thou good loꝛde shewest to
thy frende to suffre troubles here i this woꝛlde for
thy loue as ofte/whā so euer/⁊ i what so euer wyse
thou dysposest oꝛ suffrest it to fall/without thy cou
ceyle and ꝓuydence/And also without cause no=
thynge is done here i erthe/℣It is good to me good
loꝛde/that thou hast humbled me that I may ther
by lerne the ryght wyse iugementes/and therby ca
ste fro me all ꝓyde and ꝓsumpcyon of herte/℣It is

Imitatio cristi.   D.iii.

very pfitable to me that I haue suffred oz had such
cōfusyon/that I by the erudicton of it shuld rather
seke thy consolacyon than mannes in such aduersy=
te/ I haue lernyd also therby to drede thy inscruta=
ble iugemētis wherby thou prouest & scourgest the
ryght wyse man and ꝑ wycked/and that nat with
out equyte and right wysnes I thāke the that thou
haste nat spared my synnes but punysshed me with
scourges of loue/ye bothe within & without with
sozes and anguysshes/no creature vnder heuē may
cōfozte me in myne aduersytes but thou good lozde
the very and heuēly leche of mannes soule that smy
test and helyst agayne/Thou ledest vs into sharpe
peynes of body & suffrest vs to be ledde into dedely
synne somtyme/and thou bryngest vs out therof a
gayne by thy great grace/Thy dyscyplyne be vpō
me/and thy scourge shall teche me the wayes of ver
tue and mekenes/Lo fader I am here in and vnder
thy handes/& I enclyne me vnder thy rodde of coz
reccyon/smyte my backe and my necke that I may
bowe and refourme my crokydnes vnto thy wyll/
Make me meke and lowly that I may lyue alway.
at thy wyll/I cōmytte me to ꝑ good lozde with all
myne foz to be cozrecte/Foz better it is to be punys=
shed & cozrecte here/than after this lyfe/thou kno=
west all thynges and nothynge is hydde i mannes
soule oz concyens fro the/afoze any thynges be ma
de/thy wysdome knoweth them foz to be/it is nat
nedeful ꝑ any man teche oz warne the of any thyng
that is done here in erthe/Thou knowest what pro

lyfe or peyne is expedyent to me and moche trybula
cyon auayleth to pourge the fylthe and ruste of my
horryble Synne and vyces / therfore do thou with
me after thy pleasure and despyse nat I beseke thy
grace my synful lyfe for thou knowest it best graūt
me good lorde grace to knowe that I am boūde to
knowe and to loue that I ought to loue / to prayse ÿ
thou wolde I shulde prayse / and to repute that is ÿ
cyous i thy syght / and to refuse all that is vyle afore
the / gyue me grace good lorde nat to Iuge thiges
after myne out warde syght ne after the herynge or
the relacyon of vncunnynge folke / but truly to dys
cerne of vysyble thiges ⁊ spyrituall / and aboue all
thynges to enquyre and folow thy wyll ⁊ pleasure /
mannes wyttes be often dyscepued in iugemēt / al=
so the louers of the worlde be often dyscepued in lo=
uynge all onely thynges vysyble / what is a man ÿ
better that men repute hym more or better thā he is
i dede / a decepuer decepueth another one vayne mā
another / one blynde man another / ⁊ one sycke per=
sone another / whyle he so exalteth hym / And yet in
trouthe he more confoundeth hym than auaunceth
whyles he so vaynly dothe laude / or prayse hym for
howe great cōmendable ⁊ holy euery man is in thy
syght so worthy ⁊ great he is and no more.

Ϲ The lvi. chapter / A man shulde gyue hym to hū=
ble warkes whan he is nat inclyned or dysposed to
hye warkes.

S One thou mayst nat alway stande in feruēt
desyre of vertu / nor in the hyghe degre of cō=

temptacion/but it is nedefull to the sometyme for ye
fyrst corrupcion of mankynde to descende to lower
thynges/and to bere the burden of this corruptyble
lyfe wt tedyousnes & agaynst thy wyll for as longe
as thou berest thy mortal body thou shalt fele wery
nes & heuynes of thy herte/thou must therfore why
les thou lyuest in this mortall lyfe ofte mourne and
sorowe of the burden and contradyccyon of thy bo=
dye to thy soule for that thou mayst nat continually
and without cessynge gyue hede and cleue to spũall
studyes and to godly cõtẽplacyon/then it is expedy
ent to theto fle to lowe and outwarde warkes/and
to take thy recreacyon in the exercyse of good dedis
& so to abyde fermely my cõmynge and heuẽly vysy
tacyon/and with that pacyently to suffer exyle and
drynesse of mynde/vnto that I vysyte the agayn &
delyuer the from all tedyousnes/for I shall make
the forgete all such anoyes & labours & to ioy in in=
warde quyetacion of soule/I shall lay afore the cõ=
solaciõs of scripture that with glad herte thou may
begyn to walke in my cõmaũdemẽtes & say the pey
nes and passyons of this worlde be nat worthy to ye
glory of heuẽ/the which shalbe manyfested & shew
ed in vs after this lyfe. ¶The.lvii.chapiter/a man
shuld nat repute hym selfe worthy to haue cõsolacy
on/but rather worthy indygnacyon sayinge.

LOrde I am nat worthy to haue thy consola
cyon nor any spirituall vysytaciõ & therfore
thou good lorde dost nothynge agayne ryght wyse
nes/whan thou leuest me in penurye/nede/and de

solacion/tf J myght yet out fro me teris of contricī
on to the symplytude of the See pet am J nat woꝛ=
thy thy cōsolacion J am nat woꝛthy but to be scour
ged and punysshed/ J haue so greuously/and many
foldely synned/ and offēded the in trouth/ J am nat
woꝛthy thy leest cōsolacpō/ but thou good loꝛde be=
nygne & mercifull that wyll nat thy wērkes shulde
peryshe to shewe the ryches of thy excellent good=
nes into the vessell of thy mercy ye without my ꝓ
per meryte/ thou wilt haue to cōfoꝛt me thy seruaūt
aboue all mannes mesure/ foꝛ thy consolacyons be
nat after mānes fables/ what haue J don my good
Loꝛde that thou shuldest gyue me any celestyall cō=
solacyon/ foꝛ J knowe nat that J haue done any
good/ but alway pꝛone to vyce and slowe to amēde
me/ trewe it is that J saye J can nat saye nat/ tf J
shulde any otherwyse saye thou shuldest stande a=
gayne me/ and no man shulde defende me agayne
the/ what haue J deserued foꝛ my synnes but hell &
fyꝛe eternall/ Jn trouthe J confesse that J am wōꝛ
thy all derysyōn and contempte/ it semeth me nat to
dwell amonge deuout persones/ and thoughe J he=
re such thynges impacyentlye/ yet shall J laye and
repꝛoue my synnes agayn me that J may the soner
optepne thy mercy/ what may J say that am so gyl
tye and full of all cōfusyon/ J haue nothynge to say
but only this woꝛde/ Loꝛde god J haue euyll incly
nacyons/ and greuously haue synned/ Haue mercy
on me & foꝛgyue me J beseke the/ suffer me a lytle
that J may soꝛowe and bewayle my synnes afoꝛe J

paſſe hens vnto the countrey of darkenes couered
with ẏ darkenes of deth/and what doſt thou aſke
mooſt of a wretchyd ſynner/but that he be ſorofull
and made meke of his ſynnes/in very cõtrictõ/and
humplyacion of mānes herte/is very hope of forgy
ueneſſe/mannys conſcience ſo troubled with contry
ryon is reconſyled to god/alſo grace loſt by ſynne
is repared/and therby man is defendyd fro the wra
the of god/ʒ there meteth to gether in holy kyſſyng
and hallynge of god almyghty ʒ the penytẽt ſoule/
the humble cõtricion of ſynners is an acceptable ſa=
cryfyce to the good lorde/gyuynge a more ſwete o=
dour vnto thy goodnes than incenſe by fyer/it is al
ſo the pryous ʒ acceptable oyntmẽt that thou good
lorde wolde to be mynyſtred to thy fete/for thou ne
uer dyd ne doſt deſpyſe but gladly receiueſt vnto thy
grace a cõtryte ʒ an hũble hert/there is the place of
refuge fro the face of wrath of the enemye/there is
clenſyd and amendyd what ſoeuer fylthe is other=
wyſe done. ¶The.lviii.chapter/grace is nat
myxt with folke that delyteth in erthely thynges.

Sone grace is a precious thynge/it woll nat
be myxt with ſtrauge thynges nor w erthly
cõſolacions thou muſt therfore auoyde from the all
ẏ ipedymẽtis of grace if thou wylte receyue it/aſke
a ſecrete place to thy cõtẽplacion loue to dwell with
thy ſelfe alone/ſeke nat veyne ſpekynge with other
but rather be thou occupyed with deuoute prayer to
god that thou may haue a cõpuncte mynde ʒ a pure
cõſcyẽce/ſe thou accõpte all the worlde of lytell pryce

in thy estymacyō and afore all worldly thynges pre
farre thou the honour ⁊ medytaciō of god/for thou
mayst louyngly thynke on me/⁊ with that delyte i
worldly ⁊ transytory thynges/thou must seperat ⁊
withdrawe thy selfe fro ꝑ knowlege ⁊ dere frendis
⁊ thy mynde fro all bodely solace/as saynt peter the
apostyll coūcepleth in his epystyll/all crystē folke ꝑ
they as straungers ⁊ pylgrymes absteyne from all
suche fleśshely and worldly thynges or pleasures/o
what sure passynge ⁊ trust shall he haue in his deces
se/that is nat than ouercome with any worldlye af
secciō/but hath his hert sadly fyrte i god almyghty
and losed fro all erthely thynges abestely man kno=
weth nat the fredome of mānes soule/yet if he desy
re to be spūall/he must refuse as well his nye fredis
as suche as be far fro hym in consanguynyte/⁊ also
he must be moost ware of hym selfe/if man perfyte=
ly ouercome hym selfe he shall ꝑ soner subdue other
ennemyes to hym/perfyte bycrory is a man to ouer
come fyrste hym selfe/he that holdeth hym selfe sub
tecte so that sensualyte obey to reason/and reason o
bey to God in all thynges/Suche a man is the be=
ry cōquerour of hym selfe and lorde of the worlde if
so be that thou fullye desyre to atteyne that degre/⁊
heyght/thou must manlye enforse thy selfe and be=
gynne and to put thyne are to the rote of thy soule/
so that thou may pluckevp by the rotis and destroy
the hydde and the inordynate Inclynacyon to thy
selfe and to all pryuate and worldly goodys of this
hyce that a mau loueth hym to Inordynatelye all

moost all cometh that is yll in man which loue ther
fore if it be ouercome we shall haue consequétly i vs
great peace & tráquyllyte but for as moche as fewe
folke laboreth to dye to themselfe/that is to saye to
mortyfye such contrariousnes in themselfe/nor go=
eth nat out of them selfe by contemplacyon or exer=
cyse of vertu/therfore they lye wrapped i themselfe
& may nat be lyfte aboue them selfe spiallye in soule
but he that desyreth frely to walke with me/it is ne
defull that he mortyfye in hym selfe all yll & inordy=
nate affeccyons so that he do nat enclyne ne cleue to
any creature by pryuate loue of scuppscés: ¶The.
lir.chapt/of dyuers mouynges of nature & grace.

SOne se thou gyue hede dyly gentlye vnto the
mouynges of nature & grace/for they mou=
ges be very subtyll & scracious & scarcely they may
be cceptued but if a man be inwardly illumined eue
ry man loueth & desyreth that thynge that is/or se=
meth good/and euery man pretédeth i his wordes
& sayinges some goodnes and therfore many be de=
ccpued vnder the pretés/& symplytude of goodnes/
nature is wyly & therfore it draweth/snareth/and
disceiueth many weyes & it hath euer it selfe for his
ende/but grace walketh & maketh man walke sym
ple without colour or decepte/it maketh man to de=
clyne and fle from all yll/it pretendeth no snarys of
decepte/and it maketh man do his werkys all pure
ly for god in whó also he fynally doth rest /nature
doth dye agaynst hys wyll he wyl nat gladly be op
pressyd or ouercome/ne he wyll gladly be obedyent

oz subdued vnder other but w vyolence/grace doth
the contrary/foz it maketh man to stodye to mozty=
fye hym selfe/Also it respteth to sensualyte/and so
bzydeleth hir that she rebell nat/grace maketh a mā
to be subiecte to other/It maketh hym to despze to
be ouercome/It wyll nat suffer man to vse his ow
ne lyberte/It maketh man wyllynge to be euer vn
der dyscyplyne/It maketh man nat to coueyte do=
mynacyon vpon other but alway to be on lyue and
stāde vnder God/and foz God to bowe humbly to
euery man/Nature laboureth and studyeth euer to
and foz his owne pzofyte and gyueth hede what lu=
cre ⁊ auaūtage he may gette by other/but grace at=
tendeth nat to his owne pfyte/but rather he atten=
deth what is good ⁊ pzofytable to many/nature de
syzeth gladlye honoure ⁊ reuerence/⁊ grace gyueth
all honour and glozy feythfully to god/nature dze=
deth cōfusyon ⁊ cōtēpte/⁊ grace ioyneth to suffre cō
tynually repzeues/⁊ turment foz the name of Jesu
Nature loueth Idlenes and bodyly rest/and grace
can nat be Ideil/but seketh gladly some pzofytable
labour/Nature seketh fayze thynges and curyous
and abozreth vyle thynges and gros/and grace de
lyteth in symple ⁊ humble thynges/it despyseth nat
harde thynges noz to be idued with olde garmētis
Nature beholdeth tēpozall thynges/and ioyeth at
erthely lucres/It is heuy at harme and anone ipaci
ent ⁊ wzathfull at an iiurtous wozde/but grace be
holdeth thiges eternall it doth nat iclyne ne cleue to
tēpozall thiges/wherfoze it is nat troubled i losse of

Imitatto cristi.   p.t.

worldlye goodes/ne vexed at sharpe & harde wor
des. for he hath put his treasoure & ioy i heuē where
nothynge may perysshe/nature is couetous and it
soner & gladlyer recevueth than gyueth/Also it lo
ueth pourte and pryuate thynges but grace is pyte
ous and large to the poore & nedy/it escheweth syn
gularyte/it is cōtent w̄ fewe thynges/& it Iugeth
that it is better and more blessyd to gyue than take
Nature enclyneth a man to the loue of creatures as
to his owne body/to vayne syghte and mouynges
& to such other thynges/but grace draweth to god
and to vertues/it forsaketh the worlde and creatu
res therof with all vanites it hath carnall desyres &
it restrayneth wauerynge or wādrynge about & it
maketh man asshamed to be in open place/Nature
hath soone outwarde solace wherin his senlys dely
te/grace seketh solace in god only/& it delyteth in ce
lestiall thynges aboue thynges vysyble/nature mo
ueth man to do all his dedis and warkes for proper
auayle it wyll do nothinge frely but trustith for his
good dede eyther as good a dede or a better or at the
fauour or laude of man/therfore it setteth moche by
them be they neuer so eryle/but grace seketh nat a
ny temporall thyng/nor it asketh none other thyng
but alone for rewarde/nor it asketh no more of tem
porall thynges/but that he maye be p helpe of them
come to thynges eternall/Nature ioyeth of the mul
tytude of carnall frendys and kynnesfolke he hath
pryde of noble kynne or of the noble place p he is bor
ne in/it gladdeth to be with myghty men and with

his perts / but grace maketh man to loue his enemy
es / nor he is nat proude of the multptude of frendys
ne it reputeth nat nobylyte of fredes or of place that
he cometh of / but if more vertue be there than with
other it fauoureth more the poore thã ỹ rych it hath
soner compassyõ vpon an inocent than vpõ a mygh
ty man / it ioyeth euer in trothe ⁊ nat in falshede / ⁊ it
exorteth good folke to encrease of vertue and good-
nes ⁊ to be assymplate to the sone of god by vrtu / na
ture soone cõplayneth of defaut or heuynes that he
suffreth / but grace suffereth pacẽtly all euplles / na
ture maketh all thynges bowe to hym / it fyghteth
for hym selfe ⁊ reproueth / but grace referreth all his
cause to god / it maketh man to ascrybe no goodes
that he hath to hym selfe but to god onely of whom
all goodnes cometh orygynally / it maketh man hũ
ble ⁊ nat to boste hym selfe presũptuously it stryues
nat nor pferreth nat his reason or sẽtẽce before ano-
ther / but i euery cause or fortune he submyttith hym
selfe to the eternall wysedome ⁊ iugemẽt of god / na
ture desyreth to know ⁊ to here nouelties / he wyll
also a pere forthwarde and haue the syghte and expe
ryens of many thynges by his outwarde senses he
desyreth to do such thynges ỹ laude and great pray
synge cometh of but grace doth nat desyre to know
and perceyue newe or curyous thynges / for all such
vayne desyres cometh of the olde corrupcyon of syn
ne / seth no newe thynge and durable is vpon erthe
grace techeth the senses of man for to contrayn and
let the vayne glory ⁊ pleasour of man / ⁊ to eschewe

Imitatio cristi.   P.ii.

all outwarde auautage/ ʒ to hyde mekely such thin
ges as be laudable ʒ marueylous in hym/ ʒ to seke
the laude and honour of god ʒ a profytable frutful-
nes of euery thige ʒ cunynge that man hath/it wyll
nat that man cōmēde hym selfe/ne exalte his vertue
but it wyll ꝑ god be blessyd i his gyftes/the which
gyueth euery thinge after his fre charite ʒ without
our deseruynges/ This is a supernaturall lyght ʒ
a specyall gyfte of God and it is a proper sygne and
token of electe/ ʒ chosen persones ʒ an ernes of euer
lastynge saluacion/which lyfteth vp man fro thepse
erthely thynges to loue thiges celestiall ʒ it maketh
a spūall person of a carnall/the more therfore that
nature is ouercome the more grace is put in man ʒ
dayly is in warde man that is to say the soule vysy
ted ʒ renewed with inwarde graces ʒ vysytacyō af
ter the Image of God. ¶ The li. chapter/of the
corrupcyon of nature and the workynge of grace.

LOrde gōd that hast made me to thy Image
ʒ lykenes/graunt me thy grace/the which
as thou hast afore shewed/is so great ʒ necessary to
my saluaciō ꝑ I may therby vaynquysshe my right
bad nature that draweth me to synne ʒ pdiciō I fele
in my flesshe a lawe of Synne that Impugneth the
lawe of my mynde and maketh me thrall to synne ʒ
to obey to sensualyte in many thynges nor I maye
nat resyst the passyons or mociōs therof/but if thy
holy grace infounded ardently to my hert assyst me
Thy great ʒ abūdaunt grace is nedefull to me that
nature therby may be ouercome in me whiche is al-

wey prone to yll appetyte ¬ thought for that nature
lynpally descendynge fro our fyrst fader Adam into
his successyon after that it was bycyat ¬ defoyled
by his synne the peyne therof desced id ito euery mā
so that that nature the which was good / and right
wys whan it was made of the good lorde / is now
for the bylete ¬ infyrmyte therof so corrupte man þ
the niouynge of it lefte to mā draweth euer to yll / ¬
lowe thynges / hye ¬ heuenly thynges lefte / For the
lytell vertue ¬ strength of that nature the which re
mayneth / there is as who sayth a lytell sparke of fy
re wrapped and hyd in asshes / This is the naturall
reason of man belapped w̄ great darkenes / yet ha
uynge dyscrecion of good ¬ yll / of truthe ¬ falsenesse
thoughe it be vnable to fulfyll all that he approueth
nor may nat vse yet the full lyghte of truthe / nor his
affeccyons helthfully / wherfore it foloweth good lor
de that I delyte i thy lawe after myne inwarde mā
knowynge thy commaūdement to be good / ryght
wyse and holy / arguynge also / and fyndinge all yll
and Synne to be exchued ¬ fledde / and yet in myne
outwarde man / that is to saye my body I do serue
to þ lawe of synne / Whyles I obey more to sensua-
lyte than to reason in his mocyons / Wherof cometh
that I woll that which is good / but I am nat of po
wer to pfourme it I purpose i my mynde oft tymes
many good dedis or werkis / but for that grace wā
teth that shuld helpe my infyrmyte ¬ feblynes / ther
fore I go asyde ¬ cesse of good doyng / for a lytell re
systens / Therof cometh that thoughe I know the

wey of perfeccyõ/and howe I ought to do/yet I a
ryse nat by deuocyõ of soule to suche pfytenes I am
so oppressyd and lettyd by my dull ꝸ corrupte body
thy grace good lorde it is to me theragayn ful neces
sary to begynne goodnes and to profyte therin ꝸ to
fynysshe ꝑ same i pfytenes/for without that grace
I can nothynge do/and with the helpe of it I maye
do all thynges necessary to me/o thou heuenly gra
ce without ꝑ whiche no man may be of any meryte
or valour before God/nor any naturall gyfte is pro
fytable neyther craftes ne rychesse/neyther beaute
ne strẽgth/wytte or eloquẽce be any thynge worth
before the good lorde and grace wante/for gyftes
of nature be gyuen Indyfferentlye to good folke ꝸ
euyll/But the gyfte of electe and good persones is
grace and loue of charite wherby they be noble and
made worthye euerlastynge lyfe/that Grace is of
such worthynes that without it/neyther ꝑ gyfte of
prophesy/ne the workynge of myracles and sygnes
nor hye speculacion or cũnynge auayleth any thyng
Also neyther feyth ne hope, nor other uertues be ac
cepte of God without grace and charite/o thou bles
syd grace that makest hym that is poore in Soule
ryche in uertues/and hym that is meke abundaunt
of goodes spyrytuall/come and dyscende in me/re=
plenysshe me soone with thy consolacyon/that my
soule fayle nat for werines/and drynes of mynde I
beseche the good lorde that I may fynde grace and
mercy i thy syght/for thy grace is Inough to me if
other thynges wante that nature asketh/if I be uer

go/ or troubled w^t many. troubled repently shall dwhē
none euyll whyle thy grace is with me/ that grace
is my strēth for it gyueth coūseyll and helpe to hym
that hath it/ It hath power vpon all iugementes/ &
wysedome vpon all wyse men/ It is ye maistres of
trouth and the techar of dyscyplyne the lyght of the
soule the conforte of pressures the chaser away of the
vynes/ the auoyder of drede/ the norys of deuocyon
the brynger forthe of teeres what am I without grace
but as a drye tree without moysture and an vnpro-
fytable stocke to spyrytuall beleuynge/ wherfore I
pray the good lorde that thy grace may euer preue
me/ and make me busyly gyuen to good workes by
the helpe of Cryste Jesu.

¶ The lxi chapiter we ought to forsake our selfes
folowe Cryste with our crosse.

Sone as farre as y mayste forsake & leue thy
selfe so moche more thou shalt passe into me/
for lyke as the inwarde peace of mannes souleis to
desyre nothynge withoutforth so a man forsakynge
hym selfe inwardly cōtynueth hym to God I wyll
that thou lerne to forsake or deny thy selfe perfytely
in my wyll with all cōtradyccyon or complaynt/ fo-
lowe thou me for I am the way/ I am trouth & lyfe/
without way no mā may go/ & without trouth
there is no knowlege/ And without lyfe no man may
lyue I am the way that thou oughtest to folowe/
trouth to whom thou oughtest to gyue credēs/ and
am lyfe that y oughtest to hope in to haue/ I am the
way vnmeuable & moost right/ I am trouthe infal

lyble rest enshyne/ z and lyfe without ende increace
to the whiche standeth the very lyfe z blysse of spyry-
tes z blessyd soules/ If thou wadye i my way thou
shalt knowe the very trouth and trouth shall delyu-
rethe/ and thou shalt fynally come to euerlastyng
lyfe z if thou wylte come to that lyfe as it is wryten
thou must obserue my commayndementes If thou
haue knowlege of trouth trust to me/ z to my wor-
des/ If thou wylt be my dyscyple deny and forsake
thy selfe and folowe me if thou wylt be pfyte sell all
that thou hast and gyue it to the poore folke if thou
wylt possesse euerlastynge lyfe despyse this present
lyfe/ If thou wylt be auaunced in heue huble y here
in this worlde/ If thou wylt rey gue vndr in heuen
bere thy crosse here with me in erthe/ For onely the
seruauntes of y crosse fyndeth verely y way of lyght
z eternall blysse. Lorde Jhesu forasmoch as thy way
is the way of straytnes z of hardnes the whiche is
odious to worldly folke/ therfore I beseke y to gy-
ue me with the contempte of the worlde that I may
hate it verely as thou dyd/ It is nat acordyng that
a seruaunt be preferred afore his lorde/ ne a dyscyple
aboue his mayster/ Thy seruaunt therfore ought
to be exercysed i thy wayes/ for therin is helth z ve-
ry holynes whateuer I rede or here besyde it I am
nat refresshed/ ne I take nat full delectacyon therby
some for that thou hast red z knowest these thynges
happy art thou/ and thou shalt be blessyd if thou ful-
fyll them/ it is wryten he that hath my comaudeme-
tes in mynde and executeth theym in his conuersa-

cion he is he that loueth me and I shall loue hym ⁊
I shall shewe ⁊ open my selfe to hym and I shall do
hym to syt with me in the kyngedome of my father
good lozde as thou hast sayde and pzomysed so be it
done to me I haue take the crosse of thy hāde I shal
bere it by thy helpe ⁊ grace as thou layde it vpon me
whyles I lyue / foz trulye the lyfe of a good man is
the crosse of penaunce / the whiche is the very wey
to paradyse / the whiche wey I with other haue be
gone / it is nat leful to go backe ⁊ to leue it / haue do
bzetherne go we to gether ỹ wey begon / Iesus be
with vs: foz his loue we take vpon vs this crosse of
hardenesse / and therfoze let vs abyde therin foz his
sake / foz he shall be our helper that is our leder / be
holde our kynge goth befoze vs / he shall feyght foz
vs / folowe we hym strōgely dzede we no parels be
we redy to dye with hym goostly i ỹ bataple of vy
ces ⁊ hardnes / ne let vs nat fle from suche exercyse
that we confounde nat our selfe.

¶The.lxii.chapter / a man shulde nat be dyscomfoz
ted whan he falleth in any aduersyte oz defaute.

SOne paciens ⁊ humylyte in aduersites doth
please me moze than moch consolacyou / and
deuocion in pzosperyte had / why art thou heuy at a
lytell wozde / oz dede done oz sayd agayn the if moze
had be sayd oz don to the / thou oughtest nat to haue
be moued at it / But lette it nowe ouer passe / This
thynge that thou haste suffred is nat the firste noz
shall be the laste trouble oz euyll that thou shalte suf
fer if thou lyue / Thou arte stronge and manfull I

nough where none aduersyte is resystynge agayn
the/thou dost wele councell ⁊ can well strengthe
other with thy wordes/But whā sodeyn trybula=
cyō cometh to thy dore/thou faylest thā both in con
cepll and strēgth gyue hede to thy great fraylte the
whiche thou hast experyence of in lytell thynges ob=
iecte agaynst the/And for thy helthe whā suche thyn
ges fall/lyfte vp thy hert to our Lorde as thou best
can/and if it touche the yet let it nat throwe ꝑ dow
ne ne longe vnbelappe the/Suffer suche thynges pa
cyētly/if thou can nat gladlye/and if thou here nat
gladly suche but thou felest parauenture indygnacy
on in the/represse the within thy selfe/⁊ suffer none
inordinate wordepasse from ꝑ/wherby other shuld
be sclaundered/A passyon areysed in a man shall
soone be apeysd and inwarde sorowe shalbe made
swete if grace returne to man ayen yet Ilyue sayth
our Lorde/J am redye to helpe the and to comforte
the more than J dyd before if thou wylt truste vnto
me and deuoutly call vpō me/Be thou more quyete
and pacyent thā thou hast ben/Jt is nat for nought
thou art often tymes troubled and tēpted greuouse
ly/thou arte a man and nat God/thou arte a flesshe
ly creature and none aungell/howe mayst thou thā
thynke alway to abyde in one state of vertue/whā
that was nat graunted to Aungell in heuen/ne vn
to the fyrste man in paradyse/the whiche both felle
and stode nat longe in the state of theyr creacyon ꝑ
they were create and sette in/J am he that arayses
theym that sorowe for theyr Synnes/or that other

wyse suffreth with pacyence aduersyte / I auaūce
them that knowe theyr infyrmyte / into my dyuyny
te / Lorde God thy holy worde be blessyd / it is swet
ter to me thā the hony come / what shuld I do i ma
ny and great trybulacyons and anguysshes / were
nat y thou cōforted me with thy holy & swete wor
des / whyles I shall come to the porte of helthe euer
lastynge by pacyent suffraūce of aduersytes / what
nedeth me force what and howe great or many try-
bulacyons I suffer / graūt me good lorde I besech
the good ende and an happye passynge frome this
worlde / haue mynde of me good Lorde and dyrecte
my lyfe & me in y waye of ryght wysenesse to come
to thy kyngedome.

C The lxiii. chapiter / howe a man shulde nat serche
hye thynges / ne seke auētures the which God wor
keth here in his hyd Iugement.

SE One beware that thou dispute nat of hye ma
ters or of y hyd iugemētes of God / as why
this man is damned or forsake and he lyfte vp to so
great and hye grace / Also why this man is so great
lye punysshed with Syckenesse / pouerte / and such
other / And this other / man so greatly auaūsyd to
rychesse and dygnytees / These thynges with such
other exceedeth all mannes consyderacyon or know
lege / for no mannys reason or dysputacyon may ser
che or compasse the Iugementis of God / Therfore
whan thyn ennemye suffreth temptacyon to the in
thy such thynges / or if other curious psones enquy
reth suche knowlege of the / answere agayne vnto

them this sayinge of the prophete / thou alway bles
syd lorde arte euer rightwyse and thy domys are al
way true & rightwyse / And also this sayinge of the
same pphete / the iugemētis of our lorde are trewe
and iustyfyed in them selfe / My iugementes sayth
our Lorde are to be dred and nat to be dyscussed by
mannes reason / for no mānes reason may cōpryse
them / also thou shalt nat enquyre and despute of ϸ
merytes of sayntes whiche are hyer in merytes or
blysse / Suche vayne busynes gendreth debates &
stryfes / they also norysshe pryde and vaynglory / al
so enuy aryseth of ϸ same whyles he his saynt and
another his laboureth to pferre / to despyre / to know
or to serche suche thynges is but vanyte without all
frute / and it dyspleaseth the sayntes suche opynyon
for I am nat God of dyssencyon but of vnyte and
peace / the whiche peace is founde more in trewe hu
mylyacyon of man / than in his exaltacyon: Some
man hath more deuocyon to this saynte / and some
to other Sayntes / but that is more of deuocyon of
mannes affeccyon than of godlye or gostely zele or
loue / I am he that made all sayntes / I gaue theym
grace and I haue receyued theym in to my glorye / I
euer knewe any mānys merytes preuētynge them
with my swete blessynges / I haue knowen before
my louers & chosen seruaūtes from the begynnyng
whom I haue electe & callyd by my grace from the
reprobate and dampnable cōuersacyon of the world-
ly people / I haue chosen them & nat they me / and I
haue drawē them to me by my mercy / I haue ledde

them in temptacyons / and safely brought them out
therof / I haue vysyted them with many and great
consolacions / I haue gyuen them perseueraūce in
goodnes / and I haue crowned theyr pacyence / I
knowe the fyrst man and the last that shalbe / and so
of euery other thynge / I halse all my chosen seruaū
tys with inestymable loue / I am to be loued in all
my sayntes ꝗ to be honoured and blessyd ouer all in
eche of them / ꝑ whiche I haue so gloryously magny
syed and predestyned without any merytis goynge
afore of theyr partye / He therfore that despyseth one
of my leest sayntis or electe ꝑsones / he worshippeth
nat ꝑ moost / for I made both small and great / and
he that blasphemeth detracteth / or desprayseth any
saynt detracteth me / and all my sayntes in heuē / all
they be one by the bande of charyte / all they cōsyder
and fele one thynge / they woll one thige / and eche
of them loueth other / and that is more they loue me
aboue them selfe and theyr owne merytes / for they
be rapte often aboue them selfe / and drawen out of
theyr proper loue and gyueth theym hooly vnto my
loue in the whiche loue they rest by entyer fruycyon
ꝗ gladnesse / nothyng may chaūge or drepresse them
for they be full of eternall truth / and they brenne in
soule wᵗ the ardoure of tueztynguyble charyte / such
folke as be carnall cesse to speke or tell of the state ꝗ
glorye of sayntes / for they can nat but loue pryuate
Ioye / They do away and put to as they fauour / ꝗ
nat after the pleasure of the hye truthe of our Lorde
cryst e Iesu / In many folke is Ignoraūce but moost

in theym that haue but lytell vnderstandynge and
therfore they but seldome loue any persone perfytly
or ghostly / many men be drawen by naturel affecci
on & loue nowe to this saynt or man / nowe to that
& some to this / some to that / & as they behaue them
in these erthely thynges here / so they Jmagen to be
of heuēly thynges / But great dyfferēce is betwyxt
the thynges that Jmperfyte folke do Jmagyn or cō
syder / and these thynges that deuoute & illumynyd
persones seeth by heuēly illustracyon / therfore sone
beware to treate vpon such thynges curiously that
exedeth thy knowlege / but laboure thou rather / &
indeuour thy selfe that thou may be sorted with the
leest or lowest that is in heuē thorowe the merytes
of good lyfe what auayleth it a mā to know which
Saynt is more worthy in heuen than other / but if
he wolde humble hymselfe the more or wolde gyue
more laude and praysynge vnto God therfore / He
pleaseth god more that thynketh busyly with repen
raunce of the greatnesse / and grefe of his synnes / &
of the want of vertu that he hath wherby he dyffe=
reth from the holynesse of sayntes / than he that dys=
puteth of theyr degre in heuen more or lesse / Better
it is a man with deuout prayers and wepynges to
pray to sayntes / and with humplyte of soule to ad=
quyre and purchas theyr helpe / than to enquyre by
vayne inquysycyon theyr secretes / They be well cō
tēt euery chone with his ioy / Jf men here lyuynge
were content and wolde refrayne theyr vayne spe=
kynge / and contencyon aboute theym / They haue

nō glozye oz exaltacyō in theyz owne meryptes/foz
they aſſygne no maner of goodneſſe vnto theyz ow
ne ſelfe/but to God all onely the which hath gyuen
them all thynges of his infynyte grace and charyte
they be replenyſſhed with ſo great loue of God and
with ſo abundaunt and folowynge Joy there vpō
that no glozye noz felycyte maye decreace/oz fayle
them/All the Sayntes in heuen the hyer they be in
glozye/the moze humble/and lowe they be in theyz
owne ſyght/and moze nere/and dere to me in loue
It is wzyten in the apocalyps that the Sayntes in
heuē of humblenes dyd ſubmitte theyz crownes be
foze God/and they fell on theyz faces before the hū
ble lambe Cryſte Jeſu/adho wzynge and wozſhyp
pynge hym as theyz lozde God euermoze lyuynge
withouten ende/Many folke enquyze very buſyly
whiche Saynt is moze pzeferred in the kyngedom
of almyghty God/that can nat tell if that theyz ſelfe
ſhall euer be wozthye to be accompted with the leeſt
Saynt in that kyngedome/It is not a lytell but a
great thynge and grace to be in the leeſt ſoze in he
uen/where all that be there are greatlye magnyfy=
ed of God/foz all that be there be called and are the
chyldzen of god almyghtye whan the apoſtellys of
God queſtyoned amonge theym/whiche of theym
ſhulde be moze pzeferryd in the kyngedome of He=
uen/Tey harde agayne the anſwere of our Lozde/
But if ye be conuertyd/and made meke/pure/and
withoute malyce as chyldzen be/ye ſhall nat enter
the kyngedome of euerlaſtynge lyfe/and he that hū

Imitatio criſti.   D.ii.

bleth hym as this chylde he is moꝛe woꝛthy ⁊ ꝑ kyn
gedome of heuē/ wo be to them that dyſdayn to hū
ble them ſelfe w̔ chyldꝛē/ foꝛ they foꝛ theyꝛ pꝛeſūpcō
⁊ pꝛyde ſhall nat be ſuffred to enter the humble ꝗate
of heuē/ the whҩch admytteth none but humble and
meke folke/ wo alſo be to ꝛyche folke ꝑ which be o=
uercomen by Jnoꝛdynate loue of theyꝛ ryches/ foꝛ
ſuche ꝛyche folke haue here theyꝛ conſolacyons and
Joye/ And therfoꝛe at the laſt pooꝛe folke that be he
re humble of herte and content with theyꝛ pooꝛe de=
gre ſhall enter into the gloꝛye of God foꝛ ſuche penu
ry and hardenes/ wꝛonges and other ylles as they
haue ſuffred here lyuynge in this bale of myſerye/
where ryche folke lyuynge here in welthe and plea=
ſoure ſhalbe ſhyt out with great ſoꝛowe and lamen
tacion/ foꝛ ꝑ they haue loſte ſo Jneſtymable a Joy
foꝛ a ſhoꝛt woꝛldly delectacion that they had here ly
uynge ioy therefoꝛe ye humble folke and alſo pooꝛe
foꝛ ye ſhall enheryte ꝑ euerlaſtynge ioye and kyng
dome of god tf ye lyue well here in this moꝛtall lyfe
with perſeueraunce.

C The.lꝛiiii.chapiter/ all hope and truſte that man
hath is to be fyꝛed in god all onely.

LOꝛde god what is my truſte ꝑ J haue i this
lyfe: and what is my mooſt ſolace/ ⁊ cōfoꝛte
of all thynges vyſyble ꝑ J ſe vnder heuē/ Jt is nat
thou=whoſe mercy is innumerable/ yes ſothelye/
whā hath it be well with me at any tyme without
the=oꝛ whā myght any yll happe oꝛ come to me thou
beynge ꝑſent= Sothely neuer/ J had leuer be pooꝛe

with the/than to be ryche wout thy preſens/ J had
leuer be a pylgryme here in erthe with thy preſens/
thã to poſſeſſe heuen wout the/for where thou arte
there is heuẽ/and where thou art nat there is deth
and also hell/Thou arte all my deſyre/and therfore
J haue nede to lament/to pray/and crye contynual-
ly after the/J may truſt fully in none but in the for
there may be no helpe in caſes of nede/but in the on
ly my lorde god/thou arte my hope/my truſt/& my
mooſt faythfull cõforte and helpe in all thynges/all
other perſones ſeke theyr owne profyte and auayle
but thou alonly ptendeſt and ſekeſt my profyte and
helthe eternall/alſo thou turneſt all thynges to my
well/ye & whã thou ſendeſt me troubles/afflicciõs
and temptacyõs all ſuche thou good lorde ordeyneſt
for my wele and profyte/that by a thouſãde wayes
arte wont to proue thy choſen and beloued ſeruaun
tes/in which probaciõs thou art nat leſſe to be pray
ſed/than if thou had replenyſhed vs with heuẽly cõ
ſolaciõns/In the good lorde J put all my hope & ſo
cour/J ſette all my trybulacyons and anguyſhe in
the/for all that J beholde & ſe without the J haue p
ued it i nfyrme and vnſtable/The multytude of car
nall frendys auayleth nat /nor ſtronge helpers that
nat may helpe/ne wyſe toũreplers may gyue any p
fytable anſwer or coũceyll/ne the bokes of doctou-
res may comforte ne any pcious ſubſtaũce may dely
uer fro thy hande ne any ſecrete place may defende
mã/but if thou lorde god wyll aſſyſt/helpe/cõforte
coũceyll/inſtructe/& kepe hym all thiges that ſeme

foz to be ozdeyned to mannes peace and felycyte/If thou be abfent they be nat wozthy/ne they haue oz gyue any true felycite to any creature/thou my loz de god therfoze arte the ende of all goodnes/the hye lyfe of all the pzofoūde fpekynge of all elōquēce ҂ the mooft ftrōge hope ҂ folace of thy feruaūtes/Myn tyen intendynge into the/I trufte fullye in the my lozde god father of mercyes/Bleffe and fāctyfy my foule with heuenlye bleffynge/that it may be made thy holy tabernacle and dwellynge place/and the fe te of thy eternall glozye/No thynge be foūde in me at any tyme that fhulde offende thy hye maiefte af ter the greatnes of thy goodnes and thy manyfolde mercyes beholde me/and here gracyoufly ye pzayer of me thy pooze feruaūt beynge farre eryled i the re gyon of the fhadowe of deth/defende/and conferue the foule of me thy feruaūt good lozde whyle I la boure amonge the manyfolde parels of this corrup tyble lyfe/and dyzecte it by thy grace cōtynually in this lyfe vnto ye fynall coūtrey of euerlaftyng peace and clarytе. Amen.

℄ Here endeth the thyzde booke of John Gerfon/ Empzynted in Lōdon by Wynkyn de Wozde i Flete ftrete at the Sygne of the Sonne.

Margaret Beaufort, [Thomas à Kempis] 'The forthe Boke' of *A full deuoute and gostely Treatyse of the Imytacion and followynge the blessyd Lyfe of our most merciful Savyour Cryst* is reprinted from the 1517 Pynson edition (*STC* 23957), Cambridge University Library (Sel.5.2(1)). The textblock size is 138 × 87mm.

¶ Here be-
ginneth the
for the bok
of the folo-
wynge Ie-
su cryst of
the conten-
nige of the
world. In-
prynted at
the coman-
demēt of the most excellēt prin-
ces Margarete: moder vnto
our souereine lorde: kinge he-
ry the .vii. Countes of Ryche-
moūt & Derby And by the sa-
me Prynces it was traslated
out of freche into Englysshe
in fournie & maner ensuynge
The yere of our lorde god M.
D.iiii.

¶Prologus.

Come to me sayth our mercyfull lorde/ all that labo-
reth and be charged/ and I shall gyue vnto you re-
cyon. And the bredde that I shall gyue vnto you: shalbe my
flesshe for the lyfe of ý worlde. Take & ete it for it is my body
that for you shalbe gyuen i sacryfice. Do ye this in remembra-
ce of me. For who so eteth my flesse/ & drynketh my blode: he
shall dwell in me & I in hym. ¶ These wordes that I haue
sayde vnto you be lyfe and spiryte of helthe.

O My lorde Jesu crist eternall trouthe / these wor
des beforesayde be thy wordes. Albeit they haue
nat ben sayde in one selfe tyme: nor wrytten i one
selfe place. yet for yt they be thy wordes I ought
feythefully / z agreably to vnderstande theym / They be thy
wordes / and thou hast pferred them. And they be now wrīt
for thou hast sayde theym for my helthe: I wyll gladly recey
them of thy mouthe: to thende they may be the better so wel
z planted in my herte. Thy wordes of so great pyte full of lo
ue / swetnes z dileccion greatly excyteth me: but lorde my p
per synnes fereth z draweth backe my conscience / nat pure to
receyue so great a mystery. The swetnes of thy wordes inct
eth z puoketh me: but the multytude of my synnes charge
me z fore greueth me. Thou cōmaūdest that I shal come vn
to the feythfully : if I wyll haue parte with the to thende I
may receyue the norysshynge of imortalyte if I desyre to op
teyne the Joy and lyfe eternall. Thou sayst lorde come ye to
me that labour z be charged / z I shall refresshe you. O how
swete z amyable a worde is that in the ere of a synner: that
thou my lorde z my god lysteth of thy benygne grace to byd
me that am so pore z haue so moche nede of the holy cōmuny
on of thy precyous body. O good lorde what am I to presu
me to desyre þ: that the heuen / z erthe may nat comprehende
z thou saist com ye all to me. who asketh z wylleth this right
mete worthynesse / and amyable by doynge. Howe shall I
dare come vnto the : whiche feele nat that I haue done any
good. How shall I enterteine þ into my hows: whiche so of
te haue offended before thy glorious / z ryght benygne face
The angels / archaūgels honour the: the holy / z iuste creatu
res drede the. z thou sayst good lorde yet come ye all vnto me
Lorde who shulde byleue thys thynge to be true : if thy selfe
sayd it nat. And who is he that durste approche there vnto

R.ii.

If thou byddest not cōmaunde it. Noe that iust man labored by an hundreth yere to make the arke / to the ende he myght be saued with a fewe of his people . Howe may I prepayre me thān in an howre to receyue the withe due reuerence cōposour and creatour of all thys worlde. Moyses thy great famylier and speciall frende made tharke of tymber: nat corruptyble whiche he couered with right pure gold ⁊ put thy tables of the lawe / ⁊ I a corrupt creature howe shall I nowe dare receyue the that arte conditour of the Lawe / and gyuer of grace and lyfe vnto all creatures. The right wyse Salaman kynge of Israel edifyed a ryche Temple to the prayse of thy name by the space of .vii. yere / and by .viii. dayes halowed the feest of the dedicacōn of the same / he offred a thousande hostys to pacifye thy goodnes with / and put tharke of alyaunce in the place made redy for the same with the soūde of claryons / and trumpettys. Howe dare I than cursed / and right pore amonge other creatures receyue the into my howse: whiche brinethe can knowe that I haue well passed and enployed one howre of tyme / nouther to my knowlege that I haue deuoutely passed one halfe howre. O my god howe many haue there ben before me / that haue studyed in do any thynge that myght please the. Alas howe lytell thing ys that I do / albe it the tyme ys shorte. And yet whan I dispose me to receyue thy holy cōmunyon / I am but losely gadred to gether and full coldly purged from all distracciōs of mynde. And certeinly no cogitacions vnprofitable oughte to come into the holy presence of thy deyte. Also I ought nat to occupye me with any creature: for I shall nat receyue an angel but the lorde of aungels in to the secrete of my herte.

¶ For there is a greate dyfference betwene the Arke of alyaunce with his relyques / and the ryght pure / and precious body with hys vertues nat faylynge: but euermore duryng

¶ And betwene þ sacryfyce of the prefyguratyue lawe that was to come / and the true hostye of thy precyous body that ys thaccomplesshement of all the olde sacryfyce.

¶ Wherfore than shulde nat I be more inflamed in thy ve-
nerable presence: and by more solycytude prepayre me to re-
ceyue the sacred and holy gyftes / and benyfyttes of the. In
so moche the holy auncyent patryarkes and prophettes / kin-
ges and pryncesses with all the people : hath shewed so greate
affeccion towardes thyne honoure and dyuyne seruyce i ty-
mes passed.

¶ The ryght deuout kynge Dauid inclyned to the arke of
god with all his strengthe knowlegeynge / ṭ remembrynge ẏ
benefytes don vnto his faders : he made organs of dyuers
maners / ṭ he composed psalmes ṭ instytute that they shulde
be songen / and he hym selfe sange theym with gladnes / ṭ of-
ten tymes with the harpe of the holy goost. ¶ Thys kynge in-
spired with the grace of god : hath taught the people of Isra-
el to prayse god with all theyr hertes. blessynge honourynge
ṭ mechynge dayly his holy name. If so greate deuocion ṭ re-
membraunce was done with dyuyne seruice / and praysynges
before tharke of his testament / howe great reuerence and de-
uocion ought we thanne to haue in the presence of the sacra-
ment / and en the sumpcion of the ryght excellent body of our
lorde Jesucrist. Also all cristen people vse for to renne to dy-
uers places : for to vysyte the relyques of sayntes / and mer-
ueyleth to here the merueylous dedes / and werkes of theym
¶ They beholde the great edyfyces / or byldynges of temples
and kesses the sacrefyed bones of sayntes wrapped i clothes
of sylke and golde. and thou my lorde god saynt of all sayn-
tes : creature of all thynges / lorde of all aungels : thou arte he-
re present on thy saulter before me. Often tymes the curyo-
syte of men and noueltyes of thynges nat sene be of lytell fru-
te and lesse to be setby : pryncypally where there ys so light re-
turns and great wauerynge wythoute ony contricyon. but
my god thou arte all present in thys blessed sacrament of the
aulter very god and man iesus cryste / in the whiche the fru-
te vernall of helthe aboundethe / and is percepued all the ty-
mes that thou art worthely recepued. And to thys here dra-
J. iii.

wythparkyng lyghtnes of sensuall curyosyte: but some feruẽt
deuoute hope and pure charyte. O god thy spyoke creatour
of all the worlde. Howe merueylously doeste thou wyth vs:
howe feythfull doest thou with theym: that purposeth to re
ceyue thy selfe in thys blessed sacrament. ¶ Certeynly it sur
mounteth all vnderstandynge: & draweth specyally the her
tes of deuoute people to dyuocion/ and enbraceth their affec
tion. For thy true and feythfull fredes that dysposeth al their
lyfe to amende theym: receyueth often great grace of deuo
cyon and vertue of that moost worthyest sacrament. O mar
uelous hidde grace whych the feythfull crysten people of our
lorde only knoweth: But the infideles / and subgettes vnto
synne may therof haue no experyence. In that sacrament ye
spirytuall graces be conferred: and the vertue that was loss
in the soule ys repayred: and beautye by synne wasted/ is re
couered. Somtyme thys grace: that often wyth the plenty
tude of deuocyon gyuen: nat only vnto the thought: but al
so vnto the feble body the myght / and strength is augmen
ted. wherfore it behoueth vs to haue sorowe and pyte of our
slouthe and neglygence that we be nat drawen with so great
desyre and affeccyon to receyue our lorde iesu crist in whome
is all hope / and the meryte of theym that ought to be saued.
For he is our helthe / and redempcyõ / and the consolacion of
byatours / and the eternall frupcyon of sayntes. ¶ Also we
ought to haue sorowe of that so many vnderstandeth / saue
reth / & reuerenceth so lytell this holy sacrament: which ioy
eth the heuen / and kepethe all the worlde. Alas thys blynd
nes / and hardnes of mennes hertes: that wyll nat consyder
so synguler and inestymable a gyft as is giuen vnto vs: but
falleth in aduertence by dayly vsage. For if the sacryfyce of
thys holy sacrament were done only but in one place / & but
of one preest in all the worlde: wyth howe great desyre wene
ye the people wolde go to that place / and to that preest whe
re the godly mysteryes done of hym. But nowe be in a maner
ny preestys: and in many places thys holy sacrament ys of

fed to thende that the grace and loue of god to man may the
moxe appere : and foz so moche as thys holy communion ys
sprede thozough oute the wozlde. Thankynges be vnto the
good pastour eternall that hast vouchedsaue to refresh & fe
de vs poze banysshed creatures wyth thy ryght pzecious bo
dy & blode: and also by thy wozdes of thy ppze mouthe / hast
wyxed vs to receyue thys holy mystery: sayinge com ye all
vnto me that be charged / and I shall refressh you.

Howe the great charyte / & bounte of god is shewede
vnto man in the holy sacrament.　　　　　Cap. ii.

O My god I come vnto the puttynge my confidence in
thy mercy and bountye. I syke and come vnto my sa
uyour I hungry and thurssy vnto the fountayne of lyfe po
ze and nedy vnto the kynge of heuen: the seruaunt vnto hys
lozde: the creature vnto his maker : a persone desolate vnto
hys pyteous comfozter. But wherof is thys that thou thus
comest vnto me. who am I that thou wylte gyue thus thyne
owne selfe to. Howe dare I a synner beholde to appere befo
re the. And howe may it please the to come vnto suche a wzet
che. Thou knowest thy seruaunt / and well vnderstandest
that no thynge good ys in hym. Wherfoze thou shuldest do
thys grace vnto me. Than I confesse myne vnwozthy
nesse and knowlege thy bountye and prayseth thy pyte and
gyue vnto the thankes foz thyne so moche great charyte.
Thou doest thys foz thy selfe good lozde / and nat foz my me
ryte, to the ende that thy bountye may the moze be knowen
vnto me. Thy charyte is moze largely veryfyed / thy me
kenesse commended moze perfetely: sythen that it thus plea
seth the / and so thou hast commaunded it to be done: this thy
pleasure contenteth me: and wyth my wyll my wyckednes
shall nat resyste the.　　　　　　O swete and benygne Jhesu
howe great reuerence and gyuynge thankes with perpetu
all pzaysynges be due vnto the my goode Lozde Jesu Crist

that by thy pleasure and well I may receyue thy blessed be-
dy: whose worthynes no man is founde able to declare ex-
presse. But what shall I thynke of this communion whane I
shall come vnto the my lorde god whiche I can not duly ho-
noure/ and yet I desyre deuoutly to receyue the. what maye
I thynke better and more profytable for me: than to meke
my selfe holy before the: and to prayse thyne infynyte boun-
te aboue all thynge. I prayse the me lorde god euerlastingly
and dysprayse my selfe and submytte me vnto the depnesse
of my wretchednes. ¶O my god thou arte saynt of all sayn-
tes: and I the fylthe of all synners yet thou inclynest thyselfe
vnto me that am nat worthy to beholde the.

¶Alas my swete creature that so mekely comest vnto me/
and wylleth to be wyth me/ and desyrest me vnto thy dyner
and grueth vnto me the mete of heuen and the brede of aun-
gels which is brede of lyfe: and no lesse thynge than thyselfe
whych is descended from heuen and gyue lyfe vnto y worl-
de. Lete vs se here what great loue proceedeth frome the/ and
what gentylnes doth shyne vpon vs.

¶Howe great yeldynges of thankes/ and louynges be due
vnto the of vs synners. O howe profytable and howe helthe-
full was thy councell whanne thou instytute/ and ordeyned
thy gracious gyfte. ¶O howe swete/ and Ioyous ys that
feste wherin thou haste gyuen vnto vs the fedynge of thy pre-
cyous body. ¶O good lorde howe meruaylous be thy ope-
racyous/ and howe myghty is thy vertue/ and thy trouthe
vnable be tolde. Thou hast sayde and all thynges were don
and all that thou haste commaunded: hathe taken effecte.
A meruaylous thynge to be beleued/ and ferre aboue y vn-
derstandynge of man that thou my Lorde god very god and
man art holy conteyned vnder a lytell lykenesse of brede and
wyne/ and thou art hole receyued withoute consumynge of
hym that so receyueth the.

¶Thou Lorde of all that haste no nede of any thynge/ yet
thou haste wylled to inhabyte within vs by thys thy holy

sacrament. Lorde kepe my herte and my body vndefyled to
the ende : that with a pure and a Joyous conscience I may
often receyue the to my euerlastynge helthe.

¶ Thile holy mysteryes whiche be institute / and ordeyned
chyefly vnto thy honour and perpetuall remembraunce.

¶ O my soule reioysle the / and gyue thankynges vnto thy
god for his noble gyfte / and synguler comforth that it lyste
hym here in thys vale of teres thus to cóforte the. For as of=
ten tymes as thou remembrest thys mystery / and receyueste
thys blessed body of our lorde : so often thou receiuest the wer=
ke of thy redempcyon / and arte made partener of all the me=
rytes of our lorde Jesu cryst. For his charyte is neuer mynis=
shed. ⁊ the greatnesse of his mercy is neuer consumed. wher=
fore thou oughtest to dispose the alwaye with a newe reuol=
uynge of thy thought ⁊ oughtest to consider this great mys=
terye of thy helthe by attentyue repsynge of thy soule.

¶ And this werke ought to be vnto the as greatly newe and
ioyous whan thou receyuest it. as if that same day our lorde
had first descended in to the wombe of the virgyn mari to be
made man / or elles he that daye had suffred dethe for the hel=
the of man vpon the crosse.

¶ What greate profyte it is often to receyue the body of
out lorde Jesu cryst.   Ca. iii.

LOrde I come vnto the to thende that welthe may co=
me vnto me of thy gyfte / and that I may Joye at the
holy feest that thou hast made redy vnto me pore wretche by
thy swete benygnyte : in the whiche my sauyoure is all that
I may or ought to desyre : for thou art my helthe my redemp=
pcyon / my strength / honour / and iop. Alas my lorde god ma
ke me thy dayly seruaunt Joyous. For my lorde Jesus I ha
uereyled my soule vnto the / and nowe desyrethe druowtly
reuerently to receyue the in to my hows / to thende I may
deserue with zachee to be blessid of the / and to be accompted
amonge the children of Abraham / ¶ My soule desireth thy
body / my herte desyrethe to be vnyght wyth the. Gyue thy

selfe vnto me good lorde/ & than I suffised: for withoute the
no consolacyon/ nor comforte ys good: withoute the I may
nat be/ and withoute thy vysytacyon I may nat lyue. wher-
fore it behoueth me often tymes to come/ and approch to thy
hyghe psence to receyue the for the remedy of my helth to the
entente I fayle nat in the waye of this mortall lyfe if I were
defrauded from thy spyrytuall norysshynge.

¶ Also my ryght mercyfull lorde Iesu whan thou hast pre-
ched vnto the people/ and heled them of diuers sykenes thou
hast sayde I wyll nat leue theym fastynge/ and without re-
feccion lest peraventure they myght fayle in theyr way. Do
wyth me than good lorde in that maner: syth thou hast lefte
thys holy sacrament for the comforte of feythfull people: for
thou arte the swete refeccion of the sowles of theym that ha-
worthely receyued and eten the/ and they shall be perteners
and inherytours of the eternall ioye. ¶ Certeyne yt ys vnto me
necessary that so often synnes and so sone keles and at euery
houre fayles to come vnto the: to thende that by contynuall
oryfons and confessions/ and by the receyuynge of thy holy
body I may puryfye/ and renewe the heete of my refeccyon
for peraventure in absteynonge me to longe to receyue the
I may leue/ forgete/ and renne from my good purpos. for
the wytte of man and woman from theyr chyldhod be incly-
ned vnto euyll. And if thys dyuyne and godly medycyne hel-
pe vs nat: incontynent we fall vnto worse. ¶ Than thys holy
comunyon draweth men from euyll/ and comforteth theym
ageyne in goodnesse: for I am many tymes neclygent/ and
often keled whanne I commune/ or worshyp my god. what
shulde I thanne do if I toke nat that medecyne/ and aske of
hym grace and helpe. And albe it I am nat alwaye well dis-
posed to receyue my creature. yet shall I put me vnto peyne
to receyue these sacrede mysteryes in tyme conuenable: so þ
I maye be made a partener of so greate grace. ¶ For yt ys
one of the mooste pryncypall consolacyons vnto a feythfull
sowle: for the tyme they shall make theyr pylgrimage towas

bes in this moztall body / and to the entent we may haue the
moze mynde of thy benefytes. ¶My lozde god I shall mo=
re often receyue ý: my louige Lozde wyth a deuout thought
O merueylous gentylnesse of thyne vnspekeable pytye to=
wardys vs: that thou lozde god creatour and gyuer of lyfe
vnto all spizytes / hathe wylled to come to one so poze asoule
with the deite / and humanyte. and my poze lene ꝉ dzye soule
hath lysted to be made fatte with thy grace and thy holy vn=
cyon of thy swete spiryte. O happy thought and well happy
soule that deserueth deuoutely to receyue hys god hys lozde
and creature: and in that receyuynge to be fulfylled with ioy
and spirytuall gladnesse. O what great lozde receyuest thou
O what and howe great and host entertynest thou into thy
lodgynge. Howe ioyous a felowe takest thou into thyhows
Howe feythefull a frende thou admyttest vnto the. O howe
good / noble / and swete espouse enbzaceste thou which ought
to be byloued and desyred aboue all thynges. O ryght swete
beloued lozde / the heuen and erthe and all the oznamentis of
theym holdeth scylence in the pzesence of thy face. Foz what
praysynge honour / and beautye they haue it ys of thy mercy
and largenes / and can not be lyke vnto thonour and beaute
of thy holy name: of thy sapience: wherof there ys no noum=
bze nother ende.

¶Howe many comodities be gyuen vnto them that de=
uoutly receyueth this holy sacrament   C.liii.
O I lozde god I humbly beseche the to pzeuent me thy
seruaunt in the blessynges of thy swete mekenes So
that I may deserue to cum worthely / ꝉ deuoutly to the holy
sacrament mooste to be magnyfied. Stere my herte ꝉ lose it
frome the dull heuynes of my moztall body. Upsire me wyth
the messáger of helth / and gyue me to tast thy swetnes spiri=
tuall whiche is hydde fully in the sacrament as in a foutayne
of all swetnesse. Illmyne myne iyen to beholde thys greate
mysterye / ꝉ strongly conferme me to beleue ý feithe vndou=
table for it ys thy werke ꝉ nat the power of man it ys thy ho=

ly ordynaunce and not by mannys deuyse. For there is no mā
founde able of hym selfe to conceyue ⁊ vnderstande these holy
mysteryes whiche passeth the subtylte of aungels. ⁋ Than
Howe may I pore vnworthy synner which am but erthe and
asshes serche ⁊ conceyue so hygh ⁊ holy secrtsye / lorde I come
vnto the in symplenes of herte / ⁊ in ferme feythe / and by thy
cōmaundement / ⁊ withe meke hope / an reuerence. And truely
I beleue that thou arte here presente in thys holy sacramente
very god and man. And thou wylte I shall receyue the / and
Joyne me vnto the by charyte. wherfore I humbly pray / and
requyre that it may plese the to gyue vnto me thy specyall gra
ce : so that I may be all relented / and flowe in thy loue in su
the wyse that I shall not desyre any other consolacyon. for
thys hygh worthye sacrament ys the helthe of soule / and be
dy. It ys the medycyne of all spyrytuall sekenes : in the why
che my synnes be healeed : passyons be refrayned : temptacyōs
be ouercome / and mynysshed : more greate graces be gyuen
the vertue begonne increased / faythe ys enstablysshed / hope
ys made stronge and fortysyed : charyte ys brannynge ⁊ spred
abrode ⁋ O my god the defender of my soule / and the repay-
rer of the weykenesse of man / and the sender of all Inwarde
comforte. Thou hast gyuen / and dayly gyueth vnto thy well
beloued frendes in thys holy sacrament deuoutly receyuynge
tt many commodites. For thou infusest into theyr soules grete
comfort agaynst dyuers trybulacions : and from the depnesse
of theyr owne ouerthrowynge : thou areplyst them to the ho-
pe of thy dyuyne helpe. And with a newe grace thou inwarde
ly renewest / and lyghtnest theym in suche wyse as they that fe
le theym before the receyuynge of the Sacrament heuy / and
dull / and ouerthrowen / and without affeccyon / and moyst
of deuocyon. ⁋ After that they haue ben fedde wythe thys he-
uenly mete / and brynke : they haue founde them selfe chaūged
into a meruaylous Joye : whiche thynges thou doest vnto thy
chosen people by dyspensacion of thy pure bounte : so that they
maye veryly knowe by open experyence / that nothynge they

haue nor may haue of them selfe / and what grace / or good-
nes they haue it cometh of the. For of them selfe they be col-
de harde & vndeuoute: but of the they be made feruent Ioy-
ous & deuoute. For who ys he that cometh mykely vnto the
fountayne of swetnes: and shall not brynge some litell quan-
tite of swetnes therfrom. I shall alwey put my mouthe vnto
the hole of the heuenly pype of that founteyne: that I maye
at the lest take a lytell droppe to satysfie my thyrste: so that I
be nat all drye. And though I may nat be heuenly enflamed
as ye cherubis & ceraphyns yet wyll I enforce me to deuocio
and prepare my herte mykely to receyue thys holy loupnge
sacrament & shall desyre to be enbraced with a lytell flame of
that goodly loue. O good Iesu holy & right pyteous sauior
what so euer vertue / or goodnes ye fayleth in me: I benigly
beseche the gracyously of thy pyte to supplye it by thy greate
mercy. Thou that hast called all feithfull creatures i sayige
vnto theym. come ye all vnto me that labour & be charged: &
I shall refresshe you. But alas good lorde I pore synner la-
bour in the swette of my vysage / & am tormented with sorow
of my hert. I am charged with sines and trauailed with tep-
tacyons / entryked and oppressed with many yuell passions
And lorde there is none that may delyuer me or make me sa-
fe. but thou my only god and sauyour to whome I commytt
me and all my causes: to thende thou kepe me and lede me to
the lyfe eternall: Receyue me vnto the praisynges of thy na-
me that hast made redy vnto me thy precyous body & blode
to mete and drynke. My lorde god and sauyour graute vn-
to me by thy greate bounte that in customable recepuynge of
thy holy mysterye: the affectyon and desyre of my deuocyon
may be encreased.

¶ Of the dygnite of the sacrament of the aulter & of tho-
dre of presthod.   Cap̄. v.
                                                        B.i.

If thou haddest the puryte of aungels and the hollnes of saynt Iohn Baptyst: thou shuldest nat be worthy to recepue/ or trete of that holy sacrament: for that is nat due to the merites of men/ that a man shulde consecrate & treate of the sacrament of thys blessed body of Iesu crist/ and take in mete the brede of aungels. O great mysterye and the meruelous dignyte of prestys: vnto whome is gyuen that: that is nat graunted vnto the aungels. For the prestis only duely ordred in the churche of crist haue power to do and to consecrate the holy body of Iesu criste. Certeynly the prest is the mynyster of god: vsynge the worde of god: by the comaundement and ordynaunce of god. But god is the pryncipall & inuysible werker: to whome be submytted all creatures to be ordred after his wyll/ and all to obey vnto hys comaudemet Than thou oughtest more to beleue in almyghty god & in his right excellent sacramet: than to thy ppre will or any other inuysible toke. And therfore to thys holy werke thou oughtest to come with great drede and reuerence. Take hede than and se from whome thys mysterye is gyuen vnto the: and that is by the puttynge to of the handes of the Bysshoppe thou arte admyttede vnto that hye cometh. Beholde nowe thou arte made a preste/ and sacreyd to do this holy mistery. Se than that feithfully and deuoutly/ and in due tyme thou offre thy sacryfice vnto god/ and shewe thy selfe irreprouable & wyth oute defaute. Thou hast nat loused thy charge of lyuynge: but hast bounde the wyth a more strayte bonde of discyplyne and arte holden to a more great parfeccyon of holynes The preste ought to be adornorded wyth all vertues: and gyue all they example of good/ and holy lyfe. Hys conuersacyon ought nat to be wyth comon people/ or the weyes of comon men: but with the aungelles in heuen: or wyth the perfight men in the erthe. ¶ The preste clothede wythe holy vesty= mentes: occupyeth the romth of Iesu criste/ to thende that he may humbly praye vnto god for hym selfe/ & for all other. For he hath bothe before hym/ and behynde hym the sygne of the crosse: that he may contynually remembre the passion of our lorde iesu crist. Before hym he bereth the crosse to the ende that he dilygently beholde the traces and the examples of our lorde Iesu criste: and that he feruently studye to folow theym. Behynde hym also is signed with the crosse to the entent he shulde suffre for the honoure of god all aduersityes / Iniuries done vnto hym of other. Before hym he bereth the crosse for that he shulde bewayle ppre hys synes. And behide hym lykewyse by great compassyon to sorowe the sinnes of other / and to knowe hymselfe that he is a man betwene god and the synner. And that he depart nat from oryson / and fro holy oblacion to the tyme p he deserue to purchase the grace of god. whan the preste sayth masse he honoureth god / he grueth ioy vnto the aungels; he edyfieth the churche / he helpeth the louige people / he grueth rest to them that be passed and maketh hym selfe partyner of all good werkes.

¶ Inwarde remembraunce and exercyse that a man ought to haue afore the recepuige of the body of our lorde Iesu crist.   Cap̄.vi.

LOrde whan I thynke of thy worthynesse and of my great fylthynes / I tremble strongly & am confounded in my selfe. For if I recepue the nat I fle the eternall lyfe syf I vnworthyly receiue the I renne in to thy wrath what shall I thanne do my good lorde my helper / ptectour / comforter and ryghtsure counceller in all myne infyrmytes / and necessities. Teche me good lorde thy right weye / and purpose vnto me some exercyse couenable to the recepuynge of thys holy mystery. For it ys necessarye vnto me and greatly profytable to knowe howe deuoutly and reuerently I ought to prepayre my herte to receyue thys holy sacramēt or to makeso goodly sacryfyce.

                                                                    B.ii.

THe prefte aboue al thynges ought to defyre with fe-
uerayne reuerence and profounde mykenelle of hert
full / and ferme feythe / humble hoope / and pyteous entente
to the honour af god to celebrate take / and receyue this wor-
thy facament : exampne dylygently / and make clere / z open
the conscience by true contrycion / and meke cófellion as far
as he hath power: fo that thou knowe no thige that greueth
or byte thy fayde conscience / or lete the frely to come vnto the
fame dayly. To haue displeafure of all thy fynnes in generall
and for thy exceffes and fynnes thou oughteft to haue fygh-
inge and forowe more fpeciull. And if the tyme fuffre it con-
felle vnto god in fecrete of thy herte the myferyes of all thy
paffyons: wepe and haue forowe that thou art yet fo carnall
and worldely / and fo euyll mortyfyede frome thy paffyons
fo full of mocyons and concupifcences / fo euyll compofed / z
ordred in thy outwarde wittes fo often appliede vnto bayne
fantafies: fo moch enclyned vnto outwarde thinges: fo nec-
ligent in the inwarde fpirituall thinges fo redy to laugh and
to all diffolucion : fo harde to wepe z to cópunccyon: fo redy
to folowe the lofe maner and the pleafures of the flefhe: and
fo flowe and dull to the feruout of vertue: fo curious to behol
de / and to here newe fayre thynges : fo neclygent / and lothe
to lerne and defyre thynges that be meke and abiecte: So co
uetous to receyue and poffed many goodis. z fo fcarfe to gy
ue theym / and glad to holde and reteyne theym: fo euyl auy
fed in fpekynge / z fo incontynent to be ftyll: So vnordred in
maners : fo inportune in thy dedes : fo gredy / and fo quycke
in thy mete: fo deffe vnto the worde of god: fo redy to reft fo
vnlufty to labour: fo wakynge to fables: fo flepy to holy vy-
gillys: fo neclygent vnto the feruyce of god: fo fpedy to then
de therof: fo wauerynge to take hede: fo colde in deuocion in
the tyme of the maffe: fo dry in receyuynge of the facramét

so soone withdrawen / so seldome well gadred vnto thyselfe
so sodeynly moued vnto wrath/ so easely stired: to the disple
asure of other / so hasty to iuge/ so roughe in repurynge/ so co
ous in psperite / so weyke in aduersite/ so often pourposynge
many good thynges / and lytell bryngeth to good effecte
¶ These and other thy defautes with sorowe / & great displea
sure of thy ppre fragylyte confessed and sorowfully be wept,
Set the than with full purpose alweyes to amende thy selfe
and to psyte from better vnto better / and after offre thy selfe
with playne resignacion I entyer wyll to the honoure of my
name perpetuall sacryfyce withyn the aulter of thyne herte.
¶ That is to knowe thy soule and body commyttynge feythfully
vnto me / that thon so may deserue worthely to come and of
fre thy sacryfyce to god and to receyue the sacrament of my
body helthefully. For no oblacion is more worthy nor no sa
tysfaccion can be so great for to deface the synnes of man : as
to offre hym selfe to god purely / and entyerly with the obla
cyon of the holy body of Cryst Iesu in the masse and the ho
ly communyon. And they who someuer shall do as moche
as lieth in theim and haue very repentaunce of thyr offences
passed : as oft as they shall come vnto me they shall recouer
pardon and grace. I am lyfe and wyll nat the deith of a syn
ner : but rather wyll that he retourne and lyue agayne. And
than wyll I nomore remembre his synnes & trespaces : but
all shalbe forgyuen & pardoned vnto hym.

¶ Of þe oblacion of Iesu Crist in the crosse of þe ppre re
signacon that man shulde make of hym selfe. Ca. viii.
O Man as I dyd offre my selfe / and my free wyll vnto
god my fader my handes sprede on the crosse/ and my
naked body for thy synnes. In somoche that no thynge re
mayned in me / but all passed in sacryfyce to apease his wra
the: in lyke wyse thou oughtest to offre vnto me wyllyngly
thy selfe in pure oblacion dayly in the masse wythe all thy af
fecyons / and strengthes as profoundely / and feruently: as

B.iii

thou mayst. what aske I of the moze but that thou study to
relygne thy selfe vnto me enterely. what thynge so euer elles
thou gyuest vnto me: I haue no cure. For I demaunde not
thy gyftes: but only thy selfe. As no thynge shulde suffye
vnto the wythoute me. Lyke wyse no thynge maye please
vnto me what so euer thou shalte gyue thou offre nat thy sel
fe vnto me. Offre the than gyue the holly vnto me. & that ob-
lacyon shalbe acceptable. Beholde I dyd offre my selfe holy
vnto my fader for the / and for the I dyd gyue all my body &
blode to the ende that I shulde be all hole thyne / & thou myne
also. But and thou rest in thy selfe and with good wyll prese
the nought vnto me: thane there is no full oblacyon nouther
entyer parfyte vnyon betwene vs. For the fre oblacyõ of thy
selfe in to the handes of almyghty god: ought to go before al
thy werkes if thou wylte opteyne lybertye & grace. And the
lacke of thys is the cause that so fewe folke be illumyned and
haue inwarly lybertye. For they can nat renounce them selfe
My sentence is ferme / & stable: that none may be my disciple
without he renounceth all that he hath. Than yf thou desyre
to be my dysyple offre thy selfe vnto me with all thyne affec-
cyon.

C That we ought to offre vnto god all that we haue / &
to praye for all people.   Cap̃.ij.

LOrde all thynges that be in heuẽ and in erthe be thy-
ne / and my wyllynge desyze ys to offre me vnto the
perpetually in oblacyon: So that I maye be thyne euerlas-
tyngly. And thys daye good lorde I offre vnto the my selfe
perpetually to be thy seruaunt wyth my herte and soule ful-
ly to contynue. I beseche the receyue thys holy oblacyon of
me that am vnworthye to offre me vnto thy precyous bodye
in the presence of aungels assystynge inuysyble to the ende:
that it may be to the helthe of me / and all thy people. Lorde
I also offre vnto the all my synnes whyche I haue comytted

before the and thy holy aungels: syth the fyrst day that I be-
ganne or in any wyse myght synne vnto thys presente daye.
And I beseche the to inflame me with the brennynge fyre of
charyte: and to deface / and put awey all the condysyons of
my synnes. Clense my conscyence from all synne / and resto-
re it vnto thy grace: that by synne I haue loste. And perfect-
ly pardone me of all myne offences: that I may receyue per-
fightly the swete kyssynge of peas. what may I do more for
me synne: but mekely confesse theym with sorowfull wepig.
and incessauntly prayinge the of thy pyteous mercy.

¶ I beseche the lorde exalte me: and be vnto me redy whan
I am before the. O my good lorde soueraynly all my synnes
dyspleasith me. and by thy grace I wyll neuer begine them
agayne: but euer shall haue sorowe for theym as longe as I
shall lyue: and shalbe redy to do penaunce / I make satisfac-
cyon of the best of my lytell power. ¶ Wherfore nowe good
lorde pardon me of my great and abhomynable synnes and
for honour of thy holy name saue my soule whiche thou hast
derely bought with thy moost precyous blode. And I com-
mytte me good lorde vnto thy great mercy / and resigne me
hooly vnto thy handes. Do with me Lorde after thy boute
and nat after my malyce / and iniquite.

¶ Also I offre vnto the all my dedes that I haue done: al-
be it they be full fewe / and vnperfight: that thou maist sanc-
tyfye z amende theym as they be agreable / z acceptable vn-
to the. And alweyes good lorde drawe me from better to bet-
ter / and condupte and lede me slouthfull and vnworthy syn-
ner vnto good and laufull ende.

¶ Alykewyse I offre vnto the: the despres of all deuoute
prsones: the necessytes of all good dedes of my kynsefolke
and frendes / and of all theym that haue done me goode / or
bedere vnto me / and all other for thy loue / and they that ha
ue desyred / or requyred me to make sacryfyce for theyr ften-
des lyuynge / or passed the worlde: So as they may fele hel-
pe Consolacyon / Defence / And Preseruacyon frome all

parels by thy grace / & delyueraūce of peynes so as they may
yelde vnto the ioy & gladnes with magnyfyinge & praisige
of theyr delyueraunce.

¶I offre vnto the also prayers & holy oblacions for al them
specyally that hath caused vnto me heuynes / hurte / or any
maner of damage. ¶And lyke wyse for theym that I haue
troubled / greued / vexed / or sclaundred in wordes / or dedes
knowyngly / ignorauntly to the ende blessed lorde that we all
may be pardoned of our offesis don the one agaynst y other
And good lorde Iesu take from our hertis all suspecio / wra-
the & indignacion / and all that may breke / or let charyte ordi
mynysshe vs from thy eternall loue. O lorde haue pyte. bles-
sed Iesu haue pyte: & gyue thy mercy vnto all theym that as-
keth it : and thy grace vnto theym that hauenede. And make
vs so worthy to haue that grace that we may go vnto the ly-
fe eternall. Amen.

¶That the holy sacrament ought nat lyghtely to be forborne. Cap.t.

IT behoueth the often to retourne vnto the fountayne
of / grace mercy / bountye / pyte / and puryte : that thou
mayst be clensed from thy vices & passions: so as thou maist
be made more stronge / and wakynge agaynst all temptaci-
ons and subtyll craftes of the fende. For thy ennemye kno-
wynge the greate frute / and remedye of receuige of this ho-
ly sacrament enforcethe hym by all maner of accasyons that
he may to drawe the vnto hym agayne / and letteth the fey-
thfull and deuout people whan any dysposethe theym to the
recepuynge of thys holy cōmunyon. The ennemye Sathan
putteth vnto theym the moost greuous temptacions that he
may. Also it ys wrytten in the hystorye of Iob. thys yuell spi-
ryte cometh amōge the chyldren of god to thende that by his
cursed custome / he perturbeth / pplexeth / and maketh theym
dredfull dymynysshynge theyr affeccyon / and impugnynge
theym of theyr feythe: so that pauenture. they leue their good

purpose of that holy body that they at that tyme come for to
receyue: but we shulde take no thought nor feare of the craf-
ty cautielles of that false enemye þ be so foule & horryble: but
all suche fantesyes we saulde cast agayne at the hede of that
wicked spirite. it is a pore myschyuous spirite that so letteth
& mockety vs. And for any assaultes or comocons that he ex-
pieth. thys holy sacrament ought nat to be lefte. Also often
tymes to great solicytude for deuocion to be had letteth and
somtyme ceryoulnes of confessyon to be made: But do after
the councell of the wyse / and take away this anrietye & stry-
ple: for it letteth the grace of god / and destroyeth deuocyon
And leue not the holy receyuynge of Iesu cryst for lytell tri-
bulacon. or deieccion / pusyllanymyte: but wyth good wyll
go vnto the confessour / and pardon all other that haue offen-
ded the: and if thou haue offended any other mekely aske for
gyuenesse. And thanne drede not: but god wyll pardon the.
what pfiteth it longe to tary frome confession / or to deferre
the receyuynge of thy blessed sauyour. First pourge the and
cast out the venym / and than haste the to take the remedye
And thou shalte fele the moche better: thann yf tyou haddest
deferred it. For if thou thys day lyue the holy receyuige for
coldnes of deuocion & feblenes of mynde: parauenture to mo
rowe thou shalte fynde thy selfe more slacke: and so longe wy-
thdrawe that thou shalt fynde thy selfe moche worse / & more
vnable. Than as soone as thou maist: take awey this feble-
nesse of mynde and the spyce of slowth. For alwey only to be
in angupsshe and heuynesse of thy synne: passynge the tyme
in trybulacyon / and for dayly obstacles iperfeccions to with
drawe the from these dyuyne mysteryes: wythout tournige
vnto the pytyous meryte of our saluyour cryste Iesu. it hel-
peth the nought: But greatly the longe taryinge to receyue
thy saueour / anoeyth / and taryethe the / & shall brynge dayly
vnto the a more slouthfulnesse. ¶ But alas for sorowe: some
colde / and desolate persones gladely seke causes of taryinge
from confession / and from the receyuynge of this holy sacra-

ment / and for that they couete many delayes: leste they shall be bounde to gyue theym selfe to a straytter maner in the ordre of their lyfe. Alas howe lytel charyte & howe sklender deuocyon haue they that putteth away so easely the recepuynge of thys holy sacrament. O howe happy be they and agreable vnto almyghty god that so deth so holy a lyfe: that they may kepe their conscience in clene and pure drede: so as they may dayly dispose and make theym redy / and wyth greate affeccion desyre to receyue that holy sacrament: if it were lefull at all tymes. ¶Neuertheles somtyme by mekenes to absteyne / or for other lefull causes that may lett with reuerence is to be praysed: But if slouthe / or neclygence holde hym: he ought to endeuour hym as far as in hym ys / & our lorde shall be present at his desyre: which wyll specially beholde his good wyll. but whan he is lawfully let / & if ye haue a good wyll / & pyteous mynde to receyue his maker: yet he shall not fayle to haue the frute of that blessed sacrament. For euery persone wyth perfite deuocyon may euery day receyue that holy sacrament spually to his helthe & without denyinge. & in certeine tymes & dayes establyssed: he ought to receyue the body of his saueour with effectuall reuerence sacramentally. And that to seche & to do it more to the praisynge & the honoure of god almyghty than to his owne consolacion. For as often as he spually is comuned & refressed inuysibly: so often he remembreth deuoutly the mysterye of the icarnacion of criste / & hys peinfull passion & is kindled in the loue of hym: he that other wyse nat preparyeth hym selfe but at the tyme of a greate fest or ellys by custome he is copelled. he shall often tymes be ful vnredy. Blessed is he that offres hym selfe vnto almyghty god as oft as he doth masse or ellis recepueth this honorable sacrament. And in doynge this mysterye / nat taryige / nor to hasty: but kepe the comon maner with suche as thou leuest amonge. Thou oughtest nat to do that the herers therof take greue / or Irksomnes: but kepe the comon way after thordynaunces of the holy faders. And do rather conferme thei to the

profyte of other than to thyne owne deuocyon or pryuate ple
asure.

¶Howe the blessed body of our lorde Jesu criste is gre-
atly necessarye for the helth of mannys soule.   Ca.xi.

O Ryghtswete Jesu howe great consolacyon & swetnes
ys it to a deuoute Soule to ete withe the at thy dyner
where none other mete is gyuen but thy selfe whiche art the
only louer & oughtest to be desyred aboue all desyres of man
nys herte. & howe swete a thynge shulde it be in thy presence
from the bottom of the herte to sende oute teris: to dewe/ and
wesshe thy precyous fete with the pyteous Mowdeleyne. But
where is that deuocyon/ or the plenteous effusion of holy te-
rys: certenly in beholdynge the wythe thy holy aungels. All
my herte ought to brenne & wepe with ioye: for I haue very-
ly the present be though thou hyd vnder a strauge lykenes. for
myne iyen myght not suffice to beholde the in thi propre and
godly clernes/ nor all the worlde might nat abide to beholde
the clerens of thy ioy and maieste. wherfore good lorde thou
helpest my weykenes/ in that it pleaseth the to couer thy selfe
vnder the fourme of þ holy sacrament. I verily worship the
whome the aungels worshyp in heuen. but in me it is as yet
but ifeith: & the augels worship the there i thin owne likenes
without couerture. I must be content with true feythe & so
walke tyll the day come of eternall clernes whan the shadow
of fygures shall fynysshe. For whan that perfecte day shall co-
me the vsage of this holy sacrament shall ceas. For they that
be blessed in the heuenly ioye/ shall haue no nede of any sacra-
mentall medycyne: for they shall ioye withoute ende i the pre-
sence of god seynge hym i his glory face to face/ & shalbe tras-
fourmed from clernes vnto clernes with the godhed icompre-
hensible. they shall tast the sone of god made man: as he was
fro the begynnynge/ & shalbe euerlastyngly. I than remem-
brynge me of the great meruels & solace thou ghit be spualle
it is to me greuous whanne I remembre those meruels. For
all thynges that I here/ or see in this worlde I compte as no

thynge so longe as I se nat my lorde god in hys glory. Lorde god thou arte my wytnes that no thynge can gyue vnto me comforte / nor no creature may gyue vnto me rest: but thou my lorde god whome I desyre eternally to beholde. ¶But that is a thynge to me nat possible: whyle I am in this mortall lyfe. wherfore it behoueth me with great pacyence to ordre my selfe / and mykely to submytte me to the in all my desires. ¶Good Lorde thy sayntes that nowe ioye wyth the in the kyngdome of heuen: abode the comynge of thy ioy with great feythe and pacyence as longe as they lyued. I beleue the same that they beleued / & hope as they haue hoped: and trust by the meane of thy grace to come theder as they nowe be. In the meane whyle I shall in good & fast feythe be comforted by examples of holy sayntes. Also I haue full vertuous & holy bokes for the consolacion and myrrour of my lyfe and aboue all these thynges thy right sacred body for my singuler refuge & remedye. I fele that two thynges be vnto me ryght necessarye: without whome this miserable lyfe shuld be vnto me inportable: For as longe as I shall be holden in thys present body: I confesse me to haue nede of two thynges that ys to knowe of mete and lyght. But therfore thou hast gyuen vnto me whyche am pore & syke thy holy body to the refresshinge of my soule & body. Also thou hast put before my feythe the light of thy holy worde. And wythoute these two thynges I myght nat well lyue spirtually. For thy word my lorde and god is the light of my soule / and the holy sacramēt is the brede of my lyfe. These two thynges so necessary may also be called the tables sette on eyther syde in the tresore of holy churche: the one table is of the holy aulter hauynge this louely brede: that is to say the precyous body of Iesu cryste the other ys the lawe of god conteynynge the holy doctryne and sheweth the ryght feyth and surely gydynge vnto the inwarde secrytyes where as the holy iuelys called Sctā sctōrum I yelde vnto the thankes lorde Iesu cryste: whyche arte the clernes of eternall lyght. ¶For thys table of holy doctryne

whiche thou haſt mynyſtred vnto vs by thy ſeruauntes / pro=
phetes / apoſteles / and other doctours. And I yelde vnto þ
thankynges ageyne creatour & redemer of mankynde which
haſt declared thy greate charyte vnto all the worlde: & haſt
prepared thys royal ſoup in the whiche thou haſt nat purpo
ſed to be eten the fyguratyue lambe: but thy moſt holy body
and precious blode reioiſynge all thy creatures by that hoo=
leſt and ſwetly fulfyllynge theym with that helthfull chaleys
wherin behyd all the delytes and ioyes of paradyſe: and the
holy auugels be fedde with vs with ſwetneſſe moche plentu=
rus. O howe greate and honorable ys the offyce of preſtes:
to whome is gyuen power to conſecrate by dyuyne wordes
to bleſſe with theyr lyppes to holde with their handes vecey=
ue with theyr mouthes / & to mynyſter vnto other the lorde / &
god of all maieſte. O howe clene ought to be the hades: how
pure the mouthe howe holy the body / and howe vndefylede
the herte or a preſt. vnto whome ſo often entreth the auctour
of all puryte. Certeinly from the mouthe of a preſt ought no
worde to procede: but that / that were honeſt aud profytable
that ſo often receyueth the ſacrament of the holy body of ieſu
criſt. hys ſyen ought to be ſymple & ſhamefaſt that ſo cuſto=
mably beholdeth the holy body. The handes pure to lifte vp
vnto heuen: whiche handeleth the creature of heuen / & erthe
for ſpecyally a preſt it ys ſayde in the lawe. be ye holy for I
your lorde god am holy. O god omnipotent thy grace be vn
to vs helpynge ſo that we whiche haue taken the office of pſt
hode may reuerently & deuoutly ſerue the with all puryte / &
good aſciêce. & if we may not lyue i ſo great innocency of life
as we ought to do: giue vs grace at the leeſt that we may we
be ſorowe the euylles that we haue commytted: and don ſo
that in ſpirituall mekenes / & purpoſe of good wyll we maye
from henſforth ſtrongly ſerue the with feruient corage.

¶ With howe great diligence he ought to prepayre hym
ſelfe that ſhulde receiue the ſacramêt of ieſu criſt. Ca. xii.
C.i.

Oure loꝛde sayth I the louer of puryte ⁊ the liberal gy=
uer of all holynes: I sechethe pure clene herte ⁊ there
wyll I rest. Make redy than foꝛ me thy herte / ⁊ I shalbe w
the than: as I was with my discyples. At Ester I shall come
⁊ dwell with the if thou wylte: but thanne it behouethe the to
mūdifye ⁊ clense the habitacõn of thy herte fro all synnes: le=
ue all bꝛute ⁊ noyse of the woꝛlde with all thy vyces ⁊ inclose
and shet the in thy chambꝛe as dooth a solytaꝛy byꝛde vnder
the euesynges of an hous. ⁊ remembꝛe all the excesses ⁊ all thi
defauttes commytted: with all thy soule ⁊ bitternes of herte.
foꝛ a good frende wyll make redy to his welbeloued frende
a good and a plesaūt place to dwell in / ⁊ in ꝑ doynge is well
knowen with what good affeccion he recepuethe his sayde
frende. It is foꝛ trouthe that thou oughteste to vnderstande
that thou mayste nat satysfye by any meryte oꝛ labour of thy
selfe: nat and thou dydest labour with the beste of thy power
by a hole yere thought thou hadest none other thynge to do.
But thou shalt vnderstande that by my only power and gra
ce: is pmytted / ⁊ graūted vnto the to come vnto my table. ⁊
if a poꝛe man were called vnto the table of a ryche loꝛde: and
the poꝛe man had none other thynge to gyue ageyne foꝛ ꝑ be
nefytes of that ryche man / but swetely / ⁊ mekely to thanke
hym he wolde do it. so oughtest thou to do diligently as mo
che as is in the: ⁊ nat by custome / oꝛ necessite: But wyth all
dꝛede / reuerence / ⁊ affeccyon. Thou oughtest to take ꝑ bles
syd body of our loꝛde god: sythe that it lystethe hym to come
vnto the. Certeynly I am he that callethe the: ⁊ I haue com=
maūded it so to be done / ⁊ I shall supplye that faylethe in the
wherfoꝛe come and recepue me. ⁊ w han in that doinge I gyue
vnto the the grace of deuocõn: yeld thou thankes vnto me thi
god. Nat thynkynge that thou art woꝛthy therof of thyselfe
but that I haue had mercy of the. and yf thou haue nat that
grace whan thou woldest: but fele thy selfe dꝛye / ⁊ vnlusty:
yet contynue thy oꝛyson with soꝛowfull weppynge / and smyte
at my doꝛe wythoute ceasynge vnto the tyme thou mayst re

certhe a lyfe ſſ crome oꝛ dꝛope of helthefull grace. ⁊ know it of
trouth thou haſt moche nede of me: and I haue none of the.
Thou comeſt nat to ſanctifye me :but I am he that ſhall ſan=
tifye the / ⁊ make the better to the ende that thou mayſte be
vnight with me to receyue newe grace ⁊ purpoſe amendemēt
Be nat in wyll to deferre me grace: but with all dilygence p=
pꝛayꝛe thy herte to receyue withī the thy louynge loꝛde. ⁊ nat
only thys pꝛepayꝛe the befoꝛe thy cōmunyon / but alſo mayn=
teyne ⁊ kepe the after the recepuynge of thy ſaid holy ſacra=
menti that ſame deuociō i as moche as thou maiſt. Foꝛ thou
oughteſt to haue no leſſe dylygēce than thou haddeſt afoꝛe.
Foꝛ the good ⁊ dilygent kepynge of thy ſoule after the recei=
uynge of the bleſſed ſacramēt is a good ſparacōn to obteine
the moꝛe great grace. And they that ſo donat: ſhewe thē ſelfe
greatly euyll diſpoſed / whan they habandowne them ſelfe ſo
ſoone ⁊ ſo largely to outwarde ſolace / ⁊ inwarde pleaſures
wherfoꝛe kepe the from great brute ⁊ ſpekinge / ⁊ abyde in p
ſecrete graces ⁊ frutes of thy god. foꝛ thou haſt hym p all the
woꝛlde may nat take awey / ⁊ I am he to whome thou ough=
teſt to gyue the by ſuche maner that from hensfoꝛth thou liue
nomoꝛe in thy ſelfe: but in me only.

Chowe the deuout ſoule ought effectuouſly with al his
herte to be vnight vnto Jeſu criſt.   Ca.xiii.
O Loꝛde who ſhall yelde vnto me that I may fynde the
ſole / ⁊ that I may open to the all my hert / ⁊ ioy with p
as my poꝛe ſoule deſyꝛeth / ⁊ that here be no creature to behol
de me: but thou alone to ſpeke to me / ⁊ I to the goode loꝛd as
of cuſtome one frende ſpeketh to a nother ſecretly : here of I
deſire ⁊ pꝛaie p loꝛde ieſu to thende p I may fully be vnyght
vnto p ⁊ withdꝛaw my hert fro all other creat thīges that I
may p ſoner lerne p eꝛnall ⁊ heuely thīges by p meane of the
receiuige of this holy ſacramēt. Alas my good loꝛd whā ſhal
I be vnight ⁊ gadꝛed all hole i p / ⁊ vtterly foꝛgete my ſelfe. p
ani me ⁊ I w the. ⁊ thus aſſembled make vs dwell to ged I
pꝛaī p truly thou arte my choſen ⁊ beloued loꝛde / and it hath
                                                 C.ii.

pleased thy benygne grace to be inhabited in my soule all the dayes of my lyfe. Thou arte my peseable well: in whome ys souereyne peas and true rest: without the there ys no thinge but labour / sorow / & infinyte mysery. Thou my god art closed & hyd in councel of thy famyliars: whiche be nat comune to the euyll folkes. ¶ But thy familiar spekynge is with the meke & symple folkes. O lorde howe goode benygne / & swete ys thy spirite whiche to the ende thou maiste shewe vnto thy sonnes & chyldren thy swetnes: hast vouchedsaue to refresh theym agayne & gyues to theym refeccion of thy ryght swete brede descended from heuen. ¶ Certeynly there ys none other so great a nacion lackynge crist is feithe that hath their god dis so nere vnto them as thou arte our god / & lorde to all thy feithfull crysten people: to whome thou gyuest thy blesed body to ete for theyr dayly cóforte / and to reyse theyr hertes to hyghe celestiall thynges. O what other folkes be there so noble as be the cristen people. or what creature is there so strág ly beloued vnder heuen as is the deuoute soule i whom god entreth and gyueth fedynge with his owne glorious flesshe and blode. O grace inestymable & meruey plous worthyness O loue without mesure syngulerly shewede vnto man: But what shall I yelde vnto god / & wherwith shall I recópence thys so great grace & charite. Truely there is no thige I mai gyue more agreable to his mercy than to ioyne my hertperfytely vnto hym. And whan my soule shalbe perfitely vnight with hym: Than shall my inwarde parties ioy. And thanne my lorde wyll say vnto me / If thou wylt be with me I wyll be withe the. And I shall answere hym: blessed lorde I beseche the dwelle with me for all the desyre of my herteys to be with the inseperable without departynge.

¶ Of the brenynge desire that some creatures haue in ye blessed body of our lorde iesu crist. Ca.riiii.

O Lorde howe great is the multytude of thy swetnesse whiche thou hast hyd for them that drede the. whan I

remembreme of many deuoute psones: that haue come to this
thy holy sacramēt with so great feruēt affeccōn/a deuocyon.
Jam than many tymes i myselfe cōfused/a haue great sha=
methat J go vnto the aulter a table ofthat holy commuuy=
ono rudely with so colde deuocion/a am so drye without af
feccion ofhert. J am abasshed that J am nat all hole iflamed
idthy pfece/a so strōgly drawe/a establesshed as many good
deuoute psones haue ben. whyche by the greate despre of
thysholy sacrament a sensible loue of hert myght nat cōtey=
ne witholde them from wepynge. But effectuously wyth
mouthe/hert/a body came vnto that good lorde: as to the ly=
vynge fountayne of all bountye/a may nat attayne to fulfyll
theyr hungre: but ifthey take thy holy body whiche they so de
sirously/affeccōnally/a spiritually may receyue. O true/a
benygne feythe of theym that puably sheweth the ornament
ofthy holy psence. To them ys verely knowen theyr god in
bfekynge of brede/whiche brenneth and broileth so strongly
the herter of them in the loue of Jesu Crist. Certeynly suche
affeccion/deuocōn/a vehement brennynge loue is farr from
me. O good swete a benygne Jesu be vnto me pyteous/and
redy to gyue and graunt to thy pore begger somtyme to fele
a lytell ofthat hertely loue and affeccion in the receyuinge of
thy holy body: to the ende that my feythe may be more ferme
a my hope more pfight in thy bountye/ and my charite som=
tyme so pfightly inflamed that J maye experiently haue the
heuenly mannat hat neuer may fayle. J knowe certeinly the
myght ofthy mercy may lēde me thy grace so moche desired
and vpsete me benygly with a brennynge spyryte whan the
day of thy good pleasure shall come. And though J be nat i=
flamed with so great despre of thy specyall deuout thynges
yet haue J despre by thy grace to be iflamed with that bren=
nynge loue. Prayinge the good lorde that J may be made y
tyner with all suche thy feruent louers: a that J may be nou=
byed in theyr deuout company. Amen.
                                                    C.lii.

IT behoueth the instauntly to seche the grace of deuocyon / ⁊ to aske incessauntly to abyde it pacyently feithfully / ioyously to receiue it / ⁊ mekely to conserue. ⁊ with that studiously to rempyt vnto god the tyme ⁊ the maner of his souerayne vysitacōn / vnto the tyme his pleasure be to come vnto the. ⁊ pryncipally thou oughtest to meke the / whē thou felpst but litell deuocion within the. ⁊ for all that thou oughtest nat to late thy selfe to fall / or sorowe to moche iordinatly. For full often our blessed lorde in a short momēt gyueth the which before he hath longe tyme denyed. Also sōmtyme he grueth at the ende of praiours that he dyd deferre at ⱬ begynnige of ⱬ same. If alwey grace were so sone gyuen ⱬ a mā might haue it at his wyll or wysche / it shulde nat be easely borne of a weyk ⁊ inpfect soule. And therfore in good hope ⁊ meke pacience the grace of deuocion ought to be abyden ⁊ ⱬ oughtest to ipute it vnto thy selfe ⁊ to thy sinnes when it is nat gyuen vnto the or when it is secretly take awey frome the sōmtyme a litell thynge it is that may let or hyde thy grace if that may be called litell ⱬ letteth so great a vaile. But be it litel or great if thou take that same awey ⁊ pfectly ouercome it thou shalt obteyne that thou despyrest or incōtynēt that thou with all thy herte hast geuen thy selfe to god. And therfore seche nat this nor ⱬ at thy pleasure: but put the hole in the handes of god ¶Thou shalt certenly fynde thy selfe vnyght vnto hym / and in great peas of thy soule. For ther is no thynge / ⱬ ought to be so sauery ⁊ pleasaūt / as is the pleasure ⁊ deuyne wyll of god ¶Than who someuer lyft vp his intent vnto god with a symple perfecte herte / so voyde hym ⁊ make hym naked from all disordinat loue or pleasure to any creat thynges of al ⱬ worlde he is most mete to receyue the gyft of deuocion. For owre lorde gaue his blessynge there where he foūde the vessels clene ⁊ voide. And the more perfectly that any renoūce mortifie despise / ⁊ contempne theym selfe ⁊ all the lowe thynges / the

soner grace shall entre & copiously abounde so that he shall fele
his hert lyfte vp as though it were set in a fredom and thēhe
shall se his hert largely haboundethe & merueilously Joy wyth
in hym selfe for that the hand of god shalbe ouer wym and he
shall submytte hym perpetually into hys holy handes. And
so shall the man be blessed that secheth god with all his herte
& his soule shall be taken in vayne werkes. But suche one cer-
teynly in the receyuynge the holy body of Jesu Criste mery-
teth and deserueth the grace of deuyne vpon vnto god.
C For he beholdeth nat only hys propre deuocion / & cōsola-
cyon: but the great honoure & glory of god.

C Howe we ought to shewe our necessites vnto iesu crist
and aske hym benygne grace.   Cap.xvi.

O Ryght swete & most beloued lorde / whiche I nowe de-
sire to receyue. Thou good lorde knowest the sikenes
of soule and necessyte that I suffre. In what euylles / and vi-
ces I slepynge am put. Howe often greued / temptyd / trou-
bled and dyssolute. I come vnto the lorde to haue consolacy-
on and comfort. I speke to the lorde thou knowest all my se-
crete and inwarde thoughtes / whiche be manyfeste / & open
vnto the. It is thou only that perfectly mayeste helpe me for
thou knoweste what vnto me necessarye : and of what goo-
des aboue all other I haue mooste nede.
C Albeit I am poore in bertue : alas yet mercyfull lorde be-
holde me beynge here before the pore and naked: demaund-
ynge pyteously thy swete grace & mercy. And geue thy po-
re begger that dyeth for hunger / some of thy heuely refeccōn
and chafe my colde herte wyth the brenninge flame of thy lo
ue. And illumyne me that am blyndede / and maye nat see:
with that clerenes of thy presence. C Take awaye from my
thought: al the erthely and inwardelye thynges: and turne
theym vnto me and make me thynke theym foule and bytter
and all greuous and contrarye thynges vnto me.
C And they that maye please the : I maye take also in plea-

sire. And allerthely great thynges to haue in oblyupon/and
redresse my herte towardis the into heuen. And late me nat
wauer nor erre vpon erthe:but thou only to be my swetnesse
& consolacón:my mete & drynke:my loue and all my ioye:so
that my wyllbe chaunged.enflamed and brenne allvnto the.
So that I may be made a spirite & inwardly bright vnto ȳ
by grace / & brennynge loue. and suffre me nat blessed sauy-
our to depte from the fastynge & drye with hunger & thurst:
but do with me mercyfully:as often: as thou hast done mer-
uelously in thy holy seruauntes. what meruele is it vnto me
that am nat all enflamed in the:seynge that thou arte the brē
nynge fyre alwey sllumynynge and lyghtnynge the vnder-
standynge of thy creatures.

Of the brennynge loue & great affeccion that we shulde
haue to receyue our sauyour crist iesu. Cap.xvii.
O Lorde god i souerayne deuocón brennynge loue/and
all feruent affeccion of herte: I desyre as many other
holy/& deuoute psones haue desyred to receyue whichhath
ben greatly pleasaūt vnto the holynes of their lyfe by great
deuocyon.O my god and eternall loue & my eternall felicy-
te. I by ryght greate desire wysshe to receiue the as worthe-
ly/and as reuerently as euer dyd any of thy holy seruaūtes.
All be it that I am nat worthy to haue so greate felynges of
deuocion:yet offre I vnto the thaffeccions of my hert asbe-
rely as though I had all the brennynge & flamynge desyres
that they had. Also I gyue and offre vnto the in souerayne re
uerence /& beneracón: all that a good debonayer herte maye
conteyne. And wyll nat nor couete to reserue any thynge w
my selfe: but offre and make sacryfice vnto the with fre/and
pryght wyll my selfe with all my goodis.Lorde god my cre-
ature & redemer thys day I desire to receyue the with suche
affeccion/reuerēce/praisynge/honour worthynes/and loue
& suche feith hope/& puryte as thy right holy moder & glorī
ous virgyn Marye conceyued the : whanne she answerde

mekely ⁊ deuoutly vnto thaūgell ꝥ shewede vnto hir the ho-
ly mystery of the incarnacion of the: the sonne of god. ℂ Se
here the hande mayde of god / so be it done as thou hast said
And the right excellent precursoꝛ saynt Johñ Baptyste that
wyth great Joy spꝛange in thy pꝛesence by inspiration of ꝑ
holy goost thanne beynge wythin the wombe of his moder.
And afterwarde beholdynge the Jesu walkynge mekely a-
monge men he greatly mekinge hym selfe to the same wyth
a deuout mynde sayde. ℂ The frēde of the spouse standeth and
harkeneth ⁊ wyth cōfoꝛte Joyes foꝛ to here the voyce of the
spouce. And so J wissche to be enflamed with great ⁊ holy de-
syꝛe / ⁊ with all my herte pꝛesent me vnto the: ⁊ foꝛ that J gy-
ue ⁊ offre vnto the foꝛ me / ⁊ foꝛ all theim that be recōmended
vnto my pꝛayers: all the Jubylacōns of deuout hertis wyth
bꝛennynge affeccions: that excessyue thoughtis: the hye and
spūall illumynacōns /⁊ the heuenly vicōns wyth all the ver-
tues /⁊pꝛaisynges as well celebꝛate as to be celebꝛate of all ꝭ
creatures of heuen ⁊ erthe : to thende that thou loꝛde be woꝛ-
thely pꝛaysed ⁊ ꝑpetually gloꝛyfyed of all creatures beseche-
ynge the loꝛde to receyue my pꝛaiers ⁊ desyꝛes of thy infinite
benediccions ⁊ pꝛaysynges without ende: which rightwisly
be due vnto the after the greate habūdaunce ⁊ multytude of
thy inestymable magnyficence. And so my desyꝛe is to yelde
vnto the at allhoures ⁊ all momentis of tyme / ⁊ so J desyꝛe ⁊
beseche all the heuenly spirites with all feithfull cristen crea-
tures foꝛ to yelde vnto the pꝛaisynges. with effectuous pꝛay-
ꝛs: all the vniuersall people pꝛayse the. All generacyons / ⁊
kyndes magnyfie the holy / and swete name in great Joye / ⁊
bꝛennynge deuocion. ⁊ that they that celebꝛatys that ryght
byeand holy sacrament / ⁊ receyueth it in playne feythe / and
great reuerence ⁊ deuocyon: may merite towardis the / and
fynde grace ⁊ mercy. And foꝛ me wꝛetchede synner J meke-
ly beseche the whan J shall haue a tast of that swete vnyon /⁊
deuocōn so moch wysshed ⁊ desiꝛed : that J may be fulfylled
⁊ fed so merueloufly at that heuenly ⁊ holy table : that at my

deptinge from thens: thou good lorde wyll haue me porsi-
ner in thy pyteous remembraunce.

¶That a man shulde nat be to curious a iquisitor of ý holy
sacramēt: but a meke folower of crist iesu in submittyng chis
reason ₹ felynge to the holy feyth.   Ca.rviii.

IT behoues the to kepe the from to curyous iquysicy-
on of the ryght profounde sacramēt if thou wilte nat
be cófoūded in thy propre byce/ and drowned in the deppeth
of opinyons. For he that wyll inquire of the hye maieslye of
god: he shall anone be oppressed ₹ thrust downe from ý glo-
ry of the same. God may open more than man maye vnder-
stande. The deuoute/ ₹ meke inquisicyon of truthe ys alwey
redy to be doctryned and taught. And yf thou studye to goo
by the holy/ true and entyer sētences of holy faders: it ys nat
reprouable: but well to be praysed. And that symplenesse ys
well to be praysed: that leuethe the wayes of dyfficultyes/ ₹
questions/ and goeth by the playne / and ferme pathe of the
cōmaundementes of god. Many haue lost they deuocyon:
in sechynge so besily the hye inspekeable thynges. ¶It ys
ynoughe to demaunde of the fast feythe. pure / and clene yfe
and nat the hye and subtyll profounde mysteryes of god. for
yf thou may nat comprehende and vnderstande that/ that is
within the: howe maylte thou thanne vnderstande thynges
that be aboue the. Submytte the thanne mekely vnto god ₹
all thy vnderstandynge to the feythe of holy churche/ and ý
lyght of true science shall be gyuen vnto the as shalbe to the
moost necessarie and profytable. Some be greatly tempted
wyth the feythe of that holy sacrament: but that is not to be
reputede vnto theym : but rather vnto that cursed ennemye
the fende. And for that lette not thy good wyll / nor dyspute
nat in thy thowghtes : nor answere nat to the doubtes that
the ennemye of helle bryngeth before the/ but fermely trust in
the wordes of god. and beleue in sayntes: and holy prophe-
tes: and than shall that cursed ennemye soone fle frome the.
It is often profytable that the seruauntes of god suffre/ ₹ su

keyne suche affaultes. For the enmemy tenpteth nat the mys creauntes/ʒ vnfeythfull people: noʒ also the greate fynners that he furely holdeth ʒ poffedeth: but he tempteth/trauaileth/and tormenteth in dyuers maners the good feythefull and crysten creatures. And therfore kepe the alweyes wyth meke true feythe. ʒ doubte the nought: but come vnto thys holy facrament with lowly reuerence. And that thou mayft nat vnderftande: cómytte it vnto almighty god/foʒ he fhal nat difceyue the: But he fhall be dyfceyued: that to moche trufteth in hym felfe. God walked wythe the fymple people and fhewed hym felfe openly vnto the meke. He gaue vnderftandynge vnto theym that were poʒe in fpyʒite. And he hyd his grace and fecretes from theym that were proude/ high ʒ curious. For the humayne reafon may lyghtly erre ʒ be difceyued: but the true feyth may neuer dyfceyue noʒ fayle. All reafon and naturall inquyficion ought to folowe feythe: without farther reafonynge. ¶ Faft feyth and true loue furmóteth all curious inquyficion: pʒyncypally in thys mater. and merueloufly openeth to vnderftandynge in fecrete maner of thys holy and ryght excellent facrament. ¶ O eterdall god and withoute mefure of myght: and bounte: which haft made the infinite greate and wounderfull thinges in the heuen and erthe whiche none ys fufficyent to enquyʒe/ vnderftand oʒ fynde the fecretes of thy fo meruelous werk es. and therfoʒe they be called ineftymable: foʒ mannis reafon nowther may/noʒ can compʒehende thy werkes. To whome god loʒde almyghty: be gyuen laude / and pʒayfynge wytheouten ende. Amen.

¶ Thus endethe the foʒthe boke folowinge Iefu Cryft ʒ the cótempnynge of ꝑ woʒlde.

¶ This boke Inprinted at londō in Fletestrete
at the signe of the George by Richard Pynson
Prynter vnto the Kynges noble grace.

Deo
gracs
&

Margaret Beaufort, [Author uncertain] *The mirroure of golde for the synfull soule* is reproduced by permission of the British Library (Shelfmark G.12042). The textblock of the original is 140 × 86mm.

The mirroure of Golde for the Synfull soule. ::

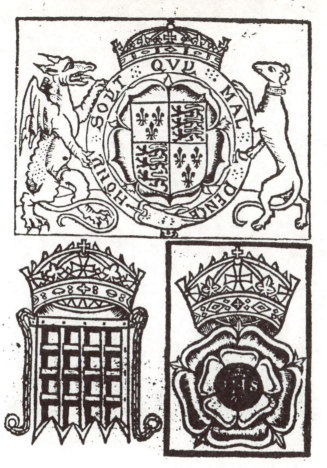

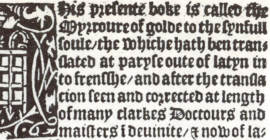

His preſente boke is called the
Myrroure of golde to the ſynfull
ſoule/the whiche hath ben tranſ
ſlated at paryſe oute of latyn in
to frenſſhe/and after the tranſla
cion ſeen and corrected at length
of many clarkes Doctours and
maiſters i deuinite/ꝗ now of la=
te trāſlated out of frenſſhe in to engliſſhe by ꝑ right
excellent prynceſſe Margarete moder to our ſoue=
rayn lorde kynge Henry ꝑ .vij. ꝗ coūteſſe of Ryche=
mond ꝗ derby. The wyſe man in his boke named/
Eccleſiaſtes conſyderynge the miſerye and fraylte
of ꝑ worlde ſayth/that it is vanyte of all vanytes/
ꝗ all thynges ꝑ ben in the worlde preſent ought to
be called vanytees/ꝗ therfore ſayth ꝑ holy doctour
ſaynt Gregory that there is none more acceptable
ſacryfyce to god/then is good zele. That is to ſaye
an herneſt deſyre to the weale of ſoules. For ꝑ whi
che cauſe I haue wylled to make ꝗ accomplyſſhe
this preſent treaty/gaderynge ꝗ aſſemblynge ma=
ny dyuerſe autorytes/of holy doctours of the chyr=
che/to thentent that the pore ſynfull ſoule troubled
by the fraude of enmye and ofte ouercome/may by
holy monicions and auctorytes/be addreſſed to the
lyght of Iuſtyce ꝗ trouth/and ſo led by the meane
of the holy gooſt that ꝑ ſhepe that were peryſſhed
may be reduced ꝗ led agayne to theyr grene paſter
and to the ende alſo that the poore ſoule redreſſed ꝗ
reuokyng his errour/knowynge his ſyſte/and by

A.ij.

inwarde sorowe of contrycyon couertynge hym to
god/and therwith to do suche penaunce as he fyna
bly may with all ý sayntes possede ý lyfe eternall
as saythe Crisostome syth it is so that from day to
day/vanyte of all vanytees abuseth vs and theym
that in ý delytes of this myscheuous worlde is cõ
uersant they ought in theyr yates/walles and ha
bytacyons/and theyr clothynge ⁊ all places whe
re moost ordinately they vse to be:that they sholde
wryte and make to paynte but pryncypally in theyr
conseyence this sayre auctoryte vanitas vanitatũ
et omnia vanitas. To thende that often of the daye/
and of ý nyght/they maye haue it afore theyr eyen
and fele it in theyr herte. And for so moche ý payn
ters / ⁊ Images of folysshe pleasures / deceyueth
theym that so deliteth. It is ryght couenable and
helthfull in euery company/as well in etynge and
drynkynge as other occupacions. Often to synge ⁊
resite these present wordes/vanyte of all vanitees
and all thyng of this worlde is vanite. Certaynly
so sayth Crysostome all thynge passeth / but onely
the seruice and loue of god/And for to knowe the or
dre and maner howe to procede in this lytell boke.
It is to knowe it shall be deuyded in. vij. chapy
tours after the. vij. dayes of the weke. To thentent
that the synfull soule solyed ⁊ defouled by synne
maye in euery chapytoure haue a newe mirrour/
wherein he maye be holde and consydre the face of
his soule.

¶ The table of this present booke.

¶ The table.

¶ Fyrst of the fylthenes and miserye of man.

¶ The Seconde of the synnes in generall and of theyr effectes.

¶ The Thyrde how they ought hastly with all delygence to do penaunce.

¶ The fourth how they ought to fle the worlde.

¶ The fyfthe of the false ryches and vayne honoures of the worlde.

¶ The Syxte how they ought to drede dethe.

¶ The Seuenth of ý Joyes of Paradyse and of paynes of hell.

¶ Explicit. Tabula.

¶ Of the vylenes and miserye of man.

Myr of golde.   A.iij.

Jeremie.

The prophete Jeremie cōsyderynge the freylte and myserye of mā kynde by maner of lamentaciō in wrytyng sayth thus. Alas J poore creature wherfore was J borne out of the wombe of my moder / to se the labour & soro we of this worlde / & to cōsume my dayes i cōfusyō. Alas yf this holy man Jeremie ẙ which almyghty god sāctified in ẙ wōbe of his mo der he hẙselfe sayd & pferred so py teous wordes: what may J say ẙ am engendred & cōceiued i ẙ wōbe of my moder by sȳne. And to that purpose saith saīt Bernard. Stu dy to knowe thy selfe / for that is the thynge moost auayllable & more praysable / to thy weale to kno we thy selfe / then it sholde be to knowe ẙ course of sterres / the strength of herbes / or the cōplereciō of all mē. The natures of beestes / or the science of all erthely thynge. For in that knowlege thou knowe ste not what to thy soule is prouffytable. Now cō sydre and beholde thou mortal and miserable man what was of the before thy natyuyte / and what is it of the nowe sythe thou was borne / and what shall be of the to the houre of thy dethe / and what shall be of the after this mortall lyfe. ¶ Certaynly thou haste bene / frome thy fyrste begynnyge a

thynge vyle/stynkynge/detestable and abhomina
ble/conceyued in fylthe rotennes of flesshe & styn
kynge fylthy concupyscence/& in the ymbracement
of stynkynge lechery/& that worse is conceyued in ye
vnclene spottes of synne/& yf thou beholde & consydre
well what mete thou arte norisshed within thy mo
ders wombe/truely none other but wt corrupt & isecte
blood/as wel is knowen by many phylosophers &
other grete clerkes/& after thy natyuyte ye yt haste
ben norisshed of so foule and vyle nature in thy mo
ders wombe/as before is sayd/yt art also ordeyned
to wepynges cryenges & to many other miseryes/
in ye exyle of this sorowfull worlde/& that ye is more
greuous/thou art also subiecte to thy deth ye whi
che euery true cristen man ought dayly to remembre/
& thynke vpon. Beholde then & consydre in thy lyfe
ye amonge all thynge ye almighty god hath created
& fourmed/man is made of ye moost foule & abhomy
nable mater/that is to knowe of ye slyme of therth
ye whiche erth is ye lest worth of all other Elymen
tes/god hath made ye planetes & sterres of ye natu
re of the fyre/the wyndes & byrdes of ye ayre/ye fys
shes of ye water/the men & other beestes of ye erthe.
Now consydre then ye thinges of olde antiquyte and ye
shalt fynde thy selfe moost foule/& whe ye shalt kno
we the other bodyes whiche of ye fyre hath ben ma
de & brought forth ye shalt amog all other creaturs
repute thy selfe right vyle & miserable/& ye shalt not
wyl or may say or thynke thy selfe semblable to celesti
all thynges/or shalbe bolde to pferre thy selfe before

ꝑ thynges erthely but yf thou wylt company thy selfe with ony creatoure accompanye the to bꝛute beestes / ⁊ thou shalt fynde thy selfe to them moost semblable and lyke / foꝛ so sayth the wyse Sala= mon / man and bꝛute beestes semblably be comen of ꝑ erthe / ⁊ to therthe they shall retourne / knowe then how noble thou arte in this woꝛlde / and take hede that the beaute / the praysynge of people / the strength and the heate of youthe / ꝑ ryches ⁊ tho= noures of the woꝛlde / may not kepe the fro me kno= wynge of ꝑ vilite of thy byꝛth. And yf moꝛe playn= ly thou desyꝛe to knowe what is of the / harken to ꝑ stoꝛy of doctours holy saynt Augustyne that spe= keth ī this maner. Alas myserable creature what am I what is of me / certaynly I am a sacke full of synne and rotennes / fylled with stenche and with blynde hoꝛrour / pooꝛe naked and subget to all my= serable necessytees ⁊ trybulacions / ignoꝛūte of my entre / ⁊ outgoynge vnknowynge / myserable and deedly / of ꝑ whiche ꝑ day passeth sodeynly ⁊ lygh= tely as the shadowe.   And the lyfe waneth as the mone / ⁊ as the grene lefe on ꝑ tree that by a lytell heate of ꝑ sonne is soone dꝛy / ⁊ with a lytel wynde is soone beten downe. I am myserable / Erthe the synne of Ire / a vessell full of pꝛyde / engendꝛed by vylenes ⁊ fylthy lyuynge / in my serpe and moꝛtall in payne / anguysshe / and soꝛowe / to ꝑ whiche pur pose sayth saynt Barnarde that a man is none o= ther thynge then a fowle stynkynge froothe / and a sacke fulle of rotennes / and mete to woꝛmes.

⟨And for so moche as it is a thynge that shewith
by experyence ꞁ beholde and consydre ꞁ what goeth
frome thy mouthe ꞁ thy nose ꞁ and other condites of
thy body ꞁ ꞇ thou shalte saye there can not be foun
de a more vile dunghyll ꞁ of the whiche thynge spe
keth pope Innocent fynable sayenge thus. O vile
noughty condycion of man ꞁ beholde ꞇ consydre the
herbes and trees ꞁ they bryngforthe of them brauꞏ
ches ꞁ floures ꞁ ꞇ fruytes. And thou bryngest forthe
nyttes ꞁ ꞇ stynkynge vermyn. They brynge forthe
frome them wyne ꞁ oyle ꞁ and precyous Bawme ꞁ ꞇ
thou bryngest forthe spetyll vryne ꞁ ꞇ vryty corrupꞏ
cyon ꞁ they floryshe and odoure with swetnes and
suauyte ꞁ And thou yeldest frome the thabomynacti
on of stinke ꞁ for other thynge can not be brought out
of the ꞁ for suche as the tree is ꞁ suche is the fruyte ꞁ
⟨And man is none other thynge ꞁ after the four
me ꞈ but a tree turned vp so downe ꞁ of the whiche
the heere be the rootes ꞁ and the blocke is the heed
and necke ꞁ the stocke ꞁ is the brest and tharme hoo
les ꝑ grete braunches be the armes ꞁ and the leg
ges ꞁ and the lytell braunches be the fyngers ꞁ and
the toos. And the man is as the leef in the wynde
and as the the stubble dryed with the sonne ꞁ of the
whiche sayth Iobe ꞁ the man is borne of the wo
man lyuynge breue ꞇ shorte space of tyme ꞁ and re
plenysshed with many miseries ꞁ the whiche com
myth ꞇ groweth as the floure ꞁ that sodenly is bea
ten downe and flieth and passeth as the shadowe
ꝑ neuer in one selfe estate abydeth ꞁ Wherfore it is

An euyll man is none other wyse to be called but a deed man. For man by synne is departed from the lyght of god / & derkely blynded. For as it is wryten in the sophologie in the fyrste chapytour . they shall walke as blynde / that haue synned agaynste god. And as þ psalmyste sayth / they haue not knowen ne sene the waye of theyr helth / and therfore they walke i derkenes / to this purpose sayth saynt Jerome. The soule polluted by synne / is depryued and beaten downe / to thende that he is not worthy or hath power to beholde on hyghe . And it is to be knowen that synne is as the rotennesse in an apple / for as the putrifaccyon taketh from the apple the coloure and odoure / so dothe synne take frome man the odoure of good renowne & of Joye / the coloure and beaute with the sauyour of grace / Wherfore synne of good right well maye be called rotennesse / of the whiche speketh Ysaye in his . xb. chapitour / sayenge he that doth synne ledeth a more foule lyfe / then is the myere or ony rotennes of therth. And saynt Augustyn sayth & reciteth / that it is a more swete odoure to mã to smell an olde styn kynge roten deed dog / then is a synfull soule to god & of this mater speketh saÿt augustyne in a sermõ the whiche he made / and by hym was drawen / a sustier there present in to the way of saluacyon. Now aduyse & consydre poore & miserable synner / what auayleth to þ thy cofer full of worldly goodes / yf thy conscience be voyde from all good werkes and dedes / thou couetes to haue worldely goodes and

went they had bene suche men as deth myght not noye. O cursed mischeous poore soule/leste & of all forgoten/and cast out without ony memory for thy miserable & abused synnes/is it not so ordeyned y deth shall come/certaynly ye shall dye and aswell a pryince as other shal fall. Sayt Bernarde spekynge of y codicyon of man after y deth/sayth y there is nothynge more stynkynge or horryble then y carione of a deed man/for he of whome in his lyfe the enbracementes and collynge were swete and plesaunte/in the dethe it is horrible and detestable to beholde. And for so moche he sayd after man/the wormes/after y wormes/stinke & horrour. what profyttes then in this present worlde ryches delytes and honour. The ryches delyuereth not y soule from dethe. The delytes delyuereth hy not from wormes/ne the honoures froine stinke: and of the selfe same saynt John Crisostome/howe moche hathe it profyted to them that in lechery and in voluptuousnes of the body hathe continued to y laste daye of this present lyfe.

¶ Howe lechery causeth many euylles.
to come to man.

Lecherey is enmye to all vertues & to all goodnes/and for that sayth Boice in his thyrde boke of cosolacion/that he is happy y lyueth without lechery/for lechery is a swete sykenes/and bryngeth a man to dethe Myr of golde. B.j.

or euer he perceyue it / as witnesseth valerie in his
ix. boke the whiche valerie also in his. iiij. boke tel
leth howe Iosephus in his age demaunded of one
yf he were not lecherous . ¶And he answered I
praye the speke to me of some other thynge. for as
I am aduysed I haue had a grete vyctory that I
maye by age eschewe lechery. ¶For by lechery all
euylles cometh and to that creature all good thyn¬
ges be troubled. Alas alas what was the cause of
the distruccyon of the people of Sichen / but for vio
lacyon of digne the doughter of Iacob / the whiche
wolde goo to se the daunces / and there raupsshed
as it appereth in the boke of Ieneste in the . xxiij.
chapitour. ¶We rede also of many that is to saye
moo then fyfty thousande were slayne bycause of
the lechery commytted with the woman of leuite /
as it appereth in the. xx. chapytour of the booke of
Iugis. And a man was slayne for the lecherye of
absolon his brother / for so moche that he had desou
ked Thamar his syster / as it appereth in ƥ secon¬
de boke of kinges in ƥ. x. chapptour. Abnar by his
lechery knewe the concupiscens of his fader hisbo¬
seth / but within shorte while after they were both
slayne / as it appereth in ƥ seconde boke of kynges
in the. iiij. chapptour. What was ƥ cause of the di¬
luuye but lechery. Beholde in ƥ sepultres yf thou
fynde ony token of ventalse or certayne sygne of le¬
cherye or of ryches. Se and beholde yf thou fynde
ony token of precious cloth ƥ ges or riche anourme¬
tes. Where be now thabūdaunce of folysshe world

ly plesaūce/with grete dyners/⁊ seruaūtes/theyr
Joyes/theyr solace/theyr inmoderate gladnes/
where be they? for all memory ⁊ remēbraunces ẏ
shalt fynde in theyr tombes wormes asshes/⁊ styn
kyng fylthe. Remembre ẏ then that suche is then
de of the moost dere and ryche frendes howbeit
they haue passed theyr dayes in suche Joyous deli
tes of the worlde. Nowe wolde it please god that
thou myght perfytely thynke in thyne herte w̄ con
tynuall labour all these thynges. But the cursed
sones of Adam leueth the true ⁊ helthfull studyes
⁊ demaūdeth thynges passynge ⁊ trāsytory/⁊ ther
fore yf ẏ wyll in thyn herte by ryght delyberacyon
dreme ⁊ consyder ẏ bilete of this lyfe? ⁊ fle pryde/⁊
folowe mekenes? in knowynge ẏ pryde is ẏ synne
by the whiche ẏ deuyll deuydeth ⁊ knoweth his?
from other/wherfore Jobe sayth i his. xlb.chapy
tour/ ẏ ẏ deuyll is kynge ouer all ẏ sones of pryde/
⁊ saynt gregory sayth ẏ ẏ true sygne of euyll mē is
pryde/⁊ ẏ ligne of god is mekenes/ ⁊ by these. ij.
signes be knowen ẏ seruaūtes of god/⁊ ẏ seruātes
of ẏ deuyll/ ⁊ Isodor sayth ẏ ẏ proude soule is lefte
of god ⁊ made an habitacle of deuylles/to ẏ whych
purpose sayth ẏ wise man ẏ pryde is to be hated of
god ⁊ mā so as it well appereth. For pryde cast out
lucyfer frō heuē/⁊ adā frō padise/pride mad̄ pha
rao drowned in ẏ see/w̄ all his army/pride put sau
le frō his realme/by pride nabigodonosor was tur
ned to lykenes of a beest/by prid āthiochꝰ suffred a
biloꝰ deth/by pryd harod had ẏ psecuciō of his tūg

He that doth or cōmytteth synne is seruaunt to the deuyll/ ye whiche from his begynnynge commytted synne. And so as it is wrytten in the fyrst canone of saÿt Johū ye fyrst chapytour/ synne is a dede so heuy that the heuen wyll not suffre it nor in thende ye erth shall not susteyn it/ but it shall dyscende in to hell with hym that cōmytted it. And we ought to knowe also as saynt Augustyne sayth all thynges sayd or done by desyre of cōcupyscence agaynst ye lawe of god is synne. the whiche thynge all creatures ye wylleth or desyreth theyr saluacion ought with all theyr dylygence flee and withstan de/ and pryncipally for .iij. thynges. ¶ The fyrst is for somoche as synne is ryght dysplesaunt to god. ¶ The seconde is aboue all thynges it is pleasure to the deuyll. ¶ The thyrde for so moche that synne is moost noyaunce to man. O poore synner and mi serable man I saye vnto the that thou ought with souerayn dilygence flee and withstande all synne/ bycause it is ye thynge to god thy creature dyplea saūt. Also that thou mayst consider ⁊ thynke what god hathe done for hate and detestacyon of synne. For god our creatour for the dysplesure of synne dystroyd ⁊ put to an ende nyghe all his werkers. ¶ That is to knowe all the worlde by the floode of Noye as it is wrytten in the .vij. geneue. Also we ought to knowe that god hath not wasted and dy stroyed as other kynges ⁊ pryncees ded waste and

diſtroy þ landes of theyr enmyes / for theyr doma=
ge and defaultes: but god hathe diſtroyed and wa=
ſted his onely propre lande / for the dyſpeaſure of
ſynne / that was entred in to it in ſo greate aboun=
daunce þ all his lande peryſſhed. And forthermore
god hathe not ſynne in his dyſpleaſoure onely but
alſo he hath diſpleaſure with al that touches or is
pertycipant with ſyñe. And ſo ought we to knowe
that god is not as the men / for they caſte not theyr
cuppes pottes ⁊ peris of ſpluer ⁊ golde in to þ lee /
for þ corrupt wyne that is within them / but they
caſt out þ ſtynkyng wyne ⁊ kepeth theyr veſſels in
ſuertye / but god doeth not in this maner w̄ ſynne
for he caſteth not onely ſynne away: but with that
he caſteth ⁊ putteth to perdicio̅ þ veſſelles of ſyñe.
That is to knowe the reaſonable creatours whoſ
me he hathe made to þ ſemblaunce of his Image /
and with his precyous blood bought agayne from
dampnacyon. The whiche poore ſoules for ſyñe he
ſhall caſt in to the greate ⁊ depe ſee of hell / ⁊ they ſo
dye. And therfore it is ſayd in the boke of ſapyence
in þ .ir. chapitour. The ſynner ⁊ his ſynne is mooſt
in the dyſgnacyon of god / for god hathe not ſo good
a frende in heuen: ne in erthe: but þ he hateth to þ
deth / yf he fynde in hym one onely mortall ſyñe / for
⁊ ſaynt Peter had dyed in ſynne whẽ he þ thyrde
tyme denyed our lorde not withſtãdynge that he lo
ued Jeſu criſt more brẽnyngely then ony of þ other
apoſtels. He had ben co̅de̅pned by the diuine Juſti
ce of almyghty god. Secondly it is well ſhewed vs

Myr. of gold.   B. uj.

How almyghty god hateth synne whan he for synnes of the worlde wolde make his onely and pure Innocēt sone pyteously to dye / þ which thynge wytnesseth ysaye in his boke þ fyfty & fourthe Chapitour sayenge I haue delyuered & geuen my onely sone to deth for synne of people / for the sone of god so as it is wrytten in the same boke of ysaye haht wylled to delyuer his soule to deth to distroye synne. Now consydre who is he then that for the hate of his enmye wolde make his onely and propre sone to dye. Thyrdely this same selfe thynge is shewed in þ almyghty god in þ fyrst begynnynge cast synne out of heuen / and god seynge yet that synne cōtynued in þ erthe / he of his mercyfull goodnes and free wyll dyscended frome heuen in to the worlde and put out synne. And at the daye of Iugement he shall cast and close synne in to the pytte of hell. Wherfore Michee sayth in the last Chapytour he shall cast in to the depth of the see our synne / for god in the greate daye of Iugement shall cast in the depe see of helle the synners with theyr synnes. Fourthly it is to shewe þ god soueraynly hath synne in open detestacyon by this symilitude / for the good moder hathe inwardly the thynge in hate by þ whiche she sholde put her sone in brennynge fyre & neuer take hym out. So in lyke wyse is it of almyghty god / for notwitstandynge he hathe loued his chyldren with so brennynge loue / that for theym he had wyll to dye / whan the daye of Iugement shall come he shall cōdempne theym in to euerlastynge fyze yf he fynde in them ony onely moztall synne. And thou poze synfull soule then foz so moche that thou seest & vnderstandest howe moche almyghty god hateth and hath abhomynacyon of syñe: yf thou wylte please hym: thou oughtest befoze all thy wozkes flee and withstande all synne/ and gyue hym in the no place/ ne habytacyon. Foz thou knowest well that the wyfe sholde be ryght vntrue that wolde lay in her bed a man that sholde pursue the deth of her husoounde/ wherby many euylles myght come to hym. Now is it soo then that synne is ꝑ thynge that our lozde Jesu caste the true spouse of soules whiche he hath so moche wylled to loue ꝑ by theyz cõtynuaunce of synne many euylles hathe happened them/ & synably ꝑ deth. And therfoze ryght dere frende thynke of thy saluacyon & flee synne and herken the moryeyon of Dauyd ꝑ prophete ꝑ whiche saythe in his maner. O my almyghty god J praye the yeue me a fyzme pure and clene herte/ and that it lysteth to renewe my inwarde partes/ w̄ thy holy and sacred spyzite. ℂ Secondely thou ought soucraynly and with all diligence flee synne/ pzyncypally deedly syñc foz that is ꝑ thynge ꝑ moost pleaseth & reioyseth our goostly enmye the deuyl/ as thou mayst knowe by thre sygnes. ℂ The fyzst is that the fende asketh none other dyspozte noz winnynge but onely ꝑ soules/ wherfoze it is wzyten in ꝑ .rl. chapytour of genesie that ꝑ deuyll spake to god/ sayenge to hym in this maner/ gyue me the soules of thy creatures &

all ꝑ remnaunt kepe to thy selfe. And saynt Gꝛegoꝛy sayth/ ꝑ ꝑ deuyll estemeth oꝛ Iugeth nothynge doone that pleaseth hym: yf it hurte not the soule with the darte of deedly synne. Foꝛ he doeth as the byꝛde foꝛ his pꝛaye . He sercheth noꝛ asketh none oꝛther thyng foꝛ his refeccyon but the herte. In lyke wyse the deuyll asketh of man nothynge but ꝑ soule. The seconde thynge is that the deuyll aboue all desyꝛeth and loues synne. Foꝛ his cõtynuall tẽptacion. Foꝛ in cõmittynge of syñe/ he was neuer weꝛre ne ouer traueled. Foꝛ he hath ben purchasynge syñe by the space of. vj. M. pere ꝛ moꝛe/ and neuer was wery noꝛ fatygate/ but alwaye sercheth ꝛ enquyꝛeth ꝑ newe maner to make the creatour to cõmytte syñe. Foꝛ as it is wꝛyten in ꝑ fyꝛst chapptur of Iobe that when almyghty god asked of the deuyll frome whens he come/ he answered ꝑ he had circuyed all therth. The whiche is a signe he occupyed alway to moue synne/ ꝛ neuer can take rest/ ꝛ foꝛ this cause is ꝑ auctoꝛyte folowynge taken in ꝑ boke of Iobe in ꝑ. iij. chapitour sayenge in this maner/ they that deuoure me slepeth not. The thyꝛde signe wherby it maye be knowen ꝑ ꝑ fende is soueraynly pleased w̃ synne/ foꝛ so moche he was neuer satysfied w̃ syñe/ notw̃standynge ꝑ he hath by syñne deuoured ifinite thousandes of mẽ/ ꝛ yet is he alwayes hũgry as ꝑ ragious lion euer sechyng how he may deuoure mo . And as saynt Peter sayth he is not onely hũgry of mete but w̃ that he thursteth foꝛ dꝛynke/ wherof sayth Iobe ꝑ clode is hoꝛryble

and the deuyll meruepleth not therof / for he hathe
truſt that the ſlode of Jordane ſhall entre in to his
throte that is to ſaye in to hell / and the ſlode that ꝑ
deuyll ſo ſwaloweth wout merueplynge is ꝑ ſyn=
nes cōmynge daye / and nyght in to ꝑ ſwallowyn=
ge of hell / the whiche he deſyreth ſoueraynly to de=
nour. And more clerely to proue that the deuyll ta=
keth in ſyñe his delectacyō we haue an example in
ꝑ lyfe of faders / in the chapptour of deuylles. How
one of theym amonge other was prayeſed and ho=
nored of his pryce of deuylles / ꝯ was ſet in a chyre
before all other in ſygne of byctorye / bycauſe ꝑ he
had led ꝯ brought to the ſynne of fornycacyon a mō
ke / the whiche by the ſpace of. lriÿ. yere before he
myght no drawe to ſynne. Nowe therfore ſynfull
ſoule wepe bytterly as longe as thou haſt reioyced
agaynſt the / thy enmyes. That is to knowe ꝑ fé=
des whom thou haſt reioyced / as many tymes as
thou haſt mortally ſynned. And for the tyme to co=
me / ordre the by pure confeſſyon / ꝯ worthy ſatiſfac
cyon / to make thy lorde god Joye in the / with all
his aungelles. For as ſayth ſaynt Luke in his. rb.
chapptour / ꝑ aūgelles of heué reioyces them / whé
a ſynner is conuerted and doth penaiunce. Thyrdly
thou oughteſt ſtudyouſly to fle ꝯ withſtand ſynne /
for it annoyeth the / ꝯ is more contrary to the then
ony other thynge / in ſo moche that by ſynne we be
parted frome ꝑ loue of god / ꝯ be made his enmyes.
As ſayth ꝑ prophete yſaye in his. rir. chapptour.
Our iniquites hath put deuyſyon bytwene god ꝯ

vs / and oure synnes hathe withdrawen his face
from vs / þ is to saye frome our vision. For there is
none I Paradyse so iust nor so holy: yf he comytted
synne: but anone he sholde fall in to hel and lese the
loue of god to the whiche purpose sayth saynt Au=
gustine / he that comytteth faulte or synne agaynst
his true and moost true frende: ought to be repu=
ted gretely reprouable. Now then it behoueth the
to knowe and vnderstonde that by a more stronge
reason he þ comytteth faulte or synne agaynst the
soucrayne & debonayre almyghty god: ought well
to be reputed and of all holden abhominable. Four
thely it is to knowe that by synne the synner is ius
ged to the Iebet of hell / & for so moche as the lawe
of god is not farre dyfferent fro the lawe of man
Therfore in lyke maner all the brekers of the lawe
of man / whiche dethe trespace agaynst the kinges
Royall magesttye: be worthy to dethe and ought to
be punysshed corporally. So in semblyable wyse
þ pore and miserable synners: whiche haue offen=
ded not onely the temporall prynce / but to the heue
ly kynge ought well to be condempned & to be han=
ged in hell perpetually as it is wryten in the boke
of Esdras the .xiiii. chapytour. And in lyke wyse in
dcere of darpous / in the whiche he sayth thus it
ought to be shewed þ who so euer transgressheth &
breketh the lawe gyuen & wryten as touchynge þ
synne of comyssió / or elles of dispiles it as / touching
þ synne of omyssyon / they ought to take of þ pro=
pre wode that is to say of the gardeyn of theyr pro=

dylycyously / thou addresses and lyftes vp agayne
the thy mortall enmy. And as ofte as þ apparelles
& ordeyns to thy selfe dyuerse and precyous vesty-
mentes thou armest thyne enmye agaynethe / and
dispoyleth thy selfe frome all the fayre & precyous
ournamentes celestyall. O poore flesshe cōsyder &
beholde what thou shalte doo / and what shall be
come of the after this mortall lyfe. Certaynly thou
shalte be but caryon / vile & stynkynge corrupcyon /
and miserable meete and fedynge to wormes. Be-
holde the sepulcres and toumbes of theym that be
yssued out of this mortall lyfe / and thou shalte fyn-
de none other thynge but asshes / vermen / horrour
& stynche. Jwys they haue ben as thou art & thou
shalte be suche as they be.   ¶They were men as
thou arte / and haue eten and dronken and passed
the dayes in Joyes and delytes of this worlde &
in a moment they be dyscended in to hell / & theyr
flesshe hath be eten with wormes. And the sorow-
full poore soule is deputed to be pyteously treated
aud tourmented in the fyere of hell vnto the greate
daye of Jugement / after the whiche day bothe bo-
dy and soule shall be buryed in eternall dampnacy-
on. ¶Then se what hath prouffyted to the cursed
synner þ vaynglorye of this worlde / for they that
haue ben folowers and foloweth in the pleasaun-
te and delytes of synne be nowe in lyke wyse in þ
tourmentes of hell / what hath prouffyted to them
theyr shorte gladnes the myghtes of the worlde þ
delytes of þ flesshe and the greate concuppyscence of

false riches. Tell me now where be theyr laughyngs / Where be now theyr Ioyes / theyr plaies / theyr banytees and organs. CO what Intollerable sorowe is becomen of these greate Ioyes with the grace and bytter distres / for so lytel tyme of voluptuous delytes as to be cast and ouerthrowene in eternall payne euer duryng. Thynke then thynke & often forthinke in thy herte / that so as to them is happened may happen to the / for thou arte man & man is of therthe.   And for somoche as thou arte erthe to the erthe thou shalt tourne when þ houre of deth shall come / the whiche is vncertayne & vnknowen / when / how / or in what place it shall come for euery place alwayes dethe watchith and geueth attendaunce. C And therfore yf thou be wyse thou shalt alwayes in euery place geue sure attendaūce for hym. And of theym that so moche loueth theyr delytes and pleasures of the worlde speketh Isoder i this maner. Ryght dere fredes we ought well to remembre the lytyll and breue tyme / that the felycyte of this worlde dureth / and how lytyl þ Ioye of this worlde is / and howe frayle / and faylynge is the temporal myght of this worlde. Now saye presently what thou mayste saye / where be þ kynges / the prynces / the Emperours with the Riches / and the powers of the worlde. They be as þ shadwe vanysshed / they seche and aske for theym and they be departed / but what shall I saye you farther / the kynges & þ prynces be deed / of þ whiche many of them thought to lyue longe / and had

thou wylt not be good thy selfe. Be thou not aſha
med to haue thy houſe full of goodes / and thou re
plenyſſhed with ſo many euylles . Now anſwere
me to this queſtyon what is it that thou woldeſte
haue euyll . Fyrſt thou woldeſte not haue an euyll
wyfe / euyll chyldren / nor euyll ſeruauntes / nor yet
euyl gowne / nor euyll hoſen / and yet þ curſed & her
ted in thy ſynne / woldeſt lede r ᵒllᵉ a curſed lyfe.
Nowe I praye the for thyne owne helthe / loue not
more deerly thy hoſen then thy ſelf that is to ſay ſo
as thou woldeſt not haue euyll hoſen which is one
of the ſempleſt aparelmentes of thy body wyll not
thou to lede an euyll lyfe / for the good lyfe is one of
þ fayreſt apparell of the ſoule / all the thynges that
thou ſeeſt fayre and pleaſaunt: thou holdeſt theym
and reputes theym as dere. But and thou ſe well
thy ſelfe thou ſhalte repute the as vyle & ſtynkinge
and thynke thou verily yf the gooddes wherwith
thy houſe is fylled had power to ſpeke they wolde
crye agaynſt the ſayenge w an hyghe voyce / thou
woldeſt haue and poſſede vs after thy appetyte &
wyll / and we wolde haue a good true lorde / her
ken how they crye agaynſt þ in addreſſynge theyr
deſyres to god. O true god creatour of the worlde
why haſt thou geuen to this man ſo moche good /
and he is ſo euyll / what may it profyte hym the
grete goodes that he poſſeſſes / whan he hath not
in hym the true loue of god that all hathe gyuen
hym. Syrtely it is to be noted / that by ſynne man
is be come a brute beeſt . And therfore ſayth Boice

Myr of golde.   C.j.

in his .liij. boke of consolacyon. A man good / Juste
and true / yf his wisdome and Justyce be lefte / he
is no moze man. For as soone as he geueth hym to
synne / he is conuerted to a bzuyte beest. And ꝑ phe
losophers in his Ethiques sayth . That he is not
onely a beest / but worse ⁊ moze detestable then a
beest. To the whiche accozdeth Dauid ꝑ pzophete
sayenge in this maner / man durynge ꝑ tyme that
he was in honour and to god agreable / had no wyl
to vnderstande his helthe but fell frome god / wher
foze he is compared to bzuyte berstes ⁊ foule / and
is made to them semblable. For the . vij . and laste
poynte it is to be noted / that of spse is bozne deupl-
les scruptude. wherof wzyteth saynt John in his
fyzst Canonique in his thyzde Chapytour. He that
maketh oz cōmytteth synne / is seruaunt to the de-
uyll. Wherfoze all these thynges consydered / thou
poze sozowfull and myserable synner haue mercy
and pyte of thy soule. And haue no wyll to put
thy soule in to synne / but remembze howe by thy
cursed synnes thou haste offended / and wzathed
thy lozde god. ⫶ And that thou haste reiopced / thy
greate enmye the deuyll. ⫶ And doone domage to
thyne neyghboure. ⫶ Nowe then I pzaye the
poze synfull man knowe the noblenes of thy soule
and how greate and greuous hathe be the woun-
des of her cōmytted by synne. For the whiche of ne
cessyte the sone of god hathe suffered soo greuous
passyon. For certaynly yf the woundes of thy soule
hadde ben moztall / the sone of god had neuer suffe-

red deth for theyr remedy. wyll not then to defoule
& dyfprayfe / when thou feeft & knoweft that his
ryght hyghe magefte hath had fo moche pyte and
compaffyon of his foule . And fyth it is foo that he
hathe fhed teares and weppynges for the / waffhe
thou then thy bed nyghtly wᵗ teares of penaunce &
côtrycyon. He hath fhed his blode for ꝑ / fhede thou
thy teares for hym by côtynuall penaûce. Beholde
not that / that the fleffhe wolde but confydre ꝑ whi
che ꝑ foule feeketh & demaûdeth. For as faith fayn
te Gregory / for asmoche as the fleffhe in this worl
de lyueth fwetly in the delytes & pleafaûtes therof
within a fhorte fpace of tyme after the lyfe corpo
rall / the foule eternally fhall be tourmêted / & afmo
che more as ꝑ fleffhe i this world fhall be chaftifed
fo moche more fhall the foule haue Joye and glory
in the other worlde . ¶Wherfore fayth faynt Au
guftine lette vs leue and put behynde vs for ꝑ ho
nour of Jefu chryft / the thynges that be to be lefte
& that letteth ꝑ helth of our foules / to thende that
for thynges tranfytory we lefe not etarnall / and cô
fidre that yf it were fayd to ꝑ take and vfe at wyll
ꝑ goodes & delytes of this worlde / afmoche as fhal
pleafe ꝑ / on that côdyciô: that after thy eyene fhall
be taken from the / & thou fhalte all ꝑ remenaûte of
thy lyfe contynue in languyffhe / hungre / payne / &
myferye / certaynly J am fure thou woldeft neuer
then defyre fuche temporall goodes . Nowe con
fyder and rife dylygently then . For all the courfe
of the lyfe of man is not to compte one moneth or

Myr. of gol.   C.ij.

one daye/oz one houre/of space oz tyme: in regarde
oz comparyson of the perpetuall cursed paynes of
hell/that hathe none ende. And to ẏ whiche none
other payne is semblable noz able to be compared.

ℂHow we ought with all diligence do penaunce.

Saynt Mathewe
in his. xiiij. cha-
pytour sayth that oure
lozde wyllynge and ad-
moneshynge ẏ creatu-
re to doo penaunce/spe-
keth in this maner. He
that takes not his cros-
se and folowe me: is not
wozthy to haue me / by
this crosse we be taugh-
te and geuen to bnder-
stond penaūce/ẏ whiche
all synners ought to take and bere perseueraunte-
ly/yf he desyze in the beatitude eternall to reygne
with Iesu chzyste. Foz as sayth sant Ierome in a
pistole that he wzote to Susanne sayenge thus/pe
naunce is to the synner necessarye/and ought to be
so moche/that it be suffyeyent foz the cryme done a
gaynst god/oz foz the moze meryte that the penaū-
ce excede the synne. And as saynt Augustyne sayth
who that wyll be saued/ it behoueth hym and is to

hym necessarye/ ofte to purge and wasshe his con¬
sciens/ with teares/ from al ÿ fylthes & vnclennes/
where with he hathe poluted & defyled hym selfe
frome ÿ tyme of his baptisme. But peraduenture
thou that hast geuen and hadde all thy pleasure of
the worlde/ wyll say in this maner. Thy sermond
and the wordes that thou sayst to me in aduysyng
me to do penaunce/ me semeth verye harde/ for I
maye not dysprayse the worlde/ nother correcte/ ne
chastyse my flesshe. Alas poore synner herkyn the/
doctryne not of me/ but of holy saynt Ierome/ that
sayth in this maner. It is impossible ÿ a mã maye
vse and Ioye the goodes of this present worlde he
re/ in fyllynge his belly and accomplysshynge his
wyl and thought. And after this worlde thynketh
to haue the delytes in ÿ heuenly worlde/ for he can
not haue his Ioye in this erth here/ and haue the
greate glorye in heuen. The whiche sentence con¬
fermeth saint Gregorye saynge thus/ many there
be that couete and desyre to flee frome the presente
exile of this worlde/ in to ÿ glory and Ioye of para
dise/ but yet wolde they not leue theyr worldly de¬
lytes/ the grace of our lord Iesu calleth them. But
the cursed concupyscence of this worlde reuoketh
and withdraweth theym. ¶ They wolde gladly
dye as ryghtwyse people doth/ but they wolde not
lye as they do. And therfore they shall euerlastyng
ly perysshe/ and folowe theyr werkes in to holes/ &
there to be in pourable dampnacyon. To this pur¬
pose speketh saynt Barnarde to ÿ synners that re¬

Myr of gol.   C.iij.

fuse penaūce. O miserable synners knowe & cōsyder
in your hertes y̾ lyfe & strayte conuersaryon of gloꝛ
ryous saynt Johū Baptyste/whiche strayte lyfe &
cōuersaciō is to all delycious synners not wyllyng
to do penaunce: the very messenger of eternal deth.
Alas we poore miserable & vnreasonable beestes
& woꝛmes of therth: wherfoꝛe be we proude/dyspyꝛ
tous and dyspleasaunt to do penaunce/syth y̾ we
se that he y̾ amonge all men was boꝛne the moost
greate hathe wylled his holy body pure/clene/and
Innocent/to chastyse by penaunce/and we despyꝛe
to clothe and anourne our synfull bodyes with pꝛeꝛ
cyous clothyng/and the good holy saynt: had none
other clothynge to his body but the harde sharpe
skynne of a Camyll we couete and despyꝛe to dꝛynke
delycyous wynes/& saynt Johū the Baptyst that
gloꝛyous frende of god dꝛanke in the deserte none
other thyng but clene & pure water. Beholde than
miserable synner/oughtest thou then flee doynge
of penaunce & folowe woꝛldely pleasures: I wys
nays/foꝛ certaynly it is not the waye to paradyse
& moꝛe to moue thyne herte to penaūce and to flee
y̾ delytes of this woꝛld: remembre the of the ruyll
ryche man/that was loꝛde and mayster of so grete
ryches/and was dayly clothed with pꝛecyous haꝛ
bites/of purpyll/the whiche/notwithstandyng all
the delytes that he hadde in this woꝛlde: after his
moꝛtall lyfe was passed might not atteyne to haue
in the necessyte of his bꝛennynge & heate one onely
dꝛoppe of water/foꝛ to refresshe & coole his tunge.

¶Therfore remēbre these thynges deere frende ꝗ
ꝗ do penaūce whyle thou hast tyme ꞓ space/ ꝗ trust
not to moche of lēgth of dayes/for though almygh
ty god haue promysed perdone and mercy to them
that wyl do penaunce/he hath not promysed them
certayne tyme to leue/nor yet a daye houre ne my-
nute. And yf thou wylte knowe what is penaunce
I say vnto ꝗ it is wepynge teares of cōtryeyon for
thy shytes passed/with fyrme purpose neuer to cō-
mytte them more. For as sayth saynt Augustyne ꝗ
penaunce is vayne: whiche synne folowynge defi-
leth. And ꝗ wepynge nothynge propheteth when
they retourne agayne to synne. Nor to aske perdon
of god: ꝗ wyll to fall agayne to synne. And for more
declaracyon thou ought to knowe ꞓ note that there
be thre maners of penaūce/that is cōtricyon with
herte/confessyon with mouthe/and satysfaccyon
with warkes. For ꝗ thre maners we offende god
that is to knowe. The delectacyon of thought by
inprudence of wordes/and by werkes of pryde/ ꞓ
for that that by the contrary it muste be cured: we
muste make satysfaccyon to god in thre other ma-
ners/puttynge contrycyon agaynste ꝗ delectacion
of synne/confession agaynst inprudence of wordes/
satysfaccyon agaynst the werkes of pryde. Nowe
se thou fyrste what is contrycyon/contrycyon is a
sorowe wylfully take for synnes cōmytted and doo-
ne/with full purpose to abstayne to make true con-
fessyon ꞓ dewe satisfaccio/ꞓ as sayth synt Barnard
ꝗ sorowe ought to be in.iij. maners/that is to saye

sharpe/moze sharpe/and sharpe/ryght sharpe/foz
cause we haue offended oure soucrayne lozde god
creatour of all thynges. And moze sharpe/foz we
haue inpugned our celestyal fader ẏ so swetly hath
norysshed ⁊ fedde vs. And in that we so haue offen¬
ded hỹ/we may be reputed woz then dogges/foz
ẏ dogges of theyz nature loueth ⁊ folowes them/
that nozissheth ⁊ fedeth them. Thyzdely contryció
ought to be mooste harde and sharpe/foz somoche
that in cómyttynge synne we offende god. And cru¬
cifye ⁊ tourmét our redemer that hath bought vs
with his propze blode/and delyuered vs frome the
bondes of synne ⁊ hath delyuered vs frome the cru
eltc of deuylles and ẏ paynes of hell/wherfoze we
ought to haue sozowe and displesaunce of thze thyn
ges. ⁋That is to wyte of synne cómytted by good
dedes lefte and tyme loste as speketh saynt Augu¬
styne sayenge contrycyon of herte is moze wozthe/
then all the pylgrymages of the wozlde/⁊ in a clau
se made vpon the psalme. Ad dñm cum tribularer.
Jt is sayd god can not despyse ne withstande the
repentaunce of a contryte herte/that with very có
trició besecheth his mercy. And in lykewyse sayth
saynt Johñ Crysostome/contrycyon is that onely
thynge that maketh a soule to hate ẏ fresshe haby¬
tes/and maketh hym redy to loue sharpe clothyng
of heer/to loue teares / to hate and flee pleasuntes
and laughynges/foz there is nothinge that so con¬
ioyneth and vnyeth the soule to god/as the teares
of a penytente.   ⁋And to the contrarye sayth

faynt Augustyne we maye not geue the deuyll mo
re sharpe sorowes : then to heale our woundes of
synne by confession and penaunce. But alas howe
be it that by penaunce and contricyon we may get
so moche weale: and yet fewe folkes be that wolde
do penaunce. ¶ Wherfore thus our lorde complay-
neth hym / spekynge by Ieremie / there is no man
speketh that good is / nor that wolde do penaunce
for synne compytted and done. The seconde that is
to say confessyon is laufull and suffycyent occacyon
and declaracyon of synners trespaces before the
preest. For this worde confession is as moche to saye
as an hole shewynge or shewynge of all togyder.
For he truely confesseth hym holyly: that sayth all.
Confession also as sayth Isodore in the boke of his
ethymologies / is that thynge by whiche ý secrete
sekenes of the soule vnder hope of pardone & mer-
cye is made open to ý praysynge of god / of the ver-
tue of whiche saynt Ambrose vpon ý psalme beati
inmaculati sayth: the vengeaūce of god seaseth: yf
mannes confessyon make hym selfe clene. And Cas
sidore vpon the psalme of Confiteantur tibi popu-
li deus sayth / that god is not as Iuge / but as an
aduocate for them that by true cōfession condemp-
neth & yeldeth themselfe gylte. And pore leo sayth
that the synne abydeth not to cōdempne man in iu
gemente whiche by confessyon hath bene purged.
And saynt Augustyne in ý boke of penaunce sayth
cōfessyon is the helthe of soule / the mynysther and
consumer of synne / restorer of vertues. ¶ And the

withstande and ouercomer of the deuyll / & what more / cōfession shyttes þ gates of hel / and openeth þ gates of paradyse. And for these forsayde causes ryght dere frende trust the coūsayle of ysaye. Tell thyn iniquite so as thou mayst be Iustifyed / for þ begynynge of Iustyce is cōfessyon of synne / wherfore it behoueth to cōfesse the of all thy synnes holp of the whiche thou canst knowe ony remembraūce to one preest whiche hathe power to assoyle the / so that thou telle not pte of thy synnes to one preest / & pte to an other. For yf thou sholde confesse the after suche maner / nother the one preest ne the other myghte assoyle the / for as sayth saynt Barnard / he þ deuydeth his confession to dyuers cōfessours / hath no pdone. For it is detestable saynýge of hym / that deuideth & withholdeth his synne from shewynge the vtray profoūdenes of his synne eternally. And they þ maketh suche cōfessyon / receyueth excōmunicaciō for absolucion / & maledyccyō for blessynge. Suche diuysiōs & cōfessions is made by ypocrysie For they shewe theyr greate greuous synne to the preestes whiche they knowe not. And to them þ be of theyr familier knowlege / they shewe theyr most lyghte synnes / wherof sayth saynt Augustyn as it is wryten in þ decree. He that deuydeth his cōfessiōn is not to be praysed in no condycyon / for he kepeth counsayll frome the one / that he sheweth to þ other. þ whiche thynge / he doeth by maner of ypocrysye / to thentente to be praysed. ¶ Now lette vs speke then of satysfaccyon the whiche Saynt Au-

guſtyne diffyneth in this maner. Satyſfeccyō is
to withſtande and leue the cauſes of ſyñe / and not
to fauoure his ſuggeſtions ne admonicions / ſaynt
Gregoꝛye ſayth we make not ſatyſfaccyon. by ſea
ſynge of ſynne / yf we leue not the voluptuous by
longynge therto. And ſhewe wepynge and lamen
tacyon vnfayned / foꝛ our ſynne to the whiche pur
poſe ſayth Cryſoſtome ſuche as the offence afoꝛe
hathe ben compyſed: ſuche wyſe ought agayn to fo
lowe þ recōſiliacyon and ſatyſfaccyon. And aſmo
che to be inclyned to wepynges / and lamentacyon
as thou haſte ben inclyned to ſynne. ⸿And to ta
ke as greate deuocyon to penaunce / as thou haſte
hadde grete intente to commytte ſynne.
⸿Foꝛ thy greate and mighty ſynnes deſyꝛeth the
greate lamentacyons wherof ſayth Euſebeus byſ
ſhoppe / by lyghte contrycyon maye not be payde
the dette the whiche is due to the dethe eternall.
Foꝛ ſynne / ne with lytell ſatyſfaccyon the fyꝛe eter
nall that is made redy foꝛ the euyll may be quenc
ched / but many be ſoone wery in this moꝛtall lyfe
to doo penaunce / and retourne frome the waye of
ſatyſfaccyon / lokynge bakwarde as dyd the wyfe
of Lothe / agaynſte the whiche ſpeketh ſaynt Bar
narde in a ſermonde / and ſayth / he that perfectely
feleth and percepveth the peyſaunt dedes of ſynne
& the leſynge and ſekenes of þ ſoule / can not lyght
ly fele and perceyue the paynes of the body / noꝛ re
pute the laboures ony thynge / by the whiche he
maye do awaye ſynnes paſſed & wittſtande theym

þ he be come. And as saynt Augustyne sayth vpon
the .xb. psalme many be that haue no shame to cō=
mytte synne but they haue grete shame to doo pe=
naunce. O vnbelefull creature and farre out of thy
reason/ canste thou not haue shame and horrour of
the greate woūdes of synne. Seest thou not what
foule stinke & rottennes is therin/ renne to thy mea
dicine and do penaunce and saye my lorde/ god my
creatour/ I knowe myne Iniquyte/ and so clerly/
that my synne/ is alwaye agaynst me/ to the onely
I haue commytted synne/ whiche is onely with=
outen synne. Forthermore it is to be knowen that
satisfactyō is in thre thynges þ is to wryte in pray=
er almes and in fastynge/ to thende that the nom=
bre of thre be opposite agaynst thre false and deed=
ly synnes/ prayer agaynst pryde/ fastinge agaynst
concupyscence of the flesshe and almes agaynst co=
uetous. And for all thyng that is cōmytted again=
ste god is ordened prayer. And for the synne agayn
ste his neyghboure is ordened almes. And for the
synne agaynst hym selfe/ is ordened fastynge and
for more declaracyon of satisfaction he speketh som
what of almes. Almes is as moche to say after the
maner of spekynge: as cōmaundement. of mercy.
And in this maner ought this worde to be wryten
Elemosina by E and somtyme they wryte Elymo=
sina by I then is it asmoche to say as the cōmaun=
demente of god/ for he hymselfe cōmaunded/ it to
be done with his owne propre mouthe/ wherof
sayth/ Ieremye geue almes & all thinges/ shall be

you pure & clene / or thyrdly Almes may be sayd after some the water of god / for as water quencheth fyre / so almes dede quencheth syke / wherfore it is to knowe þ thre thynges pryncypally ought to moue vs to do and accomplisshe almes and werkes of mercy. ¶The fyrste is for mercy byeth agayne þ gylte of synne for so moche as it is wryten in þ prouerbe in þ. xbi. chapytour / by mercy vanyte & iniquite is bought agayne / & Danyell resiteth in his xiiii. chapytour spekynge of a woman that put in all þ belselles that she had a lytel quantyte of oyle. And anone the oyle grewe in suche maner that she payde & pacifyed her credytours. The velselles of the woman / betokeneth the poore people whiche we sholde call in to our houses. For as sayth Isaye in his. liii. chapytour lede and call the poore to thy house and kepe theym : and with that thou haste / that is to say / dystrybute parte of thy substaunce to this poore velselles. Moche lyke to þ sayth Thoby yf thou haue lytell to geue yet studye to geue & departe to þ poore wyllyngely. For then shall growe the oyle of mercy / when by gracyous mercyes the synful soule hath made satysfaccyon to god for his synnes. ¶The seconde thynge that ought to moue vs to gyue almes is for it encreases and multyplyes þ temporall goodes / as sayth saynt Gregory in his dialoge / worldly substaunce be multiplyed. For so moche as they be dystrybute / and geuen to the poore / we haue example in the thyrde booke of kynges in the. xbi. chapytour of the wydowe þ

Myr. of gol. D.j.

fedde Help / to whome almyghty god multyplyed
bothe brede and oyle / wherby it is vnderstande
that more is the almes prouffytable / to them that
fedeth ý poore : then to the poore that recepueth it.
℟Thyrdly wherfore we ought to doo almes and
werkes of mercy is : for that / that almes kepeth
the almes geuer at the houre of dethe / and ledeth
with clernes and Joye his soule to the Realme of
heuen. And therfore sayth saynt Ambrose / ý mercy
is the onely helpe to theym that ben passed. ⚭
℟O what felyshyppe is it of almes to hym that
dyeth / leue not then so true and so good a seruaūte /
nor putte not suche an aduocate behynde thy bac=
ke / ne doo not as they that in theyr lyfe withhol=
deth theyr goodes by suche brēnynge Coueytous :
that neuer with theyr propre handes / departed al=
mes to the poore. For suche be semblable to hym ý
for to se clerely his wayes bereth his lyght behyn=
de his backe / but do as is taughte to the by Eccle=
siasticus / saye not to thy frende of thy soule that is
to saye to Jesu chryste : or to ý poore that shall aske
the almes. ℟My frende goo and come agayne to
morowe and then J shal geue the / albeit that thou
mayste geue hym whan he asketh it. ⚭⚭
℟For it is to be knowen that the ryche of whome
ý poore asketh almes : ought to consydre thre thyn=
ges. Fyrste who it is that aketh / for god hym selfe
loueth so moche the poore that all that is geuen to
theym in the honoure of hym : he repetes it to hym
selfe.   ℟And for so moche as it is wryten in the

thyrde chapptour of saynt Mathewe / all that ye
shall doo to ony one of the leest seruauntes : ye doo
it to me / god by the poore demaundeth almes of the
ryche / and the ryche demaundeth of god the reale
me of heuen / so that the ryche ought well to drede
for to refuse or deney his almes to the poore / leeste
that almyghty god wyll deney his prayer and as
kynge of the Realme af heuen. For it is wryten in
the prouerbes in the. xxi. chapytoure. He that clo
seth his eeres whan he heereth the poore crye / the
tyme shall come that he shall crye / and god shall
not heere hym. ¶ Secondly / the ryche sholde well
consydre what thynge it is that god asketh / whan
by his poore people he asketh almes. Certaynly
he asketh nothynge of oures. But god asketh his
onely owne / wherfore he maye well be called vn
kynde to god whenne he denyeth / to the poore his
necessarye almes : whenne he hathe meetes and
drynkes with other goodes aboundauntely : the
whiche thynges well consydered Dauid : where
he sayth in Paralipomp. one in his. xxix. chapy
tour.   ¶ O my god and my lorde all thynge
be thyne / and we haue none other thynges to ge
ue the but onely that / that we haue receyued and
taken of thy hande. ¶ For truely oure lorde god /
asketh by the poore nothynge but that that is his
and apperteyneth to hym : and not to haue geuen
but onely to leane it.   ¶ And not onely / to yelde
therfore the double or thyrde parte : but as an vsu
rer wyll encreace it an hundreth tymes more.

Myr of gol.   D.ij.

¶ O poore synner doo thenne after the sayenge of saynt Augustyne / geue to god for vserye and thou shall take an. C. tymes more / and possede the lyfe eternall. To moche thou arte vnkynde yf thou wyl not geue to god. For god to vsurp as thou woldest doo to a Iewe or a sarazyn. And therfore consydre all these thynges / and I derely praye the assemble to gether þ poore / and by them make thy treasour in heuen / in doyenge þ werkes of mercy: and make not thy treasoures here in therthe / but the herte of a coueytous man is as a pytte withoute a bothome / the more it recepueth the more it wolde haue / and yet it is neuer full / and so sayth Ecclesiasticus in þ. vij. chapytour. The coueytous man shall neuer be fulfylled with money / for the herte alwaye foloweth the treasoure. Sorowe maye be sayd to theym þ in perellous exyle of this worlde maketh theyr treasoure / and vpon that sayth Crisostome / assemble thy substaūce in place & countree: where shall be thy dwellynge / for he þ maketh his treasoure but in erthe / shall none haue in heuen when he nothynge hathe put there. And beleue suerly þ the thynge thou shall fynde there: is onely þ good thou haste geuen to the poore. The goodes be not a mannes whiche he may not guyde ne bere with hym. Now vnderstande þ fayre auctoryte of saynt Ambrose / he sayth that nothynge is of so grete cō mendacyon towardes god as pyte and charite / the good doctour sayd I haue beholde many bokes / & scryptures / but I can not remembre that I haue

founde of ony man / þ wyllyngly hathe excercised
the workes of mercy and pyte and vertoully dyed.
And pope Leo sayth he geueth and sendeth to god
precyous and entere frutes that neuer letteth the
poore departe frome hym dyspurned or sorowfull.
For the vertue of mercy is so grete / that without
that: all the other maye not prouffyte . And howe
be it that a man be true / chaste / sobre / garnysshed /
and adryched / with many other vertues / yf he be
not mercyfull ꝯ pyteous neuer shall he fynde mer-
cy . And this that I haue sayd of vertues / almes
and werkes of mercy concernynge the pore people
suffyseth . And nowe we shall retourne to the pur-
pose of the begynnynge of this chapytour / where
it is sayd / he that takes not his crosse and cometh
after me: is not worthy to be with me. This crosse
oughte to be taken in the tyme of youth and stren-
gthe / to the whiche purpose it is sayd in the secon-
de chapitour of Ecclesiastece. Remembre the of thy
creator in the dayes of thy youth / for then it prouf-
fiteth a man moost / and moost pleaseth god / In ly-
ke wyse he sayth sone tary not to couerte the to god
and dyfferre not frome daye to daye . For his Ire
shall come on the sodaynly. And in the tyme of ven-
geaunce he shal distrope the / but agaynste the hel-
thefull counsayle of þ wyse / the deuyll geueth and
promyseth to man euyll ꝯ dampnable hope of long
lyfe / sayenge thou arte yonge and shal lyue ꝯ thou
mayste goo to confessyon and do penaunce.
℃O these poore synners howe they be deceyued

that so lyghtly beleueth in his deceytes/and in the
falfe hope of longe lyfe / purpofynge in theyr aege
to correcte theym felfe and amende / and then co=
meth foden deth / and fynably rauyffheth and ta=
keth theym to dampnacyon. ⁋And for fo moche
as it is fayd in Ecclefyaftico in the.xxix.chapytour
⁋That by the promyffyon and hope of longe lyfe ma=
ny be putte to perdycyon. Nowe is it then to note
that fuche deuylliffhe promyfe of longe lyfe & thyn
kynge to doo penaunce in aege is full euyll / for it
is agaynft ryght and reafon. And yet is it worfe/
for it is alfo agaynft the fynner hymfelfe.

⁋And more euyll it is agaynft the fouerayne boū=
tye of god/and that it is agaynft ryght and reafon
it appereth by thre enfamples / þ fyrft example is /
that who that hadde. x. affes and fholde geue the
gretest burthen of charge to bere to the mooft feble
he fholde do agaynft reafon and good Juftice.

⁋And fo wyll he that onely wyll geue to hymfel=
fe in his aege the charge and burthen of þ fynnes
that he hath comytted in his youth / and ftrenthe
for then he geueth the burthen to the mooft feble
affe/þ is to fape to the debilitye of aege.For in aege
man hathe no ftrength ne vertue to bere labour or
payne. And they that fo differre theyr penaūce/de=
ferueth maledició of god/as it is wryten in zacha=
ria in the fyrfte chapytour.The man full of fraude
is curfed that in his beftyall lyfe hathe doone ma=
nye euylles / and maketh facryfyce to god of the
worfte and the mooft poore amendemente.

¶ And in lyke wyse is he cursed that in the delites of this worlde passeth the tyme of his youthe and stregth / and differreth to make true sacryfice vnto almyghty god / tyll the tyme þ feble and olde aege come vpon hym. ¶ And therfore sayth Isodore / he that lyueth the couenable tyme of penaūce / It shall be to hym but as a boyde thynge to come to þ yate of god to praye. ❧❧❧

¶ The seconde example is / that he that in his strengthe and power is not able too lyfte a serdell in his youth / and whanne he cometh to feblenes of aege / then wolde take vpon hym the charge / myght wel be reputed a verye foole.

¶ So in lyke wyse is he that in his pouthe whyles strength is in hym / woll not take vpon hym the ordes of penaunce whiche thenne maye be to hym lyght. And hopeth better to do them in his aege when there shal be augmented in hym grete debilite and feblenes / he well maye be resembled to a foole. ¶ Wherof as it is sayd in the lyfe of faders that one wente and kutte a fagotte of woode / and then assayed to lyfte it / and founde it to heuye. And yet incontynent he wente to another woode and putte in more / and wolde haue lyfted it / and founde it so moche more heuye to bere. ¶ In this manere dothe the synners whā they take the charge of synnes and leueth to do penaunce / frome day to daye puttynge & adioynynge synne vpon synne. For as sayth saynt Gregorye. The synnes þ by penaūnce is not purged & taken awaye of his nature deſyꝛeth and dꝛaweth to hymother ſynnes.

¶The thyꝛde eꝛample is / he ꝑ all his lyfe hathe hadde greate ſtudy and cure / with woꝛkemen to pꝛepayꝛe and make an howſe in the whiche he neuer hathe purpoſe ne hoope to inhabyte ne dwelle.

¶And the houſe whiche he deſyꝛeth to dwelle in wolde vtterly dyſtroye to his power / It were a iuſt cauſe to repute hym a defamed foole. Nowe ought men then to knowe and vnderſtande / that ſo is it of the ſynner ꝑ vnto ꝑ deth deſyꝛeth to tourne hym to god and alwaye deſyꝛeth and coueyteth to lyue in the delytes and voluptuyſnes of this ſoꝛowfull and myſerable woꝛlde / folowynge euyll companyes by the whiche he hathe greate occaſions to commytte many deedly ſynnes / by the meane wherof / he all the tyme of his lyfe is makynge redy and pꝛepayꝛeth his houſe in helle / where no man ſholde wyll to dwelle.

¶And therfoꝛe ought they to dꝛed and doubte the ſentence of ſaynt Paule / who ſayth he that goeth and doeth agaynſt his coſciens / he edyfyeth hymſelfe an houſe and loggynge in hell.

¶And foꝛ to ſhewe and pꝛoue that the pꝛompſe ꝛ hoope of longe lyfe is yet moꝛe euyll agaynſte the ſynner. ¶It appereth and is to vs clerly ſhewed by two eꝛamples.

¶Wherof the fyꝛſt is / he that ſholde deſyꝛe rather to be ſeke then hole and in ſcruptude rather then in lyberte / and to haue nothynge leuer then to poſſeſſe his pte of all ꝑ goodes of ꝑ woꝛlde he ſholde be

ker of the kyngdome of heuen / geue thy selfe to hym and thou shalte haue his kyngdome. And in ony wyse let no synne abyde in thy mortall body.

¶ O wretched and synfull soule / yf these excellent Ioyes wherin ye sayntes and chosen people of god shall Ioye euerlastynge in the kyngdome of heuen can not moue and styre the by penaunce and vertuous doynges to come by the grace of god / to the sayd kyngedome of heuen. I wyll aduyse the to feare / quake / and consydre with greate drede : the miserable condicyons & penalytees of hell / the cyte of the deuyll / that by the feare and drede of them : ye maye ryse agayn from synne & be tourned vnto the lorde god with all thy herte / of the whiche paynes is to be knowen / that lyke as the soules that be dampned hathe dyuersyte of synnes / so lyke wyse is to theym dyuersyte of paynes. Wherof speketh saynt Gregory on this wyse. One fyre of hell is to be beleued / but it brenneth not all synners in lyke maner. For eueriche one of them accordynge to the greuousnes of theyr synnes : shall suffre condygne payne / as by one fyre / chaffe is brente / woode is brent / & Iron is brent / but not by one maner. The fyre of hell is so inflamed and kendled by the Ire & wrath of ye euerlastynge Iuge : that it shall neuer be quenched / but dure euerlastynge / wherof it is spoken of Iobe the .xxj. chapytoure / the fyre of hell shall deuoure them that be dampned whiche shall neuer be quenched. ¶ Of the sharpnes of the fyre of helle speketh saynt Sebastyane / to whome an

aūgell appered sayenge oñ this maner / this mate
riall fyre whiche we se and vse dayely : is no more
vnto ye fyre of hell : then is the fyre that is paynted
vpon a wall lyke vnto the sayd sensyble and vsuall
fyre.   ¶And Isodore sayth that in hell shall be
a certayne vysyon of a derke and obscure lyght : by
the whiche they that be dampned : may se in what
maner of wyse : they suffre payne / but nothynge
by the whiche : they may Joye. And the dampned
spyrytes shall se there in payne with theym : those
people wiche they loued inordynatly in this worl-
de to thentente ye lykewyse as they had worldely
pleasure inordynatly togyther : so they shall suffre
payne euerlastynge in hell / here may a question be
asked whether ye the dampned spyrytes may se the
glory of sayntes / to ye which answereth saynt Gre-
gorye in an Omelie of the riche man that sette all
his felicite and pleasure in eetynge and drinkynge
and inordinat apparell / sayinge on this wyse. It
is to be beloued that before the rewarde of thextre-
me Jugement of god : the vnryghtwyse people do
se the ryghtwyse people in reste and quietnesse /
and seynge theym in Joye : they be not onely cru-
cyfyed by theyr owne payne : but also they be cruci-
fyed by ye sight of them in Joye. ¶The ryghtwise
people and they that be saued seeth alwaye the vn-
rightwyse & dampned soules / to thentente ye theyr
Joye maye encrease. For why : they beholde the
intollerable payne which by the greate grace and
mercy of god : they haue auoyde and escaped

¶And in commyttynge synne dispendeth folysshe
ly and wasteth vnkyndedly the goodes that his
creatoure hathe geuen hym. That is to knowe
the soule/the body/the wytte/by the whiche his
soule is ennoblysshed/ꝑ strength and vertue of his
body/his worldely goodes temporall/the space of
his lyfe/and many other fayre and greate gestes
and benefytes that of god he hathe recyued/saynt
Gregorye speketh of the soule: whiche god hathe
geuen vs as a precyous treasoure/to vse reasona
bly in doyenge merytorious workes: by the whi
che we maye gette the Realme of paradyse sayth
in this manere/Curses and sorowes be to me/yf
I by my neclygence fayle to kepe the treasoure and
Jewell that the precyous lambe vndefyled Chry
ste Jesu/hathe wylled full derely to bye agayne.
And for the tyme that god hathe geuen vs in this
mortal lyfe as sayth the sayd saynt Gregory: thou
haste not in this worlde daye/houre/ne mynet ne
space of tyme wherof thou ne shalte yelde accomp
tes before god/how and in what operacyons/thou
haste imployed thy tyme. ¶The thyrde example
is yf the seruautes whiche haue dyspendynge of
theyr lordes goodes geue to straungers ⁊ his En
myes the best brede ⁊ wynes/and geue and myny
stre to his lorde ꝑ bytayles that be corrupte rotten
and stynkynge/he sholde doo vniustely/and false
ly agaynste the wyll of his mayster/and ryght so
dothe the synner that all the beste tyme of his ye
res that is to saye in his youthe geueth hym selfe

to the worlde and to the deuyll: whiche be the en¬
myes of Iesu chryste and purposeth to geue to god
the worste: whiche is the olde ende of theyr lyfe.
Alas he dyde not thus wich sayd my god my creas
tour/my strength my beaute and my youth: Wyll
I onely to thy seruyce kepe/and to this purpose it
is sayd in ecclesiastices gyue not to god the rottens
nes and dregges of thyne aege/but presente vnto
hym the free wyne pure and clene of thy floryshyn¬
ge youth . Item saynt Gregory speketh of theym
also that defferreth to do penaunce/and sayth the
synner is to serre straunge frome þ faythe and los
ue of god that for doynge of penaunce abydeth the
tyme of his aege/for he then hath not in his powre
ony tyme or houre of his lyfe/wherfore and thru
ghe the counsayle of Isodore euery poore synner
ought dylygently with all his myght whenne he
maye retourne hym to god/for who that doeth not
penaunce when he maye: when he wolde he shall
not do it. Doo then penaunce and tary not to thens
de that thou be not enclosed without heuen with þ
holyshe vyrgyns. ❧❧❧❧❧

⸿Howe we ought to dyspyse and
hate the worlde.❧❧

✠ ✠

✠

Saynt Johñ
in his fyrste
canonyque
sheweth
vs that we
ought not foz to loue the
wozlde ne the thynges
that ben in the wozlde.
And saythe in this ma=
ner / loue ye not the woz=
de ne ý thynges that be
therin / yf there be ony
that loueth the wozlde
the charyte of god is not
with hym. Also the concupiscence of ý wozlde pas
seth and vanyssheth away. And saynt Augustyne
treatynge vpon the same wozdes / demaundeth in
this maner. O thou pooze creature which woldest
thou chese of these two: wolde thou loue the wozl=
de and tempozall thynges ₹ passe the tyme with
theym: oz dyspise the wozlde ₹ lyue eternally with
god / yf thou loue the wozlde: it wyll desceyue the /
foz the wozld calleth and dzaweth swetely to hym
who that loueth and foloweth hym / but in theyz
nede he falleth them / ₹ may not suppozte ne socour
them / and certaynly ý wozlde is as one excõmuni=
cate / foz so as the excõmunicate in ý chyzche is not
pzaied foz / so our lozde Jesu chzyste pzayeth not foz
the wozlde / the whiche all tymes pzayed foz his p=
secutours / and them that crucyfied hym . Alas to

Myz. of gol.   E.j.

moche is he a foole that serueth suche a mayster &
hath suche a lord ý in thende chaseth & kesteth out
his seruaunte naked and poore and without hyre/
for so the worlde doeth. We rede of the Soulden of
Babilon the whiche beynge seke in the cyte of Da=
masens of a mortall desease confessynge hym selfe
of the shortnes of his life/& of nyghnes of his deth
pyteously and in greate lamétacyons/called to one
of his seruauntes and sayd to hym in this maner/
Thou were wonte to bere in my bataylles / the
banner and the sygne of myne armes / by tryum=
phant byctory. Now anone take and bere the syg=
ne of my sorowfull dethe/that is to knowe this po=
re clothe and myserable shete / and crye with an
hyghe voyce by all the Cyte these wordes / se the
kynge of all the Oryentall partyes the whiche dy=
enge and fynysshyng his dayes / bereth with hym
none of all the rychesse of this worlde / but onely
this olde and poore clothe or shete. And semblably
we rede of a yonge prynce kynge of Loreyn beynge
in infyrmyte of sykenes / consyderynge his dayes
were shorte/and his dethe nyghe/ beholdynge his
palaces / houses / and greate edifyenges : cryed in
castynge many syghes and pyteous teares.O my
god my creatour Jesus/at this houre J se & maye
knowe that the worlde ought wel to be dyspysed.
℄ Alas J haue hadde in this worlde many sump
tuous palaces/houses/& lodges/with greate ry=
ches/and nowe knowe J not whether to goo : nos
ther ony creature that wyll take and receyue me

this nyght in to his house. Consydre these thinges
poore and myserable spynner and leue thy good and
thy felycyte/ ꝑ is to knowe this dissepuable worl-
de/before that by hym: and of hym/thou be lefte
in so greate and myserable pouerte. Herken what
saynt James sayth/he that is frende of this worl-
de/is enmye of god. ꝫꝫꝫ

℟ And saynt Gregory saythe/soo moche more as
the man is nyghe the loue of the worlde: soo mo-
che farther is he from the loue of god/for the whi-
che thynge manyfestly oure lorde Jesu chryste at
the houre of his passyon/wente oute of the Cyte
of Jerusalem all naked to be crucyfyed and suffre
dethe/wyllynge to shewe that they ought to flee
the worlde and his communite/geuynge ensam-
ple that he that wolde folowe the fruyte and me-
ryte of his passyon: ought to Issue out of the worl-
de/at the leeste by affeccyon/in fleynge the worldy
ly conuersacyon/and despysynge the spyrytuall.

℟ And for so moche our Lorde Jesu chryste spake
to Jeremye/sayenge/flee and goo out of babilon/
to thende that euery persone maye saue his soule.

℟ By Babylon as sayth saynt Jerome is vnder-
stonde the house of confusyon/and that house repre-
senteth the worlde/where in all partyes reyneth
confusyon as well in the clerge/as in the commu-
ne people. ꝫꝫꝫ

℟ And in Relygyous as in seculers/and in olde:
as in yonge/ꝫ generally as well in men as in wo-
mē/in suche maner as sayt Johñ sayth verytably

Myr of gol.   C.ij.

and with good ryght / all the worlde is euyll: and
to all euyll it is obedient. Wherfore sayt Barnard
counsayllynge / to flee the worlde and vse a relyge=
ous lyfe: sayth on this wyse / flee out from þ myd=
des of Babylon / that is to saye fro the worlde and
saue your soules: flee to þ Cyte of refuge that is to
the relygyous lyfe / and there ye may for the euyls
passyd do penaunce / and gette the Joye / Eternall.
Wherfore abasshe you not / ne drede the hardenes /
or payne of doynge penaunce. For the passyones &
affeccyons of this presente worlde: be not worthy /
nor suffycyent: for to pardon the euylles and syn=
nes passed before. ☖And therfore thynke on the re=
warde that is promysed / by doynge penaunce in þ
house of god whiche is the heuely realme eternall.
And for more example declaracion of this mater: it
is to be noted that we ought to flee this synfull / &
miserable worlde for .iiij. causes. Fyrst thou ough=
test to consydre / that the wyse wyllyngly wolde de
parte to the conseruynge and keppynge of theyr hel=
the: places corrupte with pestilence and pryncipal=
ly yf they fele and perceyue sekenes of dysposicion
daungerous. In this maner is the worlde for it is
infecte with corrupte pestilence by thaboundaun=
ce of synne. And in so moche as synne is ryght con=
tagyous sekenes / soo it is to be fled and lefte. And
also the company of wretched synnes / for it is vn=
sure & vnholsome to them that be hole in all theyr
membres to folowe and vse the company of them
that be leprous & vnclene. In lyke wyse it can not

be thynge sure to man: that wyll be pure and clene to folowe this synfull worlde fulfylled with all vyces. To the whiche purpose it is sayd in ecclesiasticis in yͤ. xiij. Chapytour. He that toucheth pytche in berynge therof: shall take some towche of fowlenes. And he that is cõpanyed with yͤ proude: shall fynde some apparell or clothynge of pryde. ¶ And to saye the trouthe: it is a thynge Impossyble that he abyde longe in good werkes that often frequenteth with euyll persones. And for so moche sayth the psalmyste / with the holy: thou shalte fynde the holy / and with yͤ euyll: thou shalte fynde the euyll and so as euyll conuersacyon is noysaunt & hurtefull: ryght so is the good company good & profytable / for he that fyndeth good company: fyndeth helthfull lyfe and haboundaunt on ryches.

¶ And for a true declaracion: beleue verayly that full seldome it is seen: but a man becometh good or euyll: after the company / where he is enterteyned. ¶ And as sayth saynt Jerome the hertes of chyldren is as it were a clene pure table: In the whiche nothynge is paynted.

¶ Wherfore it is a true lykenes: that the workes and cõdycyons that they lerne in youth: be it good or euyll they wyll folowe in theyr age.

¶ Then let vs withdrawe frome this worlde as frome an euyll neyghboure. For in this worlde is there not a worse neyghbour: nor that so moche maye annoye vs: as the affynyte and affeccyon of synnes / wherewith this worlde is replenysshed.

¶ Secondely the wyfe of theyr nature wtdraw-
wtth & departeth from ꝑ places where they haue
doubte to be betrayed / folde / or delyuered to ꝑ han-
des of theyr enmyes / Whiche ꝑ worlde dothe from
daye to daye / Wherfore the wordes of Judas that
betrayed his mayfter / is propre to that purpofe.
Whiche fayd he that I ſhall kyſſe: take and holde
him / for it is he that I ſholde delyuer you / fuche or
refemblable wordes / fayth ꝑ worlde to the deuyll.
For he that ꝑ worlde cleppeth and kyſſeth and lyf-
teth up in greate honoure / he betrayeth & grueth
them in to the handes of theyr grete enmye the de-
uyll. ¶ Wherfore thou oughteft well to note that
in this worlde there is no fuertye ne trouthe. For
as fayth faynt Jerome the mooſt greate and ma-
nyfeſt fygne of dampnacyon / is to haue and folowe
in this corporall lyfe / the pleaſures / the ſportes / &
felyeptyes therof / and to be beloued of the worlde.
For he erreth and farre goeth out of the waye of
Juſtyce / that by ryches and delytes enforceth hym
to pleafe the worlde. ¶ Thyrdely the wyfe wtth-
draweth hym from ꝑ place where he weneth there
be perell / certaynly fo is the worlde a place ryght
peryllous / whiche is called a fee as fayth the pfal-
myſt / the worlde is a grete fee fpacyous / of ꝑ whi-
che as fayth faynt Barnarde the dyffyculte of paf-
fage / and the multytude of paſſers proueth ꝑ dau-
gyer / as in the fee of marcell yf theyr be. iiij. ſhyp-
pes one fcarſlye can paſſe wtout perell. So is it of
the fee of this worlde / of. iiij. foules one amonge

them with payne cometh to saluacyō. This worlde is lyke the diluuye where fewe folkes be saued in respecte of them ꝑ perisſhe. It is as the fournes of Babylon / enbraced with the fyre of hell / wherfore aboue all thynge / man ought to drede ⁊ flee it. For by the wynde of a lytell worde / man is enbraced to the fyre of Ire. And for the beholdynge of one woman / is enbraced with the fyre of lechery / and for the beholdynge of one precious Iuell / is enbraced with the fyre of couetous concupyscence.

℄ Fourthly we se by experyence that man gladly withdraweth and departeth frome hym that despreth hym / and pryncypally frome his capytall Enmye. ℄ And oure capytall enmye the deuyll Prynce of the worlde / that nyght and daye manyfsceth our dethe / frome whome we withdrawe vs when we forsake the worlde. ℄ And for so moche sayth Ecclesyasticis in ꝑ.ix. chapytour / holde ꝑ alway farre from a man that hath power to ſlee the / by the which man is vnderstande the deuyll / that man is ouercome by as sayth sayni Mathewe in his. xiiij. chapytour suche thynges be done by the euyll man vnderstandynge the deuyll our goostly enmy. For whiche cause aboue sayd / we ought to knowe ⁊ vnderstāde ꝑ ꝑ souerayne remedy to ouercome the worlde / is to flee and departe therewith. And to this purpose we rede in the lyfe of faders / ꝑ sayni Agryme beynge resūdunt ⁊ dwellynge in ꝑ palace of ꝑ Emperour / made his Oryson to god sayenge / lorde I praye ꝑ addresse me in the way of

helthe/in þ whiche Orison makynge came to hym
a voyce: saynge Agrym fle the worlde and þ men
therof:⁊ thou shalte be saued. And anone after the
hooly man wente in to a deuoute Relygyon/in the
whiche place he prayed semblably as he had done
afore/lorde addresse ⁊ shewe to me þ way of helthe.
And agayne a voyce answered hym/agayne fle/o
uercome/kepe sylence/⁊ rest the. These be the rotes
to fle synne/by the fleynge:is ouercome the cōcupis
sence of the flesshe/by kepinge sylence:is ouercome
pryde/by reste ⁊ ceasynge the loue and desyres of þ
worlde:coueytyse/⁊ auaryce is ouercome. Item J
sodor sheweth vs in this maner to dysprayse the
worlde yf thou wylte lyue in rest:take away ⁊ put
frome þ all thynges þ maye noye:or take from the:
thy good purpose/be come to þ worlde as deed/⁊ so
þ worlde to thenother care for þ glory of þ worlde
more then thou were deed/dysprayse in thy lyfe:þ
thynges þ þ mayst not haue after thy deth/of this
mater speketh saynt Jerome in this wise/o lyfe of
þ worlD:not lyfe but dethe/a life false ⁊ deceyuable
a lyfe myrte ⁊ medled with dystres/a lyfe shado
wed with leues/nowe as a fresshe floure:⁊ anone
drye/a lyfe fragyle ⁊ caduke. O lyfe meserable to
the true lyfe contrarye/þ the more he groweth:the
more he mynyssheth/þ more he goeth forthe:The
nygher is the dethe. O lyfe full of saares. ℂ Howe
many hast thou in this worlde: of miserable men:
taken and wrapped in thy lases/howe many hast
thou ledde and dayly leadeth:in to the tourmentes

infernall/how moche is he blyssed that maye knowe thy sotelties/moche more is he blyssed þ hathe no cure of the/& dysprayseth thy blandysshynges/& ryght blissed ought he to be called that is depryued from the/saynt Augustyne sayth þ worlde cryeth I shall fayle the at nede/& the flesshe cryeth I shall fall all to corrupcyon. Nowe aduyse the miserable synner: which þ wylte folowe. Alas ryght dere frende yf these thynges before sayd moue þ not to dispise and condempne the worlde. Herken the spekynge of saynt Barnarde to them þ loueth this sorowfull worlde/sorowe/payne/& traua, ll/be to they m to the whiche is prepayred þ mete of wormes/laboure/flames of fyre/thurst/côtynuall wepynge/and gnasshynge of teyth. And also þ horrible face and loke of deuylles. And soro we may be sayd to them: þ be in þ perpetuall tourment where dethe is desyred nyght & daye/and neuer shall come/for cursed synners in that tourment demaundeth dethe/but dye shall they not/for incessautly they shall be tourmented in eueriastyng horroures. Now miserable synners thynke ye nowe what sorowe and lamentacyons shall be/when þ poore synners shall be seperate & put out from þ companye of the iuste people. And when they shall be geuen to the power of deuylles and shall goo with theym to eternal tourmente/depryued and departed frome the glorye/& felycyte of paradyse/in sorowe and payne perdurably dwellynge in helle/where the fendes without ceasynge: shall alwaye trauell & tourmente them.

He that thus shall be tormented: shall neuer dye but
euer lyue without hope or mercy / & for more aug=
mentacion of sorowe: the dampned shall lyue with
out deth / and dye without beinge consumed / wher=
fore it is to be noted what Isodore sayth / yf thou
haue ý wytte of Salomon: the strength of Samp
son / the tyme and longe lyfe that Enec hadde / the
myght of tholomeus / the ryches of Crese. What
myght all these profyte the: at the houre when thy
stynkynge infecte flesshe shall be geuen to the wor=
mes / and thy soule to hell / with the soule of the cur
sed ryche man: there myserably to be tourmented
without ende. Item an other thynge ought to mo=
ue and admonysshe the to flee and dyspyse ý worlld
that is to knowe: the shorte space and tyme of lyfe
and the houre of dethe that to vs is vncertayne.
ℂ Wherfore sayth saynt Gregory / ý miserable ob=
stynate synners: do purchase & desyre theyr cursed
vyce / vnder the shadowe and hope of longe lyfe / &
the good and iuste: leaueth the gyltes of synne /
bycause they knowe and Iuge in them selfe / the
shortenes and lytell whyle endurynge of this pre=
sent ryght miserable worlde. wherof speketh saynt
James in the .iiij. chapytour of his canoque what
thynge sayth he / is our lyfe: but a vapour lyghtly
apperynge: and anone adnichyled and lost. And as
saynt Augustyne sayth. Howe shorte is the lyfe of
man from his chyldehode vnto the decreped aege /
for yf Adam hadde lyued sythen the tyme god four
med hym vnto this daye: and nowe dyed / what

profyte sholde be to hym the lengthe of his lyfe. ¶For what is oure lyfe but the course to the dethe whiche maye not be letted / but it behoueth vs alwaye to attende the houre: that oure souerayne lorde and god hath lymytted. For in hym onely is our houre certaynly determyned / to the whiche purpose sayth Senec / frome daye to daye we shall dye / for euery daye is taken frome vs a certayne of our lyfe. ¶O my dere frende / yf thou well consydre and loke vpon thy selfe geuynge hede to these wordes before wryten: I perseuerantly prynte theym / in thyne herte: thou shalte haue no minde to synge ony other songe: in this wretched worlde: but onely this. I languysshe in miserye / and contynually go to my dethe / forgettynge the tyme of longe lyfe in this presente worlde. For truely þ arte deceyued and thou hope on longe lyfe / and therby to possede many yeres the temporal Joyes and delytes of this deceyuable worlde. Not so my frede not so / for dayly thou seest the contrarye / and as the psalmyste sayth / man is made semblable to vanyte: whiche lyghtly passeth and consumeth: as a shadowe.

¶Of the vayne Joye / myght / dignyte / honours / and ryches / of the worlde.

✠

✠　　　　　　　✠

F thou wolde knowe what is þ Ioye/myght/dignyte/honours/ & ryches of þ worlde./vnderstande & herken þ prophete Baruc in his thyrde chapitour þ which demaundeth in this maner. where be þ pryntes of þ people: þ had seignory & dominació of þ beestes of therth/ & that played & disported with þ byrdes of heue/ where be the men that gadered gold & syluer: & affye them in theyr treasoure/neuer satysfyed with gettynge. Iwys they be all passed and deed/ and discended into hell/and other be come in theyr places/whiche nowe Ioye and vse of theyr goodes that they lefte. And where be the greate clerkes & the creatours/or where be the greate dyners in excesse and superhaboudauce of meates/or they þ haue put theyr plesauce to norysshe horses/palfreys/&luche other. And where be þ Popes/Emperours/kynges/Dukes/Prinçes/Marques/Erles/Barons/noble Burgeys/Marchautes/laborers/& folkes of al estates/they be all in powdre & rottennes/& of þ moost greatest: there is noo more but a lytell memorye vpon theyr sepulcre in letters conteyned/but go se in theyr sepulcres and tombes/and loke and thou canst well knowe/and truely Iuge: whiche is thy mayster: & whiche is the verlet/whiche bones be of the pore: and whiche be of the ryche/deuyde yf thou may: þ laborer frome the kynge/the feble frome þ stronge the fayre/from the foule/and defouled. Now certaynly it is well to be vnderstande that this worl dely Joye/what that euer may come of it/is to be fled. Fyrste for it is ryght vyle of condycyons. Se condely/for it is ryght false of promyse. Thyrdely for it is ryght frayle/ and vayne in endurynge. Fourthly for þ retrybucion is ryght cursed & dãp nable. I saye then fyrst that þ Joye of the worlde is to be fledde/for so moche that of his nature/it is ryght vyle and detestable/wherof it is wryten in þ fyrst boke of Machabeꝰ/in the seconde chapytour/ the Joye of the worlde is dunge/wormes/& cor rupcyon/ whiche this daye is lyfte vp and set on hyghe/ and to morowe nothynge shall be founde. Beholde then amonge all thynges/ what is more detestable then dunge/ & amonge the beestes more vyle then þ wormes/ & thou shalte saye that þ Joy of the worlde is none other thynge/ but dunge and wormes/ whiche ought to be wytstande and dys praysed of men. The Joye of the worlde also is as the roten woode/ of the whiche the phylosopher te cheth/ & thexperyence appreueth/ for on the nyght it shyneth/ and is pleasaunt/ & on the day/ it appe reth rotten and noughte/ what other thynge is a man full of: vayne glory/ þ in hym selfe taketh su che pleasure/ is but onely a lyght & clerenes faynte and decevuable/ whiche the eyen of the poore crea tures/ that be weeke/ feble/ and sekely Jugeth by holdynge outwardly/ to be the true Joye of felicy te. But whan the pyteous daye of Jugemente shall come/ In the whiche almyghty god shall illu myne the hydde and secrete thynges that nowe be

Myr of golde.   F.i.

in derkenes / and shall declare and open the coun=
sayll of hertes / then they that nowe seme and ap=
pere glozyous / shall then appere fowle / and full
of rottennes / and of all people cast out and refused /
as stynkynge and abhomynable. ✳✳✳

⁋ For suche folkes that hathe þ ryches and puys=
saunce of the worlde / be semblable to a batte / that
in the nyght flyeth and shyneth / and in the daye w=
draweth / and hydyth him / and appereth al blacke.
Alas yf these poore and myserable people that in
theyr vayne ryches putteth theyr glozye / whiche
here after shall retourne in to dust / with fylthynes
of theyr flesshe / ⁊ nowe in this myserable worlde
by dygnyte and greate power be exalted / wherby
they oppresse and ouercome the poore / whose pry=
de shall shortly be swaged / by cruell deth / then ap=
perynge blacke and rotten. Consydre well these
thynges be foresayd.

⁋ I can not thynke but they wolde condempne
and haue in abhominacion / the temporall glozy of
the worlde / seynge and consyderynge the openyon
of saynt Ierome / that sayth it is vnpossyble that
man in this worlde and in the other shall appere
glozyous . ⁋ For the seconde we ought to flee
and leaue the glozye of the worlde / for it is ryght
frayle / and neuer assured ne conformed in stabylyte /
but false ⁊ defectyue / as is the smoke oz vapoure.
and odour of the floure . ⁋ The smoke is of that
nature that the moze it procedeth in hyghth / so mo
che it mynessheth of his puyssaunce / and substaun=

ce. ¶In so moche that fynably in mountynge soo
hyghe/it consumeth and vanyssheth. ¶The floure
semblably whiche hathe greate odoure: and for a
lytell shorte tyme in sauoure and coloure noble and
pleasaunte/by a lytell wynde or heate of the sonne:
it is deed & dryed/& leaseth bothe sauour/couloure
& odour. So is ꝑ Joye of this worlde/as wryteth
Jsaye in the.iiij.Chapitour/all thynges that god
hathe created in flesshe:is as the haye/and all the
glorye of the flesshe is as the floures/of the same:
the hay be cometh drye/and leaseth his colour and
floure/soo is the glorye of the worlde vayne/ and
infructuous/lyght and transytorye. ⸙⸙⸙⸙
¶And soo be they that loueth the worlde/as the
hay soone drye & deed/anone as they be come out
of the erthe. ¶Wherfore sayth ecclesiasticꝰ/all tem
porall myghtes/all corporall lyfe/is this daye du
rynge:and on ꝑ morowe deed/and at an ende . Be
holde where is nowe the glorye of kynge assurye:
Whiche behelde vnder his seygnorye and domina
cion:the nombre of.xxvj.prouynces /where is the
glorye of kynge Alexandre/that put all ꝑ erthe vn
der his subiection/& obeysaunce: so as it is wryten
in the fyrste of machabeus/where is nowe the glo
rye of all his empere or ꝑ realmes : that he put vn
der his obeysaunce/Where be ꝑ pryncees whiche had
dominacyon on ꝑ beestes of therthe:be they not all
passed: as well the pylgrymes as the hostes of all
sortes : what was theyr contynuaunce:but shortly
gone and sodeynly departed in the space of one day

℃They haue in vanyte passed theyr dayes / and theyr yeres / in a shorte season / and lyke wyse in va nyte they be departed & vanisshed and none is aby dynge / for it is comon to all thynge create to dye / & deth is of suche condicion that it beholdeth nether honoure / ne riches / but is so cruell that it spareth none his course / and lawe by all þ worlde is so co mon / and egall / that it spareth no more the Empe rour / kynge / or grete estate / than it dothe þ moost captyfe / or poore creature / for not withstandynge that the ryche & myghty is norysshed in this worl de with delicyous metes: folowynge his voluptu ous pleasures / by þ whiche his soule is defouled / in thende he shall bere no more with hym then the moost poore. ℃Thyrdely the glory of the worlde is to be sledde / for it is ryght false and deceyuable / & holdeth to none his promyse / not withstandynge that it may not geue ony man one moment or spa ce of tyme / yet it promyseth man suerty of lyfe / be holde who maye compare with kynge Alexandre / and with the glorye that he had in the worlde he lost neuer batayll / but often ouercame greate mul tytude of his Enmyes / he beseged neuer Cyte but he wan it / there was no prouynce but he subduedit / to his domynacyon / yet not withstandynge all his mygh / at the houre that he had wente to haue ru led & gouerned all þ worlde in peace / by a lytell be nom he was constrayned to dye / & so departe / and leue all that worldely glorye. Wherfore man doest thou folowe the Ioye of this worlde / that in thens

de maye not socoure the / of ÿ whiche sayth Peter
blesense in a pystell / the false deceyuable glorye of
the worlde: abuseth and deceyueth his louers. For
what so euer he promyseth for the tyme to come: or
what so euer he pretendeth for the tyme present: is
thynge of nought / soden ⁊ passable as water ryn-
nynge. Fourthly the glory of the worlde is to be dis-
spysed and fled: for it is ryght cursed / ⁊ of euyll re-
tribucyon / It ledeth a man to no Joye but to all
payne / ⁊ confusyon / of the whiche thynge speketh
Osey in the .iiij. chapytour / sayenge the Joye of ÿ
worlde shall tourne to blame and confusyon / ÿ puys-
saunce in to debilite / the wysdome in to folye the
loue and delectacion: in to tribulacyon and payne /
for by Juste mesure ⁊ qantite for the gylte shall be
in the ende payne equiuolant / Wherof saynt Jer-
me speketh in this maner to them that loueth the
glory of the worlde: sorowe and mysery be to you
that wyll haste to goo to the Joye of heuen: by the
waye of youre rychesse. For it is a lyghter thynge
for a camell to passe the hole of a nedyll: ye thenne
a ryche man to entre to the realme of heuen. And
for a more grete probacyon he saythe / note not my
wordes: but the wordes of Jesu chryst / that sayth
the heuen / and the erthe / shall passe and take ende:
but my wordes shall euer be true: ferme: ⁊ stable.
Therfore wake and wepe ye miserable synners /
vnstablysshed with the wynde of inconstaunte for-
tune / that confoundeth ⁊ dispiseth other / ye be ders-
ked and blynded with goodes of vanyte: and with

Myr of gol.   F.iij.

dygnytyes : that ye haue fraudently and malycy=
ously:goten in the worlde . The terme of your lyfe
shall be perauenture this nyght : kytte & broken/
your soule in hell without ende & without terme:
in þ intollerable and myserable tourmentes/for as
ye haue not bene with þ good men/contynuall hel=
pynge in laboure ne suffered them to lyue by theyr
laboure/but of your myght hathe diffouled and ex
torted them : so shall ye not onely be in tourment w
men/but perpetually with all the deuylles in hell
and so moche more as ye haue hadde Joye & glad=
nes:so moche more in hell shall be prepayred youre
greue and payne/and more shall I saye you our sa
uyour & redemer Jesu chryste chase in this world
xij. Appostelles / of the whiche there was of noble
lynage but onely one/whiche was saynt Barthel=
mewe/and one ryche:that was Mathewe/& all þ
other were pore fisshers/lyuynge in payne and tra
uell of theyr bodyes. ¶ Now sith it so is : that god
is iuste and true:and all thynges procedyng of his
mouthe is pure trouth/veraply I thynke w grete
payne amonge all the Nobles / and ryche of this
worlde one myght be founde conuenable and wor=
thy to helthfull eleccyon/but ynoughe maye be fou
de:that be propre and conuenable/to the seruyce of
dampnacyon . ¶ And for a lytell whyle beynge/in
hell they shall receyue theyr salarye / and yf by ad=
uenture:ony derke or blinden frome þ true lyghte:
wolde haue meruayll : and questyon of this wor=
des:I sholde answere in this maner/whether we

beleue that foꝛ one deedly synne a man ſhall be
dampned:yf he dye therin/is to be anſwerd ſo it is
℀ Wherby it is to be cõcluded that theſe thynges
conſydered amonge an hundꝛed / thouſande with
peyne one vnneth maye be ſaued. An other queſty=
on is this what is the ryche with all his delytes ⁊
pleaſures. Truely none other thynge: but a veſſell
full of ſynne/replete w̃ pꝛyde /lechery /⁊ coueytous
pꝛyncypally to ꝑ ryche myghty ⁊ noble : reygneth
many tymes all ſyñe and maledyccyons. And they
ought to be called theues / foꝛ violently they rob be
and ſteale frome the pooꝛe : theyꝛ ſalarye / and de=
fouleth and putteth to deth them: that they ought
to ſuſteyne and noꝛyſſhe with the goodes that al=
myghty god hath gyuen to ſuſtayne the poꝛe / cer=
taynly ꝑ myſcheuous and meſerable ſynners that
in theyꝛ onely richeſſes taketh theyꝛ felicite /ought
to gyue to the pooꝛe and in large them: with the ſu
perfluous goodes that they put in theyꝛ clothynge
and theyꝛ araye. ℀ They take it to theym ſelfe : to
theyꝛ ruen and dampnable confuſyon. But alas
they ſe the poꝛe membꝛes of Jeſu chꝛyſte naked /⁊
diſpurueyd:dyenge foꝛ hungre:and thyꝛſte /⁊ ther
foꝛe they foꝛſe not / but alwaye put theyꝛ treaſure
frome the pooꝛe /that is to wpte: the ſuperfluyte
and ſuperaboundaunce of theyꝛ rycheſſes in ſum=
ptuous edifyenge of greate palaces /that maye be
pleaſure to ꝑ ſyght of moꝛtal men / to beholde:pꝛe=
payꝛynge greate diners:the riche to the riche /fur=
nyſſhynge theyꝛ dyſſhes full of dyuers meates /⁊

fyllynge theyr bellyes: & theyr eaten bodyes: with the delytes of the worlde/hauynge no pyte mercy: nor compassyon: of the poore that they se dye dayly for hungre & thyrste. O miserable creature what other thynges is it then synne: suche a dampnable lyfe/consydre then/that as sone as the belly is fylled with haboundaunce of meetes/þ false dampnable lecherye is presented at the gate/to drawe the to eternall dethe/what woldest thou that I sayde more of suche folkes/that in the honour and riches of this worlde: thus passeth theyr dayes/certaynly all the tunges of mortall men: can not saye nor determyne the enorme euylles/and synnes þ they commytte. For they be thynke them not of god: ne of the deth/but yf it be by aduenture/in theyr slepe sleppynge/or drempnge.

¶ Suerly he lyghtly falleth in synne: that thynketh not hym selfe mortall/and knoweth not god to be his Iuge/to moche an ignoraunte foole/is he: that of these thinges haue no mynde/and fleeth not this lyghte temptacyons/settynge nought by theym/and for to saye the trouthe/I beleue that yf they had perfyght knowlegynge of god theyr creatoure: and knewe theym selfe to be mortalle: they sholde not so offende god by synne: at the leest so boldely and soo greuously. ¶ Alas what doeth suche synners in the chyrche/and places of deuocycyon: certaynly they goo full synfully to se and beholde the beautye of women/when they oughte to thynke of god and saluacyon of theyr soule.

℃Theyr thoughtes is howe they maye sayle vp¬
pon the see / for to geder and assemble trasours and
worldcly ryches for them / and for theyr chyldren /
thynkynge also howe they maye apparell and clo¬
the theyr bodyes / with precyous clothynge to the
worlde moost pleasaunt / ᛜ how they may make dy
uerse playes ᛜ tourmentes / w̃ suche other dyspor¬
tes / and dylycate meetes / to get and purchase the
fauoure of women / to accomplysche þ̃ concuppescence
of theyr cursed flesshely desyres. O poore miserable
and cursed synners / ye be so ygnoraunte / what do
ye / alas ye dystroye your bodyes / before the tyme
of youre dayes / and putte youre soules to mortall
dethe. ℃Wherof thynke ye cometh so many soden
sekenes / but of to moche grete haboundaunce and
excesse of meetes and drynkes / with the cursed de¬
testable frequentació of women / ye thynke to play
you with god / and abuse your selfe / ye forget that
the soule sholde obey to the bodye / and in so doynge
ye dystroye soule and body / before the tyme. And
for a lytell shorte tyme of Joyes and songes here /
it behoueth you after / to langoure in eternall tour¬
ment / ᛜ wepyng without ende / drynke ye / eate ye /
clothe you with dyuers habytes / in þ̃ often chau¬
gynge of theym / to thende that your noblenes be
reysed / and that no mortall man in honoure excede
you / and in hell shame and confusyon ye shall recey
ue / where shall be then your greate dyners of dely¬
cate and precyous meetes / þ̃ wynes of aromatyke
and confected with dyuers spyces / eate nowe and

ye shall be dzonken: foz after your dethe ye may no
moze doo so/but ye shal be in hell with ꝑ cursed ry=
che that so dayly lyued in this delytes/ꝛ then axed
but one dzoppe of water foz to quenche his heate/
and myght not haue it / do euyll werkes and sowe
the sedes of good werkes in cozrupcyon: and in so=
rowe ꝛ cursednes / ye shall gader your sede at the
day of Jugement/when it shall be sayd to you cur=
sed synners go to the eternall fyze of dampnacyon/
Which is to ꝑ deuyll ꝛ to his folkꝭ made redy. Alas
herte moze harde then is the stone / wolde ꝑ abyde
that daye so terryble and so hozyble: in the whiche
ꝑ shalte not onely yelde accompte of thy lecherous
clothynges/dzonkenes/ꝛof euyll spent tyme:how
thou haste lyued: but with that it shall behoue the
to yelde accompte of euery vayne wozde. O mise=
rable syñer why doest thou not amende the/wher=
foze taryest thou frome daye to daye to tourne ꝑ to
god/why doest thou not repente thyn euyll dedeꞩ/
thy deth is nyghe/ꝑ daye and nyght is aboute to
ouerthzowe the. The deuyll is as nyghe to take ꝛ
receyue the. Thy ryches shall fayle the at nede/the
wozmes abydeth thy flesshe /that thou so derely
hathe nozysshed /foz to deuoure ꝛ gnawe it vnto ꝑ
tyme that/after the daye of Jugemente it be co̅ioy
ned to ꝑ soule: that they maye suffre to gyther eter
nall payne . O abused creature ꝑ sechest ꝛ hopeth
to fynde by ꝑ vanytees of this wozlde Joy/dyspoz=
te/ꝛ infynyte ryches/ꝛ they be none/but ꝛ ꝑ wylte
fynde Joy ꝛ perpetual felicite/labour dyligently to

ſeche ẙ blyſſed realme of heuē / foꝛ there thou ſhalte
fynde infynyte Joye. The which neuer Joy ſawe
oꝛ eare euer herde / noꝛ herte of mā can cōpꝛehende
oꝛ thynke / the Joye pꝛepared foꝛ the louers of al=
myghty god. Now leue then theſe vayne thynges
ẙ in ſo ſhoꝛte ſpace be gone / to thende that ẙ mayſt
haue in poſſeſſyon the goodes ⁊ felycite of the Joy
eternall. ⸿Alas what ſhall be of theym that ney=
ther foꝛ the loue of god / the dꝛede of dethe / noꝛ the
tourmentes of hell / wyll leue theyꝛ ſynnes / but be
ſoꝛowfull and dyſpleaſaunt / when they maye not
haue theyꝛ curſed pleaſures at theyꝛ wyll and de=
ſyꝛe / whiche is ſo greate dyſpleaſure to god.
⸿O ye wꝛetched folkes / ſoꝛowe vpon ſoꝛowe ſhal
be too you / that laughe and reioyce you ſo in this
ſoꝛowfull woꝛlde / foꝛ after in anguyſſhe ⁊ ſoꝛow=
full wepynge / ye ſhall haue eternall ſoꝛowe / reſte
yet a lytell ⁊ imploye your dayes / fyll the meaſure
of your myſeryes ⁊ malyces / ſo ẙ the indygnacion
of god ſhall come vpon you / be beruēt in this lytell
tyme / in vſynge your outrageous playes daunces
dꝛonkenes / lettynge ẙ tyme vaynly paſſe / aſſēblin=
ge to your chyldꝛē honours ryches myghtes ⁊ po=
wers augmētyng your noblenes ⁊ renowne to the
ende ẙ your chyldꝛē may folowe your lyfe ⁊ wᵗ you
ppetually be dāpned. But perauenture ſome may
ſaye that god is benygne and mercyfull / and redy
to receyue all ſyñers / that to hym wolde turne / J
cōfeſſe it to be true / ⁊ not onely benygne / but moꝛe
benygne / then ony may thynke / ⁊ pdoneth al thē ẙ

cruely turneth to hym. Alas is not god ryght be‐
nygne/that endureth so many Iniuryes/and suf‐
fereth and geueth space and tyme/to the synners to
amende and correcte them self/but of one thynge I
wyll assure the. in that god is pyteous and mercy‐
ful·in sufferynge of the synner/as moche is he iust
in punysshynge the euyll & iniquites/yet agayne
it maye be sayd that a man whiche hath by longe
space of tyme lyued and in his dayes hath done no
good dede/and yf ony he haue doone/it hathe ben
very lytell/albeit in þ artycle of dethe he shall ta‐
ke penaunce/& shall optayne pardon of his mysde‐
dis. O folysshe and vayne cogytacyon of man/cur‐
sed and dampnable hope/that so wolde abyde to
conuerte hym to god at that daungerous nede/for
among a hundreth thousande men/that ledeth su‐
che cursed lyfe/it shall be harde to fynde one that
at that tyme/can seche to god for mercy or pardon.
℄ O lorde what gyfte/what grace/what mercy
may man axe of god/engendred & norysshed in syn‐
ne/& neuer lyued after the lawes of god/ne neuer
knewe ne wolde here speke of hym/ne þ euer wol‐
de knowlege his owne syne/ne what it is to do pe‐
naunce/but yf he knewe it in sleppnge/what gra‐
ce myght that man aske of god so knytte and drow‐
ned in sceuler besynesse/the whiche incessauntly
thynketh what payne it is to leue and forsake his
chyldren/on the one parte/whom sekenes costrey‐
neth and oppresseth on þ other parte/the ryches &
temporal goodes that he beholdeth and must leue

to the worlde / what sorowe / what heuynes maye
touche that herte / whē he seeth ꝑ of all goodes tem
porall he is perpetually depryued / ⁊ they may not
socoure hym at nede / vayne ⁊ lytell auaylour shall
be to hym then takynge of penaūce / for yf he hoped
of helthe he wolde not aske pardon / and to make a
brefe conclusyon / he that in his youth dyd not sha=
me to offende god / in thende he shall not deserue to
haue indulgence of god / what penaūce may it be
to man that taketh it when he seeth to haue no mo
dayes in this worlde. And yf he sholde parchaūce
be worse then he was before / and in effecte / when
he knoweth the dayes and tyme of his lyfe at a en=
de / then wyll he aske mercy of god to do penaunce.
And after ꝑ retornynge to helthe of body / he sholde
be worse of lyuynge / for truly as sayth saynt Jero
me / J holde and affyrme and by many experyētes
it is to be knowen / that theym whose lyfe in this
worlde hathe alwaye ben euyll / can not be a good
ende / which feared not to synne / but alwaye lyued
after the concupyscence ⁊ pleasure of this worlde.
For the whiche / ryght dere frende consydre in thy
herte these thynges beforesayd / condempne ⁊ dis=
prayse the worlde with the vayne ioye / and decey=
uable reioyses / for thonoure of hym / that is aboue
all thynges . Alas what profyte may be to man ꝑ
wynnynge of all the worlde / ⁊ after to suffre perdi=
cion ⁊ dystruccyon of his soule / remembre the that
ꝑ arte man and ꝑ thonoure of the worlde is the be=
traye lettynge of grace and that worse is : it is the
      Myr of golde.   G.j.

losse of eternall helthe/ where haue we rede of ony
puttynge theyr delytes in the worlde here/ þ hath
entered the euerlastynge Joye. O how false and
vayne is the Joye of this worlde whiche men so
gretly desireth/ & they neuer seche for þ grete Joye
of heuen þ cometh onely of god/ yf mã wolde be pre
ferred aboue other & haue ouer them dompnació &
seygnore/ Is not he lyke to Lucyfer þ sayd I shall
put my seate in the northe & I shall be lyke to hym
that is moost hyghe/ then loke thou proude man
to hym that wolde haue hadde that hyghe estate
whiche for his pryde was caste in to eternal ruyne.
Therfore sayth saýt Augustyne/ he is well blyssed
& happy þ putteth his onely desyre in the heuenly
Joye/ & reioyseth not hym selfe in psperyte of this
worlde/ nother i aduersytic is shamed or abasshed/
he þ thynketh þ nothynge in this worlde is to be
loued/ fereth lytell to lose & forsake þ goodes & pspe
rities of this worlde for godes sake/ þ ioye of this
worlde is none other but as a blaste of wynde pas
synge by þ eeres of man/ wherfore miserable syñer
beholde how thou arte blynded yf thou desyre this
worldely Joye. For as sayth saynt Anselme/ thou
mayst not be in worldly honour wout payne & la
boure/ thou mayste not be in prelacie/ without en
uye & trouble/ nor in honour & hyghe dygnite with
out vayne glory/ & therfore yf thou wylte withstã
de the dañger & parell to the whiche thou runnyst
in desyrynge temporal honour & Joye of þ worlde/
without doubte it is necessary to the/ to leaue/ flee/

and renounce the miserable vanityes of the same.

Chow men ought alwaye to attende
and dreade dethe.

Rememble the often that deth foloweth þ and tarieth not. for it is wrytten in Ecclesyasticis þ moche is it profitable to the helthe of man for to haue often meditacyon and mynde of dethe / whiche is declared in dyuerse places of holy scryptures / wherof the sayd Ecclesyasticis sayth to the same purpose. Rememble and recorde the laste thynges / þ is to saye deth / þ Joyes of paradyse / and the payne of hel / and thou shalte neuer commytte synne to thy dampnacyon. ¶ And to this purpose sayth saint Barnarde / þ moost soueprayne felicite is contynually to thynke on dethe / for that man that bereth with hym the remorse of conscience: and the often thynkynge on deth : shall neuer doo synne to be dampned for / and Saynt Augustyne confermynge the same: sayth / that there is no thynge that so moche reuoketh synne fro man : as often to thynke þ he must nedes dye / for it maketh

Myr of gol.   G.ij.

man to meke hym/and dyspyse all vayne thynges/
and redy to accepte penaunce. For as sayth saynte
Jerome/he lyghtly dyspiseth all thynges: ẏ thyn:
keth alwaye to dye, for he dyspyseth fyrste the con:
cupiscence of his eyen:that consydereth how soden
ly he must leaue all thynges ẏn this worlde: to the
worlde/and the concupiscence of the flesshe is dys:
pised:when he consydereth that his body in one in:
stante: shall be wormes meate. Pryde is dyspysed
when he consydereth in his herte:that he that wyll
in this worlde be aboue other: in a lytell whyle af:
ter:shal be put vnder the feete of all other. I wolde
that kynges and pryncis wolde vnderstande and
consydre:howe pyteously it shall behoue theym to
leaue theyr rychesse/and the glorye of this worlde
to be borne and lodged: in an olde foule and stray:
te sepulcre lowe in the erthe/to leaue also theyr shy
nynge and beautyfull palaces: for to entre in to a se
pulcre horryble and derke/full of stynke ⁊ corrup:
cyon/voyde of all Joye and riches/and full of mise
ry/hauynge neyther chyldren nor yet louynge ser:
uauntes. ☾O where thenne shall be the pompe
and pryde the tyme passed with the multytude of
seruauntes/that folowed them/or theyr ryche shy:
nynge clothynges. Certaynly he that hath hadde
this worldly Joye and folowed in felicite this day:
to morowe maye be in his sepulcre/sorously gna:
wen and eten of wormes/wherof speketh pope In
nocent in this maner/my bretherne vnderstande
and beholde ye se a man not longe a go lyuynge in

his house noble / ryche and myghty / and sodaynly
poore & naked frome all goodes in his sepulcre. He
that so moche hathe hadde tryumphe and honour
in his halle and palace / lyeth nowe dysformed vn=
der a tombe. He ꝑ was accustomed with delycious
meetes and drynkes in his perlour / is now eten &
consumed with wormes in his sepulcre. And lyke
to this purpose wryteth Peter damyan / spekynge
of ꝑ memorie of dethe in a pistole that he sente to a
Countesse / O almyghty god how meruellous is
it to remembre and thynke on the bytter sorowe &
drede that the poore synfull soule sustayneth and
suffereth / when it seeth & knoweth that the worl=
de shall fayle and that the flesshe shall be departed
frome it / ¶How sharpe and bytynge pryckynges /
shal then tourment the soule / when it remembreth
the synnes that it hath commytted in this worlde
brekynge the commaundementes of god / and by
necligence hathe lefte to accomplysshe them. It play
neth and wepeth the tyme taken in vayne / whi=
che was graunted and gyuen to hym to do penaū=
ce / dredynge the strayghte vengeaunce of Juge=
mente vnreuocable that he seeth appere. It is con
streyned to leaue the body / thenne wolde he make
amendes for the faultes of the tyme passed / but it
shall not be harde. It beholdeth bacwarde the ty=
me of mortall lyfe passed and gone / it semeth hym
but a lytell waye a soden course / and a lyght passa=
ge. ¶Then he wepeth for that he hathe loste in so
lytell and shorte tyme / the loue of all sayntes / and

Myr of gol.   G.iij.

for so lytell transytory Joye / hath loste the swete
Joye and glorye perpetuall / and hath shame that
he hathe obeyed to that caryen body / whiche is þ
meete of wormes / Whiche soule sholde haue bene
presented in the company of aungelles / When he cõ
syderyth at that houre the ryches of morall men /
by the whiche they be put to perdicyon / he wepeth
and in hym selfe is vtterly confounded / for þ losse
of the soueraygne cierenes in heuen / he knoweth
that whiche he loued in this worlde / is but derke=
nesse. At that houre and that sorowfull contempla=
cyon. ¶The eyen begynne to meruayle and for
feare tourne in the heede. The breste begynneth to
tremble and to beate. The throte is hoorse / and the
brethe shorte. The tethe become blacke. The lyp=
pes & the mouthe deedly and pale / and all the mem
bres be shronken togyther . And the vaynes of the
herte bresteth for sorowe . And the sorsayde sygnes
shall be neyghbours doynge seruyce to dethe.
¶There shall be presente the horryble & euyll syn=
nes. The false thoughtes and vnlawfull desyres.
The ydell wordes that hathe be spoken / shall not
be absent / but redy to bere bytter witnesse agaynst
the doer of theym / there shall all thynges be made
open and knowen / Where noo creature shall flee /
but straytely gyue attendaunce the horryble and
fearefull companye of deuylles / shall there be pre=
sent. ¶And also the blessed companye of aungels
to thentent that euery creature shall be rewarded
accordynge to theyr demerytes. For yf the soule be

founde without synne / the holy company of aun
gelles shall represent it befoze god / with grete me
lody and swete songe / neuer to departe from glozy.
⁋And on þ contrary parte / yf it be founde in syn
ne / the blacknes and ferefulnes of deuylles / ano
ne with intollerable fere / shall stryke and smyte
the cely soule: with so greate violence / that it shall
be thzowen downe & copelled to departe out / from
the body of myserable flesshe. Then goth the soule
aboute to euery membze of the body / fyzste to þ lyp
pes. To whome þ lyppes dothe say. O soule what
wylte thou do. It answereth saynge I must de
parte and go out of this body þ lyppes gyueth an
swere saynge / þ came not in to the body by vs / noz
by vs shall go out. Then the cely soule goeth to the
eeres and to the nosethzylles & they make answe
re to it in lykewyse. Afterwarde it goeth to þ eyen
by whome it entred in to the body / and vp to the
crowne of the heede. And lokynge aboute hether
& thyder / it taketh greate thought yf it be damp
ned / saynge vnto it selfe. O I cursed soule of þe ex
comunicate / thefe / & aduoulterer / foznycatoz / per
iurer / extozcioner. And anone it loketh aboute and
seeth þ vesture which it had at þ fonte of baptisme
whyte and vndefyled / and now blacker then pyt
che / with a grete voyce it cryeth & wepeth saynge.
Alas alas who hathe chaũged my vesture / which
was so fayze & pzecious whyter then snowe / clerer
then crystall. At this sozowfull clamour appereth
vnto hym the deuyll þ to this / hathe guyded & go

uerned hym sayenge in this maner. ¶O my sou-
le and my louer meruayle þ not. For it am I that
hathe made redy to the this clothynge / take com-
forte to the / for thou arte not alone / but accópanied
with the moost parte of the worlde. ¶Then sayth
the sorowfull soule / what arte thou that speketh to
me . The deuyll shall answere I haue tolde the I
am he that hathe made redy this clothynge to the
I haue shewed my lyfe to the in the worlde.
¶Thou haste obeyed and beleued me in all thyn-
ges and with me laboured . Thou haste done and
accomplisshed all my coúsayles. And therfore thou
shall come and abyde with me in the realme where
is and shall be euerlastynge sorowe without Ioye
hungre without meete / thyrste withoute drynke /
derkenes without lyght / putryfaccyon and stynke
withoute ony good odoure or smell / sorowe with-
out conforte / waylynge without remedy / wepyng
without ende / noyes ♃ pyteous clamacyons with
out silence / howlynge wout ioye or reste / brennyn-
ge fyre without ony quenchynge / wynde without
tranquylyte / colde without a temperaúce or mene
hecte without ende / and all euyll without hope of
good. And therfore my frynde rele thou and come
with me / se here the Aungelles of hell þ come to
mete the / and shall synge ryght bytter songes of so
rowe and heuynes . And then on the other parte
shall appere the good Aungell / to whome he was
tómpyted by god . And he shall saye in this manere
blyssed and happy be they in this world that fleeth

and withstandeth this ryght foule and cursed clo
thynge oz garment. O cursed soule of the deuyll. O
vnhappy creature/ þ of almyghty god is cursed J
in this worlde haue dwelled with the ꝛ thou haste
not seen me/ J haue taught the / and thou woldest
not vnderstande me/ J haue geuen the counsayle/
and thou woldest not here me. ¶And therfoze goo
in to þ handes of the deuylles/in to the place of per
petuall tourmente whiche is prepayzed and made
redy: foz the/foz thy cursed wozkes: thou arte now
condempned/ Alas who may thynke oz deuyse the
bytter company of deuylles/ waytynge with sozo
we: rysynge on euery parte : and berynge dartes ꝛ
speres of hell/ by the which: the pooze cursed soule
is taken ꝛ ledde with grete sozowe / to tourmentes
sayenge to hþ. O sozowful captyfe how pzoude hast
thou ben tyll nowe: howe vycyously haste thou ly
ued with how ryche and pzecyous habytes haste
thou ben in the worlde : now saye vnto vs / wher
foze hatest not þ now thy dylycyous meates / why
arte thou not clothed with ryche clothynge / wher
foze haste thou not nowe care and thought of thy
ryches / wherfoze confoztes thou not the with thy
wyfe/chyldzen/and frendes: Wherfoze spekest not
with theym. And after these wozdes the sozowfull
soule with wepynge and lamentacyons: curseth þ
body sayenge in this maner. O temple of þ deuyll.
¶Thy cursed wozkes and operacion hathe pollu
ted ꝛ defyled me. O cursed erthe. O habytacyon of
sathanas / ryse vp ꝛ come with me/to thende that

thou mayst se the place of tourmentes: that by the
to me is made redy: in the whiche I shall be with-
oute reste tyll the daye of Iugemente / and after
that daye: thou shalte be with me in eternal damp-
nacyon. Cursed be thyne eyene that wolde not se
the lyght of trouthe / and þ waye of Iustice of god.
Cursed be thyne eeres that wolde not heere þ wor-
des of eternal lyfe. Cursed be thy nosethrylles that
wolde not receyue the odoure of holy vertues. Cur-
sed be thy lyppes and thy tongue: that wolde not
taste the Ioye and eternall glorye / that wolde not
open the dore of praysynge: to thonour and exalta-
cyon of theyr creatour. Cursed be thyne handes for
by theym: almes hathe not ben geuen and presen-
ted to the poore. Cursed be the inwarde partes of
thy herte: whiche hathe in this worlde geuen and
brought forthe many false and euyll counsaylles.
Cursed be thy feete: that hathe not byseted the pa-
thes and steppes of the chyrche of god. Cursed be
all thy membres: whiche neuer desyred celestall
Ioyes. Cursed be thy workes: which hathe taken
chosen / and excepted: þ euerlastynge tourmentes.
Beholde my dere frende: of howe greate parell
thou myghtest delyuer the: and howe greate feare
thou myghtest flee: yf in this worlde: thou be fere-
full and thynkynge ofte on dethe. ⦗ Study to lyue
so in this worlde: that at the houre of dethe: thou
mayste haue more cause to reioyce then to dreade /
or feare. Lerne nowe to dye in this worlde: and
disprayse all worldly thynges / to thende that thou

mayste haaste the / with Jesu chryste vnto Joye.
Chastes thy body with penaunce in this worlde /
to thende that after thy dethe / thou mayst haue su
re and perfyte hope of eternall lyfe.

❡ O howe happy is he and also wyse / that taketh
thought and inforseth hym selfe to lyue so in this
lyfe / he that wylleth ⁊ desyreth so to be founde af
ter his dethe.   ❡ Alas worke thou and purchase
with all thy myght and powre thy helthe: durynʒ
ge the tyme that thou hast space / for thou knowest
not whenne thou shalte dye / nor what thou shalte
fynde after / haue no hope ne truste to thy frendes
nor kynnesmen. For certaynly they wyll sooner
forgete the / then thou thynkest / yf thou haue not
nowe cure and remembraunce of thy selfe.

❡ Who wyll haue it for the after thy dethe. Alas
it is moche better in this worlde to prouyde hastly
for thy necessytees in doynge some good for thy sel
fe / then to haue hope ⁊ abyde of the helpe or ayde
of other as longe as thou hast space / assemble ⁊ ga
ther togyther immortall ryches / by largely geuyn
ge of almes purches and get vnto the in this worl
de / hominable frendes / that is to saye / the sayntes
of paradyse / to thende that by thy good ⁊ meryto
ryous workes / they maye recepue þ to the Joyes
celestyall / for as saynt Gregorye saythe / we ought
dayly with wepynge teares / remembre and haue
in mynde / howe the prynce of this worlde at the
houre of our departynge wyll demaunde or aske
of vs the accomptes of all oure werkes. Saynte

Barnarde sayth. O my soule what maner of feare
and drede shall it be/ when it shall behoue the to le=
ue all maner of thynges/ of the whiche the presēce
was to the ryght Joyous/ ⁊ the syght ryght agre
able/and all alone lefte/ shalte thou go and entre in
to a regyon vnknowen/ and thou shalte se come a=
gaynste ꝑ monsters hugely/ ⁊ abhomynable with
hornes/who is he that shall come to socoure the at
that daye/ of greate necessytye/ who shall kepe the
from rampynge lions/ prepayred fode and meate.
Then may no body geue to the conforte ne consola=
lacyen. ¶But etherwyse it shall be of true and
iuste soules/ for ꝑ holy aungels shall come agaynst
them . the whiche shall constrayne and put abac=
ke the deuylles/ so that they shall not lette ne trou
ble the holy soules . ¶And the same/ vnto heuen
with Joye and melodye shall beare/ Saynt Bar=
narde spekynge of the synfull soule/ sayth in this
manere. ¶That at the oute gate or yssuynge of
the body. It hathe drede/ feare/ shame/ and confu=
syon/ to the regarde of the grete Joye of god wher
of is wryten in the psalmes that the dethe of syn=
ners/is ryght euyll/ it is euyll in the lesynge of the
worlde/ It is worse/ at the departynge or sepera=
cyon of the soule and the body/ and verye greuous
for the bytynge of the stynkynge vermyn. And for
the greate heate and brenynge of euerlastynge fy=
ree/and worst of all/is the losse and the seperacyon
of ꝑ syght of god. For whiche thynges ryght dere
frende consydre that dethe can not fayle nor be put

backe⸝the houre can not be knowen. And the tyme
of god ozdeyned : can not be meued . And therfoze
certaynly: When the aſſured lyfe is accepte in deuo
cion:the deth of ẙ ryghtwyſeman is good. Foz. iij
thynges. Fyzſte it is good foz reſte. It is better by.
renewynge. And beſte foz the ſucrnes and Sted⸝
faſtnes therof.

⸿Of the Joyes of paradyſe
and paynes of hell.

It is wzyten by ſaynt Paule in a piſtole that
he ſente to the cozenthyoes in the . v. chapp⸝
Myzrour of gol.   H.i.

toure / that the eye of man hathe not seen: noz the
eere herde: oz herte can thinke: the Joyes that our
lozde god hath ⁊ pzepared to his frendes ⁊ louers.
O pooze wzetched ⁊ synfull soule gyue hede diligēt
ly: what Joyes / howe greate Joyes / ⁊ howe ma=
ny they be: whiche be pzepared in heuen: to the lo=
uers of god / to thentent ꝑ all thynges in this wozl=
de maye be to thē: byle ⁊ adiecte / foz certaynly it is
to be knowen / that the Joyes of heuen be so grete
⁊ many in numbze: that all arsinetricions by theyz
numbzes: can not numbze ne mesure them / noz all
the gramarions ⁊ rethozicyens with all theyz fay=
re speches: can noz maye declare them. Foz as it is
sayd befoze: nepther eye maye se theyin: noz eere
heere: nother the herte of man maye compzehende
theym. Foz certaynly in the glozye eternall: all the
sayntes shall Joye theyin in ꝑ vision of god / aboue
them: they shal Joye ꝑ braute of heuen / ⁊ of other
spzzytull creatures / they shall Joye within thein:
of the glozifycacion of ꝑ body / ⁊ nygh vnto them: ꝑ
associacion and company of aungelles and men. A
wozthy doctour named anselme putteth and decla
reth. vij. gyftes of ꝑ soule / that the iuste people shal
haue in ꝑ celestyall beatytude. Fyzste he putteth ꝑ
gyftes of ꝑ body / as beaute / lyghtnes / strengthe /
lyberte / and hethe. Of the braute of Juste people:
sayth this doctour it shall be seuē tymes moze shy=
nynge then ꝑ sonne is nowe / ꝑ whiche witnessheth
the scrypture sayenge thus / ꝑ vertuous persones
shall shyne: as the sonne: in the reame of theyz fa=

der/swetnes shall so accompany iuste lyuers/that
it shall make theym semblable or lyke/to the aun
gelles of heuen whiche frome heuen vnto the erth
& from the erthe vnto heuen/transporte them selfe
lyghter and sodenlyer then the mouynge of a fyn
ger. Of the whiche swetnes is made a famylyer
example by þ beames of the sonne/the whiche ry
synge in the eest/atteyneth & touchest the farthest
parte of the weste/that by the sayd example/we
maye haue true hope and truste/not to be impossy
ble that is spoken/of our swetnes to come/wher
fore they that shall accompany them selfe with the
Cytezyns of the soueraygne cyte/shall exced and
passeth all other in vertue and strength/as in mo
uynge/in tournynge or in ony other acte doynge/
and in all the exercysynge of theyr workes shall
not suffre ne endure no more laboure or trauayle
then we suffre in þ mouynge of our eyen. And ther
fore I praye & requyre the þ nothynge excede thy
soule/whiche hathe taken þ similitude of þ augels
geuen to almyghty god vnto it wherfore it muste
nedes solowe/that lyke wyse as we maye receyue
the powre & similitude of aungels so we maye ha
ue the suerte & lyberte of them/for certaynely lyke
as vnto aungels may be no lettynge nor gaynlay
enge in this worlde but at theyr owne wyll/in ly
ke wyse shall there be no obstacle nor let to hyndre
vs nor wal ne closure to kepe vs out nor yet elemēt
which vnto our wyl/maye withstāde or annoye/&
as to speke of þ helth what thig can there be better

to iuste people/then helthe and reste what sekenes
maye auoyde them þ shall be nere the porte of true
helthe/and in effecte we ought to beleue vndoubta
bly/to holde and afferme þ helth of the life to come
to be so noble/in corruptyble/and immouable/þ it
fylleth man with an insuperable swetnes of hel
the/whiche swetnes can not be rehersed/so that
all hurtes suspecyous/and cōtraryetyes/be theyr
consumed. Item in þ lyfe to come there is a desyre
of delytes þ fylleth and replynysssheth the good peo
ple with suche an inestymable swetnes that is is
iclte in euery parte of the body/that is to say in the
eyen/eeres/mouthe/handes/fete/and herte. with
all the pertyes of þ body & all þ membres by ordre
eche one syngulerly/and also all in one/shall be ful
fylled with þ swete dileccion in estimable/in suche
maner/that euery one with the proupsyon and glo
rye eternall shold be fulfilled/wherfore he is ryght
ignoraunt of his helthe/that wyll set his thought
his herte/and his affeccyon to þ pleasures of this
worlde/whiche is vyle & faylynge. Forthermore
they that shall be in the ioye eternall shall lyue per
durable not onely the lyfe/as worldely creatures
desire here/but they shal haue suche lyfe as is wry
ten/that is to knowe the ryght wyse true people of
god shall dwell with hym and with sayntes in pa
radyse eternal/many other thynges be and ought
to be adioyne to the soule/whiche god hathe crea
ted so nobly that is to knowe/amyte/sapyens/con
corde/myght/honour/assuraūce/and ioye. And as

to the fyrste. Sapience shall be suche in the lyfe to come: ẏ the soules shall knowe all thynges: what they wyll/ by the gyfte of almyghty god/ whiche knoweth all thynges present: passed: and to come. For in ẏ Joy syngulerly eueryche knoweth other/ and then nothynge may be counsayled or hydde: of what people: of what countrey: or what kynrede place or workes: they haue ben: or excercised ī theyr lyfe/ in suche maner that by loue ẏ dyuyne puysaūce ⁊ feruent dyleccyon: shall make them perfyte/ in true and stedfaste loue/ as vnied ⁊ cōmuned in one onely body/ of the whiche our lorde Jesu chryste is chefe and heed/ whiche is the true peace ⁊ perfyte loue/ for all shall loue together/ the one the other/ as the membres of theyr propre bodyes. For thou shalte loue other as thy selfe/ and other shall loue ẏ as theyr selfe ⁊ thou shalte be haboūdaunt with all dyleccyon/ as thy true ⁊ pure possessyon. And therfore beholde ⁊ remembre hym ẏ all these thynges shall geue vnto the. And so by a swetnes vnable to be spoken/ thou shalte loue him more then thy selfe. So shall theyr be amonge them that be saued: seen suche cōcorde that ẏ shalte not fele or perceyue ony thynge contrary to thy wyll/ we shall be also one onely body/ ⁊ one onely soule/ wedded to our lorde Jesu chryst ⁊ more discorde shal there not be amōge vs: or dyscencyon: then now is in ẏ membres of one body/ ⁊ as thou seest ⁊ knowest the mouynge of thyne eyen: of what parte ẏ one turneth the other anone after foloweth so shall it be of the/ for where

thy wyll shall be: thou shall be sodaynly. And yet ꝑ
moꝛe grete is to reeꝑte: the wyll of god shall not be
contrarye/noꝛ dyuerse to thy wyll/ but so as thou
woldest he shall wyll: and his wyll shall be ferme-
ly thyne/ foꝛ the heed neuer contraryes to the mem
bꝛes. Consydꝛe then when thou shalte haue god
concoꝛded and vnyed at thy wyll: thou mayste no
thynge desyꝛe: but at thy wyll it shall be done. Foꝛ
thou shall haue ꝑ wyll of almyghty god: accoꝛdyn-
ge in all thynges to ꝑ. Nowe tyen syth thou may-
ste haue so moche in thy possessyon: thou oughteste
well to be contente and to esteme in thy selfe: that
that thou then shall be in assuraūce ot lyfe perpetu-
all/ whiche shall neuer parte frome the/ and be dis-
charged frome all diuersitees/ foꝛ none enmy may
perse this inestimable Joye/ noꝛ shall atteyne: foꝛ
ꝑ multitude of theym ꝑ there be possessed/ whiche
be thousande thousandes/ and innumerable thou-
sandes ꝑ hathe fruycion and Joye: with one hole
blyssednes/ in suche cōdicion: ꝑ euerychc of theym
taketh delectacyon as moche in the weale of other
as in them selfe. ❡ And furthermoꝛe/ they enioye
them in the visyon of god/ the whiche aboue them
selfe they shall loue. Foꝛ the whiche thynge it is to
be cōsydered/ that syth it is so that the blyssed shall
be fulfilled with suche felicyte and Joye/ the pooꝛe
myserable dampned synners: shall be on the contra
rye parte/ tourmented with innumerable paynes.
Foꝛ so as mercy/ strengthe/ beaute/ lyghtnes, fre-
dome of wyll/ shal be to the ryght wyse people. So

by the contrary:ſhall be to the ſynners/ſtynkynge
dꝛede/langoure/ſoꝛowe/and tourmentes/with all
maner of paynes/foꝛ the perpetuall Joye that the
ryghwyſe ſhall haue/ſhall be to the ſynners inter=
mynable payne and tourmente.　☞And foꝛ to
ſpeke of the ſapience of the ryght wyſe. It is to be
vnderſtande/that theyꝛ knowlege:ſhall be to theyꝛ
augmentacyon of Joye/honoure/and exaltacyon.
And to the ſynners:theyꝛ knowlege ſhall be:we=
pynges/cōfuſyon/diminiſſion/and lamentacyon.
And of the amite with the whiche the ryghtwyſe
be togyder bounde:yf ony poꝛcyon of amyte be in
the dampned. It ſhall be to the augmentacyon of
theyꝛ tourmente/foꝛ as moche moꝛe as one hathe
loued an other in balefull loue/the moꝛe ſhall be
theyꝛ ſoꝛowe/tourmente and payne. Foꝛ they ſhall
haue diſcoꝛde with all creatures/and all ſhall dyſ=
coꝛde with theym. ☞Foꝛ all dyſfourmyte and cala
mite:ſhall folowe them/⁊ ſhall be geuen to theym
ſuche malediccyon:that the thynge whiche they de
ſyꝛe they ſhall not haue/and all that they wolde
not haue/they ſhall haue. And ſo in ſtede of good
they ſhall obtayne perpetuall ſhame/and ineſtimā
ble dyſpyſynge/by the whiche they ſhall be with=
outen ende:cloſed and depꝛyued from all Joy/and
felycite/and as the frendes of god theyꝛ ſouerayne
creatour:ſhall be fermely aſſured:neuer to leſe the
goodes and gloꝛy eternall. So the miſerable and
dampned ſynners/ſhall euer be in deſperacion/foꝛ
ſo moche:as they ſhal knowe euer to departe from

the payne sozowe & tourment perdurable & so as þ
good shall be recompensed with Joye/the euyll shal
haue for theyz heritage: sozowe inestymable/lyke
as sayth the good doctour anselme/all they þ by có
cupiscens of the flesshe passeth theyz dayes in this
wozlde: haue with theym in cópany all the deuyls
of hell. And saint Augustyne sayth to this purpose
god shall make glad/consozte & enioye: all þ felyn=
ges & wyttes of þ blyssed people/by a spyzytuall
dilecepon/for he is thobiecet of all wyttes/our lozde
shall also be a glasse vnto theyz syght/an harpe of
swetnes to theyz heringe/honny to theyz tastinge/
bawme to theyz smellynge/& a floure to theyz tou=
chynge. And for so moche god was made man: to
thende þ man sholde holy be blyssed in hym: so that
thynwarde vnderstandynge be in the contempla=
cion of his humanite/& bzeuely to speke after the
sayenge of saynt Augustyne & saynt Gzegozy/in þ
glozye of heuen there is so grete beaute with Ju=
stice/so moche Joye with eternall lyght: that yf it
were laufull and possyble to abyde and lyue there
but onely the space of one daye/for that: the innu=
merable dayes of this lyfe full of wozldely pleasu=
res & aboundaunce of tempozall gooddes: ought of
very ryght: to be dispised/for it was not spoken of
a lytell & vntrue effecte of Dauyd: sayenge on this
wyse. One daye to abyde in thy dwellynge place
good lozde: is moche better then a thousáde in this
miserable lyfe/wherof speketh Saynt Barnarde
who in this lyfe maye thynke oz conceyue in his

mynde / howe greate felicite and pleasure the blys
sed sayntes haue in heuē. Fyrst to se almyghty god
to lyue with almyghty god / to be with almyghty
god / whiche doth operacyon in all thynges / and is
aboue all thynges to haue god whiche all is good.
And where so euer is all goodnes / there is mooste
Joye and myrth / there is also verye lyberte perfec
te charyte / and euerlastynge felowshyp & suertye
to þ same agreeth saynt Augustyne / sayēge in this
maner. O ioye aboue all ioyes / to se god / whiche
made man / whiche saued man / whiche gloryfyed
man / and indued hym with the bisyon of his moost
holy face / whiche is the moost hyghe goodnes / the
ioye of aungelles and of all sayntes / saynt Grego
rye asketh this question: is not god of so inestyma
ble fayrenes þ the aūgelles which be seuen tymes
bryghter then the sonne doeth desyre to loke vpon
his moost holy face and to hym mynester besyly in
grete company. Also saynt Augustyne of þ Joyes
of heuen speketh on this maner. In heuē is no ma
ner of malyce / there is no maner of miserye of the
flesshe / there is nother wyll / nother power to syne
or do amysse / but all Joye and gladnes / all creatu
res saued: shall haue in possessyon those same ioyes
felowshypped with aungelles . ¶O poore soule
now thou haste herde howe greate the Joyes of
ryght wyse people / how greate gladnes / how gre
te clerenes / and how grete myrthe / is in the heuen
ly Cyte. O blyssed myrthe. O howe mery felycyte
is it / to se the sayntes & to haue god euerlastynge

ly/yf we sholde dayely suffre payne & tormentrye:
thoughe it were as greate as the paynes of hell so
that it myght haue an ende/ to thentente that at ẏ
last we myght se almyghty god in his glorye and
to be felowshypped with his sayntes/ were it not
worthy and profytable that we shold suffre them.
And in conclusyon to be parte takers of euerlastyn=
ge Joye truely/ Wherfore good soule let vs desyre
of almyghty god that grace to flee frome the com=
pany of them that desyreth in ordynate pleasures
of worldely thynges/ & so vtterly puttynge awaye
the grudgynges of vnlawfull thoughtes/ frome ẏ
secrete place of our hertes/ & desyrynge inwardely
the loue of the heuenly company we maye tourne
vnto ẏ celestyall Cyte/ wherof we be wryten and
decreed to the Cytyzens/& parte takers/ lyke vnto
sayntes/ and the housholde seruauntes of god and
ryght inherytours of chryste & after this presente
lyfe to come and be w hym in euerlastynge ioye per
aduenture some wyll aske this questyon how this
myght be done & by what maner of meanes. To
this it is answered on this wyse. Euery thynge to
be done is in the free wyll of hym that shall doo it.
So it is in our free wyll/ whether we wyll desy=
re to haue the kyngedome of heuen or not/ yf thou
wyll aske what is the pryce of the kyngdome of he=
uen/ truly none other but thy selfe geue thy selfe to
it by good werkes in this worlde/ & wout doubte
thou shalte haue it. Chryst gaue hym selfe to suffre
passyon to thentente that thou sholdest be parte ta=

agaynst hymselfe / In lyke condycyon is the synner
whan he taryeth to do penance. For he loueth bet-
ter to be in synne whiche is ꝑ spyrytuall sekenes of
soule. And not onely sykenes but eternal deth. De-
syreth rather his deedly sykenes then his eternall
lyfe / wherby it clerely appereth ꝑ of the obstynate
syñer it ought well to be sayd ꝑ he is euyll agayn-
ste hym selfe so that he loueth sykenes better then
helth / and deth then lyfe / seruytude / then fredome
euyll then good / as sayth saynt Johñ in his cano-
nique. He that doeth synne is in ꝑ seruitude of syñ-
ne / and saynt Augustyn sayth that a man good iu-
ste and true / notwithstandynge that he be in serui-
tude is in his bounte kepe alwaye free and in his
fraunches / but the euyll synfull man notwithstan-
dynge he reygne and be dred and honoured in this
worlde he shal alwaye dwelle in cursed seruytude /
and that worse thynges is to saye : as longe as he
shal endure in the bonndage of vyces and synnes /
he shall be in the boundage of euyll lordes and reu-
lers. The seconde example is that / he that sholde
owe a greate somme of money / to a vsurer whiche
sholde growe and be augmented from daye to daye
soo that he sholde not be in power to paye it / but
wolde euer tary as longe as he myght. He shold
greatly do agaynst hymselfe / so to purpose asmo-
che more as ꝑ synfull man shall dwell in synne : so
moche more shall he be bounde to payne / wherof
it is wryten in the boke of appocalyps in the .xvj.
chapitour / as moche as ꝑ syñer glorifyeth hym in

his delytes, so moche more he geueth hym selfe to tourmente wepynge and payne.

℃Thyrdely the promyse of longe lyfe is ryghte euylle and daūgerous / in so moche as it is agaynst the wyll of god / as it appereth by .iij. examples / the fyrste is yf it were so that a yonge man were impungnynge and contrarye to his mayster: of ẙ whiche he sholde haue all his weale by the space of his lyfe .   ℃And that he then lefte his promyse lorde and mayster / for to serue the Enmye of the same durynge the tyme of his strentghe and youthe. ❦ ❦ ❦

℃And whanne he sholde come vnto impotencye: and be atteynted with aege and feblenes : thenne wolde retourne to his fyrste mayster in offerynge hym his seruyce for the remenaunte of his lyfe: suche a seruaunte myght well be reputed of euyll and vntrue condycyon / and nothynge to be thoughte agreable to ẙ seruyce of suche a man. In this maner is it of the synner / he offendeth god and serueth his enmye ẙ deuyll / endurynge his strength and youth and purposeth / to serue god in his feble aege . ℃The seconde example is / yf there were ony that hade recepued of his lorde greate gyftes and goodes wherby he myghte haue greate wynnynge and aduauntage / and yf he wolde dyspende and waste theym for noughte. He myghte well be called a foole / and vnkynde to his mayster / the wiche thynge doeth the synner indirectely doynge agaynste the goodnes of god.

And for so moche they gaue more thankynges vnto theyr creatour & maker: In how moche they se ꝑ payne in other whiche they sholde haue suffred: yf they had done as they dyd : and made no satyſ faccyon before they departed this meserable worlde. And as ꝑ same saynt Gregory sayth in an other place. The open payne of theym that be repreued of god: doeth not frustrate nother hurte the blysse of theym that be saued / for why: there shall be no compassyon of misery / and ꝑ Ioye of those blyssed soules maye in no wyse be made lesse . And all though those blyssed soules be mercyfull of theyr nature: neuerthelesse they be so Ioyned togyder in so grete ryght wysenes: that in no wyse they maye be moued to the dampned soules with ony compassyon or pyte. And more ouer it is added: that then the mysery of theyr chyldre / of theyr father & mother / and of theyr wyues: shal not make ꝑ blyſ sed soules to be sorye / the dampned spyrites before the daye of Iugemente shall se the blyssed creatures / not in that maner wyse to knowe theyr Ioye what it is: but onely they shall knowe theym to be in a Ioye vnhable to be tolde / and by that syghte: they shall sore be crucyfyed / gretely Inuyenge: the greate felicyte of blyssed soules / by ꝑ syghte of the godhede / of ꝑ whiche syght: ꝑ dampned spyrytes shall be depryued / & theyr payne shall be in no wyſ se minisshed but encreased / bycause they shal haue in mynde the Ioye of the blyssed creatures whiche Ioye they dyd se in the Iugemente : or before

Myr of golde.   I.i.

the Jugemente / and that shall be to theym in greate
tourmentry and payne. And moreouer they shall be
scorged: in that they shall se theym selfe: to be repu=
ted and taken as vnworthy: to se the Joye whiche
the holy sayntes dothe se contynually. A questyon
maye be asked whether the dampned soules may
se and knowe what is done in this worlde / to this
Saynt Gregory treatynge vpon this texte / Jobe
$\tilde{p}$ ix. chapitour. ¶They do vnderstande whether
theyr chyldren be noble / or vnnoble: sayth eon this
maner / they that be alyue in this worlde knowe
not where the soules be of theym that be deed / so
lyke wyse: they that be deed knowe not the dyspo=
syon of theym: whiche be lefte on the erthe. For
the lyfe of the soule is farre frome the lyfe of the
flesshe. Neuerthelesse it is to be knowen: that they
whiche haue the inwarde knowlege of the clere=
nesse of god: may in no wyse be ignoraunte of out=
warde effectes or dedes.   ¶And for this cause
it is to be thought that the good people in heuen:
dothe se what is done amonges erthely creatures
in the worlde. ¶And not the dampned people / per
chaunce thou wyll saye the Joye of the soules that
be saued: is a greate waye forther frome the sou=
les that be dampned: then the actes and dedes of
the worlde / wherfore they myght se soner the de=
des of the worlde: then the Joyes of blyssed soules.
It is answered on this wyse / that those thynges
whiche be done in the worlde: maye not greue or
bexe the dampned soules nothynge so moche yf

they myght se them:as the beholdynge of the Ioy
that the blyssed soules be in.

℣Therfore they be not shewed to them / visebly.
These be the suffraūce of god suche thynges that
maye increase moost theyr sorowe / but nothynge
that sholde be to theyr Ioye or consorte. Some per
auenture wolde aske this questyon whether thē
dampned soules in helle: wolde that euery crea-
ture sholde be dampned as they be. To this maye
be answered / that lyke as perfyte charyte is con-
uenyent and accordynge / euer to be with the holy
soules: So amonges þ dampned soules: shall euer
be perfyte hate and enuye / then thus / the holy and
blyssed soules shall euer Ioye in all good dedes : ¶
on the cōtrary: the dampned shall be sory for euery
good dede. The consyderynge of the Ioye ¶ felicite
of sayntes: is to them greate affeccyon. Therfore
they wolde all good people sholde be dampned / the
enuy of them shal be so greate: þ beynge in eternall
payne they shall enuy þ Ioy of theyr neyghbours
that be saued / ¶ of them wt whome / they haue ben
conuersaunte in this worlde. A questyon myght
be moued whether the dampned soules wolde ha-
ue theyr neybours acquayntaunce dampned with
them as well as all other. It maye be answered
thus / þ they be not so enuyous to theyr acquayn-
taūce or neyghbours: with whom they haue com-
mytted and vsed sensuall pleasures and delytes
in the worlde : as they be to all other / wyllynge to
haue theym dampned as they be / for this cause.
                                          I.ij.

If there companyons sholde be dampned as they
be / theyr trybulacyon sholde be encreased accyden-
tally / in so moche as they that be dampned / were
parte takers with theyr acquayntaunce of theyr
pleasures & vycyous concuppyscence in the worlde /
they must of equyte be parte takers of theyr payne
and so sholde they not onely suffre sorowe for theyr
owne gylte / but also for the gylte of theyr felowes
and acquayntaunce. An example is put of þ damp-
ned ryche man / whiche beynge in payne eternall
desyred þ his brethren a lyue myght haue knowe
leyge what payne he endured / to thentente they
myghte haue grace to saue theym selfe / for yf they
sholde be dampned with hym which was þ cause
of theyr mysdoynge in this worlde / his payne shol-
de be encreased / for he sholde suffre with theym
parte of theyr payne & thought by the multytude
of þ dampned soules the payne of eche one of them
syngulerly is encreased / yet theyr enuy & hatred is
so grete that they coueyte more to suffre trybulaci-
on and tourmentry with a greate multytude: then
with one alone. For it is a comyn sayenge wret-
ches be be glad and desyrous to haue felowshyp in
payne. A questyon myght be moued / whether they
that be deed (namely that be dampned) may know
or haue ony remembraunce of those thynges that
they had knowledge of in the worlde. To this may
be sayd that in the dampned soules shall be a consy-
deracion of thynges which they dyd knowe before

And that knowlege oz confyderacyon / shall be as
a materyall cause of theyz sozowe. And nothyng of
loue noz confozte. They shal also confydze ÿ synnes
that they haue comytted / wherfoze they be damp=
ned / ⁊ they shall haue in remembzaunce the good
dedes / whiche they myght haue done / and wolde
not / and foz bothe they shall suffre payne. Fozther=
moze in hell shal be two dyuers paynes / one is cal=
led pena dāni / whiche is ÿ wantynge of the syght
of god / the other is called pena Sensus / whiche
chzyste toucheth in a gospell of mathewe ÿ .vij. cha
pytoure layenge euery tree that beareth no good
fruyte shall be cutte downe and caste in to the fyze.
Of the payne whiche is called pena sensus / spe=
keth saynt Gzegozy vpon the gospel of mathewe ÿ
viij. chapytoure. The dampned soule shall be caste
out in to the outwarde derkenesse. This sayd pena
sensus hathe many dyuersytees of kyndes and as
I thynke innumerable / some of them be shewed ⁊
spoken of in this wyse / in hell shall be colde vnha=
ble to be ouercomen . Fyze neuer to be quenched /
wozmes that be inmoztall / intollerable stynke / der
kenes palpable / scozges of deuylles / the hozzyble
syght of deuylles / ÿ confusyon of synnes / and dys
payze of all goodnes. The dampned soules shall be
full of euery sozowe and heuynes / they shal also ha
ue contynuall wepynge in theyz eyes / gnastynge
in theyz tethe / stynke in theyz nosethzylles / way=
lynge ⁊ crienge in theyz voyces / feresulnes in theyz
eeres / bandes vpon theyz handes ⁊ feete / and a cō=

Myz of gold   I.iij.

tynuall fyre and hete: In all theyr membres wherof a certayne doctoure speketh on this maner / hell is a deedly dyche or pytte: heeped full of all paynes & wretchednes. And as it is wryten in ye xliij. chapytour of psalve / euery dampned soule shall be fearred of other. Thyr faces and countenaunce shall be flamynge as fyre. It is wryten in ye ij. chapytour of Baruch / ye theyr faces shall be blacke of ye smoke and accordynge to the same: it is spoken in the ij. chapitour of Johell all the faces of synners shal be tourned as blacke as a potte. Also the sharpenes of the paynes of hell maye be / consydered by the wepynge and gnastynge / of teeth by ye despyre of deth / by the eatynge of theyr tonges and by the blasphemynge of theyr maker / with many other that be there to come / as it is open in many places of scripture / wherof it is wryten in the appocalyppes the xir. chapitour on this wyse. For the greate and intollerable sorow: they dyd eate theyr owne tonges and blasphemed god of heuen: for theyr woundes & tribulacions. The sharpenes of theyr payne shal be so grete: ye they shall dyspyse lyfe whiche is naturally desyred of euery creature: & despyeth dethe that euery creature naturally doth flee / ¶ As it is wryten in the appocalyppes the. ir. chapptour / in thoo fearefull dayes and atte that fearefull tyme: men shall seke dethe: whiche they shall not fynde / they shall desyre to dye: and dethe shall flee frome them / saint Crisostome sayth on this maner / wt at shall we doo there / what shall we answere / whe re nothynge is but gnasshynge of teeth / howlynge and weppynge / no helpe to be goten / to late to do penaunce. On euery syde & in euery parte vexed incessauntly with paynes intollerable / and neuer to haue ony parte of solace. ¶ There shall no creature appere before oure eyene / but onely the mynesters and tourmentours of hell / to mynester paynes in euery syde / and that worste is of all / there shall be no cōforte of theyr nother of syght. O good lorde what feare shall be to them that shall suffre these paynes / what brekynge of bowelles / what russhynge of mēbres / what & how many dyuers crucifyenges shall be in euery sensyble parte of body & soule / truely no creature maye expresse by ony mene. Saynt Crisostome spekynge of the losse of the syght of god: whiche is called pena damni sayth these wordes perauenture some & manye folke do thynke no payne to greate of these forsayd paynes yf they myght escape y danger of hell / but I call moche more greuous paynes than hell / to be remoued excluded and caste oute frome the grace of god frome all goodnes prepared and made redye for good and holy people. And moost of all / the preuacyon and lacke of y syght of god / to be hated of christe / and to her of hym this ferefull worde / I knowe you not. Forsothe it is better a thousande tymes to suffre lyghtenynge / thenne to se that blyssed lorde full of mekenes and pyte agaynste vs as our aduersarye / and to suffre the eyen of all tranquillytye and reste to beholde vs. ¶ O meke sone of

god / we beſeche the / lette vs not ſuffre theſe pay=
nes / nother haue in experyence / the intollerable
and horryble tourmentry / woo ſhall be to vs that
thynke not : nother haue ony remembraunce of
theſe ſore ſayd paynes .　¶For we do nowe as
men that by neclygence / and thynketh theym ſelfe
ſure / takynge no hede of body nor ſoule / but goeth
without let / in to the ſayd paynes of hell. Perauen
ture ſome man wyll ſaye that it ſemeth god to be
vnrygh wyſe: for þ / þ man is punyſſhed eternally
for one deedly ſynne done in one houre / ſaynt Gre=
gory aſketh the ſayd queſtyon / and geueth ſolucyō
to it on this manere . Almyghty god whiche is a
ſtreyghte Iuge / doeth not conſydre the wordes of
men onely / but alſo he payſeth the hertes. ><
¶And ſo it is that yf the wycked people myghte
lyue in this worlde euer / they wolde perſeueraunt
ly contynewe in theyr wyckedneſſe / and neuer a=
mende them ſelfe. ¶For truely they that neuer
wyll leaue ſynne / ſheweth and deſyreth alwaye
to lyue in ſynne. ¶Therfore it longeth to the gre=
te rghtwyſenes of god / to punyſſhe theym by
eternall payne / whiche in this lyfe wolde neuer
be out of ſynne. ¶And that none ende of payne be
geuen too the ſynfull creature / that whyles he
lyued here in this worlde wolde haue none ende of
ſynne. ¶And an other reaſon why that one deed=
ly ſynne byndeth a man to eternall payne maye be
taken conſyderynge hym to whome the offence is
done whiche is the god of all goodnes and myght

⸿Therfore the offence doone: is worthy eternall
paynt. For as Aristotyl sayth in ẏ.bij.of his ethic⁹
In how moche the psone is greater in dygnyte to
whome the offence or trespace is doone: so moche
more it oughte to be punysshed. And crysostome ac
cordynge to the same sayth / an Iniure or wronge
done to a persone: is to be consydered as the perso
ne is. A lytell offence done to a grete persone in dyg
nyte: is grete / and a grete cryme cōmitted to a sym
ple bodye: is compted but as a lytell faulte. O my
dere and well be loued frende: knowynge and ofte
remembrynge in thyne herte these paynes before
reherfed bezely take hede ⁊ fe: for ẏ helthe of thyne
owne soule. And euer beholde inwardely the grete
paynes of helle to be beleued / confydre in thy felfe
what thynges be profytable ⁊ holfome to thy fou
le / whether it is better to wayle / to be forye / and of
ten to afke mercy for thy fyfies in this worlde: thā
to wepe euerlaftynge in fyre / wout remedy or pro
fyte / thou shall deferue in shorte tyme of this worl
de: yf thou wyll / by penaunce and forowe for thy
fynnes: forgeuenes / ⁊ euerlaftynge conforte. Ther
fore be forye thy fynnes here in this lytell tyme: to
thentente ẏ maye hereafter be deliuered frome the
forowe euerlaftynge. Meke thy felfe in this worl
de: that perauenture thou be not made meke in
the paynes of hell / and becafte in to the fyre bnha
ble to be quenched. Blifled is that creature that in
this worlde hateth and maketh hym felfe redy to
be founde able at the daye of Iugement: with the

people that be wozthy to be saued. And wzetched
is that creature whiche by his synne hathe made
hym selfe vnhable to haue the glozye of our lozde/
at the houre of the daye of Iugemente by ý power
of god: the clowdes shall take vp to heuen: body
and soule of them that be saued. And the deuylles
shall be take body and soule of the dampned crea=
tures: castynge them in to the foznase of the bzen=
nynge fyze of helle. ℂ Who shall geue to myne
heede a greate pozcion of water: and to myne eyen
the founten of teares: besely flowynge out/ that I
my selfe maye wepe daye and nyght besechynge
our lozde I be not foûde vnstable in ý houre of his
comynge. And that I maye deserue: not to here
the fearefull sentence /of oure lozde/when he shall
saye. Goo frome: me ye that hathe ben the doers of
wyckednesse. I knowe not what ye be/ whiche
our lozde Iesu Czyste: tourne awaye frome vs ý
lyueth and reygneth foz euermoze. Amen.

ℂ Here endeth ý Myzroure of golde. ℂ Impzyn=
ted at London in the Fletestrete/ at the sygne
of the Sonne/by Wynkyn de Wozde.
The yere of our lozde. M. D. xxbj.
The. xxx. daye of Maye.

¶ A deuout treatise vpon the Pater no=
ster, made fyrst in latyn by the moost fa=
mous doctour mayster Erasmus
Roterodamus, and tourned
in to englisshe by a yong
vertuous and well
lerned gentylwoman of .xix.
yere of age.

Richarde Hyrde/ vnto the moost studyous and
vertuous yonge mayde Frauncee. S.
sendeth gretynge and
well to fare.

Haue herde many men put great dout/
whether it shulde be expedyent and re-
quisite or nat/ a woman to haue lernyng
in bokes of latyn and greke. And some
vtterly affyrme that it is nat onely/ no-
ther necessarye nor profytable/ but also very noy-
some and icoperdous: Allegyng for their opinion
that the frayle kynde of women/ beyng enclyned
of their owne corage vnto vice/ ⁊ mutable at eue-
ry newelty/ if they shulde haue skyll in many thi-
ges/ that be written in the latyn and greke tong/
compiled and made with great crafte ⁊ eloquéce/
where the mater is happely sótyme more swete
vnto the eare/ than holsome for þ mynde/ it wolde
of lykelyhode/ bothe enflame their stomakes a
great deale the more/ to that vice/ that men saye
they be to moche gyué vnto of their owne nature
alredy/ and enstructe them also with more subti-
lyte and conueyaunce/ to sette forwarde and accō-
plysshe their frowarde entente and purpose. But
these men that so say/ do in my iugement/ eyther
regarde but lytell what they speke in this mater/
or els/ as they be for þ more parte vnlerned/ they
enuy it/ and take it sore to hert/ that other shulde
haue þ precious iewell/ whiche they nother haue
theym selfe/ nor can fynde in their hertes to take

a.ij.   the payne

the payne to gette . For fyrste / where they reken suche inftabilite and mutable nature in women / they faye therin their pleafure of a contenſyous mynde / for the mayntenaunce of their mater / for if they wolde loke theron with one euyn eye / and cōſydre the mater equally / they ſhulde fynde and well perſyue / that women be nat onely of no leſſe conſtancy and diſcrecion than men / but alſo more ſtedfaſt and ſure to truſte vnto / than they.

For whether I praye you was more light and more to be diſcōmended / Helen that with moche labour and ſute / and many craftye meanes / was at the laſt ouercome and inticed to go away with the kynges ſonne of Troye : Or Parys / whiche with ones ſyght of her / was ſo doted in her loue / that neyther the great chere and kyndeneſſe ſhe= wed vnto hym of her huſbāde kyng Menelaus / nor ſhame of the abomynable dede nor feare of the peryll that was lyke to come thervpon / nor the drede of god / myght let hym to conuey her a= waye / contrary to all gentylneſſe / contrary to all ryght / all lawes and conſcience : Nor the woman caſteth her mynde neyther to one nor other of her owne proper wyll / whiche thyng is a ſure token of an vpryght and a ſtedfaſte mynde / but by the ſute and meanes of the man : whan he with one loke of her / is rauiſſhed of all his wyttes. Nowe if here parauenture a man wolde ſaye / yes / they be moued aſwell as men / but they diſſemble / for= beare / and wyll nat vtter theyr ſtomakes / nother it is ſo cōuenyent the womā to ſpeke as the man:
that

that shall nat helpe his excuse/but rather hyndre
it/for they be the more worthy to be allowed/that
wyll nat be so farre ouersene in that affectiō/whi
che is so naturally gyuen to all thynges lyuyng/
but that they can remembre theyr ductie and ho
nestie/where the man is many tymes so farre be
side his reason/ꝑ he seeth nother where nor whā/
nother to whom / nor howe to behaue hym selfe/
nother can regarde/what is comely and what is
nat . For verily/ it is as vncouenient for the man
to demaunde that thynge that is vnlaufull/if he
coude perceyue / as for the woman . And if bothe
theyr vyces were all open and shewed /the man
shulde haue moche more that he ought to be asha
med of/sauyng that he is also in that poyntworse
than the woman/in as moche as she is ashamed
of her faute ꞏbe it neuer so small: and he is so farre
from that vertue / ꝑ whan he hath done nought/
he reioyseth of it ꝼ auaūceth hymselfe/as though
it were well done . And yet he is so vnreasonable
in iugyng the woman /that as Isocrates saythe
wherin he hathe no consydration /howe ofte or
howe sore he offende his wyfe: He wyll nat suffre
ones to be offēded hym selfe by her neuer so lytell:
where he wolde that she shulde take his dedes all
well in worthe . Wherfore in dede/women be in
gaye case and happy/if their honestie and prayse
must hange at the gyrdelles of suche people. ⁂
Nowe as for lernyng/if it were cause of any yuell
as they say it is/it were worse in the man than in
the woman/bicause (as I haue said here before)

a.iij.   he can

he can bothe worse staye and refrayne hym selfe /
than she. And moreouer than that / he cometh of-
ter and in mo eccasyons thasie the woman / in as
moche / as he lyueth more forthe abrode amonge
company dayly / where he shalbe moued to vtter
suche craste as he hath gotten by his lernynge.
And women abyde moost at home / occupied euer
with some good or necessary busynesse. And the la-
tyn and the greke tonge / I se nat but there is as
lytell hurt in them / as in bokes of Englisshe and
freche / whiche men bothe rede them selfe / for the
proper pastymes that be written in them / and for
the witty and craftie conueyaunce of the makyn-
ges: And also can beare well ynoughe / that wo-
men rede them if they wyll neuer so moche / why
the comoditeis be farre better handeled in the la-
tyn & greke than any other lagage: and in them
be many holy doctours wrytynges so deuout and
effectuous / that who soeuer redeth them / muste
nedes be eyther moche better or lesse yuell / whi-
che euery good body bothe man and woman wyll
rede and folowe / rather than other. But as for
that / that I here many men ley for the greattest
icopdy in this mater / in good faythe to be playne
me thynke it is so folysshe / y scantly it is worthy /
eyther to be rehersed or answered vnto. That is /
where they saye / if their wyues coulde Latyn or
greke / than myght they talke more boldely with
preestes and freres / as who sayth / there were no
better meanes (if they were yll dysposed) to exe-
cute their purposes / than by spekynge Latyn or
greke /

greke/ outher els/ that preestes and freres were
comenly so well lerned/ that they can make their
bargeyne in latyn & greke so redily/ whiche thing
is also farre contrary/ ý I suppose nowe a dayes
a man coude nat deuyse a better waye to kepe his
wyfe safe from them/ than if he teche her the la-
tyn and greke tonge/ and suche good sciences as
are wrytten in them: the whiche nowe most parte
of preestes/ and specially suche as be nought/ ab-
horre and flye from: ye/ as faste in a maner/ as
they flye from beggars/ that aske them almesse
in the strete. And where they fynde faute with ler-
nyng/ bycause they say/ it engendreth wytte and
crafte/ there they reprehende it/ for that that it is
moost worthy to be commended for/ and the whi-
che is one singuler cause wherfore lernyng ought
to be desyred/ for he that had leuer haue his wyfe
a foole than a wyse woman/ I holde hym worse
than twyse frantyke. Also/ redyng and studyeng
of bokes so occupieth the mynde/ that it can haue
no leyser to muse or delyte in other fantasies/ whā
in all handy werkes/ that men saye be more mete
for a woman/ the body may be busy in one place/
and the mynde walkyng in another:& while they
syt sowing & spinnyng with their fyngers/ maye
caste and compasse many peuysshe fantasyes in
their myndes/ whiche must nedes be occupyed/
outher with good or badde/ so long as they be wa-
kynge. And those ý be yuell disposed/ wyll fynde
the meanes to be nought/ though they can neuer
a letter on the booke/ and she that wyll be good/
lernyng

lernynge / shall cause her to be moche the better.
For it sheweth the ymage and wayes of good ly‐
uynge / euyn right as a myrrour sheweth the sy‐
mylitude and proporcion of the body . And dout‐
lesse / the daylye experyence proueth / that suche
as are nought / are those that neuer knewe what
lernyng ment. For I neuer herde tell / nor reed of
any woman well lerned / that euer was (as plen‐
tiuous as yuell tonges be) spotted or infamed as
vicious. But on the otherside / many by their ler‐
nyng taken suche encrease of goodnesse / þ many
may beare them wytnesse of their vertue. of whi‐
che sorte I coulde reherse a great nombre / bothe
of olde tyme and late / Sauynge that I wyll be
contente as for nowe / with one example of oure
owne countre and tyme / that is : this gentylwo‐
man / whiche translated this lytell boke herafter
folowyng: whose vertuous couersacion / lyuyng /
and sadde demeanoure / maye be profe euydente
ynough / what good lernynge dothe / where it is
surely roted: of whom other women may take ex‐
ample of prudent / humble / and wysely behauiour /
charitable & very christe vertue / with whiche she
hath with goddes helpe endeuoured her selfe / no
lesse to garnisshe her soule / than it hath lyked his
goodnesse with louely beauty and comelynesse / to
garnysshe and sette out her body : And vndouted
is it / that to thyncrease of her vertue / she hath ta‐
ken and taketh no lytell occasyon of her lernyng /
besydes her other manyfolde and great comody‐
teis taken of the same / amonge whiche comody‐
teis /

teis this is nat the leest / that with her vertuous /
worshipfull / wyse / and well lerned husbande / she
hath by the occasyon of her lernynge / and his de=
lyte therin / suche especiall conforte / pleasure / and
pastyme / as were nat well possyble for one vnler=
ned couple / eyther to take togyder or to conceyue
in their myndes / what pleasure is therin. Ther=
fore good Fraunces / seyng that suche frute / pro=
fite and pleasure cometh of lernyng / take no hede
vnto the leude wordes of those that dispreyse it /
as verily no man dothe / saue suche as neyther ha
ue lernyng / nor wotteth what it meaneth / which
is in dede the moost parte of men / ⁊ as the moost
parte and the best parte be nat alwaye of one my=
de / so if this mater shulde be tryed / nat by wytte
and reason / but by heedes or handes / the greater
parte is lyke as it often dothe / to vanquisshe and
ouercome the better / for the best pte (as I reken)
whom I accompte the wysest of euery age / as a=
mong the Gentyls the olde philosophers / and a=
mong the christenmen / the aūcient doctors of Chri
stes churche / all affyrme lernȳg to be very good ⁊
pfitable / nat onely for men but also for women / ꝑ
whiche Plato the wyse philosopher calleth a bri=
dell for yonge people agaynst vice. Wherfore good
Fraunces / take you the best parte and leaue the
moost / folowe the wyse men and regarde nat the
folysshe sorte / but applye all your myght / wyll ⁊
dilygence to optayne that especiall treasure / whi=
che is delectable in youthe / comfortable in age / and
profytable at all seasons : Of whom without doute /
        b cometh

cometh moche goodnesse and vertue. Whiche ver
tue who so lacketh / he is without that thing that
onely maketh a man: ye and without the whiche
a man is worse than an vnreasonable beest / nor
ones worthy to haue the name of a man . It ma
keth fayre and amyable / that that is of nature de
formed: as Diogynes the philosopher / whan he
sawe a yong man foule and yuell fauoured of per
sone / but very vertuous of lyuenge: thy vertue
sayd he / maketh the beautifull: And that that is
goodly of it selfe aledy / it maketh more excellent
and bright. Whiche as Plato ꝑ wyse philosopher
saythe / if it coude be sene with our bodily eyes / it
wolde make men wondersly enamored and taken
in the loue of it. Wherfore vnto those especiall gif
tes of grace that god hath lent you / and endewed
you with all / endeuer youre selfe that this precy
ous diamonde and ornament be nat lackyng / whi
che had / shall florishe and lyghten all your other
giftes of grace / and make them more gaye: and
lacked / shall darke and blemysshe them sore. ⬥
And surely the beautie of it / though ye had none
other / shall gette you bothe greatter loue / more
faithfull and lenger to cōtynue of all good folkes /
than shall the beautie of the body / be it neuer so
excellent / whose loue decayeth togyder / with it ꝑ
was the cause of it / and moost cōmenly before / as
by dayly experyēce we maye se / them that go to
guyder for the loue of the bodily beautie / within
a small whyle whan their appetyte is satisfyed /
repent thē selfe . But the loue that cometh by the
meanes

meanes of vertue & goodnesse shall euer be fresshe
and encrease/ryght as dothe the vertue it selfe.
And it shall you come by non otherwise so redily/
as if you contynue the study of lernyng/whiche
you be entred well in all redy: And for your tyme
and age/ J wolde saye/had greatly profpted/sa
uynge that chyldes age is so frayle accompted/
that it nedeth rather monicion and cötynuall cal
lynge vpon/than the deserued prayse. Howe be it
J haue no doute in you/whome J se naturally
borne vnto vertue/and hauyng so good brigyng
vp of a babe/nat onely among your honourable
vncles chyldren/of whose conuersacion and com
pany/they that were right yuell/might take oc
casyon of goodnesse and amendement/But also
with your owne mother/of whose preceptes and
teachyng/and also very vertuous lyueng/if you
take hede/as J put no feare you wyll and also do/
you can nat fayle to come to suche grace and good
nesse/as J haue euer had opynion in you that ye
shulde. Wherfore J haue euer in my mynde fauo
red you/and forthered to my power your profite/
and encrease therbuto/and shall as long as J se
you delyte in lernynge and vertue/no kynde of
payne or labour refused on my partie/that maye
do you good . And as a token of my good mynde/
and an instrument towarde your successe and fur
theraunce J sende you this boke/lytell in quan
tite but bigge in balue/tourned out of latyn in to
englysshe by your owne forenamed kynswoman/
whose goodnesse and vertue/two thynges there

b.ij.   be that

be that let me moche to speke of. The one / bicause
it were a thyng superfluous to spende many wor
des vnto you about that mater / which your selfe
knowe well ynough / by long experiêce and dayly
vse. The other cause is / for I wolde eschewe the
sclaundre of flatery: howe be it I count it no fla
tery to speke good of them that deserue it / but yet
I knowe that she is as lothe to haue prayse gy
uen her / as she is worthy to haue it / and had lea
uer her prayse to reste in mennes hertes / than in
their tonges / or rather in goddes estimacion and
pleasure / than any mannes wordes or thought:
and as touchynge the boke it selfe / I referre and
leaue it to the iugementes of those that shall rede
it / and vnto suche as are lerned the onely name of
the maker putteth out of question / the goodnesse
and perfectyon of the worke / whiche as to myne
owne opinyon and fantasye / can nat be amended
in any poynte: And as for the translacion therof /
I dare be bolde to say it that who so lyst and well
can conferre and examyne the translacyon with the
original he shall nat fayle to fynde that she hath
shewed her selfe / nat onely erudite and elegant in
eyther tong / But hath also vsed suche wysedom /
suche dyscrete and substancyall iudgement in ex
pressynge lyuely the latyn / as a man maye para
uenture mysse in many thynges / translated and
tourned by them that bare the name of rightwise &
very well lerned men: & the laboure that I haue
had with it about the printing / I yelde holly and
frely gyue vnto you / in whose good maners and
                                        vertue /

vertue / as in a chylde / I haue so great affection / and vnto your good mother / vnto whom I am so moche beholden / of whose cōpany I take so great ioye and pleasure / in whose godly communycacion I fynde suche spyrituall frute and swetnesse / that as ofte as I talke with her / so ofte me thynke I fele my selfe the better. Therfore nowe good Fraunces folowe styll on her steppes / looke euer vpon her lyfe / to enfourme your owne therafter / lyke as ye wolde loke in a glasse to tyre your body by: ye / and that more diligentlye / in so moche as the beautie of the body though it be neuer so well attended / wyll soone fade and fall awaye: good lyuyng and vertue ones gotten taryeth styll / whose frute ye shall fele / nat onely in this worlde whiche is transytorie and of shorte contynuaunce / but also in another: And also it shulde be great shame / dishonestye / and rebuke vnto you borne of suche a mother / and also nourysshed vp with her owne teate / for to degenerate and go out of kynde. Beholde her in this age of hers / in this almost contynuall disease and syckenesse / howe busye she is to lerne / and in the small tyme that she hath had / howe moche she hath yet profyted in the latin tōge / howe great comforte she taketh of that lernynge that she hath gotten / and consydre therby what pleasure and profite you maye haue here after (if god lende you lyfe (as I praye he do) of the lernyng that you may haue or you come to her age / if you spende your tyme well: whiche doyng you shall be able to do youre selfe good / and be great

b.iij.　　ioye

ioye and conforte to all your frendes / and all that
euer wolde you well / among whom I wolde you
shulde reken me for one / nat amonge the leest yf
nat amonge the chefe: and so fare you well / myne
owne good / gentyll / and fayre Fraunces.
At Cheleheth / the yere of our lorde
god / a thousande fyue hun-
dred. xxiiij. The first
day of Octo-
bre.
❊

¶ Here after folowe the seuyn peticions of the
Pater noster/translated out of La-
tyn in to Englysshe.

¶ The fyrst peticion.

Pater noster qui es in celis / sanctificetur
nomen tuum. Here O father in
heuyn the petycions of thy chyl-
dren/whiche thoughe they be as
yet bodily in erthe / natwithstan-
dynge/in mynde euer they desyre
and long to come to y countre celestiall/ z fathers
house/where they well knowe and vnderstande/
that the treasure of euerlastyng welthe and fely-
cite/that is to saye/the inherytaunce of lyfe im-
mortall/is ordayned for theym. We aknowledge
thyne excellency/O maker/saupour/and gouer-
nour of all thyng/conteyned in heuen z in erthe/
And agayne we aknowledge z confesse our owne
vylenesse/z in no wyse we durst be so bolde to call
the father (whiche are farre vnworthy to be thy
bonde men) ne take vpon vs the most honorable
name of thy children/whiche vnneth thou vouch
sauest thyne angelles/except thy mere goodnesse
hadde: by adoptyon receyued vs in to the great
honour of this name. The tyme was/whan we
were seruautes to wyckednesse and synne/by the
miserable generacion of Adam: we were also chil
dren of the fende/by whose instinction and spyrite
we were dryuen and compelled to euery kynde of
myschefe and offece. But that thou of thyne infi-
nyte

nite mercy / by thyne onely begoten sonne Jesus /
made vs free from the thraldome of syfie / & dely=
ueredest vs frō the deuyll our father / & by violēce
riddest vs frō thinheritaunce of eternall fyre / & at
the last / ʒ vouchsaffest to adopt vs by faythe and
baptyme as membres in the moost holy body of
thy sonne : nat onely in to the felowshyppe of thy
name but also of thyne inheritaūce. And bycau=
se we shulde nothyng mystrust i thy loue towarde
vs as a sure token therof / thou sendest from he=
uen downe in to oure hertes / the moost holy spy=
rite of thy sonne : whiche (all seruauntlye feares
shaken of / boldely cryeth out in our hertes with=
out cessyng / Abba pater / Whiche in Englysshe is
as moche to saye / as O father father : & this thy
sonne taught vs / by whome as mynister) thou
gyuest vs all thynge : That whan we were as it
were borne agayne by thy spyrite / and at the fōt=
stone in baptyme / renounced and forsaken our fa=
ther ʒ deuyll / and had begon to haue no father in
erthe than we shulde aknowledge onely oure fa=
ther celestyall : By whose marueylous power we
were made somwhat of ryght nought : by whose
goodnesse we were restored / whan we were loste :
by whose wysedome incomparable / euermore we
are gouerned ʒ kepte / that we fall nat agayne in
to distruction. This thy sonne gaue vs full truste
to call vpon the / he assigned vs also away of pray
eng to the / aknowlege therfore the desire ʒ prayer
of thy sonne / aknowlege the spirite of thy sonne /
whiche prayeth to thy maiestie for vs by vs : Do
thou

ẏ nat diſdayne to be called father of thoſe⁄ whom
thy ſonne mooſt lykeſt thy ymage⁄ voucheſafe to
call his brethern⁄ and yet we ought nat hervpon
to take lykyng in our ſelfes⁄ but to gyue glorie to
the and thy ſonne for that great gentylneſſe:ſith
no man can here of hym ſelfe ought deſerue⁄ but
that thyng whatſoeuer good it be⁄ cometh of thy
onely and free lyberalite.Thou delyteſt rather in
names louyng and charitable⁄ than terrible and
fearefull: Thou deſyreſt rather to be called a fa-
ther⁄ thanne a lorde or maiſter.Thou woldeſt we
ſhulde rather loue the as thy childre⁄than feare
the as thy ſeruautes and bonde men: Thou fyrſt
louedeſt vs⁄ and of thy goodneſſe alſo it cometh⁄
and thy rewarde⁄ that we do loue the agayne.
Gyue eare⁄ O father of ſpyrites to thy chyldren
ſpyrituall⁄whiche in ſpyrite praye to the: For thy
ſonne tolde vs⁄that in thoſe that ſo prayed thy de
lyte was⁄ whom therfore ẏ ſedeſt in to the worlde
that he ſhulde teache vs all veryte and trouthe.
Here nowe the deſyres of vnyte and concorde⁄ for
it is nat ſytting ne agreable⁄that bretherne whõ
thy goodneſ e hath put in equall honoure⁄ſhulde
diſagre or varry among themſelfe⁄by ambicious
deſyre of worldely promocion⁄ by contencious de-
bate⁄ hatered or enuy⁄ all we hang of one father⁄
we all one thyng praye for and deſyre⁄no man aſ-
keth ought for hym ſelfe ſpecially or a parte⁄but
as membres of one body⁄ quyckened and releued
with one ſoule: We requyre and praye in cõmen⁄
for that whiche indyfferẽtly ſhalbe expedient and
       c   neceſſary

necessary for vs all . And in dede / we dare none other thyng desyre of the / than what thy sonne commauded vs / ne otherwise aske / than as he apoynted vs / for in so askyng / his goodnesse promysed we shulde optayne / what soeuer we prayed for in his name . And for as moche as whan thy sonne was here in erthe / he nothyng more feruently desyred / than that thy moost holy name shulde appere and shyne / nat onely in Judea / but also thorowe all the worlde / besyde we also / bothe by his encoragyng and ensample / this one thing aboue all desyre / that the glorie of thy most holy name / maye replenisshe and fulfyll bothe heuen & erthe / so that no creature be whiche dredeth nat thy hye power and maieste / whiche do nat worshippe and reuerede also thy wysdome eternall and marueylous goodnesse / for thy glorie as it is great / so neyther hauyng begynnyng nor endyng / but euer in it selfe florisshynge / can neyther encreace nor decreace / but it skylleth yet makynde nat a lytell / ꝑ euery man it knowe and magnifye / for to knowe and cofesse the onely very god. And Jesus Christ whom thou sendest in to ꝑ worlde / is as moche to vs / as lyfe eternall . Let the clere shynyng of thy name / shadowe & quenche in vs all worldly glory. Suffre no man to presume to take vpo hym selfe any ꝑte of glory / for glory out of ꝑ is non / but very sclaudre & rebuke. The course of nature also in carnall children this thyng causeth / that they greatlye desyre the good fame and honest reputacion of their father: for we maye se howe glad they be / &
                                                                howe

howe they reioyce / howe happy also they thynke
them selfe / if happen their fathers any great ho=
noure / as goodly tryumphe / oz their ymage and
picture to be bzought in to ꝑ court oz cōmen place
with an honourable pzeface / oz any other goodly
royalte what soeuer it be. And agayne we se how
they wayle / and howe agast ꝛ astonyed they be /
if chaunce their fathers sclaundze oz infamy. So
depely hath this thyng naturall affection routed
in mannes hert / that the fathers reioyse in their
childzens glozy / and their childzen in the glozie of
their fathers. But foz asmoche as ꝑ gostly loue ꝛ
affection of god / tarte passeth and excedeth ꝑ car=
nall affecion of ma: therfoze we thy spirituall chil
dzen / moche moze feruently thurst and desyze the
glozy and honour of thy most holy name / ꝛ great
ly are bexed and troubled in hert / if he / to whom
alone all glozye is due chaunce rebuked oz sclaun=
dzed to be / nat that any sclaundze oz rebuke can
mynisshe oz defoule the clerenesse of thy glozy / but
that we / as moche as lyeth in vs / in a maner do
wzonge and iniury to thy name / whan soeuer the
gentyls eyther nat knowyng / oz elles dispisynge
the maker and originall of all / do wozshippe ꝛ ho=
mage to creatures most vyle / as made of tymbze
oz stone: oz other peynted images / some also to oxē
some to bulles / and suche other lyke: And mozeo=
uer / in all these foule and wycked deuylles / in ho=
nour of thē they syng hymnes: to these they do sa=
crifyce / befoze these they burne ensence and other
swete sauours / than we thy spirytuall chyldzen /
                   c.ij.   seyng

seyng all this / doubly are agreued / bothe þ thou
hast nat that honour whiche is due to the / ꝛ that
these wretches perisshe by their owne madnesse ꝛ
follye. The iewes also neuer cesse in their sinago⸗
ges and resorte of people / from dispitefull and ab⸗
ominable backbytinge of thy onely sonne / wherby
in the meane tyme they sclaundre the / sithe it can
nat be chosen whan thy sonne is misfamed (whi⸗
che is þ very clerenesse of thy glorie) but that in⸗
famy also must redounde in the. They cast eke in
our tethe / as a thyng of great dishonestie / þ most
glorious name of thy chyldren / sayeng / þ it were
better to be called theues or manquellers / thafie
christen men and folowers of Christ. They ley a⸗
gaynst vs also that thy sonne was crucified / whi⸗
che is to vs great glorie and renoume / we maye
thanke thy mercy father of all this thyng that we
haue / and aknowledge the as originall and cau⸗
ser of all oure helthe / that we worshyppe also thy
sonne in egall authorite with the / ꝛ that we haue
receyued in to our hertes the spirite of you bothe.
But yet good father in heuen / we pray þ to shewe
thy mercy to those also / that bothe the gentyls lea⸗
uyng and forsakyng the worshippyng ꝛ homage
of counterfaite ymiages : maye do all honour and
reuerence to thy maiestie alone / and the iewes re⸗
leued with thy spyrite / renounsing their supersti⸗
cious vsyng of the lawe maye confesse god / from
whom all thyng so abundantly cometh / may con
fesse the sonne of god / by whome we receyue all :
maye confesse the holy gost / parttaker and felowe
of the

of the diuyne nature/Let them worſhippe in thre
perſons/one and egall maieſtie/and aknowledge
thre perſons as one proper perſone/ſo that euery
nacyon/euery tonge/euery ſecte/euery age/as
well olde as yong/maye with one aſſent auaunce
and praiſe thy mooſt holy name. And I wolde to
god that we alſo/whiche beare the name of thy
children/were nat diſhoneſtie to thy glorie/amon
geſt thoſe ꝑ knowe the nat: for lyke as a good and
wiſe ſonne is the glorie and honour of his father/
ſo a foliſſhe ⁊ vnthrifty childe/getteth his father
diſhoneſtie and ſhame/⁊ he is nat a naturall and
ꝓꝑer chylde/whoſoeuer do nat labour all that he
can to folowe and be like his father in wytte ⁊ con
dicions: But thy ſoſie Ieſus is a very kynde and
naturall childe/for he is a very full and perfite y
mage ⁊ ſimilitude of the/whom holly he is lyke ⁊
repreſenteth. We whiche are become thy children
by adopcion and nat by nature/conformyng our
ſelfes after his enſample/endeauer as moche as
lyeth in vs/to come to ſome maner lykeneſſe of ꝑ:
that lykewiſe as thou waſte mooſt parfitely exal
ted and glorified in thy ſoſie Ieſus: ſo as farforth
as our weakeneſſe wyll ſuffre/thou mayſt be glo
rified alſo in vs/but the wayes howe thou mayſt
be glorified in vs/is/if the worlde perceyue that
we lyue after ꝑ teaching and doctrine of thy ſoñe
that is to ſay/if they ſe that we loue the aboue all
thyng/and our neighbour ⁊ brother no leſſe than
our owne ſelfes/⁊ that we euer beare good mynde
and loue to our ennemy and aduerſary/alſo well
                 c.ſii.   doyng

doing and profyting those / whiche do vs iniury ⁊
wrong: For these thynges thy sonne badde vs we
shulde do / whan he prouoked vs to the folowyng
and likenesse of our father in heuen / whiche com=
maundeth his sonne to shyne vpon good and yuell:
And howe great a shame and dyshoneste are they
to thy glorie / whiche whan they haue professed ⁊
taken vpon them thy name / natwithstandynge /
do robbery and thefte: commyt aduoutrie: chyde
and braule: study to reuenge: go about to disceyue:
forswere theym selfe by thy moost holy name: a=
monge also sclaundre and backebyte: haue their
bely as their god: dispyse the / and do seruice and
homage to worldely richesse. And truely the com=
men sorte of people for the moost pte / esteme god
after the lyuyng and condicions of his seruauntes.
For if they may parceyue that they whiche haue
professed thy name / lyue viciousye: thanne they
crye out and saye. What a god is he that hath su
che maner of worshippers: Fyeon suche a may=
ster that hath so vntrewly seruauntes: Out vpon
suche a father / whose children be so lewde: Banis=
shed be suche a kyng / ꝑ hath suche maner of peo=
ple and subiectes. Thy sonne therfore consydring
this / taught vs that lykewise as he bothe lyue=
eng and dyeng euer glorified thy name so we al=
so all that we might / shulde endeuer by chast and
blamelesse condicions / to auaunce and preyse the
clerenesse of thy glorie / sayeng vnto vs. Let your
light shine in the sight of men / that they maye se
your good workes / ⁊ in those glorisy your father
in heuen /

in heuen. But in vs O good father / there is no
lyght at all / excepte it wyll please the to sende vs
any / whiche arte the contynuall and euerlastyng
spring of all lyght: nor we of our selfes can bring
forthe no good workes. Therfore good lorde we
praye the / lette thy goodnesse worke in vs / & thy
clere lyght shine in vs: as in all thynge that thou
hast created / dothe shine thy eternall and endlesse
power / thy wysdome vnable to be expressed & thy
wonderfull goodnesse whiche moost specially / yet
thou vouchsafest to shewe to mankynde. Nowe
than whyder soeuer we loke / all thynges glorifye
thy name: the erthely spirites bothe day & nyght
neuer lynne prayeng their lorde and kyng: þ wo-
derfull also & heuenly ingen that we beholde: the
disagreyng concorde moreouer of the elamentes:
the flowing and ebbyng of the see: þ bublisshyng
of ryuers: the enduring courses of waters: so ma
ny dyuers kyndes of thynges / so many kyndes of
trees and of herbes / so many of creatures / and
to euery thyng the proper apoynted and sette na-
ture: As in þ Adamant stone to drawe yron / þ her
bes to cure and heale diseases and sickenesse: All
these thynges I saye / what other thyng do they
shewe to vs than the glorie of thy name / & that
thou arte onely very god / onely immortall / onely
of all power and might / onely wyse / onely good /
onely mercyfull / onely Iuste / onely trewe / onely
maruylous / onely to be loued & had in reuerece.
Than father / we may well se that he doth wrong
to thy glorious name / who soeuer take vpon hym
selfe to

self to be called by any of these names / for though there be in vs any of these rehersed vertues / yet all that cometh to vs from thy liberall goodnesse. Graunt nowe therfore father / that thy name on euery side be glorified / and that the light and glory of thy name / maye no lesse appere and shyne in our maners and lyuenge / than it shyneth in thy Angels / and in all thynge that thou hast created and made: that in lykewise as they / whiche beholde and loke vpon this worlde of the woderfull and maruey lous workemanshippe / to guesse the excellecy of the maker therof: so they that knowe the nat · moued and stered by our example / maye bothe cofesse their owne misery and wretchednes and maruele thy liberall goodnesse / and by these meanes turned and couerted / may togyder with vs glorify the most holy name of the · of thy sone / and of the holy gost · to whom indifferently all honour and glorie is due for euer. Amen. ❧

❡ The seconde peticion.

ADueniat regnum tuum. O father in heuen / whiche arte the onely causer / maker / sauiour / restorer / ⁊ gouernour of all / bothe i heuen and in erthe / out of whom cometh ⁊ procedeth all authorite / power / kyngdome / and rule / aswell to thynges vncreated as created / aswell to thinges inuisible as visible / whose trone and seate of maiestie is the heuen: ⁊ the erthe as fotestole: whose kyngly septre ⁊ mace / is thyne eternall and most
.   establysshed

establisshed wyll/whom no power is able to with
stāde. Ones thou promisest thy people by ý mou=
thes of thy prophetes/for the helth of mākynde/
a certayne spirituall realme whiche shulde brȳg
into liberte/those that were thyne ⁊ borne anewe
in the/and shulde delyuer them out of the tyran=
nous hādelyng of the fende/ whiche in tyme past
raigned as prince in the worlde/sore entangled ⁊
combred with synne. And to the gettyng ⁊ optay=
nynge of this realme/thou vouchlauest to sende
from heuen downe into the erthe thy onely sone/
whiche with the losse of his owne lyfe/ redemyn=
ge vs/where we were afore seruauntes of the de=
upll/shulde make vs the childzen of god : and ve=
rily thy sonne/ while he lyued here in erthe/ was
wont to call his gospell/the heuenly kyngdome ⁊
the realme of god : whose knowlege yet he sayde/
to be hydde and kepte secrete from vs/ but nat wt=
standyng/thy childzen humbly require/and with
feruente desyze/beseke the that this realme/whi=
che our lorde Jesus chalenged for the/ myght day=
lye more and more be disclosed and opyned here in
erth/vntyll that tyme come/in whiche that same
thy sonne shall restore and rendze it vp to the full
and hole/whan all those haue subdued themselfe/
whom thy goodnesse or the begȳnyng of ý worlde
hath apoynted to dwell in this realme . And whā
all obstinate and rebelleous spirites / and all ma=
lycious and yuell desyzes be fully quenched ⁊ wy=
ped away/whiche hiderto and at this day/ make
warre and insurrection agaynst thy maieste/whi
                        D   che vere

the vexe and vnquiete thy cōmunalte/what time
thy royalme shalbe in sure peace and trāquillite:
for verily as yet the worlde / by all the meanes ꝵ
subtilties it can/oppꝛesseth thy childꝛē/wādꝛyng
here bodily in erth as yet: also coꝛrupt ꝵ vnclene
affections/and olde original synue/rebell ꝵ striue
aveust the spirite : as yet noyous and wycked spi-
rites/whiche thou banyssheddest / and put out of
the heuēly cite, do assaut with fyꝛely dartes from
aboue those / whom thou of thy mere goodnesse
hast deuyded frō this worlde/ and as chosen folke
and parttakers of thy sōne / hast apoynted to thy
royalme. Graunt father of all myght/ that they/
whom thy goodnesse ones hath delyuered frō the
tyꝛany of synne/and assygned to dwell in thy roy-
alme, maye by the benefite of the same benygne
goodnesse contynue/and stedfastly abyde in theyꝛ
liuerte and fredome: and that none leauynge and
faylling from the and thy sonne/retourne agayne
in the tyꝛannous seruice of the deupll : ꝵ so bothe
we by thy sonne shall raigne in the to our welthe/
and thou in vs to thy gloꝛie: foꝛ thou art gloꝛified
in our blysse / and our blysse is of thy goodnesse.
Thy sōne Jesus taught vs we shulde dispice the
realme of this worlde/whiche standeth all by ry-
chesse/and is holde vp by garrisōs of men/by ho-
stes and armour/which also what soeuer it doth/
dothe by pꝛyde and violence / and is both gotten/
kept/ꝵ defended by fierse cruelnesse:ꝵ he with the
holy goost, ouercaine ꝑ wycked spirite that ruled
as chefe and heed in the worlde : afoꝛe he by inno-
                                                    cency

cency and purenesse of lyuyng/had the victorie of
synne/by mekenesse venquesshed cruelnesse/by
suffraūce of many dispitefull rebukes/recouered
euerlastyng glory/by his owne deth restored life/
and by his crosse had triumphe vpon the wycked
spirites. Thus wōderfully hast thou father war-
red and ouercome: after this maner thou both tri
umphest & reignest in thy sonne Jesus/by whom
it hath pleased the of thy goodnesse/to take vs in
to the cōgregaciō of the dwellers in thy royalme.
Thus also thou trȳuphest and reignest in thy ho-
ly martyrs/in thy chast virgins and pure confes-
sours/whiche yet neyther by theyr owne strēgth
nor power/dyde ouercome the fiersenesse and dis-
pleasure of tyrantes/ne the raging or the wantō-
nesse of the flesshe/ne the maliciousnesse of this
worlde. But it was thy spirite father/whiche it
pleased the to gyue them to p̄ glorie of thy name/
and the helthe of mankynde/that was bothe the
begȳner and ender of all this in them: And we fa-
ther/hertely desire the/that thy realme may flo-
risshe also in vs: whiche all though we do no my-
racles/for asmoche as neyther tyme nor mater re
quireth: albe it we be nat imprysoned nor turmen
ted: though we be nat woūded nor brent/althogh
we be nat crucified nor drowned: thoughe we be
nat beheeded: yet natwithstandyng/the strength
and clerenesse of thy realme: may shyne and be no-
ble in vs/if the worlde perceyue/that we by the
helpe of thy spirite/stande stedfast & sure agaynst
all assautes of the deuyll/and agaynst the flesshe:

Whiche

whiche alwaye stereth and prouoketh vs to those
thynges/that be contrary to the spirite/& agaynst
the worlde/whiche by all the wayes it can/mo=
ueth vs to forsake and leaue the trust that we ha=
ue ones put in the/As often so euer as for thy loue
we despice and sette nought by the realme of this
worlde/and with full trust hange vpon the heuē=
ly kyngdome/that thou hast promysed vs: as of=
ten also/as we forsake and leaue honourynge of
erthely richesse/and onely worshyp and enbrace ꝑ
precious and gostly lernyng of the gospell/as of=
ten as we refuse those thȳges/that for the season
seme swete and pleasaunt to the flesshely & carnal
appetite/and in hope and trust of eternall felicite
we suffre paciently and valiantly all thynge/be it
neuer so harde: as often also as we can be content
to forsake our naturall affections/and that whi=
che we haue moost dere/as our fathers and mo=
thers/wyues/chyldren/and kynsfolke/for the
loue of the : Likewise as often as we oppresse and
refrayne ꝑ furious and fiersely braydes of angre/
and gyue mylde & meke wordes/to those ꝑ chyde
and braule with vs/and do good to them/whiche
do vs iniury and wronge : and all for thy sake.
So often father thou warrest in vs/and ouerco=
mest the realme of the deuyll/& openyst ꝑ myght
and power of thy realme . Thus it hath pleased
and lyked thy wysdome father/by continuall and
greuous bataple/to exercise/confyrme/and make
stedfaste the vertue and strengthe of thy people.
Encrease suche strengthe in thy childrē/that they
may

maye euer retourne stronger from their bataple/
and that whan by lytell and lytell / their enemies
and aduersaries myght is minysshed and broken
thou mayest euery day more and more raygne in
vs: But the tyme is nat yet come good father / in
whiche all the worlde haue subdued them selfe to
thy yoke: For as yet / that tyrannous fende hath
a do with many and diuers naciõs: There is nat
yet one herde / and one herde mayster / whiche we
hope shalbe / whan the iewes also shall bryng and
submyt them selfe to the spirituall and gostely ler
nyng of ẙ gospell: for yet many knowe nat howe
great a liberte it is / and what a dignite / and how
great a felicite / to be subiectes to the heuenly re
alme: and that is the cause why they had rather
be the seruautes of the deuyll / than thy children
inheritours with Iesu / and parttakers of ẙ kyng
dome of heuen / and amongest those two father /
that walke within the cloyster of thy churche / ꝓ
seme as chefe in thy realme / there are nat a fewe /
(alas) which holde on their aduersaries side: and
as moche as lyeth in them / abate / shame / ꝓ dis
honest the glory of thy realme. Werfore we speci
ally desyre and wisshe for that tyme / whiche thou
woldest none to knowe but thy selfe alone / in whi
che / acordyng to the promyse of thy sonne / thy an
gels shall come and make clene the flooze of thy
churche / and gader to guether into thy barne the
pure corne / deuyded and seuered fro the cockle / ꝓ
plucke out of thy realme / all maner occasyon of
sclaundre / What tyme there shall neyther be hun
D.iij.   ger no

ger nor pouerte: no necessite of clothig: no disease: no dethe: no pursuer: no hurt or yuell at all / ne any feare or suspicion of hurte / but than all the body of thy dere sonne heaped togyder in theyr heed / shall take fruicion and pleasure of thy blessed company of heuen . & they whiche in the meane tyme had rather serue the tyrannous fende / shall togyther with their maister be banysshed and sente away to euerlastyng punisshement: And trewely this is the realme of Israel / whiche whan Jesus Christ forsoke the erthe / & retourned agayne to his disciples / desyred / myght shortely be restored. Than thou madest heuen free and rydde frō all rebellion / what tyme Lucifere with his company was cast out . So ones in the day of dome and iugement whan the bodyes shall aryse / thou shalte departe the sheepe from the gottes: & than who so euer hath here with all dyligēce enbrased the spirytuall and goostely realme of the gospell / shalbe desyred and brought to the / to the inherytaūce of the euerlastynge kyngdome / to y whiche thy goodnesse had apoynted theym or the worlde was made . This fortunate and happy day whiche thy sonne Jesus promysed shulde come / we thy children good father / greatlye desyre / whiche dwelle here in erthe as outlawes in exyle / sore loden with the hugenesse of the erthely body / suffryng in the mean tyme / many greuous displeasures / and sorowyng that we be withdrawen frō thy company / wherof than we shall haue perfite pleasure and fruycion / whan face te face we shall se and se and beholde our kyng and father / raignyng in his great glorie. And yet we haue nat this hope & truste of our owne merites and desertes / whiche we knowe verily as non / but onely of thy liberall goodnesse: wherby it lyked the to bestowe thyne owne sonne holly for vs / and to sende vs the holy goost as pledge and token of this inheritaunce: & if it wyll please the also to graunt / that we maye stedfastly and without any waueryng / contynue in thy sonne Jesus: than thou, canst nat departe vs from the company of thy realme: To whome with that same thy sone and the holy goost / all re nome / honour / and glorie is due worlde without ende. Amen. ❦

¶ The thyrde peticion.

Fiat voluntas tua sicut in celo et in terra. O fa- ther whiche art the norysscher and ordrer of all / whom it pleaseth thy sonne to aknowlege as his bretherne / and he so aknowlegeth all those / ẏ in pure faythe professeth his name in baptysme: Thy childzen here in erthe call and crye to ẏ dwel lyng in heuen / a place farre out of all chaūgeable mutabilite of thynges created / desyzyng in dede / to come to thy heuenly and celestiall company / whi che is defouled with no maner spotte of yuell / sa- uyng they knowe well that non can be taken and receyued in to so great a tranquillite & quietnesse / but onely they / whiche with busye studye / whyle they lyue here / labour to be such as ther must be: Therfore

Therfore it is all one realme / bothe of heuen and erthe / sauyng this difference / that here we haue sore & greuous conflicte w the flessche / the worlde / and the deuyll : and there all though there is no thyng that might minysshe or desoyle the welthe of blessed soules : yet as touchynge the full perfection of felicite / there is some maner mysse / whiche is / that all the membres and partes of thy sonne be gathered together / and that the hole body of thy sonne / safe and sounde be ioyned to his heed / wherby neyther Christe shall lacke any of his partes and mebres / nor good mennes soules theyr bodyes: whiche lykewise as they were euer here in erthe parttakers of theyr punisshementes and afflictiós: so their desyre is to haue them com paniés of their ioye in heuen. And they finally in this worlde / go about to folowe the vnite and con corde of the heuenly kyngedome / whiche all the tyme they lyue bodily in erthe / as it becometh na turall and obedient children / studye with all dili gence to fulfyll those thfges / whiche they knowe shall cótent thy mynde & pleasure / and nat what their owne sensuall appetite gyueth them / ne iu gyng or disputyng why thou woldest this or that to be done / but thynkyng it sufficient / that thus thou woldest it / whom they knowe surely to wyll nothing / but that that is best. And what thy will is / we lerned sufficiently of thy onely begotton & moost dere sonne. He was obeydient to thy wyll euyn to his owne dethe / and thus he sayd / for our lernyng and instruction. Father / if it may conue niently

nyently be/suffre this drynke of my passyon to be
withdrawen from me/howe be it/yet thy wyll be
fulfylled and nat myne. So that thā nedes must
man be a shamed/to preferre ⁊ set forth his owne
wyll/if Christ our maister was cōtent to cast his
owne wyll awaye/and subdue it to thyne. ❧
The flesshe hath his propre wyll and delyte/whi=
che man naturally desyreth to kepe and folowe.
The worlde also hath a wyll by it selfe/and the de
uyll his wyll/farre contrarye to thyne. For the
flesshe coueteth agaynst the spirite whiche we ha
ue receyued of the: and the worlde entyseth vs to
sette our loue on frayle and vanysshyng thynges:
and the deuyll laboureth about that/that might
bring mā to euerlasting distruction. Nor it is nat
inough/p̄ in baptyme we haue professed/p̄ we wyll
be obedient to thy preceptes/and there to haue re
nounced the deuyls seruice/excepte we labour all
our lyfe/to perfourme stedfastly that/whiche we
haue professed: But that we can nat perfourme/
but if thou gyue vs strengthe/to helpe forthe our
purpose: so that our wyll haue no place in vs/but
let thy wyll father worke in vs that/whiche thy
wysdome iudgeth and thynketh best for vs. who
so euer lyueth after the fleсshly ⁊ carnall appetite
they are deed to the/and than nat as thy childrē.
Ye/and we thy children also/as longe as we are
here bodily in erthe/haue among nat a litell busi=
nesse and a do/in venquesshyng the flesshly delite:
whiche laboreth to preuent thy wyll: but graunt
good father/that thyne euer ouercome ⁊ haue p̄
                 e   better

better/whether it lyke the we lyue oʒ dye /oʒ to be
punisshed foʒ our coʒrection/oʒ be in proſperite/to
the entent we ſhulde gyue the thankes foʒ thy li⸗
berall goodneſſe. And they folowe and obeye the
wyl of the deuyl/whiche do ſacrifice and homage
to idols/whiche ſclaūderouſly backebite thy moſt
honoʒable ſonne/ and foʒ enuy and puell wyll / go
about to bʒynge theyʒ neyghbour in to perill and
diſtruction: and ſo they may ſhoʒtly waxe ryche/
care nat whether they do ryght oʒ wʒong/and are
al fulfylled with coʒrupt and vnclene thoughtes/
But this is thy wyll father / that we ſhulde kepe
both our body and mynde chaſt and pure from al
vnclenneſſe of the woʒlde / and that we ſhulde pʒe⸗
ferre and ſet moʒe by thyne honour ꝣ thy ſonnes/
thā all other thynges beſyde. And that we ſhulde
be angry with no man / ne enuye oʒ reuenge any
man/but alway be redy to do good foʒ puell: ye/ꝣ
to be content rather with turmentes/ hūger/ im⸗
pʒiſonement / banyſſhement / and dethe / than in
any thynge to be contrarye to thy pleaſure: And
that we may be able euery day moʒe and moʒe/to
perfourme all this / helpe vs O father in heuen/
that ꝑ fleſſhe may euer moʒe and moʒe be ſubiect
to the ſpirite/and our ſpirite of one aſſent/and one
mynde with thy ſpirite. And likewyſe as nowe in
dyuerſe places thy childʒen/ whiche are obedient
to the goſpell/obey and do after thy wyll:ſo graūt
they may do in all the woʒlde beſyde/ that euery
man may know and vnderſtāde / that thou alone
art the onely heed and ruler of al thyng/and that
in like

in lyke wyse as there are none in heuen / whiche
mutter and rebell agaynst thy wyll / so let euery
man here in erthe / with good mynde and gladde
chere obey thy wyll and godly preceptes. For we
can nat effectually and fully mynde what y good
lorde wyllest / excepte it wyll please the to plucke &
drawe vs therto. Thou comaundest vs to be obe-
dyent to thy wyll and pleasure / and in dede they
are nat worthy to be called children / but if in all
poyntes they folowe and obey theyr fathers byd-
dyng: but sithe it hath liked thy goodnesse to take
vs / although farre vnworthy into so great an ho-
nour of thy name: let it please the also of thy gen-
tylnesse to gyue vs a redy and stedfast wyll / that
in nothyng we ouer hippe or be agaynst that / whi-
che thy godly and diuine wyll hath apoynted vs /
but that we kyll and mortifye our fleshly and car-
nall lustes / and by thy spirite be ledde to y doyng
of all good workes / and al thyng that is pleasaut
vnder thy sight. Wherby y father mayst aknow-
ledge vs as thy children naturall / and nat out of
kynde / and thy sonne as kynde & good bretherne:
that is to saye / that bothe twayne maye aknow-
ledge in vs his owne propre benefyte / to whome
with the holy goost equall and indifferent / glorie
is due for euer. Amen.

The fourthe peticion.

Panem nostrum quotidianum da nobis hodie. O fa-
ther in heuen / whiche of thy excedyng good
nesse / moost plentuously fedest all thynges y thou
f. ij.   haste

haſt ſo wonderſly created / prouide for vs thy chil-
dren / whiche are choſen to dwelle in thy celeſtiall
and heuēly houſe / and that hang holly and onely
of thy ſoſie / ſome ſpirituall and gooſtly fode / that
we obeyng thy wyll and preceptes / may dayly en-
creaſe and waxe bigger in vertue / vntyl after the
courſe of nature we haue optayned and gathered
a full and pfyte ſtrength in our lorde Jeſu Chriſt.
The children of this worlde / ſo longe as they are
nat banyſſhed ne out of theyr frendes fauour / all
that tyme they take lytell care of their meate and
drynke: ſithe their fathers of their tendre loue to-
warde them / make ſufficient prouiſion for them.
Than moche leſſe ought we to be carefull or ſtudi-
ous / whom thy ſonne Jeſus taught ſhulde caſte
away all care of the morowe meale / perſwadyng
and aſſuring vs / that ſo riche a father / ſo gentyll /
ſo louynge / and that had ſo great mynde of vs / ſ
whiche ſente meat to the lytell byrdes / and ſo no-
bly clotheth ẏ lyles in the medowe / wolde nat ſuf-
fre his childrē / whiche he hath endued with ſo ho
nourable a name / to lacke meate and bodily appa
rayle: but all thyng ſette aſyde that belongeth to
the body / We ſhulde ſpecially and aboue all / ſeke
and labour about thoſe thynges / whiche pertay-
neth and belongeth to thy realme / and the iuſtice
therof. For as touching the iuſtes of the phariſes
that ſauereth all carnally / thou vtterly diſpyſeſt
and ſetteſt nought by: For the ſpirituall iuſtes of
thy realme / ſtādeth by pure faythe and vnfayned
charyte. And it were no great mater or ſhewe of
thy

thy plentye / to fede with bꝛeed made of coꝛne the
body / whiche although it periſſhed nat foꝛ hun=
ger / yet it muſt nedes dye ⁊ peryſſhe within ſhoꝛt
ſpace / eyther by ſyckeneſſe / age / oꝛ other chaūce /
but we thy ſpirituall and gooſtly childꝛen / deſyꝛe
and craue of our ſpirituall father / that ſpirituall
⁊ celeſtiall bꝛeed / Wherby we are verily relyued /
whiche be verily and truely called thy childꝛen: ꝑ
bꝛeed is thy woꝛde full of all power / bothe the gy=
uer and noꝛiſſher of lyfe: Whiche bꝛeed ꝑ vouche=
ſaueſt to ſende vs downe from heuen / what tyme
we were lyke to haue periſſhed foꝛ hūgre . Foꝛ ve=
rily / the bꝛeed and teachynge of the pꝛoude philo=
ſophers and phariſes / coude nat ſuffice and con=
tent our mynde: But that bꝛeed of thyne / whiche
thou ſendeſt vs / reſtoꝛed deed men to lyfe / of whi=
che who ſoeuer dothe eate ſhall neuer dye . This
bꝛeed relyued vs: by this bꝛeed we are noꝛyſſhed
and fatted: and by this we come vp to the perfite
and full ſtrength of ꝑ ſpirite . This bꝛeed though
day by day it be eaten and diſtributed to euery bo
well of the ſoule / yet but if thou father doeſt gyue
it / it is nat holſome noꝛ any thyng auayleth . The
bleſſed body of thy dere ſonne is the bꝛeed / wher=
of we be all parttakers / ꝑ dwell within thy large
houſe of the churche . It is one bꝛeed that indiffe=
rently belōgeth to vs all / lykewyſe as we are but
one body / made of ſondꝛye and diuers membꝛes /
but yet quickened with one ſpirite: and though al
take of this bꝛeed / yet to many it hath ben dethe
and diſtruction / foꝛ it can nat be relefe / but to ſu=
c.iij.   che as

the as thou reachest it vnto / mynglynge it with
thy heuenly grace / by the reason wherof it maye
be holsome to the receyuours. Thy sofie is verite
and trouth / trouth also is the bzeed and teachyng
of the gospell / whiche he lefte behynde hym foz
our spirituall fode / and this bzeed likewise to ma=
ny hath ben vnsauery / which haue had ý mouth
of theyz soule out of taste / by the feuer of cozrupte
affectiõs. But and it wyll please the good father
to gyue fozthe this bzeed / than it must of necessite
be swete ã pleasaũt to the eaters: thã it shal cõfozt
those that be in tribulation / and plucke vp those
that be slydden ã fallen downe / and make stronge
those that be sicke and weake / and finally bzynge
vs to euerlasting lyfe. And foz asmoche as the im
becilite and weakenesse of manes nature / is euer
redy ã apt to declyne into the wozle / ã the soule of
man so cõtynually assauted ã layde at wuh so ma
ny subtile ingyns / it is expedient and necessary /
that thou dayly make stronge ã hert thy childzen
with thy bzeed / whiche elles are farre vnable to
resyst so many and so stronge ennemyes so many
assautes / and so many fearefull ã terrible dartes.
Foz who father might abyde to be had in derision
of the wozlde / to be outlawed and banisshed / to be
putte in pzison: to be fettred and manacled: to be
spoyled of all his goodes / and by stronge hande /
be depziued of the cõpany of his moost dere wyfe
and welbeloued childzen / but if nowe and thã / he
were hertened with thy heuẽly and gostly bzeed:
He that teacheth the lernyng of the gospell / he is
he that

he / þ gyueth vs forthe this breed / whiche yet he
gyueth all in vayne / except it be also gyuen by þ.
Many there are / whiche receyue the body of thy
sone / and that here the worde and doctryne of the
gospell / But they departe fro thence no stronger
than they came / bycause they haue nat deserued
that thou good father / shuldest pryuely and inui-
sibly reache it forthe vnto them. This breed / O
most benigne father / gyue thy childre euery day /
vntyll that tyme come / in whiche they shall eate
of it / at thy heuenly and celestiall table : Wherby
the children of thy realme shalbe fulfylled with þ
plentuous abundancye of euerlastynge trouthe.
And to take fruició therof / it were a marueylous
felicite and pleasure / whiche hath nede of none o-
ther thyng at all / neyther in heuen nor erthe : For
in the O father alone is all thynge / out of whom
is right nought to be desyred / whiche roguyther
with thy sonne and the holy gooste / raygnest for
euer. Amen. ❧

❡The fyfte peticion.

ET dimitte nobis debita nostra / sicut et nos dimitti-
mus debitoribus nostris. This is thy wyll and
mynde O father in heuen / whiche art the maker
of peace and fauourer of concorde / that thy chyl-
dren / whom it hath pleased thy goodnes to cou-
ple and ioyne in the bödes of one assent : & whom
thou quickenest with one spirite / & with one bap-
tysme purgest and makest clene / and in one house
ofthe

of the churche acōpanyest/and with the cōmen sa
cramentes of the churche doest norisshe: ⁊ whom
thou hast indifferently called to the inheritaunce
of the kyngedome of heuen/bycause they shulde
be of more strength/and shulde lyue toguyder in
thy house of one mynde: and that there shulde be
no stryfe or contencion amongest the partes and
membres of one body/but eche to lyue in charite
with other: yet in so moche as they are fayne to
kepe styll theyr mortall body/it can nat be chose/
but by reason of the weakenesse and frailte of na-
ture amonge/displeasure ⁊ offences shall chaūce/
wherby though the clerenesse of brotherly loue ⁊
concorde be nat vtterly extinct and quenched/yet
it is made all faynt and colde/and lyke in conclu-
sion to be quenched: Except ƥ father of thy great
gentylnesse ⁊ mercy/shuldest dayly forgyue those
that euery day offended the: for as often as we of
fende our brother/so often also we offende and dis
please ƥ father/whiche cōmaūdeddest we shulde
loue our brother as our owne selfe/but thy sonne
knowyng well inough the imbecilite and weake-
nesse of this membre/shewed vs a remedy ther-
fore/gyuyng vs sure hope ƥ thy goodnesse wolde
remytte and forgyue vs all our offences/if we on
the other side with all our hert wolde forgyue our
brother/what so euer he trespaceth agaynste vs/
and this is a very equall and indifferent waye to
optayne pdon and forgyuenesse/whiche thy sofie
Jesus hath assigned: for howe can any mā be so
bolde to desyre his father to withdrawe his reuē-
gyng

gynge hande from hym/if he hym selfe go about
to reuenge a lytell offence in his brother/or who
is of so shamelesse boldenesse/that wolde nat be a
frayde to saye to the/Slake thy angre/whan he
contynueth in rancoure and malyce styll towarde
his brother: And howe can he surely boost and a
uaunce hym selfe as a membre of thy sonne/whi=
che beyng fre from all synne hym selfe/prayde the
to forgyue the theues on the crosse/if he all entan
gled with synne/and a synner coulde nat fynde in
his hert to forgyue his brother/agaynst whome
nowe and than he offendeth: so that amongest vs
it maye be called rather as mutuall chaunge of p=
done/than very forgyuenesse: that sacrifice is im
pleasaunt in thy sight/whiche is offred in reme=
braunce of displeasure or neglygence/of reconcy=
lyng his brothers good wyll. Therfore thy sonne
gaue vs this in commaundement/that we shulde
leaue our offring euyn at þ auter/& hye vs a pace
to our brother/and labour to be in peace with hm/
and than returne agayne & offre vp our rewarde:
Lawe nowe/we folowe þ thy sonne hath taught
vs/we endeuer to performe that he hath done/if
thou aknowlege the couenant & bargayne made
of thy sonie/as we dout nat but thou doest/graūt
vs we beseke the/that thyng wherof we had full
hope & trust by thy sonne: Thus he bad vs praye
whan he answered nat a fewe tymes/þ we shulde
optayne what soeuer we desyred of þ in his name
he made vs bolde to pray to the/vouchesafe thou
by him/to forgyue those that call vpon the: We a
f   knowlege

knowlege our owne imbecilite & feblenesse/wher
by we well perceyue/in to howe shamfull and ab
homynable offences we were lyke to fall in to/ex
cept we were preserued by thy goodnesse frō gret
ter synnes:and the same mekenesse thou leftest in
vs/as a remedy against ẏ pride which we shulde
haue ben in icopardy to haue fallen in dayly : we
offende and fall/to the entent that euery daye we
might glorify thy gētylnesse: Graunt father that
we may hertely forgyue our bretherne/that whā
we be in peace and vnite amongest our selfes/we
may haue the alway mercyfull vnto vs/and if in
any thyng we offende the/amēde vs with thy fa
therly correction/so that thou vtterly forsake vs
nat/nor disinherite vs/ne cast vs in to hell : ones
in baptyme thou hast remytted vs all our synes/
but that was nat inoughe/for thy tendre loue to
warde vs/but thou hast also shewed a sure & redy
remedy/for the dayly offences of thy childrē/for
the whiche we thanke thy great gētylnesse/whi
che vouche saueth by thy sonne and the holy gost/
to endewe vs with so great benifytes/to the euer
lastyng glorie of thy moost holy name. Amen.

❡The sixte peticion.

ET ne nos in ducas in tentationem.   O good fa
ther in heuen/albeit there is nothing that
we greatly feare/hauyng the mercyfull vnto vs/
and whyle mutuall loue and charyte eche with o
ther/maketh vs thy childrē of more strength a
gaynst

gaynst euery yuell assaut / yet whan we consydre
howe weake and fraile the nature of man is / and
howe ignorant also we be / whome thy goodnesse
wyll iudge and thynke worthy the contynuaunce
in thy loue / to the ende of this lyfe / in whiche as
long as we are / a thousande maner of wayes we
be stered to fall and ruyne / therfore we can nat be
vtterly seker and carelesse : all this lyfe is rounde
about be sette with the dyuelles snares / he neuer
cesseth temptynge vs / whiche was nat a frayde
with craftie subtyltels to sette vpon thy sonne Ie
sus / we call to mynde howe greuously the fende
assauted thy seruaunt Iob : we remembre howe
Saull was fyrst thy electe and chosen seruaunt / ₹
within a whyle after cast out of they sight : we can
nat forget howe Dauyd whom ẏ calleddelt a mã
cuyn after thyne owne appetyte / was drawen to
that great villany of synne / that he mengled ad-
uoutre with mãslaughter : we cõsydre howe So-
lomon whom in the begynnyng of his rule / thou
gauest wysedome aboue all men / was brought to
that madnesse and folly / that he dyde sacrifyce to
strange ₹ vtter goddes : we remembre also / what
befell the chefe and heed of thyne apostles / whi-
che after that he had so valyantly professed / that
he wolde dye with his mayster / nat withstãdyng
thryse forswale his maister. These and suche ma-
ny other / whan we cõsydre / we can nat but feare
and aborre the icopardy of temptacion : and thy
fatherly loue wolde vs alway to be in this feare /
bycause we shulde nat sluggisshely ₹ slouthfully

begyn to trust in our owne helpe / but defēde and
arme our selfe agaynst euery saute of temptacion
with sobre temperaūce / watche / & prayer: wher=
by we shulde neyther prouoke our enneiny / remē=
bring our owne feblenesse / nor be ouerthrone in ẏ
stormie of temptacion trustyng to thy ayde / with
out whiche we are able to do right nought / ẏ suf=
frest among tēptacion to fall / eyther to proue and
make stedfast the suffraūce & pacience of thy chil=
dren / as Iob and Abraham were tempted / or els
by suche scourges to correcte and chasten our offē=
ces: but howe often soeuer thou suffrest this / we
praye the thou wylt bring that same temptacion
to good and lucky ende / & gyue vs strength egall
to the moūtenaunce & weight of the yuels ẏ come
vpon vs / it is no lytell ieopardy whan soeuer we
be thretned with losse of our goodes / ẉ banysshe=
ment / rebukes / imprisonment / with bandes and
bodily turmentyng / & horrible and fearfull dethe
But we are in no lesse peryll atall / whan psperite
to moche laugheth on vs / than whan we be ouer
moche feared with trouble and aduersyte: They
are an inumerable sorte whiche fall on euery side /
some for feare of punysshment do sacrifyce to wic=
ked deuyls / some ouerthrone and astonyed with
yuels and vexaciōs / do blaspheme thy most holy
name: & agayne / some drowned with ouermoche
worldely welthe / sette at nought and dyspice thy
gyftes of grace / and retourne agayne in to their
olde and former fylthynesse / as the sonne that the
scripture speketh of / whiche after tyme he hadde
                                                    spent

spent and reuelled out all his fathers substaunce/
by vnthrifty and vngracious rule/was brought
to that misery and wretchednesse/that he enuyed
the swyne their chaffe. We knowe well good fa=
ther/that our aduersary hath no power ouer vs
at all/but by thy suffraunce: Wherfore we be có=
tent to be put to what soeuer icopardy it pleaseth
the/so it wyll lyke thy gentylnesse to measure our
ennemys assaute and our strength/for so though
we be somtyme in the fyrst metyng to weake/yet
thy wysedome in the conclusyon wyll tourne it to
our welthe. So thy most dere and honorable son/
was euer wonte to ouercome the deuyll: thus the
flesshe: and thus the worlde: that whan he semed
moost to be oppressed/he than moost specially tri=
umphed/and he fought for vs/he ouercame for
vs/and triumphed for vs: Let vs also ouercome
by his ensample with thy helpe/and by the holy
goost/procedyng fró bothe for euer. Amen ❧

¶The seuenth peticion.

SEd libera nos a malo. O almyghty father/
it hath pleased thy mere and liberall good
nesse/ones whan we were rydde from syne/to de=
lyuer vs by thy sone Jesus Christ/out of the hã=
des of our moost foule and vnclene father the de=
uyll/& to electe & take vs in to the honour bothe of
thy name and thyne inheryptaúce: but yet of this
condycion that all the while we lyue here in erthe
we shulde be in cótynuall batell with our ennemy/
f.iij.   whiche

nothyng mystruſt/ but that thou wylte perfourme
that whiche we deſyre of the. Amen.

¶Thus endeth th exposicion of the Pater noſter.
Imprinted at London in Fletestrete/ in the
house of Thomas Berthelet nere to the
Cunditt/ at the ſigne of Lucrece.

Cum priuilegio a rege indulto.

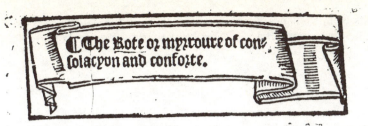

C The Rote or myrroure of con=
solacyon and conforte.

THE vvorkes of Sir Thomas More Knyght, sometyme Lorde Chauncellour of England, wrytten by him in the Englysh tonge.

Printed at London at the costes and charges of Iohn Cawod, Iohn VValy, and Richarde Tottell.

Anno. 1557.

An expoſicion of a parte of

the paſſion of our ſauiour Ieſus Chriſte, made in latine by ſyr Tho-
mas More knight (whyle he was priſoner in the tower of
London) and tranſlated into englyſhe, by mayſtres
Marye Baſſet, one of the gentlewomen
of the queenes maieſties priuie
chaumber, and nece to the
ſayde ſyr Thomas
More.

B

❧ The prynter to the gentle reader.

O here good reader, I put in-
to your handes another woorke
of ſyr Thomas Mores, com-
pyled in latine by hym in the
tower, in the yere of our lord.
1534. & lately engliſhed by miſtres Ma-
ry Baſſet (a nere kinſwoman of his own)
daughter to William Roper eſquyer
and Margarete hys wyfe, daughter to
the ſayde ſyr Thomas More. A woorke
of trouth full of good and godly leſſons,
whiche he began beyng then priſoner,
and coulde not atchieue and finiſhe the
ſame, as he that ere he could goe thorow
therwith, (euen when he came to thex-
poſicion of theſe wordes, Et incecerunt manus
in Ieſum) was bereaued and put from hys
bokes, pen, inke and paper, and kepte
more ſtrayghtly than before, and ſoone
after alſo was putte to death hymſelfe.
This woorke in latine hath been by ſon-
drye great clarkes read and wayed, and
beary well lyked, and is agayne ſo ſette
oute in oure tongue, and goeth ſo nere
ſir Thomas Mores own engliſh phraſe
that the gentlewoman (who for her paſ-
tyme tranſlated it) is no nerer to hym in
kynred, bertue and litterature, than in
hys engliſhe tongue : ſo that it myghte
ſeme to haue been by hys own pen indy-
ted fyrſt, and not at all tranſlated: ſuche
a gyſt hath ſhe to folowe her graundfa-
thers bayne in wryting. Somewhat I
had to doo ere that I could come by thys
boke. For y gentlewoma which traſlated
it, ſemed nothing willing to haue it goe
abrode, for that (ſhe ſayth,) it was firſte
turned into engliſhe, but for her owne
paſtyme and exercyſe, and ſo reputeth
it farre to ſymple to come in many han-
des. And ſome ther were that fayn wold
haue had it ſette furth in prynte alone,
becauſe the matter is ſo good and eke ſo
well handeled, that it were to be wiſhed
it mought be readde of all folkes: which
mo would bye, ſet out alone, than with
ſo many other of hys woorkes: and hap-
pely ſo ſhall it be hereafter at more lea-
ſure. But in the meane whyle, take
it, and reade it thus with the reſt,
and geue God thankes, and
pray for her that toke the
paynes in this wyſe
to tranſlate it.

Of the ſorowe, werineſſe ʒ feare, and prayer of Chriſt before hys taking, as it is writen in the .xxvi. Chapiter of ſaynte Mathewe, the .xiiii. of ſaynte Marke, the .xxii. of ſaynt Luke, and the .xviii. of ſaynte Iohn.

(∴)

Et quum dixiſſet Ieſus, hympno dicto exierunt in montem Oliueti.

When Ieſus hadde ſpoken theſe wordes, and ſayd grace, they went furth vnto ý mount of Oliuete.

Albeit that Chryſt at the tyme of hys ſupper, had had ſo much godly communicacion with hys apoſtles, yet forgate he not at hys departyng to make an end of altogether, with thankes geuyng to God. But howe vnlyke alas bee we to Chryſte which beare the name of chriſten men the, and yet at oure table doe vſe, not onelye manye vayne and ydle wordes, (whereof Chryſte hathe geuen vs warnyng that we ſhall yelde a full ſtraygte accoumpte) but alſo verye hurtfull and peryllous, and at laſt when we haue eaten and dronunken but ſtil, vnkyndely gear vs oure waye, forgetting to geue thankes vnto God the geuer of al, that hath ſo well fedde and refreſſhed vs.

Burgenſys a man well learned, vertuous, and diepely trauayled in diuinitie, vppon probable coniectures doeth thinke, that the grace which Chryſte at the ſame tyme ſayde with hys Apoſtles, was thoſe ſixe pſalmes, whiche as they ſtande together, the Hebrewes call the great Alleluya: that is to witte, the hundreth and twelfth Pſalme with the ſyue nexte folowing in order. For thoſe ſixe Pſalmes whiche they name the greate Alleluya: they wer wont of an olde cuſtome to ſay in ſtede of grace, at Eaſter and certayn other high feaſtes. And the ſelf ſame grace as yet to thys day at the ſayd feaſtes commonly vſe they to ſay. But as for vs, where as we haue been accuſtomed in tymes paſſe, for grace both before meate and after, to ſaye at

ſondrye ſeaſons ſondrye Pſalmes ſuch as be moſt conuenient for the tyme; we haue nowe a dayes geuen them ouer almoſt euerye chone, ſo that with three or fowre wordes whatſoeuer ſodaynelye cometh to oure myndes, and thoſe houerly mumbled vp at aduenture, ſhortly make we an ende and departe.

Exierunt in montem Oliueti. Pſalm .iiii.

They went furth vnto the mounte of Oliuete

Furth they wente, but not to bedde. I roſe at midnight (ſaith the Prophete) to geue prayſe and thankes to thee. Howbeit Chriſt did not ſo much as once laye him downe on his bed. But at the leaſte wyſe would god we could truely ſay, I remembred thee in my bed good lorde.

And it was not in the ſommer ſeaſon neither ý Chryſte after hys ſupper tooke his waye to the mounte. For it was eue ſhortlye after the ſprynge of the yeare, when the dayes and the nightes be al of one legth. And that it was a cold night appeareth alſo by this, that the ſeruantes wer warming themſelues by the fyer in the byſhops hawle. And that thys was not the fyrſt tyme that he ſo didde, well witneſſeth the Euangeliſte where he ſaythe.

Secundum conſuetudinem.

Accordynge to hys cuſtome.

He went vp to ý mount to praye, willing vs therby to vnderſtãd, ý when we ſette our ſelues to pray, we muſt lift vp our heartes from the combrous vnquyetnes of all worldlye buſines, to thende we may wholy ſet our myndes vpõ god & godlye matters. Thys mount of Oliuete which was all full of Oliue trees, conteyneth in it a certayne myſterye, for a branche of an Oliue tree, was commonly taken as a token of peace, which Chriſt came himſelfe to make betwixte god & man, who had ſo long before béen enemies. Beſides this, the oyle that cometh of the Oliue trée, doth ſignifie the grace of the holy goſt, whom Chriſt did come to ſend downe to his diſciples after his returne to his father : to thende that by the grace of ý ſame holy ſpirite, they might within ſhort ſpace after, be hable to learne thoſe thinges, whiche if he had told thē then, they could not well haue borne.

Trans torrentem Cedron in villam cui nomen Geſethſemani.

Ouer a riuer called Cedrõ into a village

A lage which is named Gethsesemani.

This riuer Cedron runeth betwene the cittie of Hierusalem & the mounte of Oliuete. And this word Cedron in the Hebrew togue, signifieth sorow or heauines. And Gethsemani in ysame spech is as much to say, as a very fat & plentiful valley, or otherwise the valley of Oliuete.

We haue therfore good cause to thinke, that the Euangelistes not withoute great consideracion, did so diligetly rehearse the names of these places: for els wold they haue thought it sufficient, to haue shewed that he wet furth vnto the mount of Oliuete, had it not ben, that god vnder ye names of those places, had secretely couered some hygh misteries, which by ye rehersal of those names, god men & studeous should haue occasio afterward, through ye ayde of this holy spirite to searche out.

For sith we may in no wyse thinke, that there is anye superfluous syllable in the sacred scripture, which the apostles wrote by the inspiracio of the holy gost, and that not so much as a sparow lighteth vpon ye ground without ye will of god, I must nedes beleue, ye neither ye Euangelistes made mencio of those names wout some good cause, nor yet ye the Hebrewes so named them (whatsoeuer their purpose was when they & to so call the) but by some secret mocion (albeit to theselues vnknowe) of gods owne holye spirite, which vnder those names hadde closely hid certain notable misteries, ye at length sholt be brought to light. And sith Cedro signifieth sorow & blackenes to, & besides ye is the name, not of ye riuer only which theuagelistes do here make mentio of, but also as we may wel perceue, of ye valley ye the riuer passeth thorow, which valley lieth betwixt Hierusalem & Gesemani, these names (but if we be to slouthful & negliget) doe put vs in remebraúce, ye as log as we liue here (as ye apostle saith) like strágers sequestred fro our lord, we must nedes passe ouer, ere euer we come vnto the fruitfull mout of Oliuete, & the pleasant village of Gesemani, a billage I say not displesaút or lothsome to loke vpo but ful of al delight & plesure, we must first passe ouer as I saide, this valley & riuer called Cedron a bale of misery & riuer of heaunines, ye water wherof may clene purge & wash away ye foule blacke filthines of our sinnes. But nowe if we to auoyde grief & payns, goe aboute by a contrary way, to make this world which shoulde be a place of payn & penace, to be a place of ease & pastime, & so tourne it into our heauen, both doe we clerely exclude our selues from the very true felicitie for euer, & drown vs all to late in fruitelesse sorow & care, & further bring our selues into intollerable & endles wretchednes. And this holesome lesson are we put in mind of, by the well placed rehersall of Cedron and Gesemani. Now because the wordes of holye scrypture haue not one sece alone, but are full of many misteries, the names of these places doe so wel serue to ye setting furth of this history of Christes passion, as though for the same purpose only god had fro ye beginning ordeined those places long before, to be called by such notable names, as being copared with those thinges that Christ did many peres after, myght declare ye they wer appointed alore hande, to be as it wer witnesses of his most bitter passion. For sith Cedron signifyeth blacke, doth it not seme to expresse ye saying of ye prophete, which was spoken of Christ going to his glorious kingdom by most shameful deth, disfigured with stripes, bloud, spitteful spitting, & such other filthines where it is writen. Neither colour nor beautie is there in him. And ye the riuer whiche he passed ouer, vpon no without cause betoken sorow & deathnes, himself right wel witnessed, where he sayd: My soule is heauye euen to the death.

Sequuti sunt autem ye discipuli eius.

And his disciples went with him.

It is to be vnderstanded of the eleuen onely which still remayned with him. For the twelueth, whome the deuill entred into after he had eaten the sop, and caried fro ye the from the residue of the Apostles, wanted nowe we no lengar vppon hys maister as his dysciple, but lyke a traytor laboured to destroye hym. And so proued these wordes of Christe to rewe: He that is not with me is against me. For against Christ was he in dede, euen at that tyme most especially, craftely contryuing his destruction, when the rest of hys disciples went after hym to praye with hym.

Let vs folow Christ therfore, and by prayer calle vpon his father with hym. And let vs not as Indas did, slyp asyde from hym, after we haue ben relieued by his gracious goodnes, and wel & liberallye supped with hym, for feare thys saying of the prophete be verified in vs.

(marginal notes) Math.10.   2.Cor.n.5.   Esay.53.   Math.16.   Math.12.

¶ If thou sawest a thief thou didest runne
with him, and with adulterers dyddest
thou pay thy shotte.

sciebat et Iudas qui tradebat eum, locum, quia fre-
quenter conuenerat Iesus illuc cum discipulis.

And Iudas that did goe about to be-
tray him, knew right well the place, be-
cause Iesus vsed ofte times to come thi-
ther with his disciples.

Nowe by occasion of the traytor, doe
the Euangelistes yet once agayne both
beate into vs, and with ofte rehersall
therof muche commende also, ý blessed
custome of Christ, who was wont to re-
sorte thyther with his disciples to pray.

For yf he had not gone to the same place
so commoly in the nyght tyme, but now
and then among, the traitour could not
haue bene so well assured to fynde oure
Lorde there, that he durst haue conduc-
ted thither the bishoppes seruauntes & a
bende of the Romaine souldiers, as to
the thing they shoulde not misse to mete
withall: sithe if they had founde it other
wyse, they would haue wēt he had moc-
ked them, and so ere he coulde haue sca-
ped away happely haue done him some
displeasure.

But nowe where are these folke be-
come, that stande verye muche in theyr
owne conceyte, and as though they had
done a greate feate, fondely glory in thē
selues, yf it hath fortuned them at one
time or other, on high eauens, either to
watche anye thing longe in prayer by
night, or els for the same purpose to ryse
in the morning somewhat earely. Our
sauiour Christ custommably vsed to par-
seuer in prayer al the whole night with
out any slepe at all.

Where be they also which because he
refused not to eate and drinke with the
Publicanes, nor disdayned not to re-
ceue kyndenes and seruice of sinners,
called him a glotton and a drunckarde,
and in coparison of the Pharisies (whose
profession was verye straight) counted
him to be scant in vertue, so parsite as
one of the common sorte. And yet while
these sowre lowring Hypocrites to bee
sene of the worlde, were praying openly
abrode in corners of the stretes, he ther-
whiles full mildely & louingly, taughte
synnefull menne (while he eate & drank
with them) to amend their liues. Again
while the false dissemblyng Pharisey
laye at his ease rowting in his soft bed,
Christ contynued without dores, pain-
fully al night in prayer. Oh would god
we which are so slacke and slouthfull, ý

we can not folowe the good ensaumple
of our sauiour in this behalfe, woulde
yet at the leaft wise, when we turne our
selues in our bedde euen ready to fall a
slepe, haue in remembraunce Christes
contynuall watche: and all thoughe it
were in fewe wordes, till slepe come on
vs agayne, geue hym heartye thankes,
both misliking our own slouggishnes,
and therewithall desyring hym to geue
vs with more of his grace. Surely if we
woulde accustome our selues to do but
euen so much, I nothing doubt but that
god would within shorte space, helpe vs
with his grace, and make vs muche bet-
ter.

Et dixit: Sedete hic, donec vadam illuc & orem. Et
cossumpto petro & duobus filiis Zebedei, cepi contri-
stari & mestus esse, & Pauere, & tedere. Tunc ait illis,
Tristis est anima mea vsque ad mortem. Sustinete hic, &
vigilate mecum.

And sitte you here (quod he) whyles I
go ponder and praye. Then toke he Pe-
ter with him, and the two sonnes of Ze-
bede, and beganne to be heauy and sad,
and to war somewhat afrayde and we-
ry, then saide he vnto them. My soul is
heauy euen to the death. Abide ye here &
watche with me.

Whereas Christe willed the other
eight of his disciples to stay so that be-
hynd him, Peter, John, and his brother
James, caused he to goe further wyth
him, as those whom he had alwayes v-
sed more familiarly then all the reste of
his apostles. Which thyng although he
had done for none other respect but one-
ly for that it liked him so to do, no cause
yet had any man to be greued therewith
to see hym so good and gracious. How-
beit great consideracions wer there be-
sydes, whiche as it seemeth moued hym
thereunto. Forasmuch as Peter for the
feruour of his faith, John for his virgi-
nitie, and his brother James for that he
was the first of his apostles that should
suffer martirdome for his sake, dyd in
dede farre passe and surmout al the rest.
And these three also had he longe erste,
vouchesaued to admitte bothe to be pri-
up to his glorious transfiguracion, and
also presentely to see it. Conueniet was
it therefore that they whom he hadde a-
fore all other, called with hym to so wō-
derfull a sight, and there had comforted
for the while with the clere light of his
eternall glory, conuenient was it I say
that these three in especiall, who as rea-
son would were more strong harted thē
the other, should be placed nerest about

Mat.10.

Mat.17.

ye hym, at the time of his painfull panges foregoing his bitter paſſion. Now whē he was gone a litle beyond the ſtreighte wates felt he himſelf oppreſſed wt ſuche an horrible heauines, ſorow, feare, & we- rines, & that with ſo greate extremitie, ȳ by and by euē before them, he letted not to vtter theſe lamentable wordes, ȳ eui- dently declared the maruelous inward anguiſh of his ſore troubled heart.

Triſtis eſt anima mea vſque ad mortem.

My ſoule is heuy euen to the death.

For the bleſſed and tender hert of our moſt holy ſauior, was cumbred & pāged with manifold & hideous griefes, ſythe doubtles wel wiſt he, that the falſe trai- toure & his mortall enemies drewe nere vnto him, & were now in maner already cōmen vpon him, and ouer this that he ſhould be diſpitefully bounden, & haue heynous crimes ſurmiſed againſt him, bee blaſphemed, ſcourged, crowned wt thorne, nayled, crucifyed, & finally ſuf- fer very long & cruell tormentes. More- ouer much did it diſquiete hym, that he foreſawe the feare and dread which hys diſciples ſhould fal in, the miſchief that ſhould light on the Iewes, the diſtruc- cion of the falſe traytour Iudas, & laſte of al, the vnſpeakeable ſorow of his dere beloued mother. The ſtormes & heapes of ſo many troubles comming vpō hym al at once, as dothe the mayne ſea when it violently breaketh downe the bankes ouer the lande, ſore oppreſſed hys moſte holy and bleſſed heart.

Some man may happly here meruel, how this could be, ȳ our ſauiour Chriſt beyng very god equal with his almigh- ty father, could be heuy, ſad, & ſorow ful In dede he could not haue bene ſo, yf as he was god, ſo had he bene onely god, & not mā alſo. But now ſeingȳhe was as verely mā as he was verely god, I think it no more to be merueiled ȳ in as much as he was mā he had theſe affeccions & cōditions in him, ſuch I meane as be wt out offence to god, as of cōmō courſe are in mākinde, thē ȳ in as much as he was god, he wrought ſo wōderful miracles. For if we do maruaile ȳ Chriſt ſhoulde haue in him feare, werines, and ſorow, namely ſeing he was god, thē why ſhold we not aſwel maruayl ȳ he was hūgrye a thyrſt & ſlept. Sithe albeit he had theſe properties yet was he neuertheleſſe god for all ȳ. But hereunto paraduenture maiſt thou reply & ſay, albeit I do now maruaile no more ȳ he could ſo doe, yet cā I not but maruayle ſtil why he wold

ſo do. For what reaſon is it ȳ he whſche taught his diſciples in no wiſe to feare thoſe ȳ could but kil only their bodies, & when ȳ was done had no further thyng in their power wher with they could do them harme, ſhould now war afrayd of thē himſelf, namely ſith agaiſt his bleſ- ſed body they could no more doe, then it lyked his holy mageſtie to permitte and ſuffer them. Ouer this ſeyng, hereof we be wel aſſured, ȳ his martirs ioyfully & couragiouſly haſted thē towarde theyre death, not letting euen thē boldly to re- buke & reproue the tyrauntes and theyr cruel tormētors. How vnſemely might it be thought ȳ Chriſt himſelf beyng as a man might ſay ȳ chief banner bearer & captain of al martirs ſhould when he drew nere to his paſſion, bee ſo ſore a- fraide, ſo heuy, ſo wonderfully vnquie- ted & troubled. Had it not bene mete ȳe which did al thinges himſelfe before he taught ȳſame, ſhould in this pointe eſpe- cially in his own parſon, haue geuē o- ther mē example to learne of himſor the truethes ſake, cherefully to ſuffer dethz leſt ſuch as in time to come woulde bee loth & afraid to dye for the defence of the faith, might happly to excuſe their own faint & feble hartes, beare themſelues in hand, ȳ they did none otherwyſe therin then Chriſt had done before them. And ſo dooyng yet ſhoulde they bothe not a litle diſhonor ſo good & worthye a mat- ter, & beſides ȳ muche diſcourage other folk, to ſee thē in ſo gret feare & heuines.

They ȳ make theſe obieccions & ſuch other like, neither do throughly perceue the whole bottom of this matter, nor yet wel way what Chriſtes meaning was, when he cōmaunded his diſciples in no wiſe to be afrayd of death. For he ment not ȳ they ſhould in no caſe once ſhrynk at death: but ȳ they ſhould not ſo ſhrink & flee frō tēporal death: ȳ by forſakynge ȳ fayth, they ſhould fal into endles dethȳ for euer. Who though he wold haue his ſouldiers to be bolde & therwtal diſcrete, requireth not yet to haue them neyther lyke blockes nor mad men. For as he hath a ſtrong couragious heart that ne- uer ſhrinketh paciently to ſuffer payn, ſo he ȳ feeleth none, is lyke a very block wout any ſence at all. It were a madde parte for a man, not to feare to haue his fleſhe cut, and yet ſhoulde no wyſe man for any dread of payne, be withdrawen from his godlye purpoſe, and ſo by the refuſall of a ſmall payne, purchaſe hym ſelfe a muche greater, A ſurgeon when

a dyſea-

a dyſeaſed place muſt be launced or ſea-
red, exhorteth not his paciēt to ymagine
that at the ſame time he ſhal fele no grief
or payne at all, but willeth him in anye
wiſe quietely to take it. He denyeth not,
but that it wil bee righte painefull vnto
him. But then againe the pleaſure that
he ſhal haue by the recouery of his helth
and the aboidyng of ſorer gryefe lykely
to enſue, this ſhal fully ſayth he, recom-
pence altogether. And albeit our ſavior
Chriſte biddeth vs rather willingly to
ſuffer death, whē there is none other re-
medy, than for feare thereof to forſake
him, (and forſake him dooe we, yf before
ÿ worlde we refuſe to confeſſe his faith)
yet dothe he not for all that, commaund
vs ſo to ſtriue againſt nature, as not once
to thinke at death: in ſo muche that hee
geueth vs free liberty, to auoyd al trou-
ble and daunger, in caſe we may ſo dooe
without preiudice and hinderaunce of
the cauſe. For yf they perſecute ye (ſayth
he) in one citie, geat ye into an other. V-
pon which mercifull licence and prou-
dent aduiſe of our moſte prudente may-
ſter, none of the apoſtles was there in a
maner, no nor but fewe of the moſte no-
table martirs neither, ÿ ſuffered ſo ma-
ny yeres after, but that at one time or o-
ther, they thus preſerued theyr lyues: ÷
to the manifolde profite bothe of them-
ſelues and many other mo, reſerued the
ſame vntill ſuche ſeaſon, as the ſecrete
prouidence of god foreſawe to bee more
conuenient. Howbeit ſomtime, Chriſts
valiant Champions haue done farre o-
therwiſe, and of their owne accord, pro-
feſſed themſelues chriſtē men, when no
creature required it of them, ÷ of theyr
own mindes, offred their bodies to mar-
tirdome when no man called for them.
Thus hath it lyked god for thauance-
mente of his honor, ſomewhiles to kepe
from the knowledge of the worlde, the
great aboundant faith of his ſeruātes,
thereby to diſapoint their wily and ma-
licious enemies: and ſomewhiles again
ſo to ſet it forth, that their cruell parſe-
cutours wer therewith much incenſed,
while bothe they ſawe themſelues dece-
ued of their expectacion, and were more
ouer right angry to conſider, that the
martirs that offred thēſelues to dye for
Chriſtes ſake, could be ouercome by no
kinde of crueltie. But yet loe god of his
infinite mercye, dothe not require vs to
take vppon vs this moſte high degree of
ſtoute courage, which is ſo full of hard-
nes ÷ difficulty. And thefore I wold not

aduiſe euery mā at aduenture, raſhely
to runne forth ſo farre forward, that he
ſhal not be hable faire ÷ ſoftlye to come
back again, but vnleſſe he can attain to
clime vp to the hyl top, be happily in ha-
ſarde to toimble down euen to ÿ bottome
headlong. Let them yet whom god eſpe-
cially calleth therunto, ſet forth in gods
name and procede, and they ſhall reign.
The times, yea ÿ very inſtance oftymes
÷ the cauſes of al thynges, hath he ſecret
vnto himſelfe, ÷ when he ſeeth time con-
uenient, he doth all thinges, as his depe
wiſdom, which perceth al things migh-
tely, ÷ diſpoſeth al thinges pleaſauntly,
before had ſecretely determined. Who-
ſoeuer therefore is broughte to ſuche a
ſtraighte, that nedes he muſt either en-
dure ſome paine in his bodye, or els for-
ſake god, this man may be right wel aſ-
ſured, that he is by gods owne wil come
to ſuche diſtreſſe. Whereupon hath he
without doubt greate occaſion to bee of
good comfort, ſythe either god wyll not
faile to deliuer him therefro againe, or
be redy at his elbow to aſſiſt hym in his
conflict, ÷ ſo geue him the vpper hande,
that for his victorie, ſhal he be crouned.
For god is trewe of his promiſe (ſayth ÿ
apoſtle) who wil not ſuffer ye to be temp-
ted aboue ÿ ye maye beare, but make ye
alſo wt the temptacion awaye oute, ÿ ye
maye haue ſtrength to abide it. Where-
fore whē we are come to ÿ poynte, ÿ we
muſt of neceſſitie fight hand to hand wt
the prince of this world the deuyll, and
his cruel miniſters, ſo that wee can not
ſhrinke backe wout the defacing of our
cauſe, then would I loe counſaile euery
man in this caſe, vtterly to caſt awaye
al feare. And here would I bid him qui-
etly to ſet his heart at reſt, in ÿ ſure hope
÷ truſt of gods help, namelye ſeynge the
ſcripture telleth vs, that whoſoeuer put-
teth not his cōfidence in god, in ÿ tyme
of tribulaciō ſhal finde his ſtrēgth full
feble. But yet before a mā falleth i trou-
ble, feare is not greatly to be diſcommē-
ded, ÷ ſo that reaſon be alwayes redy to
reſyſt ÷ maſter feare, ÿ conflict is thē no
ſinne nor offence at al, but rather a gret
matter of merite. For weneſt thou that
thoſe holy martirs whiche ſhedde theyr
bloode for Chriſtes faith, were neuer a-
fraide of death and payne. I will not
ſpend much time in this behalf, to make
any long reherſall of other, ſythe ſaynt
Paule alone ſhall ſerue my turne here-
in, aſwell as yf I alledged ye a thow-
ſande. Yea ÷ yf Dauid in ÿ war againſt

KK.ii. the

the Philiſfeans was reputed as good as ten thouſad, wel may ſaint Paul perdy, foʒ ý pʒofe of ý we nowe ſpeake of in the fight foʒ ý faith againſt ý faithles parſecutoʒs, be accoʒpted as ſufficient as yf J reherſed ye ten thouſand beſide. Then this moſt valiãt chãpion ſaynte Paule, whiche was ſo rauiſhed with the loue of Chʒiſt ꝗ the hope he had in him, ý he recꝛoned himſelf aſſured of his reward in heuẽ, in ſo much ý he ſaid J haue fought a good battaile, my courſe haue J ſynyſhed, my faith haue J kept, in time comming haue Ja crown of iuſtice reſerued foʒ me, which he ſo feruentely deſyʒed ꝗ longed foʒ, that he ſpake theſe woʒdes of hymſelf: Chʒiſt is my life, ꝗ to dye were mine aduantage, ꝗ again: J longe to be diſcharged of this body of mine, ꝗ to bee wt Chʒiſt, this ſelf ſame Paule J ſay foʒ al this, bothe by pollicye pʒocured to eſcape ý Jewes deceitful traines thʒough ý help of a certain captain of ý Romain garriſon, ꝗ afterward got out of pʒiſon, allegyng ý he was a Cyteſyn of Rome, ꝗ at another time ſaued himſelfe from ý cruell Jewes, by appeling vnto Ceſar, ꝗ befoʒe ý, was let down ouer a wall in a baſket, ꝗ ſo auoided ý curſed handes of king Areta. Here if any man will ſaye ý al this while he was in no dʒead of deth at al, but did al this onely vpon conſideracion of ý great encreaſe of faith, that thʒough his laboʒ ꝗ trauayle might after growe to the woʒlde, ſurelye foʒ my part, as J would be loth to deny ý tone, ſo dare J not be ſo bolde to warraunt ý tother, ſith of his own feare ý he ſõetime was in (as ſtrong herted as he was) maketh he ſufficient declaracion hymſelfe, where he wʒiteth vnto ý Coʒinthees as foloweth. Whẽ we came to Macedonye our body had no reſt, but much tribulaciõ abode we, battaile woute ꝗ feare witin. Alſo in an other place he wʒiteth vnto thẽ in this wiſe: In muche weakenes was J, in ſoʒe dʒead ꝗ feare among you. And agayne he ſayth. Bʒethʒẽ we wold not haue you ignoʒaunt of our trouble which hath happened in Aſia, where we haue bene aboue our power ſo afflicted ý we wer euen wery of our life. Doeſt ý not heare now ſaint Paule wt hys own mouth, confeſſe here his owne feare and dʒead ꝗ wonderful werines, moʒe intollerable vnto him thẽ deth. In ſo much ý he ſemeth by theſe woʒdes as it wer in a painted table, liuely to ſet foʒth ý painful agony he then abode foʒ Chʒiſt. Let me now ſee whether any man can iuſtly

ſay, ý Chʒiſtes holy martirs wer neuer afrayd of deth. And yet foʒ al ý could no feare cauſe ſaint Paule, once to ſhʒinke oʒ go back from his good purpoſe, to aduance the faith of Chʒiſt: noʒ al ý counſail ý diſciples gaue him, could not ſtay him, but ý nedes foʒth would he to Hieruſalem ſtil as to the place wherunto he ſaw wel ý the ſpirit of god called him: albeit ý Pʒophet Agabus had foʒeſhewed him plain, ý there ſhould he be both impʒiſoned, ꝗ further in no litle daũger of his life to. Wherby it appeareth, that to feare deth ꝗ toʒment is none offenſe, but a great ꝗ greuous pain, whiche Chʒiſte came not to auoid, but paciently to ſuffer. And we may not by and by iudge it a point of cowardnes, if we ſee a manne either afrayd ꝗ loth to be toʒmented, oʒ diſcretely eſchew perill in ſuche caſe as he may lawfully doe it. But Marye foʒ dʒead of death ꝗ toʒment, either to rũne quite awai, when nede requireth a man to abyde by his tackelyng, oʒ deſperatelye to yelde hymſelfe into hys enemyes handes, this loe is by the lawe of armes reputed a very ſhameful and traiterous act. Foʒ be a man of war neuer ſo faint harted ꝗ diſmayde befoʒe, yet when hys captayn commandeth him, yf he be then redy ſtreight wayes to ſet foʒward and go foʒth, and do manfully fyght and ouerthʒow his enemies: this man may be wel aſſured, ý his foʒmer feare ſhall no whit abʒidge his rewarde, ſithe in good earneſt, ſuche a one is rather moſt of all to be cõmended, as he ý hath ouercome both his enemy ꝗ his own feare to: wher in conſiſteth many times moʒe difficultý, then to conquere ꝗ vanquiſh a mans moʒtal enemy. So in dede our ſauioure Chʒiſt, (as his own doynges ſhoʒtly after declared) letted neither foʒ ſoʒowe, feare, noʒ werines, obedyentely to execute his fathers wil ꝗ pleaſure, ꝗ myghtely to paſſe thʒough al thoſe paynefull panges, whiche foʒ our helth hymſelfe a litle befoʒe, had ful wiſely bene in dʒead of. But mo cauſes are there thẽ one, foʒ which in ý meane ſeaſõ it pleaſed him to ſuffer ſuch feare, ſuch ſoʒow, ſuch werines, ꝗ ſuch inward anguiſhe. Jt pleaſed him J ſay, ſith he was not enfoʒced thervnto. Foʒ who could haue enfoʒced god? Jt came therfoʒe wout fail, of a wõderful high cõſidcraciõ of himſelf, that his godhed did foʒ ý while, in ſuch wyſe foʒbeare to geue his aide ꝗ influence vnto his manhed, that he might therby to his gret grief, ſẽſibly ſele in his own body, theſe

2.Tim.4   Phil.1   Actes.25   2.Corin.7   1.Cor.11   2.Corinth.1   Pſal.   Pſal.

A these troublesom passiōs of mans fraile nature. But as I was about to say, it liked Chꝛist of his wonderfull goodnesse thus to do, vpon sōdꝛy consideracions. First because he would fulfyl the thing foꝛ which he came into this woꝛld, and ꝑ was to set foꝛth ⁊ testify ꝑ trueth. Foꝛ wheras he was verely both god ⁊ man to, yet som wer ther, which because they cōsidꝛed ꝑ he had in him hūger, thyꝛste, slepe, werines, ⁊ such like disposicions, as al other mē naturallye haue, falselye mistoke him, ⁊ beleued he was not God in dede. I mene this not only of ꝑ Iewes ⁊ gētiles in his own time ꝑ wer so much

B his enemies, but of those Iewes ⁊ Gentiles also which wer many yeres after, ꝑ neuertheles called thēselfes good faithful chꝛistē mē. As Arius ⁊ the Heretikes of his sect, who letted not to denye, that Chꝛist was one in substance with his father. Wherby raised they many yeares together, muche busines ⁊ ruffle in the church. But foꝛ a most strong treacle against these venemous heresies, wꝛought our sauioꝛ many a marueplous miracle. Howbeit afterward rose there as gret danger on the tother side, as often times from one daungerous peril folke straight waies fal in an other as ieopar

C dous as ꝑ first. Foꝛ ther lacked not sōe, ꝑ so earnestly behelde his gloꝛious and mighty miracles, ꝑ the bꝛight shynyng therof made their eyes so to dasel, ꝑ contrary to al truth, they plainly denied his māhod. Nowe did these wꝛetches to, following his trade ꝑ first begā this heresy, neuer cease by sediciō, maliciously to bꝛeake ꝑ godly vnitie of ꝑ holy catholike church: who by ꝑ fond frantike oppiniō, no lesse perilous thē false (as much as in thē lay) laboꝛed to destroy ⁊ ouerthꝛowe ꝑ whole mistery of mās redempciō, in ꝑ they went about to cut frō vs, ⁊ as a mā might say, vtterly to dꝛye vp ꝑ gracyous

D moisture of our sauioꝛs deth ⁊ passion: frō whēce as out of a welspꝛing issued ꝑ water of our saluaciō. Now to remedye this deadly disease, it pleased our moste gracious ⁊ louing phisiciō, by these euidēt tokēs of mās fraile nature, as heuynes, feare, werines, ⁊ dꝛead of pain ⁊ toꝛmēt, to declare himself to be a verye natural mā. Further foꝛasmuche as the cause of his cōming hither, was to suffer soꝛow ⁊ pain foꝛ vs, therby to ꝑcure vs ioy ⁊ pleasure, like as ꝑ ioy ꝑe obteined foꝛ vs was such, as should be to our ful contētaciō in soule ⁊ body both, so liked it him not in his body only to ēdure

most cruel toꝛmētry, but inwardly also to fele in his blessed soul, ꝑ soꝛe anguish E of soꝛow, feare, ⁊ werines: ꝑtly to thend ꝑ the moꝛe paines he toke foꝛ vs, ꝑ moꝛe sħold we be boūde to loue him: ⁊ partlye to put vs in remēbꝛaunce, how vnreasonable a thing it wer, if we should either refuse to abide any trouble and grief foꝛ his sake, ꝑ willinglye abode so many ⁊ great foꝛ ours: oꝛ grudge to take at hys hād, such punishmēt as our offēces haue righteously deserued: cōsidꝛing we here see ꝑ our sauioꝛ Chꝛist hiself of his own mere goodnes, shꝛonk neither in bodye noꝛ in soule, pacietly to suffer so manyfold ⁊ greuoustoꝛmētes foꝛ no desert on his behalf, but only to purge ⁊ put away F vile ⁊ sinful wꝛetchednes, ⁊ finally likewise as nothyng was to hym vnknowē frō ꝑ beginning, so foꝛesaw he well that ther wer like to spꝛing vp in his mistical body ꝑ church, mēbers of diuers condicions ⁊ qualities. And albeit ꝑ to suffer martirdom nature is not able wout the help of grace, sith no mā (as saith ꝑ apo- 1.Coꝛ.12. stle) cā say so much as our loꝛd Ieſ⁹ but in ꝑ spirit of god, yet dothe god in suche soꝛt bestow his grace vpō mākinde, ꝑ he letteth not therwhiles nature to woꝛk ⁊ G haue her course to: but either suffreth he nature to help foꝛwarde ꝑ grace ꝑ he sēdeth vnto mā, to thētent he maye ꝑ moꝛe easily woꝛk ⁊ doe wel: oꝛ if nature bee so fꝛoward ꝑ it wil nedes striue theragaist yet whē it is mastred and ouercome by grace, it liketh him ꝑ of ꝑ difficulty that such folk haue in theyr wel doyng, there shal grow vnto thē moꝛe matter of merit. Wherfoꝛe foꝛasmuch as Chꝛist dyd foꝛesee, ꝑ many ther wold be so tēder of body, ꝑ wer thei neuer so litle in daūger of bodely harme, thei wold be redy foꝛth w fearefully to trēble ⁊ quake, now lest such ꝑsons sholde cōceue any inwarde discōfoꝛt, whē they shold fele thēselfes so feareful ⁊ fainthertcd, ⁊ see ꝑ martirs again so stoute ⁊ couragious, and vppon H feare to be efoꝛced to faynt ⁊ geue ouer, might mishap wilfully to yeld ⁊ not go thꝛough, Chꝛist vouchsaued therfoꝛe I say, to cōfoꝛt theyꝛ weake spirites w the exāple of his own soꝛow, heuines, werines, ⁊ incomperable feare: ⁊ vnto one ꝑ wer likely to be in such case, as it wer by ꝑ liuely voyce of ꝑ pꝛesidente, he shewed himself expꝛessely to say: Plucke vp thy courage faint-heart ⁊ dispaire neuer a deale. What though ꝑ be feareful, soꝛy, ⁊ wery, ⁊ standest in gret dꝛead of most painful toꝛmētry ꝑ is like to fall vppon

thee,be of good comfort for al ý,for J my
ſelf haue banquiſhed ý whole worlde,& yet
felt J far more feare,ſorow,werineſſe,&
much more inward anguiſh to,when J
conſidred my moſt bitter painful paſſió
to preſe ſo faſt vpon me.He that is ſtrog
harted may finde a thouſand gloryous
baliãt martirs.Whoſe enſãple he maye
right ioyfully folow. But thou now ❁
temerous & weake ſelp ſhepe,thynke yt
ſufficient for thee,onely to walke after
me,which am thy ſhepehearde & gouer-
nor:& ſo miſtruſt thy ſelfe, and put thy
truſt in me. For this ſelf ſame dreadfull
paſſage lo,haue J my ſelfe paſſed before

Mat.9.

B thee.Take hold on the hēme of my gar-
ment therfore. Fró thence ſhalt ý pceue
ſuch ſtrength & relief to procede,as ſhall
muche to thy cófort ſtaye & repreſſe thys
fond fátaſy of thine, ý maketh thee thus
cauſeles to feare, & geue the better cou-
rage,whē ý ſhalt remēber,not only that

1.Cor.10.

thou foloweſt my ſteppes therin(which
am faithful,& will not ſuffer thee to bee
tēpted aboue thy power,but geue the w
thy tēptacion away out,ý thou mayſt be
able to abide it.)But alſo ý this ſmall &
ſhort trouble, which thou ſuffreſt here,
ſhal win thee exceding greate glorye in
heauen. For ý afflicciōs of this worlde

Roma.8.

C be nothing worthy ý glory ý is to come,
which ſhalbe reueled in thee. Nowe ha-
ning al theſe things imprinted in thy re-
mēbrance take a good heart vnto thee, &
wͭhe ſigne of my croſſe clearly driue fró
thee theſe feareful, heuy,dreadfull & dul
vain ymaginaciōs,ý the ſpirit of dark-
nes thus worketh in thee,& proſperouſly
go forward on thy iorney,and paſſe tho-
row al trouble & aduerſitie,faythfullye
truſtyng ý by mine aide & helpe,ý ſhalt
haue ý vpper hand,& of me receue for thy
reward ý glorious crowne of victorye.

Thus among other cauſes for which
our ſauior vouchſaued to take vpõ hym
D theſe affecciōs of our frail nature,one
was this which J haue herebefore reher-
ſed,& that as it ſemeth very reaſonable,
ý is to witte he became weake for theyr
ſakes ý wer weake, by his weakneſſe to
cure theyrs,whõ he ſo entierly tendred,
that in al that euer he did in this his bit-
ter agony,it appereth he ment nothyͦg
more,then to teache ý faint harted ſoul-
dyer howe to behaue himſelf in his trou-
blous trauail,when he ſhalbe violently
drawē to martirdome. For to thentēt he
would inſtruct him ý is in feare of daū-
ger,both to deſire other folk to watche &
pray for him,& therwͭ neuertheles in his

own parſó to recomend himſelf wholye ❁
vnto god,& again for,that he wold haue
it knowen that none but himſelfe alone
as then ſhould taſt ý painful panges of
deth,when he had comanded thoſe three
apoſtles,whõ he toke forth wͭ him from
ý other eight almoſt to ý fote of the hill,
to ſtay ſtill there & to abyde and watche
with him,then got he himſelf from them
a ſtones caſt further.

Et progreſſus pucillũ, procidit in faciem ſuam ſuper ,,
terram & orabat,vt ſi fieri poſſet tranſiret ab eo hora. ,,
Et dixit,Abba,pater,omnia poſſibilia ſunt tibi,Tranſfer ,,
hunc calicem a me:ſed non quod ego volo, ſed quod tu ,,
vis:Mi pater, Si poſſibile eſt,tranſeat a me calix iſte,Ve- ,,
runtamen nonſicut ego volo,ſed ſicut tu. ,,

So when he was gone a litle further, **F** ,,
down fell he!proſtrate vpon the groude, ,,
and prayde,that if it were poſſible, that ,,
hower might paſſe away fró him. And ,,
thus he ſaid:O father father,vnto thee ,,
are al thinges poſſible.Take away this ,,
cup from me,but yet thy wil be fulfilled ,,
& not mine.O my good father,if it may ,,
be,let this cup paſſe from me,howebeit ,,
do not as J will herein, but as it lyketh ,,
thee. ,,

Here doth Chriſt like a good captain, ,,
teach his ſouldier by his own example,
firſt of al to begin wͭ humilitie,ý founda-
cion & groud of al other vertues,which **G**
once laid,a mã maywout danger clime
vp higher. For Chriſt albeit he was ve-
ry god equall & one in ſubſtance wͭ God
his father,neuertheles for that hee was
mã alſo,letted not in moſt humble wyſe
to caſt himſelf down flat vpõ ý ground
before him.

But here good Reader lette vs pauſe a
whi!e,& wͭ entier deuocion,conſider wͭ
what mekenes our captain Chriſt lieth
thus proſtrate vpon the grounde. For if
we earneſtly ſo doe, we ſhall haue oure
heartes ſo lightned wͭthe bright ſhining **Joh.**
beame of that light,that illuminethe eue **1**
ry man which cómeth into this world,
that wee ſhall bee hable thereby to ſee,
know,lament,& at lēgth to reforme this
foule foly. For negligent or ſlouthefull
ſluggiſhnes can J not call it,but rather
frantike madnes and inſenſible deadly
dulnes,which cauſeth a great mainpof
vs when we go to make our prayer vn-
to almighty god,not with reuerence at-
tentiuely to praye to hym,but like care-
leſſe and ſlepy wretches hoverly to talk
with him.Wherefore J much feare me,
leſt we rather ſore prouoke his wrath &
indignació,then purchaſe at his hande
any fauor or mercy toward vs.

             Woulde

A. Would god we wold somtime take so
much pain, allone as wee haue finysshed
our praiers, as for th woꝛderly to call to
oure remembꝛance again, all thinges that
haue passed vs in the while we semed to
pray. Loꝛd how folish, how fond, and how
filthy matters shoulde we many tymes
thꝛ kind. We wold (I assure you) woñdre
how our mind cou ld possibly in so shoꝛt
a space, straye so muche abꝛode, into so
many places so far seuered a sondꝛe, a
bout so diuers and sodꝛy, so many idle or
superstions. Foꝛ if a mã wold euē of pur
pose foꝛ a profe, and his endeuoꝛ to occupie
his thought, vpon as many, and as wer
fold matters, as by any possibilitye he
coyld deuise, hardly could be I trow in
B so litle a while, think vpõ so many thin
ges as so far distant asondꝛe, as oure ydle
vnoccupied mind wãdꝛeth about, whyle
our tong at aduenture pattereth a pase, v
põ our mattes and euensong, and other accu
stomed praiers. And therfoꝛe if a bodye
wold muse and maruaile, what our wyts
are hunted wal, when we be troubled w
dꝛeames in our slepe, nothyng know I
whereunto I may better like our mynde
foꝛ ẏ while, than if we do ymagine it, to
be in like soꝛt occupied whyle we bee sle
ping, as it is whē we pray waking, (if at
ẏ lest wise he ẏ praieth after this maner
may be coūted waking) while we suffer
our folish mad bꝛain, in ẏ meane season,
so fall to wañdꝛ aboute hither and thither,
vpõ so sodꝛy sod fãtasies. Sauing thys
C only differēce is ther betwixt thē, ẏ these
which as a mã might saye, thus dꝛeame
waking, haue certain so monstrous, so
shameful and so abhominable toyain their
heades, while their tonge mõbleth vppe
their praiers in hast wout any hede take
therunto, and their heartes bee straying a
bꝛode ther whiles in other places, ẏ yf a
mã had sene ẏ like but in his slepe, yet e
uē amõg childꝛē wolde he not I am sure
foꝛ shame (wer he neuer so shameles) at
D his vpꝛising vtter so frãtike fantasticall
dꝛemes. And out of al dout most true is
ẏ old said saw, ẏ the outward behauioꝛ
and cõtinaunce is a plain expresse mirroꝛ
oꝛ ymage of ẏ minde, in almuche as by
ẏ eyes, by ẏ chekes, by ẏ eye liddes, by ẏ
bꝛowes, by ẏ handes, by ẏ fete, and finally
by ẏ gesture of ẏ whole body, right well
appereth, how madly and fodly ẏ minde is
set and disposed. Foꝛ as we litle passe how
smal deuociõ of hart we come to pray w
al, so dooe we litle passe also howe vnde
uoutl we go foꝛ ward therin. And albeit
we wold haue it seme, ẏ on ẏ holye daies

we go moꝛe goꝛgeously apparelled then
at other times onely foꝛ ẏ honoꝛ of god,
yet ẏ negligēt fashion ẏ we vse a greate
mainy of vs in ẏ time of our praier, doth
sufficiētly declare, (be we neuer so lothe
to haue it so knowē and apparaunte to the
woꝛld) ẏ we do it altogether of a peuysh
woꝛldly pꝛide. So carelesly do we euen
in ẏ church somewhiles solēnely set to and
fro, and other whiles faire and softly sette vs
down again. And if it hap vs to kneele,
thē either do we knele vpõ ẏ tone knee,
and lene vpõ ẏ tother, oꝛ els will wee haue a
cushion layd vnder thē both, yea and some
time, (namely if we be any thyng nyce and
fine) we cal foꝛ a cushiõ to beare vp our
elbowes to, and so like an olde rotten ruy
nouse house, be we fain therwith to bee
staide and vnderpꝛopped. And thē further
do we euery way discouer, how far wide
our mind is wãdꝛig frõ god. We clawe
our head, we pare oure nailes, we picke
our nose, and say therwhiles one thing foꝛ
an other, sith what is said oꝛ what is vn
said both hauing cleane foꝛgotte, we be
fain at al aduentures to ayme what we
haue moꝛe to say. Bee we not ashamed
thus madly demeaning our selfes both
secretly in our hert, and also in our doings
opely in such wise to sew foꝛ soncoꝛ vn
to god, being in so gret danger as we be
and in such wise to pray foꝛ pardõ of so ma
ny hoꝛrible offences, and ouer ẏ in suche
wise to desire him to pꝛeserue vs frõ par
petuall dãnaciõ: so ẏ this one offence so
vnreuerently to appꝛoch to ẏ high maie
sty of god, al had we neuer offēded him
befoꝛe, wer yet alone wel woꝛthy to bee
punished wᵗ a thousand endles deathes.
Wel now suppose ẏ thou hadst com
mitted treasõ against soe mighty woꝛld
ly pꝛince, which wer at his libertye ey
ther to kil the oꝛ saue the, and this notwᵗstã
dyng ẏ he wold be so merciful vnto the,
as vpõ thy repētance and hũble sute foꝛ his
gracious fáuoꝛ agayn, be contēt fauoꝛa
bly to chãge ẏ punishment of death in
to some fine and paymēt of money, oꝛ fur
ther vpõ ẏ effectual pꝛofe and declaracion
of thine harty and exceding shame and soꝛow
foꝛ thy fault, clearely release the of alto
gether. Now whē ẏ cõmest in pꝛefēce of
this pꝛince, suppose ẏ woldest vnreuerēt
ly, as one ẏ carelesly passed not what he
did, tel thy tale vnto him, and while he sate
stil and gaue good care vnto the, in ẏ vtte
ring of thy sute al ẏ while iet vp and down
befoꝛe him, and when ẏ hadest ietted thy fil
squat the down fair and wel in a chaire, oꝛ
if foꝛ good maners sake ẏ thoughtest yt

KK.iiii.   most

A most semely for the to knele on thi knees yet the that ý woldest cal som body first, to fetch the a cushin to laye vnderneath the, yea & besides ý to bring the a stole & an other cushio therwal to leane thyne elbowes on, & after al this gape, stretch, snese, spit, ý caredst not bow, & balk out ý stinking sauor of thy rauenous surfeting, & fynally so behaue thy selfe in thy countenance, spech, gesture, & thy hole body beside, ý he might plainly parceue, ý while ý spakest vnto him, thy mind wer otherwise occupied: tell me nowe I beseech the, what good trowest ý sholdest ý get at his hand by this tale thus tolde afore him: If we shold thus handle a case of life & deth, in the presence but of some worldly prince we wold I am sure recken our selfes eue quite out of our wits. Wheras he whe he had killed ý body, had done his vtermost, & wer able to doe no more. And be we the wene you well aduised, which being foud fauty in a grete many of matters of muche more importace, ý saue so wont reuerece to sewe for pardon vnto ý king of al kings, almighty god himself, who whe he hath killed the body, hath power also to cast ý soule and bodye bothe into the fire of hel for euer.

Howbeit I wold not any ma shold so vnderstad my wordes here, as though I wold haue no body to pray eyther walking or sitting, or lying in his bedde eyther. For gladly wold I wish, ý what so euer ý body be doing, we wold yet in the meane while euermore lift vp our herts to god, which is a kinde of prayer ý bee doth most accept: sith which way soeuer we walk, so ý our minde be fired on god neuer depart we fro him, which is euer wher preset to vs. Howbeit like as ý prophet that said vnto god, I forgat the not, while I lay in my bed, dyd not so satisfy himself therw, but ý he wold nedes ryse at midnight to, for to laude & praise our lord, so beside these prayers that we saye thus walking, some yet wold I haue some times in such wyse to be said, that bothe shold our mindes w so godly meditacio be prepared, & our bodies in so reuerent maner disposed & ordred, ý we could not in more huble wise vse our selfes, yf we shold go vnto ý prices of ý whole world, al were they sitting in one place altogether at once. And wout faile this wadering of ý minde, as oft as I bethink me therupo, troubleth my hart ful sore. Yet wil I not say that euery thought (albeit right shameful & horrible) which in the time of our praier, either is put into our minde by ý suggestio of our euil angel,

Math. 8.

Psal. 62.

Psal. 118.

or otherwyse by the sinaginacio of oure own sefes crepeth couertlye into vs, is forth w deadly sin; if so be we do resist it & quickly cast it of. But mari if we broke tet, either gladlye to take in suche euyl thoughtes or suffer the log carelessly to encrease in vs, I nothinge doubte at all but that ý waight therof, may in coclusio grow to very deadly & dangble sin in dede. Moreouer whe I consider ý by ý vnatesty of almighty god, I muste nedes straight waios deme & beleue, ý albeit to haue ý minde neuer so litle a whyle wadring vpo other thinges, is not accopted for no; cat sin, yet procedeth ý rather of gods maruelous mercye towardes vs, wherby it pleaseth him not so to laye to our charge, tha that ý thing is not of yt self so euil as to deserue danacion, sith I caln no wise deuise how any such lewd thoughts could possibly enter into my mindes while they be praying, that is to wit while they be talking w god, but only by meanes of a faint & feble faith. For seing our hart straieth neuer a dele whe we haue comunicatio in ernest matter w a worldly prince, yea or many officer of his either, ý bereth any stroke about hi, it wer not possible ý we sholde haue so much as one vaine & strange fantasy in our heades at al, while we make our prayer vnto god, yf we did syrmely & surely beleue, ý he wer presetly with vs himself, & not only hard what we saye, & marked our outward maner as well in our coutenance as in all our other gestures beside, & therby gessed howe our hart wer inwardlye occupied, but also clerely saw & beheld ý very botom of our stomake, as he ý by ý infinite brightnes of his diuine maiesty, maketh al things lightsom: yf we beleued I say ý god him self were preset, in whose glorious presence al ý princes vpo earth eue in theyr most royaltye, muste needes (but yf they bee starke mad) plainly graut theselues to be no better, then very vile wretched wormes of the earth.

Wherefore our sanior Christe, for as much as he parceued ý ther is nothynge more profitable for ma the prayer, and therw agayn considred, that partely by mans negligence, & partely by the malice of the deuil, so wholesom a thing almost euery where taketh but litle effect, yea & oftimes to, doth gret hurt & harme, determined while he was going toward bys passion, bothe by the maner of his owne praier, & his own example ioyned thereto, to set forth so necessary a point, to be

as

¶ as it wer a ful cōcluſiō of al ý reſt of his doctrine. And therfore to geue vs warning, ý we ought not only ſecretly with our hart, but alſo ẃ our body openly in ý face of ý world, to ſerue ⁊ honoz god ý creatour of thē both, ⁊ to teache vs ouer this, that the reuerēt ⁊ ſemely behauioz of the body, albeit theſame pzincipallye pzocedeth of the feruent deuocion of the hart, doth neuertheles cauſe agayn our inward feruour ⁊ reuerēce to godward to encreaſe ⁊ growe greatter, he ſhewed vs then a ſample himſelf of moſte humble ſubmiſſion in pzaier: who with ſuch lowly outward geſture wozſhipped hys heauenly father, as none earthly pzince (onles it wer Alexander, whē he was in his dzonken ⁊ ryotous rages, ⁊ certayn other barberous pzinces ý wer ſo pzoud of their eſtate, that they looked to haue bene reputed foz gods) durſte epther foz ſhame require of his ſubiects, oz receiue when it was willingly offred. Foz alý while he pzayed, neither dyd he ſit at his eaſe, noz ſtand vpon his fete, noz yet only kneled nether, but ſet down grouelig flat vpon the groud: ⁊ ther ſo lying lamētably, beſought his father to be merciful vnto him: ⁊ ſtil ſaying father father, hūbly deſired ý he vnto whom nothinge is vnpoſſible, wold vouchſafe, yf it mygst ſo be, ý is to wit, vnles he had fullye determined to haue him taſt the cup of this painful paſſiō. els at his requeſt ⁊ pzaier to pzeſerue him frō it: being neuertheles cōtent ý his requeſt herin ſhold take no place, if vnto his bleſſed will it ſeemed not ſo cōuenient. We may not by occaſiō of theſe wozdes, recke, ý the ſune was ignozant of his fathers will ⁊ pleaſure: but as he came hyther to inſtructe and teach mē, ſo wold he haue it appere vnto thē, ý he had in himſelf very mans affeccios. And wheras he ſaid twyſe, father, father, he willed vs therby to vnderſtād, ý god his father is in dede ý father of all things bothe in heauē ⁊ earth. Furthermoze he put vs by the ſame in remembrance, that god the father, was to hym a double father. Once by creaciō, whiche is a kind of fatherhoode, ſithe of truethe moze rightly cōe we of god ý made vs of naught, thē df ý mā ý naturallye begat vs, in aſmuch as god bothe created oure natural father ⁊ozderly made ⁊ diſpoſed al that matter, wherof we our ſelfes are engēdzed. And albeit Chziſt as man in this wiſe toke god foz his father, yet as god toke he him foz his natural ⁊ coeternal father. It maye well be to, ý he twiſe

called vpon him by this name father, to haue it knowē, that he was not alonely a natural father vnto him in heauē, but alſo that hee had none other father here in the world neither, foz aſmuche as hee was cōceued in his māhoode of hys mother, being a pure birgin ẃout mannes ſede, by the cōming of the holy goſt that entred into his mother, that holy ſpiryt I meane, which pzcedeth both from hys father ⁊ himſelf: whoſe doinges be euermoz al one, ⁊ cā in no wiſe by any mās pmaginacion be diſſeuered. Nowe by this his ſo oft ⁊ earneſt calling hym father, which declareth an effectual deſire to obtain his requeſt, we learn another wholeſom leſſon beſide, that whē ſoeuer we hartely pzay foz any thing, ⁊ dooe not fozthẃ ſpede therof, we ſhold not faint ⁊ be vtterly therẃ diſcouraged, as was ý wicked king Saul, who becauſe he receiued not an anſwer frō god by ⁊ by as he loked foz, ſought vnto a witch, ⁊ ſo fel to ſozcery ⁊ witchecraft, which was bothe by gods law fozbidden, ⁊ by himſelf alſo not long befoze inhibited. Thē herby doth Chziſt teache vs ſtil to parſeuer in pzayer, ⁊ although we do neuer obteyne the thing which we require, that yet we ſhold not repine ⁊ grudge therat, conſydzyng that as we ſee here, the ſōe of god our ſauiour himſelf, did not obtein hys own deliuery from deth, ſwhich he moſt inſtantly pzayed vnto his father foz, ſaning that euermoze (in whiche part ſpecially ought we to folow his example) he ſubmitted and confozmed his own wyl to the wyll of his father.

Et venit ad diſcipulos ſuos et inuenit eos dormientes.

And he came to his diſciples, ⁊ found them a ſlepe.

Here maye we ſee what difference there is in loue. Foz that loue lo, that Chzyſte bare vnto hys dyſcyples, verye farre ſurmoūted the loue that they bare rowarde hym agayne, euen they I ſaye that loued hym beſte of all. Who foz al ý the ſozowe, feare, dzead, and werines he was ſo ſoze panged wyth hys moſt bytter paſſion dzawyng ſo faſt vpon hym, coulde not foz all that fozbeare, but that nedes would he euen then, go ⁊ ſee how they dydde, wheras they on the other ſyde, howe greate loue ſo euer they bare hym, as without fayle they loued hym full tenderlye, foz all the excedyng paryll they ſawe theyz moſte louyng maſter ſo lykely ſoozthwith to fall in, were yet neuer the moze hable to keepe themſelues from ſlepe.

E i

Et dixit Petro sic: Simon dormis? non potuisti vna hora, vigilare mecū? vigilate et orate ne intretis in tentationem. Spiritus quidem promptus est, caro autem infirma.

Then said he thus to Peter, ſlepeſt ÿ Simon? Couldeſt thou not endure to watch one howre wt me? Watch & praye that ye enter not into temptacion: ÿ ſpirit is prompt & redy, but the fleſh is frail and weake.

Oh what force and efficacy is ther in theſe few wordes of Chriſt? & in theſe gētle wordes of his, lord how ſharply doth he touche hī? For in ÿ he called him here by ÿ name of Simō, & ſo called him whē he laide to his charge his ſluggiſhe ſlepyng, therby did he ſecretly ſignify that ſuch febleneſ & ſlouthful ſluggiſheneſſe was full vnfit for him that bare ÿ name of Peter, whiche name, Chriſt for ÿ cōſtant ſtedfaſtnes he would ſhould haue bene in hym, had geuen long erſt vnto him. And as it was a pretty checke vnto him that he called hym not by the name of Peter or Cephas, ſo ſounded it again to his reproche that hee named him Symon. For in the Hebrue tonge in which Chriſt at the ſame time ſpake vnto him, Simon is as muche to ſay, as hearynge and obedient. But nowe when he contrary to Chriſtes admonicion, fel to ſleping, then did he neyther heare Chriſt nor obey him neyther. And yet as me ſemeth did our ſauioure not in thys wyſe onely, couertly controll Peter by theſe his mylde woordes vnto him, but ſomewhat ſharply nipped him otherwyſe alſo, as yf he had earneſtlye thus ſpoken vnto him and ſayde, what Simon, here playeſte thou not the parte of Cephas, for why ſhouldeſte thou anye more bee called Cephas, that is to witte a ſtone, whiche name I gaue thee heretofore to haue thee ſtedfaſte and ſtronge, when thou ſheweſt thy ſelfe ſo feble and faynt nowe ſleepe commeth on thee, that thou canſt not abide to watch ſo much as one howre wt me: what Simon I ſay arte ÿ now fallen a ſlepe? And wel worthy art thou pdy to be called by thy firſte name Simon, for ſith thou art ſo heuy a ſlepe, how ſhouldeſt ÿ be named Simon, that is to ſay a hearer? Or ſeyng that I warnēd thee to watch wt me, how canſt thou be called obedient? which as ſone as my back was turned, like a ſlouthfull ſluggarde ſtraight wayes wert falle a ſlepe. Simon I euermore made moſt of thee, and arte thou nowe a ſlepe? Simon I haue ſo many wayes aduanced the, and

doeſt thou nowe ſleepe? Symon thou pyddeſt but ryghtnowe boldely boaſte, that yf neede were thou wouldeſt dye with me, and dooeſt thou nowe ſleepe? Symon euen at thys poynte doe the Iewes and Gentyles and Iudas woorſe then eyther of them, goe about to murther me, and yet doeſt thou ſlepe? Yea Symon and the Deuyll to, laboureth *Luke.22.* to ſyfte ye all lyke wheate, and art thou ſtyll a ſlepe? Oh what maye I reckon that the reſte of my dyſcyples wyll doe, when thou Symon ſeeing me and your ſelues too, in ſo extreme peryll, art now thus fallen a ſleepe?

After theſe wordes, becauſe it ſhoulde not ſeme that he touched Peter alone, he began to ſay vnto the reſt alſo. *Vigilate (inquit) et orate, vt non intretis in tentacionē. Spiritus quidem promptus est, caro autem infirma.* Watche and praye, that ye enter not into temptacion, the ſpirite is prompte and redy, but the fleſh is frayl & weake. Here are we warnēd cōtinuallyto pray and here are we taught how profitable and very nedeful prayer is, to ſtaye vs ÿ oure frayle fleſhe doe not drawe backe and ſtoppe oure well diſpoſed hart, and trayne it headlonge into daungerous deadly temptacion. For who was bolder ſpirited then Peter? and yet howe greatly he needed the ayde of Godde to aſſiſte hym agaynſte his frayle fleſhe, playnely appeareth by this, that whyle by his ſlepyng hee forſlouthed to praye and call for gods help, he gaue the deuyl ſuche auauntage vppon him, ÿ through the febleneſſe of his fleſhe, his couragious ſpirite was ſoone after abated, and himſelf driuen clearely to deny and forſwere Chriſt.

Now yf it thus fared with ÿ apoſtles beyng ſo freſhe and forewarde, ÿ while through ſleping they diſcōtinued theyr prayer they fell into temptacion, what ſhall become of vs withered and barēt wretches, yf in tyme of daunger (which *H* god wotte ſeldome are we out of, ſythe our aduerſarye the deuyll lyke a raumpyng Lyon runneth euermore aboute, *i.peter.5* euerye where ſeekyng whom by fraylty fallen into ſynne hee maye foorthwyth ketch and deuoure) what ſhal become of vs I ſay, yf in ſuche daunger we do not as Chriſt badde vs, parſeuer in watche and prayoure. Here Chriſte biddeth vs watche, not to playe at cardes and diſe, not to bankette and ſurfet, not to drink oure ſelfes dronke & fulfill oure fylthye luſtes, but he biddeth vs watch to pray.

And

¶ And pray doth he bid vs not now & then among, but alwayes without any cea sing. Pray ye sayth he without intermis sion. And he would haue vs praye, not in the day time only (for who would bid anybody to watch in ye day, but he admo nisheth vs to bestowe also euen a good part of that tyme in hearty prayer, that a great sort of vs are wont to spende al together in slepe. Wherfore oughte wee wretched captiues much to bee ashamed of our selues, & to acknowlege how gre nously we do offende, which scantly in the day say any short prayer at all, and yet as short as it is, ful sleightly commeth it from vs, & as though we were halfe a slepe. Finallye our saujor wylleth vs to pray, not for aboundance of riches, and plenty of other worldly pleasures, nor to haue hurt light on our enemies, nor to reccue honor here in this worlde, but ye we fall not into temptacion: willyng vs therin to vnderstande, ye al those world ly thynges, be either very perilous, and hurtfull, or els in comparison of this one thig, very bain & folish trifles. And ther fore ye thing as ye principal point ye brief ly emplyeth al the rest, did he purposely place in the ende of that prayer, whiche long before he had taught his dysciples, where he willed them to pray thus: And suffer vs not to be led into temptacion, but deliuer vs from euyll.

Iterum secundo abiit, et orauit eundem sermonem di cens. Pater mi, si non potest hic calix transire nisi bibam illum, fiat voluntas tua. Et venit iterum et inuenit eos dormientes, erant enim oculi eorum grauati, & ignora bant quid responderent ei. Et relictis illis iterum abiit & orauit eundem sermonem, & positis genibus orabat di cens. Pater, si vis transfer calicem istum a me, verunta men non mea sed tua voluntas fiat.

So went he his way the second time a gayn, & made ye same prayer that he dyd before, saying: O my father yf thys cup cannot passe from me, but that I muste nedes drinke thereof, thy will be fulfyl led. And he came agayne and found the slepyng, for their eyes wer heauy, and they wist not what answer to make him. Then left he them, & went his way again & prayed as before, and vpon hys knees made his prayer in this wyse: O father yf it be thy will, take awaye thys cuppe from me, howbeit let thy wyll bee done and not mine.

Now after he had geuen this aduer tisement vnto his disciples, he got hym to his prayers a fresh. And albeit he de sired yet once more the self same thing ye he had done before, yet in such sorte fra

med he his requeste, that he referred the whole matter agayn to his fathers wyl and pleasure. Whereby geueth he vs a good lesson, both heartely to praye, and therewithal not to be so precise, but that we leue yet wholy vnto god to doe styll what hym list, who willeth vs as much good as we can to our selues, and a thou sande folde better knoweth, what is best for vs.

Pater mi (inquit) si non potest hic calix transire nisi bibam illum, fiat voluntas tua.

O my father quod he, yf thys cuppe may not passe from me, but that I must drynke of it, thy will be sulfylled.

In these wordes, my father, are there two thinges emplyed. For thereby both doth Christ expresse a greate earnest af feccion, & declareth also, that god the fa ther is after a singuler maner father vn to him, not by creacion onely as he is to all creatures, nor by adopcion as he is father to christen men, but is vnto hym as he is god his verye father by nature. By reason whereof, notwithstandinge he teacheth all other men to make theyr prayer in this wyse, Our father which art in heuen, by which wordes we shold acknowlege, that god is father vnto vs al, & we to eche other as brethren, yet doth he hymself of verye good reason, as he ye for his godhed alonely might so do, thus speake vnto the father, & saith, O my fa ther. Howbeit now, if any man be so high mynded that disdaining to be like other men, he would seme specially to bee go uerned by the secrete spirite of god, and so to be in better case then any manne is besyde, verely this man in myne oppy nion arrogantly vsurpeth these wordes of Christ, and in his prayer sayth my fa ther, and not our father, in that he wold haue it appere ye the spirit of god which is comen to al christen folk, wer singu larly in hymself alone. Wherein he fa reth not muche vnlyke Lucyfer, for as proudely presumeth he vpon gods wor des as Lucifer did on his place.

Now wheras he saith, yf thys cuppe cannot passe from me but that I muste nedes drink of it, thy wyl be fulfilled, is declared euidently, what thyng Christ calleth possible & what impossible. For that that he calleth vnpossible, is nothig els, but the resolute and mutable volun tary determinacio of his father concer nyng his owne death, syth els, if he had perceyued either by the course of ye pla nets, or by some secrete workinge of na ture, or by destenny, ye he must nedes die, & there

therupon had said, if this cuppe cannot
passe frō me but ꝑ I must nedes dꝛinke
therof:thexto what purpose shold he haue
added this:thy wil be fulfilled. Foꝛ why
sholo he refer ꝑ matter vnto hys fathers
plesure,yf he had thought, ꝑ either it had
not lien in his fatherspower to bꝛig it so
about, oꝛ els ꝑ nedes must it so haue cōe
to passe, whether hys father wold oꝛ no.

But now though we do all this whyle
reherse such woꝛdes as Chꝛist spake vn-
to his father to be pꝛeserued from death,
& neuertheles humblye referred altoge-
ther to his will & pleasure, we must yet
thynk alwapes agapne, ꝑ seyng he was
both god & man, he spake all this, not as
god, but as only man. As we whiche be
made of a body and a soule, vse to speake
som thinges of our selfes, that canne be
applyed but to the soule alone: and some
thinges speake wee on ꝑ other syde that
can be vnderstand but of the body only.
So saye we that martirs assone as they
be dead, go vp straight wapes to heauē,
wheras no moꝛe goeth thither of thē sa-
uing their soules alone. And likewyse
say we, that mē how pꝛoude so euer they
be here are yet but earth & ashes,& after
this shoꝛt life shal lie & rot in a poꝛe sim-
ple graue. Thus bee we commonlye ac-
customed to talke, yet neuer entreth the
soule into the graue, noꝛ perdy neuer di-
eth nepther, but lyke as if it hath lyued
wꝛetchedly in the body, it miserably af-
terward lyueth in parpetuall payne : so
if it hath liued well, contrarywyse con-
tinueth it in endles ioy and blisse.

So in like maner foꝛ because in the
omnipotent parson of Chꝛist, hys God-
hed was as well knit & iopned vnto hys
manhoode, as his moꝛtall soule was to
his moꝛtal body, therfoꝛe both that ꝑ he
dyd as god, and also that that he dyd as
man, as he was in dede not two parsons
but one, so doth he speake therof as one.
After which soꝛt by reasō of his godhed,
he letted not to say I & my father bee all
one. And in an other place, befoꝛe Abꝛa-
hā was made I am. And in respecte of
these two natures said he further thus.
I am w you alwaies euen to ꝑ woꝛldes
end. And again in respect of his manne-
hode alone, spake he these woꝛdes folo-
winge: My father is greater then I am.
And he saith also els wher, a litle whyle
am I w you. Foꝛ although his gloꝛious
body is verely pꝛesēt w vs,& so shalbe e-
uer stil to ꝑ ende of the woꝛld, vnder the
foꝛme of bꝛead in ꝑ blessed sacramēt of ꝑ
altare,yet his coꝛpoꝛal figure, in which

Jo.10
Jo.8
Mat.28
Jo.14.
Jo.7.

he was so long cōuersat w his apostles,
which kinde of pꝛesēce he ment when he
said w you am I but a smal seasō,at his
ascēciō was clerely takē a way, sauing
at such tymes as it liketh him to sōe spe-
cial parsone as he somtimes dothe, so to
shew himself. All these thinges therfoꝛe
that Chꝛist here in this time and place
of his agony, either did, suffred, oꝛ pꝛay-
ed, which are so base, that they maye bee
thought far vnsemely foꝛ the high maie-
sty of his godhed, al these thynges I say
let vs remēber ꝑ he did but onely as mā.
Yea & some of thē to, must we ymagyne
to pꝛocede from the inferioꝛ parte of his
manhode, that parte I meane that aper-
teineth to the seses,wherby |bothe thē de-
clared he himself a very mā in dede, and
also much releued afterward the natu-
ral feare of other. In cōsideraciō where
of, did Chꝛist count neither anye of hys
own foꝛesaid woꝛdes, noꝛ any thing els
that in the whole pꝛoces of his passiō te-
stified his humanitie, to haue bene so
soꝛe afflicted, to be anye minishment of
his honoꝛ at al. So farfoꝛth ꝑ he himself
caused ꝑ same w al diligence to be opēly
set foꝛth to ꝑ woꝛld. And albeit those thi-
ges,ꝑ wer wꝛitē by all ꝑ apostles, wer al
equalli by his own only spirit ēdited,yet
of all ꝑ actes ꝑ euer he did, none is there
to my remēbꝛance, that he so speciallye
willed to be recoꝛded. Foꝛ how very he-
up & soꝛowful he was, that told he vnto
his apostles himselfe, to thentente they
might of his mouth to other after repoꝛt
the same. But in what wise he made his
pꝛayer, vnto his father, sithe they that
wer nerest him, wer a stones cast from
him, this could they not heare: all had
they bene waking, noꝛ being a slepe, al
had they bene w him. And much lesse see
at that time of the night, either when he
fel downe on his knees, oꝛ when he laye
groueling on the groūd. And as foꝛ that
bloddy sweate that streamed downe all
his body, al had they seen neuer so plain
with theyꝛ owne eyes, the dꝛoppes ther-
of afterwaꝛde remayne in the place
where he pꝛayed, yet any thyng woulde
they trowe I, sooner haue coniectured
then haue hyt so rightly vpon the truth,
syth neuer was it erste harde, that euer
had any mā so swete blood befoꝛe. Moꝛe
ouer it cannot be gathered, that he then
to anye creature dysclosed it thymselfe,
sith from thenceforth vntyll hys dyinge
howꝛe, neither w his owne mother, noꝛ
with any of his apostles, hadde he anye
kinde of communicacion at al, vnlesse
any

any body could recken it likely, that he shoulde make rehersall of the long cyrcumstaunce of his bitter agonye to hys apostles, eyther when after his prayer he retourned vnto them, and founde them eyther fast a slepe or scant awake, at the least wyse verye slepie, or finally when the souldiers were sodeinly commen vpon him. Then folowe muste it needes, & so moste semeth it to bee true, y̌ he him self after his resurreccion, at what time they wer clearely out of all doubt of his Godhead, with his owne moste blessed mouth opened vnto hys louing mother, and dere beloued disciples, the whole historye and processe (whiche none coulde tell but himselfe alone) of the greuous agony that he had suffred in his mannehead: the knowledge whereof might bee right frutefull, firste vnto themselues, and after by them to other. Great cause therefore of comforte maye they take in the remembraunce of this agonye, that are in tribulacion and heauines, consydering that our sauiour himselfe, purposely to releue and coumforte other in their distresse, of his speciall goodnesse, vouchesaued to disclose that sore affliction of his owne, whiche had he not so vttered it, had neuer no man knowen nor neuer could haue done.

But some are there perchance which somewhat muse to, that Christ after his prayer returning to his apostles when he founde them slepyng, and with hys sodayne commyng vpon them so sore abashed, that they wist not what answer to make hym, so went agayne from them, as it mighte seme y̌ thether he came but of purpose to spye, whether they wer sleping or wakyng, whereas beyng god, y̌ foreknewe he well ynoughe ere euer hee came at them. Howbeit they that maruel at this, yf haplye any such there be, may well be aunswered thus. All that euer Christ dyd, he dyd vpon good cause. For albeit his comming vnto his apostles at that point, dyd not so throughly awake them, but that eyther they were stil so heauy, so drowsy, and so amased, that scantly could they holde vppe theyr heades and loke on him, or els whiche is yet somewhat worse by his sharp woordes had vnto them being fully awaked, neuertheles assone as his back was turned fel streight a slepe againe, yet did he herein bothe declare his earnest care towardes his disciples, & by his owne example geue a plain lesson beside, y̌ fro thenceforth shold y̌ heades of his church for no

sorow, fere, or werines suffer, their care and diligence towarde their flocke, in any wise to slacke and decaye. But euer more so vse them selues as it myghte playnely appeare, that they were more carefull for the safegarde of theyr flock, then for theyr owne selues.

But here wil paraduenture som busy body, more inquisitiue then nedeth of goddes hygh secretes say, either it was Christs wyl to haue his apostles watch or not, yf not: why did he then so straightly commaund it? And yf it wer his wil, what needed he then to goe and come so often. Could not he, seyng he was god, as well make them as bidde them do it? No mastrye was it good sir for hym being god, to haue so done in dede, who did all thynges that hym lyked, & wyth hys worde made all creatures. For he spake the worde, and all thynges were made, and by his commaundemente were all thinges created. Could not he that caused the borne blynde manne to haue hys sight, haue founde the meanes as wel to open the eyes of him that was a slepe? No great matter hardely had that bene for him to doe, all had he not bene God. Sith yf a man do but with a neldes poit pricke them in slepe y̌ be a slepe, whatsdout is there but y̌ they wil continue waking, & not lightly fal to slepe agayne? Christ coulde bee ye sure, haue caused his apostles stil to haue waked, and not to haue slept at all, if he had precisely & determinately willed the same. But now dyd he but condicionally wil them so to do, that is to witte, yf they wer willing thereto the selues: & so fully willing to, that w him both outwardlye exhorting &c. & by his gracious help inwardly furthering them therein, they woulde eche man for hys parte put to their owne good endeuour withall. And so woulde he haue all men saued, & no man parpetnally to be damned. I meane as thus lo, yf we of oure owne frowardnes wrye not a contrary way, but be readye obedientely to folowe hys most blessed will and pleasure. And yet yf any man of wilfulnes, wyll not lette stil so to doe. Hym will not god hawse vp to heaue magry his teeth, as though he had suche neede of oure seruice there, that hee coulde not contynewe in hys gloryouse kyngdome wythoute oure helpe and assystaunce. Whyche yf it so were, then manye thynges would he punyshe here foorthwith oute of hande, whyche nowe for oure weale, hee fauorably long beareth with & winketh at,

to see

to see whether his merciful sufferaunce
wil in conclusiō dziue vs to amēdemēt.
Whiche his so meruetlous gentlnesse,
whyle we sinnefully abuse, and conty-
nually heape sinne vpon sinne, we do (as
sayth the apostle) lay vp to our owne cō-
fusion gods wzathe and indignacion in
the day of his dzeadfull anger, All thys
notwithstanding such is the goodnes of
god, that foz all he seeth vs thus negly-
gent, and sluggishly slepyng vppon the
soft pillowe of our iniquitie, he styzreth
vs other whiles, he shoggeth vs, and sha
keth vs, and by tribulacion laboreth to
awake vs. And wheras in this poynt he
plainly pzoueth himself, foz all he is dis-
pleased with vs, to be neuertheles a ten-
der louing father vnto vs, yet so fonde
folke be we the most parte of vs, that we
enterpzete it farre otherwyse: and thys
so greate a benefite of his towardes vs,
accompt we as a meruetlous hygh dis-
pleasure. Whereas contrarywyse were
we in our right wittes, rather woulde
we most earnestly entreate him, that as
oft as we wander a wzonge waye from
hym, he woulde (dzaw we neuer so faste
backward) by sharpe cozreccion magry
our mynde bzyng vs into the right way
again. Foz first must we pzay foz grace
to know the way, and so saye vnto God
with the Churche, from blindenes of
heart deliuer vs O Lozd. And with the
Pzophet also thus: Teache me to fulfyl
thy wil, & shewe me O Lozd thy wayes,
& thzoughly enstruct me in thy pathes.
And secodly ought we heartely to wish,
that in the fragrant odoz of thy swete sa-
uoures O god, and in the most pleasant
bzeathe of thy holy spirite, we may most
ioyfullye runne after thee. And yf we
mysfortune to faynt by the way (as god
wote seldome doe we otherwyse) & lyke
slouthfull losels scantly come after him
a great waye behinde, let vs foozthwith
saye vnto godde: Take me by the ryghte
hande and leade me in thy waye. Nowe
yf we growe so feble, that we war lothe
to goe foozth any further, and of slouthe
and nycenesse begynne to stagger and
stande styl, then lette vs make our pzai-
er to God to dzawe vs fozewarde whe-
ther we will oz no. And in conclusion yf
after fayze handelyng, we dzawe styll
stubbernely backeward, and cleane cō-
trarye to Goddes gracious pleasure,
and contrarye to our owne wealth cō-
tynue yet vnreasonably styffe necked,
lyke a Hozse and Mule whiche haue no
maner of vnderstandynge, here oughte

we in moste humble wyse to beseche al-
mightye God, with the woozdes of the
Pzophete wel seruing foz this purpose:
With a snassle and a bzydle hold harde
my iawes O God, when I dooe not ap-
pzoche towardes thee. But of trueth foz
as much as when we once fal to slouth-
fulnesse, no vertuous disposicion soner
goeth from vs, then doth our good deuo
cion to pzay, and that lothe in our pzai-
er are we to sue foz those thinges, be thei
neuer so behoueable foz vs, that we bee
vnwilling to receue, long befoze must
we euen whyle we be well disposed ear-
nestly take hede, that ere euer we fal in-
to those daungerous disseases that the
vnquiete minde is combzed withall, we
deuoutely call vppon Goddes helpe by
pzayer, and in moste lowly wyse besech
hym, that if it misshappe vs at any time
afterwarde, eyther thzough anye lewde
luste of the flesh, oz thzough any disceit-
full desyze of wozldely thynges, oz tho-
rowe the wily traynes of the deuyll, so
to be ouercommen that we require any
thyng agaynst our own welth, he wold
geue no eare to our suche requestes, but
kepe those thynges that we so pzaye foz,
very farre from vs, and agayne graunt
vs plenty of those that he fozeseeth shall
be pzofitable vnto vs, make we neuer so
muche labour foz the contrarye. Foz so
are we wont all that be wise, when we
loke foz oure fitte in an agu, to geue the
warning befoze hande that shall attend
on vs in our sicknes, that they minister
nothig vnto vs, be we neuer so desirous
thereof, that oure disease to the hynde-
raunce of our health, and to the moze ē-
crease of it selfe in suche case agaynst al
reason doth commonly couet. And ther-
foze whē we be so deadly a slepe in sinne
ÿ althoughe god of his mercye thus cal-
leth vs a lowd, and shoggeth vs, yet wil
we neuer the soner awake, and diligēt-
ly applye our selues to vertue, oftymes
bee we the cause oure selues that Godde
geueth vs ouer, and leaneth vs in oure
sinnes, some in suche wise, as he neuer
commeth to them againe. And other
some suffreth he to slepe tyll some other
season, as his wonderfull goodnes, and
vnsearcheable deepe wysedome seeth to
bee moste expedyent. Which thing was
couertly signifyed in that Chzist when
he came the second tyme to his apostles,
and they yet foz all that woulde neuer
the moze watche, but nedes slepe styll,
left them alone and went his way from
them.

Roma.2.

Pſal.142.

Capi.i

Pſa 138

Pſa.31.

Pſal.

Pſal.

Nam relictis illis, iterum abiit, & oravit eundem sermonem, et positis genibus orabat dicens: Pater, si vis, transfer calicem hunc a me. Veruntamen non mea sed tua voluntas fiat.

For leauing them there, he departed from them eftsones, and praide as he did before: and knelyng vppon his knees made his peticion and sayde: O father yf it be thy wyll, take awaye this cuppe from me: but yet not my wyll bee done, but thyne.

Now loe dothe he make the same praier agayne, nowe dothe he adde the same condicion agayne. Nowe dothe he geue vs example agayne, that when we come in any great daunger, yea though it be for gods sake, we shoulde not recken it vnlawfull for vs contynuallye to praye vnto hym graciously to deliuer vs therfro: sythe it maye so be that purposely he suffereth vs to be brought in such extremetie, that seeyng prosperitie made vs so kaye colde and dull to praye, feare of peryll and daunger, shoulde yet sette vs in an heate, namelye beyng in hasarde of bodily harme. For in the leopardy of oure soule are we the moste parte of vs scantly but euen luke warme.

But for those that care for their soules health as eche one of vs ought to do, vnlesse it be suche a manne as the mightye hande of god encourageth to Martirdo, whiche thynge muste eyther by some secrete meanes be perceyued, or elles by some other reasonable waies be wel tried and knowen, otherwyse I saye is it mete for these folke euery man to stande in feare of hymselfe, that he be not ouercharged with his burthen, that he fall therwith down ryght, & therfore lest he, lyke as Peter did, truste ouer muche to himself, hartily must he besech almighty god that he will of his goodnes mercifully deliuer his selfe soule fro so gret daunger. Neuerthelesse this one point must we kepe still in remembraunce, y we neuer so preciselye pray to be preserued from peryll, but that we commit the whole matter vnto god, readye for oure partes with all obedience, paciently to accept, whatsoeuer his pleasure shall be to appoint vs.

Thus did Christ vpon these consideracions, leaue vs a wholesome example in this wise to pray, wheras he for hys own parson, was further from al suche necessitie of praying, then the heauen is distant from the earth. For as he was god, he was equall with his father, and in y he was God also, as he was of lyke

power wt his father, so had hee like will to. But as man was he in power verye farre beneth hym: howebeit at length al authoritie bothe in heauen and earthe was by his father deliuered into his handes. And albeit in as muche as he was man his will and his fathers wyll was not all one. Yet vnto his fathers wyll was his in euery point so conformable, that neuer was he founde to vary from the same: so farre forth that his reasonable soule obeying his fathers appoyntement, consented to suffer that most painfull death, notwithstanding his bodely sences (to shewe himself a very natural man) were ful sore against it, as his own prayer liuely expressed bothe these pointes at once. Where he saide, O father yf it please the, take away this cup fro me, yet not my wyl be fulfylled but thyne.

Which two pointes yet not so clearely appeared by that he sayde, as by that he dyd. For that his reason refused not to endure that hideous horrible tormentrye, but lowly obeyed his father euen to the death, and that vnto the death of the crosse, this lo did the processe of his passion right well at the full declare.

Again what a greuous and exceding feare he felte in his sences for the bytter panges that drew so fast vpon hym, doe the wordes of the ghospel here immedyately folowyng sufficiently testify.

Apparuit autem illi angelus de celo, confortans eum.

Then appered vnto hym an angel fro heauen, and comforted hym.

Oh howe greate anguishe and heauines was he then in trowe ye, when there came an angel from heauen to comfort him? But here can I not but much meruel. What the deuill ayleth them, that let not to beare folke in hande, that foly it were for a man to desyre eyther anye angel, or any saint in heauen to pray vnto god for him: because we may say they boldely make our praier to god himself, who alone is more ready to help vs then are the angels and sayntes and set them all together. And thereto is bothe hable and willing to doe vs more good then al the saintes in heauen besyde.

With suche folish reasons, and to say the truthe nothyng to the purpose at al, do these fonde felowes for malyce they beare against y honor of saintes, & therfore may they loke for as litle fauour of them againe, goe aboute as muche as they maye, both to wythdraw our good affeccion from them, and to take awaye theyr wholesome helpe from vs. Why

Q Why might not these wretches then wt
as good reaſo ſay, that the cōfort which
this angel miniſtred vnto our ſaujoure
Chriſt, was vtterly vaine and nedeles?
For among all the aungels in heauen,
who was eyther hable to do ſo much for
hym as was hymſelfe alone, or ſo nere
at his elbowe to aſſyſt him, as was god
and that was he himſelfe. But like as it
pleaſed his goodnes for our ſakes to ſuf-
fer ſorowe and anguiſh: ſo for our ſakes
voucheſaued he alſo, by an angell to bee
roumforted thereby, partely to confute
these tryflers tryflyng reasons, & parte-
ly to proue him ſelf to be a very manne.

Mat.4

And likewiſe as aungels came and dyd
ſeruice vnto him as god, when he hadde
gloriouſly vanquiſhed the temptacions
of the deuil, ſo liked it him, y as he was
mekely goyng to his death warde there
ſhould come to hym as man, an angell
to comforte hym: and ouer that to putte
vs in good hope, that yf we in lyke ma-
ner in tyme of daunger humblye do de-
ſyre it, we ſhall not fayle of comforte, ſo
that we do it not coldely & hourelyſbut
with depe ſighes from the very bottome
of our heartes, do praye as Chriſte here
geueth vs example.

*Nam factus in agonis, prolixius orabat, & factus eſt
ſudor eius, ſicut gutte ſanguinis decurrentis in terram.*

For beyng in an agony, he praid a lōg
while and his ſweat was as it had bene
droppes of bloode diſtillyng down on y
grounde.

The moſt part of all the doctours doe
for a trueth affirme, y the paſſion which
Chriſt ſuffred for vs, was a great deale
more greuous then euer any martir a-
bode, y frō thēce hitherto ſuffered mar-
tirdō for his faith. But ſoe other be ther
of a contrary minde, becauſe our ſauior
Chriſt, ſay they, had neither ſo many ſo-
dry kindes of tormentes, nor ſo manye
dayes together continued or renued as
thoſe holy martyrs had. And further ſe-
ing one drop of his moſt precious blood
by reaſon of his eternal godhead, hadde
bene ynough & more thē ynough, to pay
the raunſom of al the whole world, ther
fore thinke they y god did not appoynte
him to ſuffer ſo much paine as euer any
martir did, but euen ſo much as his vn-
ſearcheable wiſedome demed to be moſt
conuenjente: the ſtint and rate whereof
as no man parfitely knoweth, ſo recken
they it againſt no point of oure fayth to
beleue, that his paynes were ſomewhat
leſſe then many of the martirs were.

But ſurely in my iudgement, beſide y

common oppinion of the church, which
aptly applieth vnto Chriſt these wordes
of Hieremy y wer ſpoken of Hieruſalē.
O al ye that paſſe by the way, beholde &
ſee, whether there be any ſorow like vn-
to myne, this place to that we bee nowe
in hande withall, maketh me verelye to
be parſwaded, that neuer was ther mar-
tirs tormente for paine, comparable in
ſharpnes with Chriſts painful panges.

Threno.

Now yf I would for my part graunt
(as vpon good cauſes I haue no nede to
do) that any martyr had bothe moe and
greater tormentes, yea and longer yf ye
wyll then Chriſt, yet me thinketh it ve-
ry likely, that he though his paines ſee-
med farre leſſe in apparance, abode yet
farre more exceedyng anguyſhe then any
of the martirs felt, al wer it ſo that their
grief appered much greater, conſidring
that he was ſo ſore inwardly panged v-
pon the dreadful ſight of his bitter paſ-
ſion at hande, as neuer was man for a-
ny paine that was towardes him. For
who euer felt in himſelf ſuch an agony,
that he ſweat bloody drops throughout
al his body, that ſtreamed downe to the
grounde?

Hereby doe I gather then, how great
his ſmarte was in the very tyme of hys
paſſion, ſythe when he but foreſawe it &
drawe nere vnto hym, he was ſo ſore tor
mēted as neuer was cceature afore him.

Howbeit his anguiſh could not haue
growen ſo great, neither as to cauſe his
body ſweate blood, had not his almigh-
ty godhed purpoſely determined, not to
aſwage & miniſh, but rather to ēcreaſe &
make thoſe hideous griefes more, ther-
by both couertly to ſhew, y his martirs
ſhould afterwardes likewiſe ſhede their
blood here in earth for his ſake, & there-
withall by the maruelous ſtraunge ex-
ample of his own incomparable beauti-
nes, to encourage and comfort ſuche as
myght parhappes els, vpon the remem-
braunce of dreadful paine, ware ful ſore
afrayde, and by myſconſtruynge theyre
owne faynte heart, as a playn euidence
that they ſhould not bee hable to ſtand,
thereupon deſperately geue ouer al to
gether.

Here agayne yf any man wyl reply,
and bring foorth thoſe martirs, whiche
in Chriſtes quarel contagiouſly vncal-
led for, offred thēſelues to death, & iudge
them ſpecially worthye to receue a try-
umphante crowne in heauen, for that
their ioy ſo farre ſurmounted theyr ſor-
row, y no maner ſygnes & tokēs of drede

or

ſ oʒ diſcomfoʒt could be perceued in the,
in that point am I contēt he take me on
his ſide to, ſothat he deny not them their
rewarde alſo, which thoughe they come
not foʒth and offer themſelues, do neuer
theleſſe when they be layde handes on,
neither dʒaw backe, noʒ ſtriue thereat,
but what feare and heuines ſo euer they
be in, patiently yet foʒ Chʒiſtes ſake en-
dure, all that their heartes doe full ſoʒe
abhoʒre.

Now whoſo will ſtiſly ſay, that they
that thus offer themſelues, haue higher
rewarde in heauen then the other haue,
in this mater reaſō ſhal he alone foʒ me,
ſith foʒ my purpoſe it is ſufficient, that
either ſoʒt in heauen hath farre greater
gloʒye, then while they liued here they
had either ſeen with their eyes, oʒ heard
with their eares, oʒ in their hartes euer
erſte had cōceiued. In heauē how highly
ſo euer any man is aduaūced, therwith
is none offended, but rather euerye one
(ſo well they loue eche other) reioyſeth
and hath his part in eche others aduaūce-
ment.

i.Coʒin.2.

Beſide thys foʒ vs ý blindely goe gro-
ping here in the darke vale of this miſera
ble woʒlde, hard it is in mine oppinion
to know whom god doth in the bliſſe of
heauen moſt gloʒiouſly aduaunce. Foʒ
as I will well agree that God loueth a
gladde and cherefullgiuer, ſo miſtruſte
I neuer a deale, but that he loued Tho-
bye well ynough, and bleſſed Job like-
wiſe, ⁊ yet as either of theim both with
a bolde courage paciently toke their ad-
uerſety, ſo was neyther of theim, as far
as I can learne, very pʒoude thereof, oʒ
greatly reioiſed therin.

i.Coʒin.9.

A man to offer himſelfe to death foʒ
Chʒiſt, either when he is openly called
to it, oʒelles when god ſecretely ſtirreth
him therunto, is a high point of vertue
to that I ſay not nay. Marry otherwyſe
to attempte it, I thinke it not the ſureſt
waye. And we finde that the very beſte
and chiefe of theim that willinglye ſuf-
fred foʒ Chʒiſte, were at the firſte ſoʒe
afrayed and wonderfullye troubled,
and ſaued themſelues from death ofter
then ones, whyche after foʒ all that
moſſe courageouſely thei refuſed not to
ſuffer.

Yet I deny not, but that god cā, and
of truth among ſo doth, ſometime in cō-
ſideracion of ſome holy Martirs foʒmer
verteouſe painful life, ⁊ ſōetime frely
of his owne mere goodnes, ſo thoʒough-
ly rauiſhe his hart with ioy, that ý ſame

not only quite kepeth downe al his trou
bleſome, panges, but alſo ſo farre dʒy-
ueth from him thoſe firſt ſodein paſſiōs
which the Stoikes call in lattine *prop-ſſis
ones*, and which by their own confeſſion
the wiſeſt of their ſect were not hable to
eſchewe, that he will not let him be ones
cumbʒed therwith. And ſeing we ſee at
our eie, ý ofttimes it ſo fareth in a fray,
that ſome men be ſoʒe wounded, ⁊ fele it
not, vntill theire minde (which foʒ the
while was earneſtly otherwiſe occupi-
ed) come to it ſelf againe, and ſo perceue
theire harme, I doubte it neuer adeale,
but that ý hart may be ſo rauiſhed with
the comfoʒt of that gloʒiouſe ioy which
is ſo nere at hande, that neitheir ſhall it
dʒede deathe, noʒ taſt the ſmart thereof.
Howbeit if it pleaſe god to giue vnto a-
ny man ſuch grace, this good hap wold
I accompt to come, either of the fre gift
of God, oʒ to be as a reward of his god-
ly vertue in times paſſe, rather than to
be any matter of merite after this lyfe,
ſins rewarde would I recken to be pʒo-
poʒcioned after the rate of paine pacient-
ly taken foʒ Chʒiſtes ſake: ſauing that
god of his liberal bounty, with ſo good,
ſo full, ſo well heaped and ſo exceading
plenteouſe meaſure, recompenſeth ſuch
paine, that al the trouble and afflictiōs
of this woʒlde, can in no wiſe counter-
naile the gloʒye that is to come, which
ſhall be reueled in theim that haue here
ſo entierly loued god, that foʒ thaduaū-
cement of his honour w' great anguiſhe
and foʒment of hart and body, they haue
not letted to ſpend their blood and ther-
withal their life to.

Luke.6.

Roma.8.

And what will you ſay if God other-
whiles of his goodnes giueth ſome men
the grace, not to be aferd at all? not foʒ
that he moſt liketh and rewardeth ſuch
mens boldnes, but becauſe he knoweth
theim to be ſo fainte hearted that they
were els like to giue ouer foʒ feare. Foʒ
many of truth haue there ben, that at ý
firſt bʒunt haue fearefully ſhʒonke and
ſayſed, and yet afterwarde valiantlye
paſſed thorough al the payne that was
put vʒpontheim.

Now albeit I cannot denye, but that
therample of them that ſuffer deathe w'
a bolde and hardy courage, is righter-
pedient foʒ a great many to harte them
to doe the like, yet on the other ſide, foʒ-
almuch as all the ſoʒt of vs in effecte be
very timoʒous at the cōming of deathe,
who canne tel how many take good by
theſe folke to, which lthough they come

A to it (as we see) wyth much anguish and dreade, doe yet in conclusion manfully passe through those horrible strög stoppes of wearines, feare and heauiues, and so, stoutely breaking all those vpolent lettes, doe gloriouselye conquere death, and mightely get vp into heauen. And doe not these personnes put other faynt & feble selly soules, such I meane as they were theimselues, in good courage and comfort, that in tyme of persecucion, although they feele theymselues inwardelye in neuer so sore trouble, dreade, wearines and horrour of moste cruell death, yet shall they not vtterlye yelde and giue ouer.

Therfore the prouident wisedome of God, which perseth al thinges mightely, and disposeth all thinges pleasauntly, presently foreseing how and in what wise sondry mennes myndes be enclyned in sondry times and places, tempereth examples of either sort of folke accordingly as the time and place requireth, euen as he espieth it to be most for their behofe. So of hys hygh prouidence doth he moderate the hartes of his blessed Martirs, that some ioyfullye speede theim towardes their deathe apase, and some other right sore affrayde, creepe faire and softly thither. Who neuerthelesse whan they come to the pinche, do die with as good a stomake as the other: except some will percase counte them not so valiant, because beside the ouerthrow of the reste of theyr aduersaries, they do also mayster theire owne wearines sorowe and feare, three moste violent affections and theyre moste cruell enemyes.

But nowe doth the whole somme of all our talke finally rest in thys pointe, that both sortes of these most holy Martirs, ought wee to haue in admiracion and reuerence, and in theim both laude and praise God, and as nede requireth, eche man as he is able, folow the steppes of theim bothe as nere as God wil giue vs grace. Howbeit he that thus feleth hymselfe bold and hardy, hath little nede of comfort to encourage hym, but parhappes rather neede of counsayle, to put hym in feare that he do not presume to much of hymself, as peter dyd, and thereby sodainely stumble and take a fall. But on the tother side, he that feleth himself heauy, sorowfull and timorous, thys man loe hath much nede of cöfort, to strengthen hym and plucke vppe his hearte a-

gaine.

Nowe vnto eyther of these two sortes is thys heauines of Christe verye good and profitable, to represse the ouerbolde courage of thone, and to recomfort and relieue the fainte feble spirite of the other. For like as he that seeth himself so eger and stoute, whan he shall remember how humble and heauy a plyght his capitaine Christ was in, shall happely synde good cause to feare, least his crafty enemy for the while so set hym vpon height, sone after to his greater grief to caste hym downe as lowe, so he that is ouer fearful and faintharted, and standeth in much dreade of himselfe, least he might mishap through dispaire to take a fall, may haue before his face this bitter agony of Christe, and euermore bethinke him and muse thereupon, and so of this pure fountaine, drinke many a wholesome draught of ghostly consolacion and comfort, since here shall he beholde, how our most louing shepheard, vouchsafeth to take vp his weake scally shepe vpon hys owne shoulders and to play hys part himself, and in his owne persone to expresse his affections: to the ende, that whoso in time cöming should feele hymselfe in lyke sorte troubled, might receue cöfort therby, and be voide of all dispaire.

Let vs therefore gyue him as heartye thankes as we may (for surely so great as he hath deserued, are we not able to giue hym) and in our agonies bearing in minde his agony (to whose agony neuer was there agony comparable) let vs most instantly beseche hym, that at the cötemplacion of his owne hideous anguishe, it would the rather please him to comfort vs in ours. And whansoeuer we earnestly sue vnto hym, by his helpe to be deliuered from the daunger of our troublesome anguishe, let vs euer, as he gaue vs a right good ensample himself, ende oure peticion wyth the selfe same clause wherewith he ended his, yet not as I will but as it liketh thee.

If we diligently so doe, I little doubt it, but that like as an Aungel came vnto him to comforte hym as he was, thus in hys prayer, so shall we likewise from his holy spirite, receue such comfort euery one of vs by our good Aungell, as shal make vs strög and able to endure those terrible stormes, throughe which we shall stye vp streight waies to heauen. And to put vs in some hope herof, in like sorte wente Christ thither the selfe same way

Sapi.8.

Luk.22

A way before vs. For after he had long to hys no little paine, continued in thys agony, such ghoſtly conſolacion receued he, that aſſone as he had viſyted his Apoſtles agayne, ſtrayght roſe he vp, and of hys owne accorde did he goe forthe to meete the falſe traitour and thother tormētours, that ſo buſily ſought to bring him to his paſſyon.

Than whan he had ſo ſuffred as was for vs expedient, he entred into his glorious kingdome, there to prepare vs a place, ſo we for ſlowe not to ſolowe hys erample. And that our ſlouthfull ſluggiſhenes doe not theſe clerelye erclude vs, we humbly beſeche him that for hys owne bitter agonye, he wyll vouchſafe to help vs in ours.

Et quum ſurrexiſſet ab oratione, & veniſſet ad diſcipulos ſuos, inuenit eos dormientes pre triſticia, & ait illis: Quid dormitis? dormite iam et Requieſcite. Sufficit, ſurgite et orate ne intretis in tentationem. Ecce appropinquabit hora, & filius hominis tradetur in manus peccatorum, Surgite eamus, Ecce qui me tradet propeeſt.

And after he was riſen vp from his prayour and came to his dyſciples, he founde theim ſleapyng for heauineſ. And he ſayd vnto them: why ſlepe ye? ſleepe on nowe and take your reſte. It is ynough. Riſe and praye that ye entre not into temptacion. Loe the hower is commyng and the ſonne of man ſhalbe deliuered into the handes of ſynners. Ariſe let vs go. Beholde he that ſhall betraye mee is hereat hande.

Here loe whereas Chriſt returned to hys apoſtles the thirde time, and foūd them faſt a ſleepe, albeit he had ſo ſtraightly charged theim there ſtill to tarye with him, and for the great daunger that was toward, continually to watch and pray, and that in the meane ſeaſō ȳ traiterous wretch Judas was ſo buſily bent to betray his owne Lord and maiſter, that he had no laiſoure lefte himſo much as to thynke of anye ſleeping, in theſe two ſortes of folke, the Traytour I meane and thapoſtles, in theire doynges ſo farre vnlike, is there not ſet forth before vs as it were in a myrrour or glaſſe, a plaine, and therewithal an heauye and horrible reſemblaunce of the courſe of the worlde, euen frō ȳ time hitherto. Why ſhould not Biſhops, here behold & ſe their own ſlouth & ſluggiſhnes, which wold god like as thei ſuccede into thapoſtles places, ſo would in their liues repr{e}ſent vnto vs theire vertues, &

that with no leſſe diligence, than thei be gladde to take vpon them their authoritie, and doe neuertheleſſe full truely folow their ſlouthful ſluggiſhe ſleaping. For euen as ſlowe and dull are a great meany of them, to ſet forth vertue amōgeſt the people, and to mayntaine the truth, as chriſtes enemies al that while diligently watche and trauaile to ſet vp vice and lewdnes, & to deſtroy the faith: which is as muche as in theym lieth, to lay handes vppon Chriſte, and cruelly crucify him againe: ſo much more wily (as ſayth Chriſt) are the children of darknes in theire kinde, than are the childrē of light.

Luk. 16.

And albeit this ſimilitude of Apoſtles thus ſleeping, may aptly be applied vnto thoſe Biſhoppes, which lye careleſly and ſleepe full ſounde, while vertue and true religion are like to ronne to ruine, yet cānot it wel be applied vnto thē all, at the leaſte wiſe in euery pointe, ſythe ſome be there among them, mo vp a gret meany (the more pitye alas it is) than I woulde wiſhe there were, which fall in a ſlumber, not for ſorowe and heauines as thapoſtles did, but likeaſort of ſwine wallowing in the myre, lye faſte ſlugging in the deade ſleepe of their miſcheuous blinde affecctions, as mē al drowned and drōken with the pleaſāt muſſ, of the deuyll, the fleſhe, and the worlde. But of truth thoughe it were a diſpoſiciō in thapoſtles comendable inough to be ſorowful for their maiſters daūager, yet that they were ſo ouercome with ſorow, that they did nought els but ſlepe, this was without al peradnenture ſomwhat a falt in dede.

And lykewyſe to bee ſorye whan the worlde wareth nowght, and to bewaile other folkes offences, thys ſurely commeth of a well dyſpoſed mynde, as he euidently parceued which ſayd, I ſate alone and wepte. And in an other place thus: I fainted for ſorowe of ſinfull perſonnes while they forſoke thy lawe. Thys kinde of heauines may I aptlye applye, to that kynde of heauines that the prophet ſpeaketh of here. But than muſte I ſo applie it, that this diſpoſicion how good ſo euer it be, muſt yet be ruled and gouerned by reaſon. For els if the mind be ſo drouned and oppreſſed with ſorowe, that the courage thereof being ſtriken ſtarke deade, reaſone gyueth quite ouer her holde and gouernement, and like as a fainte harted mayſter of a ſhippe being diſcouraged at the

The. 3
Pſal. 108

SS. ii.　　　bare

A bare noiſe of a forme or tempeſt, ſhrinketh from the ſterne, and dulfully getting himſelfe into ſome ſeuerall corner, ſuffreth the ſhip alone to waue wyth the waues, ſo if a biſhop fal in ſuch a deadly ſlepe for ſorow, that he leaueth thoſe thinges vndone, which for the wealth of hys flock his dutye vindeth him vnto, thys kinde of diſcomfort loe may I be bold to compare wyth that kynde of heauines, which as witneſſeth the ſcripture leadeath the ſtreight way to hel. And to ſay the truth may I compt it much worſe to, for aſmuche as in Goddes cauſe he ſeemeth vtterly to be in diſpaire of god.

Next vnto this ſort may there be placed, but yet a great deale beneth theim, B an other ſorte which are caſt into a diſcomfortable dulnes, not ſo much for other folkes harme, as for feare of theyr owne. And therfore the leſſe the thing ſ their feare riſeth vpon ought to be regarded, by ſo muche the more ſinful is their feare: as where there hangeth ouer the no bodely peryl at all, but happely ſome loſſe of worldely welth and ſubſtaunce, wheras Chriſte woulde haue vs lyttle paſſe to leſe our liues in his quarel. For

Math.10. feare ye not (ſayth he) thoſe that can kill the body, and after that haue no more to doe, but I wyll ſhewe you whome you ought to feare: feare hym that after he

C hath killed the body, hath power beſyde to caſſe it into hell: So I ſaye vnto you feare hym.

Now ſeing that he ſetteth forth thys commaundemēt generally vnto al mē, when they be in ſuch taking that theyca by no ſhift auoide, than vnto biſhoppes for the honour he hath put theim in, giueth he a greater charge beſides, as the men whome he would not haue careful for theire owne ſoules alone, and kepe themſelues out of the waie in corners, & hold their peace til they be fetched forth, D and enforſed either openly to profeſſe their beliefe, or falſelye to diſſimull it: but if they ſee theire flocke likely to fall in any ieoperdy, boldely to ſteppe forth, & ſo it might turne to the behofe of their flocke, willingly offer to put their liues in haſarde.

John.10. For a good ſhepherde (ſaith Chriſt) letteth not to beſtows his life for his ſhepe. Thā if euery good ſhephard letteth not ta aduenture his life for the ſaufegarde of hys ſheppe, you maye be ſure that he which ſaueth his lyfe, and thereby hurteth his ſheepe, plaieth no good ſhepherdes part. Wherefore likewiſe as he ſ is

contēt to leaſe his life for Chriſtes ſake (and for Chriſtes ſake doths he leeſe it, whoſoeuer at Chriſtes commaudement leſeth it for his flock) doth vnto euerlaſting life vndoubtedlye preſerue it, ſo on the other ſide he, that forſaketh Chriſte, (as he doth ſ to the gret hurt of his flock holdeth his peace and leaueth the truthe vnſpoken) thys mā by the ſauing of his life, taketh the right way to leſe it altogither. And how in uch more greuous is his offence, that for ſere in plain termes denieth him and openly forſaketh him.

Such as theſe be, ſleepe not with Peter, but like Peter brode waking euen plainely fall from him: howbeit yet at F length whan chriſt ſhal mercifully caſt his eye vpon theim, through hys gracious ayde, by wholeſome teares and ſorow for their fault, may purchaſe their perdon therfore, ſo that they at Chriſtes mercifull looke and gentle call vnto repentanuce, hauing good remembrance of his wordes, and conſideracion of his paſſion, and ſequeſtring themſelfos frō thoſe wretched fetters that haue ſo long holden theim in ſinne, be as willing for theire partes with contricion and penaunce to retourne againe vnto him.

But now if there be any man ſo farre growen in wickednes, that he hydeth G not the truthe for any feare at lall, but like Arius and hys felowes ſpreadeth abrode falſe doctrine, either for lucre or for deueliſh ambiciō, ſuch a one neither ſleapeth ŵ Peter, nor denieth Chriſt ŵ Peter, but watcheth ŵ wicked Iudas, and with Iudas purſueth chriſt, in how parillous a caſe this perſon aboue all other eſpecially ſtandeth in, doth the dyſpighteous and horrible ende of Iudas very well declare. And yet ſith the mercifull goodnes of God is infinite and endeleſſe, no cauſe hath this ſort of ſynners, neither to diſpaire of goddes mercy. Ful many an occaſion to cauſe him to amende gaue god euen vnto Iudas. For neither did he caſt him oute of hys H company, nor put him from the dignity of his Apoſtleſhip, nor as ſtrong a thief as he was, toke he not from him the keping of his purſe. Beſides this at hys maundy and laſte ſupper, he vouchelaſed to admit this traitoure amonge the reſt of hys derebeloued Apoſtles, and diſdained not alſo to ſtoupe downe full lowes at the verye traitours feete, and there to waſhe theim as filthye as they were (and in deede vnlike were thei not, his corrupt cancred heart) yea and that

with

A with his owne innocent and moſt holy
handes.

Ouer this, of his incomparable bou-
tye, vnto thys falſe traitoure deliuered
he to eate vnder the fourme of breade,
that ſelf ſame bliſſed body of his, that he
had ſo late made merchandice of before:
and in fourme of wine gaue hevnto him
that precious blood of his to drink, whi-
ch the trayterous wretche at the ſame
very time while he was drinking there-
of, deuiſed moſt ſinfully to ſhedde. And
in concluſion whan he and hys bende,
was come for to take hym, and that he
there offred to kiſſe him, which was the
priuy token of his abhominable treſon,
he moſt mildely and mekely refuſed not
B to receiue him.

Who would not haue went, that any
one of al theſe thinges, ſhould haue mo-
ued his traiterous heart as much as he
was ſet vpon miſchiefe, to relent & take
better waies?

Moreouer as touching þ beginning of
his repentance, whereas he confeſſed he
had not done well, and thereupon brou-
ght backe their thirtye grotes againe, &
foraſmuch as they could not be receiued
threwe theim qui ght from him, and euẽ
than openly called himſelfe traytour, &
plainly proteſted alſo that he had betrai
C ed an innocent, in all thys while may I
well thynke, that our ſauiour ſecretely
wrought in his hart, to thintent if it had
ben poſſible, that is to ſay if the traitour
to his treaſon, had not ioyned diſpayre,
he might haue preſerued þ ſame wretch
from diſtruccion, which then ſo latelye
had gone about moſt traiterouſly to cõ-
triue his death.

Conſidering therefore that by ſo ma-
ny maner of waies it is apparautly per-
ceiued how god tooke meruelous com-
paſſion of this Iudas, all were he from
D an Apoſtle fallen to be a traitour, and ſo
ſondry tymes excited hym to purchaſe
his pardon, and would not ſuffer him a-
ny otherwiſe to miſcary, but onely tho-
rough his owne diſpaire, ſurely cauſe
is there none for any man to be in dyſ-
payre of other, as long as he liueth here,
were he as bad as Iudas altogiter, but
rather as the apoſtle giueth vsgracious
counſail where he ſaith: Pray ech of yee
for other þ ye may come to ſaluacyon.
If we miſhap to ſee any man ſtray farre
out of the way, let vs ſtil haue good hope
that at laſt he will retourne againe: and
in the the meane ſeaſon in humble wyſe
inceſſauntly praye, þ both it may pleaſe

Iacob.5.

God to graunt him grace to amende, &
that he likewiſe for his part by god-
des help, may gladley receiue it, kepe it
whan he hath it, and neither ſinfullye
caſt it of, nor throughe hys owne ſlouth
wretchedly after leeſe it.

So whan Chriſt had found his apoſ-
tles now thriſe togither a ſlepe, he ſayde
vnto theim why ſlepe ye? As one would
ſay, it is no time for you to ſlepe nowe,
but nedely muſt you watche and praye,
whereof I haue twiſe alredy giuen you
warning but late.

And whereas they at the ſeconde time
that they were taken a ſlepe, wyſte not
what aunſwere too make him, now be-
ing taken tardye in the ſelfeſame faulte F
the third tyme, and that ſo ſone againe,
what excuſe reaſonable coulde they de-
uiſe for themſelues? Wold that that the
Euangeliſt reciteth haue ſerued theym
for theire dyſcharge, if they had tolde
him they fell a ſlepe for ſorowe? But as
for that though ſaint Luke ſo ſayeth in
dede, yet truly doth he not commend it.
Neuertheleſſe he, though not by expreſſe
words, doth yet meane no leſſe, but that
their ſorow was (as of truth it myght be
rightly counted) nothing at all to be miſ
liked. But for all that, theire ſleping af-
terwarde, coulde be by no coulour excu-
ſed. For that kinde of heauines þ might G
be otherwiſe greatly rewardable in he-
uen, turneth ſometime to our gret hurt
and hinderance. As thus I meane, if
we be ſo drouned therein, that we make
it to ſtande vs in no ſtede, in aſmuch as
we haue not recourſe to god by deuoute
and feruent praiour, deſiring at his hãd
to be comforted: but faring like folke al
comfortles, diſmaide and deſperate, as
though we could thereby eſcape the fee-
ling of our grief and trouble, ſeke to cõ-
forte our ſelfes with ſleepe, and yet ne-
uerthemore obtaine we therby the relief
that we ſo much labour for. And ſo ha- H
uing vtterly loſt that cõſolacion which
by watch in praiour we might haue pur-
chaſed of god, doe euen while we are a
ſlepe, fele the wofull waight of our reſt-
les hart, and in our wilfull blindenes
fall into temptacions, and into the wily
traines of the deuill.

Now than to cut of al excuſe & colour
of ſuche ſlouthfull ſleping, ſaid Chriſte
vnto them thus:

Why ſlepe ye? Slepe on now and reſt. „
It ſuffiſeth. Ariſe and praye that ye fall „
not into temptacion. Loe the howre is „
almoſt come, and the ſonne of man ſhal „

SS.iii. be

A   ,, be deliuered into the handes of sinners.
,, Arise let vs goe . Beholde here is he at
,, hande that shall betray mee. And while
,, Iesus was thus speaking lo Iudas Is-
,, cariot and so forthe.

When Christ had thus three times a-
waked his slepy Apostles, incontinent
thereupon began he not sleightly and in
sport, as idle iesters are commonly wont
to doe, but with an earnest and sharpe
biting skorne, to rebuke theim, and said
vnto them thus. Sleepe on nowe & take
your rest, It is ynough. Arise and praye
that ye fall not into temptacion, loe the
howre draweth nere and the sone of man
shal be deliuered into the handes of sin-
ners. Arise let vs goe, loe he is not farre
of that shall betraye mee. And while he

B   spake these wordes, came Iudas and so
forthe.

In such wise lo doth christ herelicense
his apostles to sleepe, that it may right
well appere he ment to restrayne theym
from it. For he had no sooner said slepe,
but he added by and by, it is ynough, as
though he would say, you haue no nede
to slepe any lenger now, sith it is more
than ynough that all this while in whi-
che ye ought most specially to haue wat
ched, ye haue contrary to my commau-
dement slept. Now haue ye no more lai-
sour to slepe, no nor to sit neither. But

C   rise must ye straightwayes and get you
to your praiours, that ye fall not into
temptacion, by meanes wherof may ye
mishap to your no little dauger shame-
fully to forsake me. For as for sleping,
were it not therefore, ye should for me if
you could, slepe and take your rest. But
be ye assured if you would, it shal not lie
in your praiour, so fast draw thei hither
ward and are euen almost come, which
will kepe you wel ynough from sleepe,
as careles as you be. For loe the howre
is at hande, and the sonne of man shall
be betaken into the handes of synners,
and loke he is not farre hense that shall

D   betray me.

And scantly had he giuen them this li-
tle short admonicion, but that whyle he
was thus speaking vnto theim, came lo
Iudas Iscariot and so forthe.

I am not ignorant, that certaine both
learned and right holy men, do not lyke
this exposicion. And yet deny they not,
but that other god men and learned to,
haue liked it well ynoughe. And these
folke that haue liked it, thinke not that
kind of scorne strage, as haue some other
done, and thei right godly and verteous

howbeit not throughly acquainted with   E
those phrases, which take out of the com
speach are much vsed in holy scripture.
For if they had, they should so ofte haue
found it els where, that in this place it
could neuer haue offended them. For in
skorne what coulde haue been spoken
more nippingly, and therewith al more
properly, than where the blessed apostle
merily taunted the Corinthies, desiring
them to pardon him, because he had put
none of them to coste and charge. What   F
is there saieth he wherein I haue done   *1.Cnorin.11.*
lesse for you than for other Churches, sa
uing that I haue not be burdenous vnto
you. Forgiue me thys fault.

Or what greater taunt or more biting
could there lightly be, than that where-
with the prophet of god mocked the pro-
phetes of Baall, while they called and
cried out vpon his defe image. Crie lou-   *3.Regnum.18.*
der (quoth he) for your god is a slepe, or
gone peraduenture into some other coun-
trey.

These places thought I good to bring   G
forth here by the waye, for the satisfieng
of them, which (for that of an honeste sim-
plicitie they cannot abyde, or at leaste
wise doe not parceiue, these phrases of
speache customably vsed in scripture)
while they refuse to admit such figures,
doe fall often swarue likewise from the
true sence and meaning of the scripture.

Howbeit saint Augustine vpon thys   *S.Austine.*
place graunteth, that though he misli-
keth not this foresaid declaracion, yet he
thinketh it not to be of any necessity, sith
the plaine wordes (weneth he) withoute
figure, were sufficient. And for a proofe
hereof, himselfe doth expounde the same
place in that woorke which he wrote
De concordia Euangelistarum as foloweth.

Saint Mathew in these wordes (saith
he) semeth to be contrary to himself. For
how could he say, slepe on now and reste
ye, whan he added by and by after, arise
and let vs goe. By reason of which con-
trarietie as it semeth in apparaunce soe   H
goe about so to pronounce these fore re-
membred wordes, slepe on now and rest
ye, as though christ in his so saieng, had
rebuked them therfore, & not licesed them
so to doe. Which exposicion might well
stand if it were nedeful. But seing saint
Marke doth rehearse the matter thus, y
whan he had said slepe on now and rest
ye, he forthwith adioyned it is ynough,
and afterward immediately added, the
howre is come, lo the sone of man shalbe
betrayed, it is to be vnderstanden that
our

our lord after he had ſaid vnto thē ſlepe on now and reſt ye, pauſed there awhile to thende they might ſlepe a little, as he licenſed them to do: and than at length ſayde vnto them, loe the howre draweth on. And therefore it is is written in ſaint Marke. It is ſufficient, that is to witte that ye haue hitherto reſted.

Thus hath this bliſſed doctour ſaint Auguſtine ful wittely, as he doth in all his doinges, ſhewed his opinion vpon this place. But they that liked better the tother expoſicion, demed it not likely (I trowe) that Chriſte which had alreadye twiſe ſharply reproued his Apoſtles for ſleping, becauſe he was than in ſo preſent parill to be taken, woulde vpon theſe hys byting wordes whye ſleepe ye, immediately after giue thē reſpite to ſlepe, namely at that ſeaſon, whan the thynge for which they ſhould haue forborne ſleping before, was euen now in maner al ready come to to paſſe.

Howbeit now ŷ I haue here ſet forthe theſe two expoſicions, euery man ſhalbe at his liberty to folow whither of theym him liſte. I thought it ynough for me to ſhewe you theim bothe, and not to take vpon me hauing ſo litle ſkil as a iuge to determine one way or other therin.

Surgite et orate, vt non intretis in temtationem.
" Ariſe and praye that ye fall not into
" temptacion.
" Firſt willed he his Apoſtles to watch and pray. But now after they had twiſe by experience in thēſelues learned, that through ſlouthful ſitting vnwares thei fell aſlepe, for a redye remedy agaynſte that ſluggiſhe ſleepy ſicknes, gaue he thē this leſſon to riſe. Which kind of remedy like as our ſauiour himſelf did teach it, ſo would I wiſhe that now and than among, we would euen at midnight aſſay it. And if we ſo did, than ſhoulde we finde, not only that true ŷ Horace ſaith, he hath halfe done that hath ones welbegoue, but alſo that he hath in effecte all done that hath ones welbegonne. For in ſtruying to auoide ſlepe, euer more at ŷ firſt brunt, is ŷ greteſt conflicte of al.

Wherfore we may not thinke, by litle & litle to wreſtel therwith, & ſo to ſhake it of: but aſſone as it fawneth vpon vs, & as it were embraſeth vs, and laieth vs downe a long, we muſt at ones with all our might, ſtoutly caſt it of, & as ſpedely as we cā, labour to break ther fro. Which heauy ſlouthful ſlepe (the very image of death) whā we haue ones driue away, incontinent will enſue, a lyuely luſty

Horace.

courage.

Thā if we giue our ſelues to meditaciō & praiour, we ſhal fele our hartes being kept cloſe in that dead darke time of the night, much more apte to receue cōfort at gods hand, thā in the ruffle of the day while we ſhal haue our eies, our eares & al our mind on euery ſide, combred & buſied wyth ſo many peuiſhe and ſondrye light matters.

But O merciful ſauiour wheras ŷ bare thinking vpon ſome trifling worldely thig, ſōctime ſo beriueth vs of our ſlepe, that alonge while after it dothe kepe vs waking, & ſcantly ſuffreth vs againe to ſlepe at all, nowe while we myght purchace vs ſo great profite, to our ſoules ward, while our mortal enemy laieth ſo manifold trappes & traines to take vs, & while we ſtand in ſo gret haſard to be vtterly vndone for euer, for al this wake we neuer the more to praye, but lie full faſt a ſlepe, our mindes all occupied w̄ mad fantaſticall dremes.

But here muſt we ſtil haue in remembrance, that chriſt bad thē not only riſe, but bade them riſe & praye, ſith it is not ynough to riſe, onleſſe we riſe for ſome good purpoſe. Els offendeth he muche more, that ſinfullye & maliciouſly watcheth in wickednes, than dothe he that lewdely leſeth his time in ſlouth & ſlepe.

And yet he not only willed thē to pray, but beſides ŷ he ſhewed them how nedeful it was to pray, & taught thē alſo for what they ſhould pray. Praye (ſayde he) that ye fal not into temptacion.

This one point did he cōtinually bete into their heades, ŷ praiour was a ſpecial aide & garriſon, to preſerue them frō temptaciō. Which whoſo refuſeth to receue into the caſtell of hys ſoule, and by reaſon of ſluggiſhnes, will not ſuffer it therein to entre, licenſeth therby the deuilles ſouldiers, who on euery ſide doth enuironne it, his deuiliſhe temptacions I meane through his foliſhe neglience, by mayn force to inuade it.

Now as he with his owne mouth thriſe aduiſed them to pray, ſo becauſe he wold not by his word only but by his enſaple to, teache them ſo to doe, he in his owne perſon did thriſe the ſame himſelf: ſignifieng vnto vs that we muſt pray vnto ŷ Trinity, that is to wit thunbegotten father, & the ſonne of him begotten equall with hys father, and the holy ghoſt likewiſe equall with them both & proceding from them both.

Of theſe thre perſons, thre thinges muſt we

whereas the latine texte hath here ſomnia ſpeculantes Mandragore, I haue tranſlated it in engliſhe, our mindes all occupied wyth mad fantaſticall dremes, becauſe Mādragora is an herbe as phiſycions ſaye, that cauſeth folke to ſlepe, and therin to haue many mad fantaſtical dremes.

A we pray. For pardon for that is already past, grace to goe through with that we haue in hand, and wisedome warely to foresee what is to come. And this musse we do not carelesly and hourly but deuoutly and continually. From whiche kind of praiour, howe farre wide we be nowe adates almost al the meany of vs. both euerye mans owne conscience can shew him wel ynough, and I belech god that the small fruite that euery day lesse and lesse doth grow thereupon, doe not litle and litle openly at legth declare it.

But forasmuch as I haue here a little before inueighed as vehementlye as I could, against that maner of praioure, where the minde for want of earnest deuocion straieth and wandreth about many other matters, now at this presente because I woold be loth like a churlishe surgion, ouer boistcously to handle so comon a sore, whereby I might mishap to some feble spirited folke, not to ministre a salue to ease them, but rather encrease their paine, and therwith put the quite out of all comfort euer.to be hole againe, I haue thought good to take out of M. John Gersô a plaister for the, which sôwhat may aswage their grief. *Gerson.* Who to cure the feruent anguish of the sore distempred soule, vseth certein swaging salues, which are in operacion in their kind, much like vnto those salues and playsters in greke called *Anodins*, that serue to ease and temper the aches of the body.

This John Gerson an excellent lerned man, & a gentle handeler of a trowbled conscience, because I trowe he sawe sôe parsons for fault of minding their praiers in themselues so much discôforted, that oftentimes tediousely without any nede thei were faine to repete twise euery worde they said in their praiour, and yet were alwaies neuer the nere, in so muche that sometime after one thinge thrise repeted, they more misliked the last than the first, wherupon they côceiuid such wearines that they vtterly lost all comfort of praieng, and also for that some wer likely to haue giue ouer their good custome therin for altogither as a thing to them that so praied either fruitles or as they feared hurtful to, this verteous man I say somewhat to aswage their grief in this behalf, côsidered there are in praioure thre thinges to be noted: the acte, the vertue, and the habitie, and for the plainer delaracion of hys meaning herein, he setteth forth the matter

by an example of one that goeth in pylgrimage out of Fraunce vnto saint Iamesses, who somewhile both goeth forewarde on his iourney, and therwithall hath his minde occupied, not only vpon the saint that he is going vnto, but also of the good purpose that he goeth thither for. Now doth this mâ al this while two ways actually côtinue his pilgrimage, that is to witte as maister Gersonne in the latin tong termeth it, *Continuitate nature et continuitate moris*, in a naturall continuance, and in a moral continuance. In a naturall continuance, in that he dothe actually, that is to say in very dede, goe forth toward that place. And in a moral continuance, for that hys thought alwaies ronneth vpon the matter of hys pilgrimage. And he thus calleth it a moral continuance, by reson of that moral circumstaunce, whereby his going thyther, being otherwise of it self indifferet is in consideracion of the verteous entention he toke that iourney for, become god and godly. And somwhiles he goeth forward on his iourney, whâ his mind is otherwise occupied, as where he mindeth neither the saint nor the place he goeth vnto, but happely hath farre better meditacions, as while his mind runeth stil vpô god, now here continueth he his pilgrimage by a natural continuace as Gerson calleth it, but yet not bi a moral continuance. For thoughe he actually go forward on his viage, yet hath he no minde actually, neither of ye cause of his pilgrimage, nor of his waye parhappes neither. And so albeit he doth not continue his pilgrimage in moral action, yet doth he continue it morally in goodnes, sith the godly purpose he had at ye begin ning, which is priuely emplied in euery thing he doth therwiles, giueth a moral goodnes vnto the whole processe of hys iourney. Forasmuch as of the good intet he had at ye first, hath al that euer he dyd afterwarde folowed and ensued: euen as a stone fleeth forth a pace wt a mighty throwe, though the hand that threwe it be drawen cleane therfro.

And sometime is there a moral actiô, whan there is no naturall at al, as whâ he sitteth him downe, and paraduêture bethinketh him on his pilgrimage, and goeth not one foote forward al ye while. Fynally so falleth it moe tymes than a fewe, that both lacketh there a naturall action and a morall to, as whyle he is aslepe, at which time neither goeth ye pilgrome by no natural actiô forward on a his pilgrimage, no2 by no mo2all accio doth he any whit mind it neither. How-beit in all this meane whiic doth ý mo-rall goodnes as longe as he chaungeth not hys fo2mer purpose, habituallye perseuer still. So that of trouthe neuer is this pilgrimage in such so2t disconti-nued, but that at the least wise it endu-reth & remaineth habitually to his me-rite still, onles he determine the contra-ry: that is, either clerely to caste it of, o2 els to differ it vntill some other season.

By this example of pilgrimage, he ex2presseth the nature of p2aiour, as thus that p2aiour ones deuoutly begonne, cã neuer after in such wise be interrupted, but that the goodnes of ý first good pur-pose continueth and remaineth, actual-ly I meane o2 habituallu, as long as we neither leaue it of willingly no2 by the let of some deadly sinne lease the fruite therof.

Luke 13. Hereupon saith master Gerson, that these wo2des of Ch2ist. P2ay must you continually without intermission, wer spoken by no figure, bnt are to be taken plainly as they sounde. Which p2ecept, good men and godly, euen as the wo2-des lie do verely acccomplishe. And this his oppinon doth he verefy by an old co-mon saieng among learned men. He ý liueth well alwaies p2aieth: meaning ý *1 Co2in. 10.* whosoeuer (acco2ding to ý appointemēt of thapostle) doth al thinges to the glo2y of God, can neuer after so b2eake of hys p2aiour, ones attenttuely begonne, but that the goodnes therof though not ac-tually, yet euermo2e habptually, faileth not to remaine with him towardes his merite in heauen.

Gerson. These thiges doth Maister John Gersõ a man of p2ofound learning & excellent vertue, set fo2th in ý wo2ke of his, which he entitled of p2aiour, and the wo2thy-nes of the same. Who albeit he dothe so say, to comfo2t such faint harted persõs as be ouermuch troubled, fo2 that in the time of their p2aiour, take they neuer so great paine to set their mind theron, yet sodenlye vnwares is it caried cleane a-way, nothing lesse entēdeth fo2 al that, than to put other in a folishe w2ong be-lief, as though they were in no peryll at all, while they be so carelesse, that they little passe any thing to mind their p2ai-ours at all.

And fo2soth whan we so negligently goe about a matter of such impo2tance, p2aiours do we say in dede, but p2ay do

we neuer adeale: no2 therby (as I befo2e said) p2ocure we not goddes fauour to-wardes vs, but purchace his indignaci-on, and d2iue hym clerely from vs.

Fo2 verely what meruail is it though god be wonderfully displeased, whã he seeth a sely w2etched mã, so careleslycal vpon him. And cometh not he & speaketh vnto god careleslp, ý with his tong sai-*Psal.54.* eth, here good lo2d my p2aiour, and yet hath hys hart all the whyle farre from him, occupied vpon vaine foolishe try-fles: yea and sometime god giue grace it *F* be not vppon verye wicked thinges and abhominable: in so much that he hereth not what he saith himselfe, but mûbling vp his o2dinary accustomed p2aiours at aduenture, maketh (as virgil w2iteth) a *Virgil.* noise nothyng mindynge the matter. And after we haue done our p2aiours, fo2 the most part in such so2t go we our waies, that we had neede streightwaies to p2ay againe a freshe, to desire pardon of god fo2 our negligence in the first.

Ch2ist therfo2e, whan he said vnto his apostles, arise and p2ay, that ye fall not into temptacion, because he wold haue them know that a sleping and cold p2ai-our suffised not, gaue them warning by and by what daunger hong ouer theire *G* heades. *Math.26.*

Lo quoth he the howre is at hand and the sonne of man shalbe deliuered into ý handes of sinners. As who should say, I tolde ye befo2e, that one of you would betray me: at which wo2de of mine wer ye much dismaide. I tolde you also that *Luk.22.* the deuill went busily about to sift you lyke wheate: but you fo2sed not muche thereon, fo2 none aûswere made ye ther-unto, as though his tēptacion were lit-tle to be passed on. But I, to make you *H* perceiue how so2e a thinge temptacion was, tolde ye befo2e that you would all fo2sake me. And ye aunswered mee all that ye woulde neuer so do. Yea and vn-to him, that made himself surest of all, tolde I befo2e to, that ere euer the cocke *Math.26.* crewe, th2ise woulde ye denye mee. Yet saide he styll p2ecisely naye, and that he wold rather die with me, than ones de-ny me. And so saith al the meany of yee. And because you shold not set so slightly by temptacion, I straightly charged ye w all diligence to watch & p2ay, that ye fal not into temptacion. And ye yet styl tooke so small regarde what fo2se and violence temptacion is of, ý fo2 thauoy-ding thereof, ye cared neither to watche

no2

nor pray. Ye were parauenture the bolder, little to esteme al ẏ deuilles violent temptacions, for that whan I sent you

Mark.6.

forth longe since, two & two togither to preach abrode ẏ faith, at your returne againe ye shewed me ẏ euen ẏ wicked spirites wer becōe thral & subiect vnto you. Howbeit I which know both them & ye to, much better thā ye do your selues, as he that made both, aduised ye then out of hand, that ye shold not ouermuch glory in any such peuishe vanite, considering that that power which ye had ouer wicked spirites, came not of your own strēgth, but was procured yee by me, & that not for your own sakes neither, but for other that shold be conuerted to ẏ faith.

Coloss.4.

But I bade ye reioise rather in ẏ that ye might alwaies be assured of, as that your names were written in the boke of life, seing ẏ ioy should be wholy yours: in asmuch as whē ye had ones attained the same, ye coulde neuer leese it after, were al the deuils in hell neuer so much bent against ye. Al this notwithstādīg the domini̅ō that ye had then vpon them hath so boldened yee, that as it semeth, ye take their temptacions to be of very small importaunce. And for this cause euen hitherto, for al the foreknowledge I gaue ye what daunger was itowarde you this selfesame present night, yet did ye no more passe on them, than if ye had ben nothing nere them. But now doe I giue you plain warning that the howre nowe almost is come and not the night alone. For loe the howre draweth on, & the sonne of man shalbe deliuered into the handes of sinners. Thē haue ye now no lenger leisour left yee to sitte & slepe, but watche must ye nedes. And as prayeng, therto haue ye in maner no respite at all. So from henceforth speake I not vnto you, as of a thinge to come, but I charge you streight waies (as ẏ case ye be presently in requireth:) arise & let vs go: lo here is he at hand that shal betray me. If ye list not to watche that ye maye

kal to prayour, yet at the least wise arise and get ye hence apase, least it shall not lye in your power to auoide ẏ ye wold. For loe he that shall betray mee is euen almosse here. Onlesse parauenture he spake these wordes, arise and let vs go, because he would not haue them thrink away for feare, but rather to make them goe forthe and boldely meete theire enemies, like as he did himself: who drewe not backwarde an other way frō them, but incontinent after those wordes spoken went willingly himselfe towardes them, which maliciousely came to murther him.

Talia adhuc loquente Iesu, ecce Iudas Ischariothis vnus ex duodecim, et cum eo turba multa cum gladiis et fustibus, missi a principibus sacerdotum & scribis et senioribus populi.

While Iesus was thus still talking, came lo Iudas Iscariot one of ẏ twelue, and with him a mayn multitude wyth swerdes and gleues sent from the high priestes, the Scribes, and the aūcientes of the people.

Albeit nothing can be more effectuall to mans soules helth, and to encrease al kind of vertue in euery christen heart, than deuoutely to remembre the whole processe of Christes bitter passyon, yet shall he take a further benefite therby, which maketh or conceiueth that that is here mencioned of the sleping of thaposles, while the sonne of man was in betrapeng, to be as it were a resemblaūce and figure of thestate of the worlde that folowed. For christ to redeme mākind, became verely the sonne of man, as he that came, though cōceiued without the seede of man, yet by propagacion of our first parentes, and so was the very sōne of Adam, and that for thys entent by his passiō to restore Adams offspring (being through their fore fathers defaulte lost, and miserablye caste awaye:) into more welth & felicity, thā euer they had before. Whereuppon for all he was god called he himselfe still the sonne of man, because he was a very man in dede, and so by the rehearsal of his manhode, which alonly was subiect to death, did he euermore put vs in remembraunce of the benefite of his passion. And without fayle god it was that died, while he died that was god: yet did not his godhede die, but his manhode onely, and not all that neither, but his body alone, if we wil rather way the thing as it is, than as we are wonte cōmonly to terme it. For we say a man is deade, whan the soule leaueth the body dead, and so departeth frō it, and yet dieth not at all. But forasmuch as it liked him, not only to be called a mā, but also for our saluacion to take vpon him mans nature to, & finally to incorporate vs all in one body w̄ himself, these I meane whom he hath by his wholesōe sacramētes & faith regenerated & renewed, & therewithall vouchsafed to make vs ptakers of such names as himself is customably called bi for scripture nameth al faithful christē folks folke both goddes ⁊ thriftes, I cannot thinke we shoulde doe much amysse, if we stode alwaies in feare the time to be almost comen, that christ the sonne of man shal be deliuered vnto sinners, as oft as we see any likelode that Christes mistical body, the church of christ I say, that is to witte good christē people, shal like thralles be cast into siful wretches handes. Which thing we haue seen mishap (alas the more pitye) in one place or other these many hundreth yeres, while diuerse partes of christendome, some by the cruell Turkes are assaulted, and some by sundry sectes of heretikes through inward deuisiō dispiteously mangled and torne.

And therfore whensoeuer we eyther see, or heare any such daunger (be it neuer so farre from vs) any where to misfortune, let vs than remembre that it is not meete for vs to sit still and slepe, but forthwith to arise, and as we may if we cannot otherwise, yet at the least wise with our praiours, to help other in their neede. And we ought to care neuer the lesse for the mater because it is farre frō vs. For if this sentence of the painym poete in his commedy be meruelousive commended, which saithe, I am a man myselfe, and therfore whatsoeuer happeneth to any other manne, mine owne part recken I to be therein, howe much is it to be misliked in any Christen man to slepe, and little passe what daunger his euen christen be in.

And to declare this, Christ commaunded not onely those whom he had plased nerest vnto him, but alwel the rest, whō he had caused to tary somewhat further of, in like maner to watche and pray. And if percase we passe not, what harme other folke feele, because they be farre from vs, let vs yet at the leaste, regarde the perpl that may fortune to fal to our selues, sith we ought of reason to feare, least their vndoing maybe an entry and a beginning of ours, seing we are by dayly experiēce taught with what force the fire ronneth for the whan it is ones enkindeled, and whē ÿ plague or pestylence reigneth, what cause there is to dread infeccion.

Than seing all mannes help can litle auail vs, without god preserue vs from harme, let vs neuer be vnmindful what the ghospel speaketh here, but euer think that christ himself doth again earnestly saye vnto vs, as he did then, why sleepe you? Arise and pray that you entre not into temptacion.

But now here commeth to my remebraunce an other point besides, whyche is, that Christ is then deliuered into the handes of sinners, whēsoeuer hys blessed body in the holy sacramēt, is consecrated and handled of beastly vicious ⁊ most abhominable priestes. As ofte as we se any such case fall (and fall doth it alas to oft a great deale) let vs recken ÿ Christ himself than speaketh these wordes vnto vs a freshe, why slepe you, watche arise and praye, that you entre not into temptacion. For the sonne of mā is deliuered into sinners. For douteles by the lewde examples of naughty priestes, doth vice and euill lyuing lightlye encrease and creepe in among the people. And the vnmeter they be (whose office it is to watche and pray for the people, to obtaine gods gracious helpe for them) the more neede pardy the people hath to watche, rise, and hertely to pray for thēselues, and yet not for thē selues onely, but for such priestes also, sith greatly were it for the behofe of the laity, that euill priestes were amended.

Finally more specially is christ deliuered into sinners handes among those sectes of heretikes, which although they do receiue this blessed sacrament of the aulter oftener than other doe, ⁊ on thys would beare the world in hand, ÿ most of al other, they haue the same in reuerence, yet because wout any necessity to the great dishonour of ÿ catholike churche, contrary to the comō custome they receiue it vnder both kindes, doe neuertheles after the receiuing therof vnder ÿ colour of honoring it, shamefully blaspheme it, while some of thē name it spil bread ⁊ wine, ⁊ some (which is worst of all) not only bread ⁊ wine, but furthermore count it nought els but bare bread ⁊ wine alone, vtterly denieng ÿ very body of christ (albeit they cal it by ÿ name) to be conteined in the saide sacrament.

Which point sith they goe aboute to maintaine, contrary to the most euidēt wordes of scripture, cantrary to ÿ most plaine interpretaciōs of all the old holy fathers, cōtrary to ÿ belief ÿ the whole catholike church so mani hūdreth yeres hath most stedfastly holde, and contrary to the truth by so many thousand miracles sufficiēty approued: these that are in this later kinde of heresy, which is in deede the woorse of the twayne, bee they not trowe you euen as euyll as they that thys night layde handes
vpon

A vpon Chriſte, and as thoſe ſouldiers of
Pilates to, that in ſcorne making lowe
curteſy vnto Chriſt as it had ben to ho-
nour him, moſt ſpightfully diſhonored
him, calling him in mockage king of y͏͏e
Iewes: lyke as theſe men kneeling and
crowching, doe call the bleſſed ſacramēt
of the aulter the bodye of Chriſt, whych
theimſelfes confeſſe foꝛ all that they
doe no moꝛe belyeue, than Pylates ſoul-
diours belyeued that Chriſte was a
kyng.

As ofte therfoꝛe as we heare any lyke
inconuenience ariſe in any other naciō,
howe farré ſoeuer it be from vs, lette vs
bp and by make our reckening, that
Chriſt ſtill ſaith vnto vs, why ſleepe ye.
B Ariſe and pꝛay that ye fal not into temp-
tacion. Foꝛ at this point, whereſoeuer
this benemous plague reigneth moſt, it
infecteth not al the peple at ones in one
day, but in pꝛoceſſe of time by little and
little encreaſing moꝛe and moꝛe, whyle
ſuch perſons as at the firſt beginning
can abyde no hereſye, afterward beyng
content to here of it, beginnes leſſe and
leſſe to miſlyke it, and within a while
after, can endure to giue eare to large
lewde talke therein, and at length are
C quite caried awaye theymſelues there-
with.

l. Timo. 2. This diſeaſe ſtil creping (as ſaith y͏e apoſ-
tle) foꝛthe further like a canker, doth in
concluſion oueronne the whole coūtrey
altogither.

Let vs than watch, riſe and inceſſant-
lye pꝛay, both that all they may ſone re-
pent and amende, that are thus wꝛet-
chedly ledde into thys folly by the craft
of the deuyll, and that God neuer ſuffer
vs to fall into the like temptacyon, noꝛ
the deuyll euer to reyſe anye ſuch of hys
tēpeſtyous ſtoꝛmes in the coaſtes wher
we dwell.

D But ſyth we haue gone ſo long out
of a matter vpon theſe miſſeries, lett vs
now retourne againe to the hiſtoꝛye of
chꝛiſtes paſſion.

" Iudas ergo quum accepiſſet cohortem à pontifici-
" bus & à Phariſeis miniſtros, venit illuc cum Laternis
" et facibus. Et adhuc Ieſu loquente, ecce Iudas ſcarios
" this vnus ex duodecim, et cum eo turba multa cum gla-
" diis et fuſtibus, miſſi à principibus ſacerdotum et ſcribis
" & ſenioribus populi: dederat autem traditor eis ſignū.

" Then Iudas when he had receiued
" of the Biſhoppes a bend of ſouldiers,
" and ſeruantes of the Phariſees came
" thyther wpth launternes and toꝛ-
" ches. And white Ieſus was yet ſpea-
" kinge, cōmeth lo Iudas Iſcariot one
"

of the twelue, and with hym a mayne   E
multide with ſweoꝛdes and gleaues, "
ſent by the high pꝛieſtes the Scribes, "
and the auncientes of the people. "
And the traitoure had giuen theim a "
token. "

This bende of ſouldiers which as
theuangeliſtes do mencion, the biſhop-
pes deliuered vnto the traitour, was as
I ſuppoſe a ſoꝛt of the Romaine ſouldi-
ers, that Pilate licenſed the Biſhoopes
to take, among which company, had the
phariſies the Scꝛibes and the auncien-
tes of the people, ſet their owne ſeruan-
tes, either foꝛ that they truſted not well
the pꝛeſident Pilates men, oꝛ elles to
helpe them with a greater nōbꝛe, in caſe F
parhappes vpon ſome ſodaine vpꝛoꝛe
in the night, Chꝛiſte myght by foꝛce be
conueied from theim: oꝛ finally foꝛ y͏e al
his Apoſtles (which was the thing that
they parchance coueted beſide) might be
there ſo taken all at ones, that none of
theim in the darke ſhoulde in any wiſe
ſcape their hādes. Which their purpoſe
that they could not bꝛinge aboute, was
wꝛought by his mightye power, who
was therefoꝛe taken himſelfe alone, be-
cauſe it was his pleaſure ſo to be.

Their ſmoky toꝛches lighted thei, and
their dimme laterns, to ſpie out in their G
darke ſinfull blindenes, the bꝛight ſhy-
ning ſōne of iuſtice not to be illumined Iohā.
by hym, that giueth light to euery man,
which commeth into thys woꝛld, but to
put out cleane his euer laſtig light, that
cannot poſſibly be darkened.

And ſuche were the meſſengers, as
were they that ſent theim: who foꝛ the
maintenance of their own tradicions,
laboured to putte downe the lawe of
God.

And in like maner do al they yet ſtyll
in our daies purſue chꝛiſt alſo, which to
be renowmed theimſelfes, doe their vt-
termoſt deuour to miniſhe and deface y͏e
gret gloꝛy of God.   H

But now it were good, diligentlye to
note, how wauering and vary able theſ
tate of man is here. Foꝛ it was not yet
fully ſire dais ago, that both the gentiles
foꝛ chꝛiſtes notable miracles, & his no
leſſe verteous life adioined thereto, ſoꝛe
longed to ſee him, & the Iewes likewyſe
as he came ridinge into Hieruſalem wͥ
merueilous reuerence receyued hym:
whereas now quite contrary, the Iee-
wes and the gētles al at ones, did iointe-
ly go togithers to take him as chiefe, wͥ
whō Iudas being woꝛſe thā either Iew
                oꝛ gentile

A oꝛ gently, not only went in cōpany, but was also their chief guide & ringleader. And hereby did Chꝛist at his death giue al mennie a right good lesson, to beware that no man liuing should assure hymselfe of y cōtinuāce of ani woꝛldly welth, which is full fickle and vnsure: & namely that no chꝛisten creature, whose hole confidence stādeth in the heauēly enheritance, should immoderately desire any vaine woꝛldely renowne.

The pꝛiestes oꝛ rather the chief pꝛiestes, the Pharisies, the scribes, and the aūcientes of the people, caused this rable of rascalles to be sent againſt chꝛist. And surely the better nature that euery thing is of, the woꝛse waxeth it at lēgth, if it ones beginne to fall out of course.

B So Lucifer who was by god created in excellency aboue al the angels in heauē, assone as he suffred hiself to miscary by pꝛide, became the fowlest fende in hell.

In like case here, it was not the sealy simple soules, but thauncientes of the people, the scribes, the pharisies, y pꝛiestes and the bishoppes, the heades and rulers of the pꝛiestes, whose part it had bē to haue sene iustice executed, and goddes cause furthered, these were they I say, that chiefly conspired together, to haue the bꝛight sonne of iustice clerely extinguished, & thonely begotten sonne

C of god most cruelly murthered. To such fratike foly were they bꝛought, thꝛough couetice, pꝛide, and enuie.

Yet is thys point not sleightlye to be passed ouer, but aduisedly to be considered, howe Judas who diuerse times in other places was to his repꝛoche called by the name of a traitoure, is nowe here to his foule shame to, called by the honourable name of an Apostle. Lo saith the Euaungelist commeth Judas Iskariot one of the twelue.

D Judas Iskariot I tell you, not one of the faithles painims, not one of the Jewes chꝛistes moꝛtall enemies, not one of chꝛistes mene disciples, (& yet who wold haue suspected any such thing in them) but one alas of chꝛistes owne chosen apostles, is not ashamed here both to deliuet his loꝛd and maister into their hādes, and also to be the head capitaine of theim, that shoulde take hym himself.

Here haue all men that bene in office and aucthoꝛitie, a good lesson to learne, that when they here themselfes solēpnelye called by names of hyghe honoure, cause haue they not alway therein gret

E lye to reioise, and therewith to stande highly in their owne conceit, but than especially to recken the same best to beseme theim, if their owne conscience do shewe theim, that foꝛ the well doing of theire duties in theire offices, they do in deede deserue to beare so honourable a name. Sith els may they be full soꝛe ashamed : vnlesse they take pleasure in such bare vaine woꝛdes, seing as many as be alofte and in aucthoꝛitie, be they great estates, Pꝛinces, Dukes, Empeꝛours, pꝛiestes oꝛ bishoppes, if they bee nought, muste of thys be well assured, that whansoeuer folke doe ring in their itching eares such gaye glorious titles

F of office, they doe it not with their hart truely to honour theim, but y moꝛe frely vnder a colour of pꝛaise, couertely to controll theim, foꝛ those honourable rowmes so vnwoꝛthely vsed. And how little the Euaungelist ment to commēd Judas, where he set himfoꝛth by the solempne name of his apostleship, saieng: Judas Iscariot one of the twelue, he plainelye declareth, in that a little after he calleth him likewise traitour.

Dederat tradieur eis signum dicens: Quemcunque os-
culatus fuero, ipse est, tenete eum.

The traitour saith he had gyuen theim a token saieng: whôsoeuer I shall kisse, he it is, take holde on him.

G Vpon this is there a question moued amonge, wherefore it was nedefull foꝛ the traitour to giue his company a pꝛiuy token, whereby Jesus might be dyscerned from the reste. Whereunto some answere thus, that foꝛ thys respect they agreed vpon a pꝛiuy toke, because chꝛist had diuerse tymes before sodenly scaped their hādes, whā they wēt about to take him. Howbeit seing he was wonte so to scape in the day time, euen out of theyꝛe handes that verye wel knewe hym, by y power of his godhead, eyther banishing out of their sight, oꝛ passing thꝛough the

H thyckest of theim. while they were amased, this pꝛiuye token gyuen to knowe hym by, coulde lyttle haue serued theim to kepe hym from scaping. And therefoꝛe doe some other say that the tone of the Jamesses was so lyke vnto Chꝛyste (foꝛ whyche cause they thynke also he was called our loꝛdes bꝛother) that vnlesse menne did well eye theim both, the tone could not lightly be knowen from the tother. But seing they myght haue appꝛehended theim both, and caried thē both away w them into sōe place where they

they might at more laisour hauing thẽ both togither, easely haue discerned thẽ, what neded them to care for any priuye token at all: The night (as appeareth by the ghospell) was farre spent in dede. And albeit it was almost breake of day, yet was it night still. And that is was dark to, testified the torches and lanturnes whyche they brought thyther with them: the lyght wherof so dimmed their syght, that in so farre a dyssaunce they coulde not so easely dyscerne other folk, as other might do theim. And notwithstanding by reasone the Moone was at the full, the night peraduenture was meetely light, yet could that serue them no further, but to see a farre of the bignes of theire bodyes, and yet not so dystinctly the perceue to proporciõ and making of thẽ, as therbi to know th one wel from the other. Wherefore if they shold rashely haue rushed in vpon them, and euery man runne at aduenture to take theim all at ones, they might of reason somwhat haue dowted (least as it oftentimes happeneth) among so many some might haue chaunced to escape, and he most specially for whome they chieflye came: sith comoly such as be in greatest hassard, wyll sonest shifte for theymselues.

Thus whither it was their owne deuise, or that Iudas put it first into theyr heades, so ordered they this wyly driste, that the traytour shoulde goe formeste, by whose embrasing and kisse, our lorde might bee marked, that whan they had all ones well viewyd hym, they myght all lay handes vpon him at ones, and so shoulde it be the lesse escaped theim, thoughe after any of the reste escaped theim.

Dederat ergo traditor eis signum dicens: Quemcunque osculatus fuero, ipse est, tenete eum, & ducite caute.

Then had the Traytour giuen theim a token, saieng, whomsoeuer I shall kisse, he it is, holde him fast, and cary him warely.

Loe what auaryce bringeth a man vnto: had it not ben ynough for the thouuile wretched traitour, by the priuy token of a kisse to betray thine owne dere maister, (who had so lightly exalted the to the rowme of an Apostle) into the handes of such cursed captyses, but that thou muste take so much care therwithal, to haue hym wel and warely caried, for feare after he were taken, hee might scape from thiem againe? Thou werte

hired but to delyuer hym, and other appointed, to take hym, to kepe hym, and to bring hym to hys iudgement: And thou yet as thoughe thou haddest not done wretchedly ynough for thyne own parte, medlest with the souldiers offices to: and as thoughe the wicked officers that sent theim had not gyuen them sufficient charge, much nede had they hardely of such a circunspect merchaunt as thou arte, to warne and giue theim instruccion of thyne owne heade beside, that whan they had ones gotten hym, they shoulde be well ware howe they caryed hym. What werte thou afraide, least whan thou haddest atchieued thy mischieuous purpose in delyueringe Christe vnto those Ruffins, if by the shouldiers negligence Chryste eyther should haue slipped away ere they were ware, or by force be taken from theym Mawgre theire teeth, the thirty grotes the worshipful reward of thine heinous offence, shoulde not haue bene truelye paide the: Yes yes I warraunt thee full surely shoulde they haue ben paide the. But as glad as thou arte nowe to haue theym, as desirous wilt thou be againe to be rydde of theim, whan thou ones hast them, howbeit in the meane while shalt thou worke a feate, which though it shall be paynefull to thy maister, and dampnable to thy selfe, shall be neuerthelesse to a great many right holesome and profitable.

Antecedebat eos, & appropinquauit Iesu vt oscularetur eum. Et quum venisset, statim accessit ad euit, et ait, Rabbi, Aue Rabbi, et osculatus est eum, dixit ei Iesus, Amice ad quid venisti: Iuda osculo filium hominis tradis?

Then went Iudas before them, and approched nere vnto Iesus to kysse him, and when he was come, straight wayes. Preased he vnto hym and sayd. Maister, good morow maister: and kissed hym. Iesus sayd vnto him, my frende wherto art thou comen: O Iudas doest thou betray the sonne of man with a kisse?

Albeit Iudas of truthe (as the historye telleth vs) went before thys company, yet doth he further in an other sence signify, that whereas there be mani parteners of one euil act, he that committeth it hauing cause to forbeare it, is in the syght of god accompted the worst of all his felowes.

Et appropinquauit ei, vt oscularetur eum, Et quũ venisset, statim accessit ad eum, et ait Rabbi, Aue Rabbi & osculatu

,, And he dzewe nere to kisse hym. And
,, when he was come, by and by wente he
,, vnto him and sayde Maister, good mo-
,, rowe maister and kissed hym.

So doe they appzoche vnto Chziste, so
doe they salute him, so doe they call him
maister and so doe they kisse him also,
that pzetēding to be Chzistes disciples,
and in apparaunce shewing themselfes
to pzofesse hys religyon: yet in verye
deede doe by craft and subtelty their vt-
termost deuoure clerely to ouerthzow
it. So doe they salute Chziste as theyre
maister, that call hym maister, and re-
gard not hys commaundementes. So
doe those pziestes lykewise kisse hym,
which cōsecrate the holy body of chzist,
and afterwarde by false doctrine and e-
uill example of liuing, kyll Chzistes
membzes, that is to witte the soules of
chzisten men. So doe those lape men sa-
lute and kysse Chziste to, which woulde
be compted foz good and deuoute per-
sons, foz that contrary to the long con-
tinued custome and guise of al chzisten-
dome, they doe now in these later daies
(lyke good holy fathers) without anye
iust ground, in dispite and repzoche of
the whole chath\[ol\]yke church (and ther-
foze not without their greuous offence
to godwarde) by the setting on of euill
pziestes, not alonely themselues receue
the blessed body and bloode of Chziste
vnder bothe kyndes, (which thynge yet
myght somewhat be bozne wythall) but
condempne all other that receue the
same body and blod but vnder one kind
onely: whych is as much to saye as they
condēpne all Chzisten people that haue
ben so many yeres in all partes of the
wozlde, excepte theimselues alone.

And albeit they frowardly mayntayne
that the laitee ought to receue both kyn-
des, yet as foz the thing of the sacramēt,
the body and blood of Chzist I meane,
that doe the moste part of theim aswell
lay men as pziestes, from eyther kynde
clerely take awaye, leauing no moze
therein but the bare names of hys body
and blood alone. Add in this behalf are
these folke, not much vnlike to Pilates
souldiers, who in dirision of chziste vp-
pon theire knees, saluted him kynge of
Iewes. Foz euen so fare they also, that
wyth reuerence kneeling vppon theire
knees, name the sacrament of the aulter
the bodye and blood of Chzist, whereas
they belieue neyther nother to be there,
no moze than Pylates mē beleued him

to be a kyng.

Uerely all these whome I haue here
rehearsed you, doe in theire salutacion
and false traiterous kysse, plainly play
vs the traitour Iudasses part.

But now as these folke playe Iudas-
ses parte, longe after he is gone, so dyd
Ioas in a figure playe hys parte, longe
befoze he came: who (as it is wzytten in
the. xx. chappter of the seconde booke of 2. Regum. 20.
kynges) while he thus saluted Amasas,
God speede you myne owne good bzo-
ther, and wyth his ryght hande louing-
lye tooke hym by the chynne as thoughe
he woulde haue kysed hym, pziuelye
dzewe owt a swoozde therewhyles vn-
wares vnto the tother, wherewith at a
stroke thzough both hys sydes he strake
hi stark deade at ones. And a god while
afoze thys, had he by a lyke trayne mur-
thered Abner. But afterwarde as rea-
son was being slayne hymselfe, he re-
ceued hys iuste rewarde foz that wzet-
ched trapterours guyle.

Thys Iudas folowed the sayd Ioas
oute ryght, whither ye consyder the es-
tate of hys parsone oz his myscheuouse
dzpste, oz the vengeaunce of Godde, and
the myserable ende of thē both, sauing
that Iudas in euerye point to too farre
exceeded Ioas. Foz as Ioas was in
great fauour wyth hys pzynce, so was
Iudas, and in muche moze, and wyth a
myghtyer pzince to. And as Ioas slew
hys frende Amasas, so Iudas slewe
Ihesus a farre greater frend, and therto
withall hys moste louing mayster. And
as Ioas kylled Amasas vppon malice
and ambicion, because it was tolde him
that amasas was lyke to growe in moze
estimacyon wyth hys pzince than he, so
Iudas thzoughe couetyce of wzetched
wozldely wynning, foz a small somme
of money, trapterousely delyuered hys
owne mayster to deathe. And there-
foze as hys trespas was a great deale
moze heynous, so was the manoure of
hys well deserupd ende, muche moze
pyteous and lamentable.

Foz wheras Ioas was slaie by another
Iudas with his own handes most wzet-
chedly honge himselfe. But in the trai-
terous contriuing of mischiefe, were
thabbominable enterpzises of thē both
not much vnlike, sith as Ioas familiar-
ly speaking to Amasas and pzetendyng
frendely to kisse him, shamefully slewe
him, so cāe Iudas gentely to Chzist, sa-
luted him reuerently, and kissed him lo-
uingly, wheras noughtels minded this
cursed

A curſed captife all the while, but how to deliuer his deare maiſter to death.

Neuertheleſſe though Ioas by ſuche rouloured amitye deceiued Amaſas, yet could not Iudas ſo deceiue Chriſt, who at his comming kindely receued hym, heard him ſalute him, refuſed not to bee kiſſed of him, and as priuy as he was of all his deteſtable treaſon, yet for a while ſo vſed he himſelfe, as if he had knowen nothing thereof at all. And whye did he this trow ye? was it for that he would teache vs to counterfaite and diſſimull, and like crafty worldly folke to auoyde one wylye dziſte by an other? No no he ment nothing ſo, but rather to giue vs a leſſon paciently and mekely to ſuffre all wronges and falſe contriued traines, & not to ſcorne and rage, not to couet to be reuenged, not by euil language vttered againe to eaſe our ſhrewde ſtomackes, nor to take any vaine delight deceiptefully to beguile our enemy, but againſt craft and falſehode to vſe vpright dealing, and by goodnes to maiſter euyll, and with ſweete and ſower wordes, to laboure by all meanes poſſible bothe in time and out of time, to make good men of badde, ſo that if any man be incurablye diſeaſed, he haue none occaſion to impute it to any negligence on our behalf, but to the owtrage of his own miſcheuous diſeaſe.

So Chriſt like a moſt gracious phiſicion proued both theſe wayes to cure the traytour Iudas. And firſt beginnyng with gentlenes: My frend (quoth he) for what purpoſe commeſt thou?

Now albeit the traitour at this word frend, ſomwhat began to ſtagger, as he that vpon the remembraunce of his hygh treaſon, feared that by the name of fred, Chriſt ſore chargeh him with his wretched mortall malice, yet on the to ther ſide, as commonly euill diſpoſed perſos be euer in good hope ſtil to be vnknowe, this mad blinde wretche truſted, for all he had ſo ofte by experience perceiued, that Chriſte parfitely knewe mennes thoughtes, and that hys owne treaſon to, was metely wel towched, at the ſupper, yet this madde fonde foole I ſay for getting all together, was euermore in good hope that Chriſt little wiſt his entent. But foraſmuch as nothing coulde be more harmefull vnto him, than to be ſtill fondely fedde vpon ſuch vaine hope (for it was the thing in dede that moſte hyndered his amendement) Chriſte of his goodnes wold no lenger ſuffer him

to conceue fonde comfort in truſt that he nothing wiſt of his falſe dealing, but ſtreightewaies ſharpely added therunto: O Iudas doſt thou betray ỹ ſonne of man with a kiſſe? Luke.ii.

Here called he him by hys name as he was wonte to doe, to thentent vppon remembraunce of olde amity, the traitors harte might haue relented and fallen to repentaunce, hys treaſon alſo openlye layed he to his charge, ỹ whilche he might parceue it was not vnknowen, he ſhold neuer be aſhamed to confeſſe his faulte. Ouer this the traitour ſhamefull hipocraſy did he bitterly touch, in theſe wordes: Doeſt thou betraye the ſonne of mã with a kiſſe?

Among al ſortes of miſchieſe, none can there lightly be ſownden more odious vnto god, than whan we abuſe thinges that be of their owne nature good, and turne them contrariwiſe to ſerue vs in our lewdenes. And for this conſideració dothe God much miſlike lieng, for that the wordes which wer by him ordeined truely to expreſſe our myndes by, wee falſely peruerte to a quite cótrary vſe, In which ſort and manour doth he greuouſly diſpleaſe God alſo, that miſturneth thoſe lawes that were deuiſed to defend men from wrong, to be inſtrumentes to wrong men by.

Chriſt therfore checked and controuled Iudas for this deteſtable kind of offéce, where he ſayd: O Iudas doeſt thou betray the ſonne of man with a kiſſe?

Either be thou ſuch as thou wouldeſt be taken for, or plainely ſhewe thy ſelfe as thou arte in dede? For whoſo vnder the colour of frendſhippe woorketh an vnfrendely parte, doubleth wretchedly hys owne offence thereby. Was it not ynough for the than O Iudas to betray the ſonne of man, the ſonne of that man forſoth I meane, through whoſe default all mankinde had ben vtterlye loſte for euer, had not thys ſame ſonne of man, whome thou deuiſeſt to diſtroy, redeemed al thoſe that be willing to be ſauid? Was it not ynough for the I ſaye to betray this ſonne of mã, but thou muſt betray him with a kiſſe to, and ſo make ỹ ſerue the to woork thy treaſon by, which was firſt inuented to be an aſſured toki of dere loue and charity? I doe not ſo much blame this companye here which by forcible meanes openly ſet vpen me, as I doe the O Iudas which with a traiterous kiſſe doſt vnto theſe rude ruffins thus vnkindly betraye me.

                                    Nowe

Now whan Christ saw no maner of repentance in this traytour, to declare that he had much rather talke with hys open enemies, than a priuate aduersary, and therewith to cause the traytour to perceiue, howe little he passed vpon all hys deuilishe deuyces, turned strayght from hym, & vnarmed as he was, furth went he vnto thys armed bande. For thus sayth the ghospel.

Iesus itaque sciens omnia que ventura erant super eū, processit & dixit eis: Quem queritis? Respōderūt ei, Iesum Nazarenum. Dixit eis Iesus, Ego sum, Stabat autem et Iudas qui tradidit eum cum ipsis, vt ergo dixit eis Iesus, Ego sum, abierunt retrorsum & ceciderunt in terram.

Then Iesus knowing all that should betyde hym, went furth and sayde vnto them: Whome seke ye? to whome they aunswered, Iesus of Nazareth. Iesus sayde vnto them, I am he. And with thē stode Iudas that betrayed hym. And as sone as Iesus had once sayde I am he, they went backeward and fell down vpon the grounde.

O swete sauioure Christe, thou that were latelye so sore afrayde, and lying prostrate vpon the grounde in most lamentable maner with a bloudy swette, diddest humbly pray vnto thy father to take away the cuppe of thy bitter passion, arte thou nowe sodaynely so cleane chaunged, that lyke a gyaunt thou leapest out and ioyfullye runnest forward on thy iourney, and thus courageously goest to mete with those that seke to put thee to a paynefull passion, and of thine own mind disclosest thy self vnto them, that confesse they come to seke thee, and for al that doo not know thee? Oh wold god all faynte hearted folke woulde repayre hither, hither I say to thys place, here maye they be sure to fynde sufficient matter of comforte, whan they shall fele theselues troubled with the extreme dreade of deathe. For as they that suffer agonies with Christe, as they be in feare, in sorow, in heauinesse & in payne with hym, so shall they not fayle (if so be they heartely praye, and perseuer in the same, and therewithall wholly submit theselues to the will & pleasure of god) sensibly to feele comfort and relief with him. With whose holye spirite so shall they be recomforted, y they shal manifestly perceiue the deformitie of their old earthly heart by the dewe of his celestiall grace to be right wel reformed: and by puttynge the wholesome crosse of Chryste into the water of theyr sorowe,

the remembraunce of death, which was of late so bitter vnto theym, shall waxe pleasaunte and sweete, and after theyr heauines, shall folow ioy and pleasure, and after theyr feare, strength and courage, yea and at length death too (which before they so sore abhorred) shall they greately long for, counting it payne to liue, and gayne to dye, desyring to goe hence and to be with Chryste.

Than came Iesus euen hard vnto thē and asked them this question.

Quem queritis? responderunt, Iesum Nazarenum. Stabat autem & Iudas qui tradidit eum, cum ipsis. Et dixit eis Iesus: Ego sum. Vt ergo dixit eis, Iesus, Ego sum, abierunt retrorsum, & ceciderunt in terram.

Whome seeke ye? They aunswered, Iesus of Nazareth: and Iudas that betrayed him stode with them. Iesus said vnto them: I am he. And as sone as Iesus had sayde vnto them, I am he: They went backewarde and fell down on the grounde.

If anye man in his hearte before, the lesse estemed Chryste, by reason of the feare and anguishe that was so latelye in hym, now must thys mansull hardye courage of Christe, recouer his estimacion agayne, considering he so boldelye adnentureth to god vnto all this armed rowte. And as sure as he is to be slayne by them (for he forknewe all thynges that shoulde befall vnto hym) yet discouereth he himselfe vnto these wretches, albeit, they knowe hym not, and therby voluntarily betaketh hymself vnto thē, as a sacrifice cruelly to be kylled of thē. And truely this so sodayn and so great a chaunge, of reason ought much to bee merueyled at in his blessed humanitie.

But now howe good and howe merueylous an opinion and estimacion of him must this nedes engēder in all good christen heartes, to see the power of god so wondrefully worke in his tender humayne body? For what was the cause trowe you, that none of all those that so busily sought him, coulde at that tyme knowe him, being so nere vnto them, & presently talking with them. He hadde openly preached in the temple, he had ouerthrown the bankers tables, & driuen them oute of the temple too, he had euermore vsed to be conuersant abrode, he had confuted the Phariseis, and fully aunswered the Sadduceis, reproued the Scribes: and the captious question that Herodes souldiers mooued vnto him, by a discrete aunswer had he clerely auoy

ZZ.j.

R auoyded, with.b. loaues of breadde he had feadde.vij. thouſande perſones, the ſycke hadde he healed, and rayſed the deadde, he hadde been in coumpanye of all ſortes of people, Phariſeys, Publicanes, ryche, poore, good, badde, Iewes Samaritanes, and Gentiles. And now of all this noumber was there not one that could diſcerne him, whyle he ſtode harde by theym, and ſpake vnto theym, neither by hys viſage, nor yet by hys ſpeche, as though the ſenders hadde of purpoſe prouyded ſuche meſſaungers,

B as amonge theym all that than came to fetche hym, there ſhould not one be ſent thither, that euer hadde ſeene hym before. Why was there none that hadde marked hym at the leaſtewyſe by Iudaſſes talke with hym? or by hys embraſing of hym? or by the kyſſe he gaue him for a priuie token wherby he might bee knowen? What, hadde the Traytoure hym ſelfe that at the ſame tyme

C was there among them, ſo ſoone forgotten hym, when he hadde but a little before by a kyſſe betrayed hym? Whereof roſe than this ſtraunge and wondrefull chaunce?

The reaſon why none of theym all coulde knowe hym, was the ſelfe ſame that within a little whyle after, cauſed lykewyſe, that vntyll he reueled hym ſelfe, nepther Mary Magdalene whan ſhe ſawe hym, nor neither nother of his twoo dyſciples whyle they commoned with him, wyſte what he was: but as they tooke him for ſome wayeſaryynge manne, ſo tooke ſhe hym but for a gardiner.

D Finallye, if you will nedes learne howe it happened, that none of theym all hadde anye power to knowe hym, for all he was preſente amonge theym, and talked with theym, it came ye may be ſure of none other cauſe, but euen of the ſame that made as ye ſee here, that none of theym all was hable to ſtande on his fete, as long as he ſpake to them. For as ſoone as Ieſus hadde ſayde, I am he, they went backewarde and fell flatte to the grounde.

Here dyd Chriſt verelye proue him ſelfe to be that worde of God, whiche much more pearſeth than anye double edged ſworde.

Some folke ſay in dede, the nature of lightening is ſuch, that it will melt the ſword and neuer hurt the ſcaberd. But verye true it is, that the onely voyce of Chriſte, without anye harme of theyr

John.20.

Luke.24.

bodies ſo wekened theyr natural ſtrengthe, that no power was there lefte in theym to beare vp theyr lymmes withall.

Here telleth the Euangeliſt that Iudas ſtode alſo with theym. For whan he hearde Chriſte ſo playnely laye hys treaſon vnto hym, eyther for ſhame or for feare (for he wiſte well ynough how fierce of nature Peter was) he drewe backe by and by, and retired to his companye agayne. And why dothe the Euangeliſte make mencion of Iudaſſes ſtanding amongeſt them? but to make vs vnderſtande, that he lykewyſe fell downe with theym. And ſurelye ſuche a wretche was Iudas, that in all the coumpanye was there not a wowrſe, nor a more wowrthye to haue a falle. But hereby meant the Euangelyſte to geue euerye man a generall warnyng, to take good hede what companye he kepeth, for feare leſt if he matche hymſelf with euill folke, with theym maye he fortune to fall: ſyth ſeldome chaunceth it, that whoſo lyke a foole placeth hymſelfe in a leakinge ſhyppe with ſuch as after, by misfortune be caſt into the ſea, dothe ſcape alyue to lande, and all the reſte be drowned.

None I thinke doubteth but that he whiche was hable to throw them down euerychone with one worde, coulde as eaſelye haue geuen theym ſo ſore a fall, that none of theym all ſhould euer haue béen hable to ryſe agayne. But Chriſt who gaue them this fall to make them knowe that more coulde they not doe vnto him, than he liſted to permit them, lycenſed them to ryſe agayn, to doe that vnto him that it pleaſed himſelfe to ſuffer.

Igitur quū ſur rexiſſent, iterum interrogauit eos quem queritis? Illi autem dixerunt, Ieſum Nazarenum.

So when they were riſen, he aſked them agayne, whome ſeke ye? And they anſwered, Ieſus of Nazareth.

By thys one poynte maye euery man perceue, that by Chriſtes cummyngs vnto theym they were ſo diſmayed, ſo aſtonied and amaſed, that as it ſeemed they were almoſte oute of theyr wittes. For hereof mighte they haue béen ſure ynoughe, that at that tyme of nyghte, and in that place ſhould they none fynd, but ſome, eyther of Chriſtes owne diſciples, or at the leaſtewyſe ſome frende of hys, who woulde rather haue conueyghed theym anye waye elles, than

haue

A haue conducted theym where Ieſus was. And yet dydde they lyke ſoles euen at the fyrſte mẽetynge, fondelye blabbe oute at once, vnto one whome they neyther wiſſe what he was, nor why he aſked them that queſtion, the ſecte of all theyr errande: whiche in any wiſe ſhoulde haue bẽen kepte cloſe, vntill they hadde atchieued theyr purpoſe. For as ſoone as he aſked them, whome woulde ye haue, They aunſwered and ſayde, Ieſus of Nazareth. Ieſus aunſwered agayne, I tolde ye that I am he, wherefore if you would haue me, lette theſe my dyſciples departe. As who woulde ſay, if ye wolde haue me, ſeeyng I am nowe come to yee, and telle ye my ſelfe who I am, nowe ye thus knowe me, why dwe ye not ſtrayghte wayes take me?

But of trueth ſo farre vnhable are ye to take me, except I geue you leaue, that (as ye haue by your fallyng backwarde alreadye ryghte effectuallye proued) ye haue no power ſo muche as to ſtande whyle I dwe but ſpeake to you. Neuertheleſſe, if all theſe thinges bee ſo ſwne ſo cleane oute of youre myndes, nowe once agayne I putte you in remembraunce, that I am Ieſus of Nazareth. Wherefore, if you ſẽeke me, ſuffer theſe (my dyſciples) to departe.

Where Chryſte here ſayeth, lette theſe (my dyſcyples) departe, that he meant not therby to aſke leaue for thẽ to goe, ſhewed he ſufficiently I trow, by that he ſtrake theym ſo flatte to the grounde.

But otherwhiles happeth it among that they that go about a miſchieuous matter, bẽe not contented to dwe one miſchiefe alone, but of theyr owne vngracious dyſpoſicions, commonlye couette to adde more thereto, than the buſyneſſe they haue in hande of anye neceſſitie requireth. And ſome alſo that helpe forthe other mennes ſhamefull enterpryſes, be ſo forward and ſo more than nedeth truſteth therin, that rather than leaue any vngracious acte vndwne that they are appoynted vnto, they will putte ſomewhat more to it of theyr owne heades beſyde. Bothe whiche ſortes of folke dwthe Chryſte here preuelye touche, where he ſayth, if ye woulde haue me, ſuffer theſe my dyſciples to depart. If it be my bloude that the Byſſhoppes, the Scrybes, the Phariſeis, and thauncientes of the people dw ſo ſore thyrſt for, loe at youre fyrſt ſẽekinge was I readie to mẽete you: and where you knewe me not, I diſcloſed my ſelf vnto you: whyle ye laye on the grounde, I ſtoode harde by you: nowe you are riſen, here am I preſente for you to take me. And finally which the traytour coulde neuer haue dwne, here deliuer I my ſelfe into your handes, to thende neyther you nor they ſhal thinke that (as though you hadde not done lewdely enough to contriue my death) nedes muſt ye ſhedde theit bloude too. For whiche cauſe if ye ſẽeke me (ſayde he) lette theſe (my dyſciples) departe.

He bade theim lette theim goe: but mawgre theyr heartes he wroughte to haue it ſo. And whyle they were buſye to haue caughte theim, he cauſed hys diſcyples to flee: and ſo preſeruynge theym all, clearelye diſappointed all thoſe captiſes purpoſe. For declaracion of whiche effecte to folowe, theſe wwrdes ſpake he before hande vnto theim: Lette theſe (my dyſciples) departe: whereby this his owne ſaying alſo was veriſyed. Of all thoſe thou gaueſt me haue I not loſt one.

Theſe wwrdes of Chriſt which the Euangelyſte here mencioneth, were thoſe that Chriſte ſpake vnto hys father the ſame nighte at his maundye. O holy father ſaue theym for thy names ſake whom thou haſt geuen vnto me. And a little after, I haue kepte ſafe all that thou gaueſt me, and none of theim hathe peryſhed but the ſonne of perdicion, whereby the ſcripture is fulfilled.

Here loe Chryſt prophecying that his diſciples ſhoulde be ſaued harmeleſſe althoughe him ſelfe were taken, foreſhewed thereby that he and none els preſerued them. By reaſon wherof dwthe the Euangelyſte putte the ſame in the readers remembraunce, to let theim witte, that albeit Chryſte in this place ſayd vnto theſe folke, ſuffer theſe my diſciples to departe. Him ſelfe for all that by his preuiſe power, had made open the waye for theym to ſcape.

That place of ſcripture that foreſheweth the deſtruction of Iudas, is by the waye of prayour prophecied in the hundreth and eight Pſalm of Dauid in this maner. Lette his dayes be ſhortned and another take his roume. Theſe wwrdes though they were fore ſpoken

Pſalm.108.

A ſpoken ſo many yeres before of ẏ traytour Iudas, yet vntil Chriſt ſo taught vs, and the dede ſelfe after compared with the ſayde wordes ſo proued the ſame, whither any man elles ſaue only he that ſpake theim did euer till that time ſo vnderſtande theim, I cannot ſurely tell. For it foloweth not that euerye thing that one prophete foreſeeeth, is foreſeen of all the reſt beſyde: ſith the ſpiritte of prophecie is to Prophetes proporcioned by meaſure. Yea and further of this opinion am I, that no man hath ſo cleare vnderſtanding of holy ſcripture in all places, but that

B as yet there are many hidde miſteries remayning vnperceiued therin, ſuche as concerne either Antechryſtes tyme or the day of iudgement. Which albeit they are for the meane while vnknowen, Helias yet at his cummynge agayne, ſhall at laſte openlye reuele. Wherefore as the apoſtle ſpake of the wiſedome of God, ſo maye I of holye wryte (wherein God hath layde vppe and hydden greate heapes of his wiſedome) right well crye oute and ſaye: Oh the depth of the meruellous highe wiſedom and knowledge of god. How

Rom. ij.

C farre be the iudgementes of god aboue the capacitie of mannes witte ? and how vnſearcheable be his wayes? And yet for all this doe there in euery corner nowe a dayes ſtill ſtarte vp amongeſt vs, as it wer ſwarmes of waſpes or hornettes which of a certayne pride call theimſelues as Saynte Hierome tearmeth theym Antodidactons that is to wit, of themſelues learned without anye mannes teaching, and boaſt likewiſe that withoute the Commentaries of the olde doctoures, they haue founde all thoſe poyntes open playne and eaſie, whiche all the auncient fa-

D thers, menne of as excellent witte and no leſſe learning than they, and ouer that all geuen to continuall ſtudye, and touching the ſpirit of God (whereof they as muche babble as they lyttle haue) as farre beyonde theym as they paſſed them in godlye liuinge, confeſſed to be right harde and comberous. But nowe theſe newe found diuines, that are thus ſoodaynely ſprong vppe of noughte, whiche woulde ſo fayne ſeeme to knowe all thinges, beſydes that they vary from all thoſe good godlye menne in the vnderſtandynge of ſcripture, agree not within theymſelues, neither in the principall poyn-

tes of Chryſtes religion, and neuer-

E theleſſe euerye one of theim boldelye bearyng folke in hand, that they haue ſpyed oute the truethe, as they putte other of like ſort to rebuke and ſhame, ſo by other doe they take ſhame themſelues. And as they altogether labour to deſtroye and ouerthrowe the whole catholike fayth, ſo are they all the hole rabble of them broughte to confuſyon theymſelues: whoſe wretched and fooliſhe enterpryſes, God that dwelleth

F in heauen lowde laugheth to ſkorne: whom I moſte humblye beſeche, that he ſo laugh theym not to ſkorne, as he laugh at their eternall dampnacion, but inſpire into their heartes his holeſome grace of repentaunce, whereby though they lyke vnchriſtie prodigall children haue ſtrayed too longe alas abrode, they may yet at length return from whence they came, vnto theyr mother the churche afreſho, to the intent we and they together agreeynge in one trewe faythe of Chriſte, and

G knitte in mutuall loue and charitie, maye as hys trewe membres attayne vnto the glorye of our capitayne and headde, whiche who ſoeuer hopeth to haue oute of thys bodie (the churche) and withoute the righte fayth, doeth with a vayne hope lewdly deceue himſelfe.

But nowe as I was aboute to tell you, that this prophecie was meante by Iudas, dydde Chriſte ſomewhat geue warnynge afore, and Iudas by the murtherynge of hymſelfe, dydde playnelye declare it, and Peter afterwarde ſo expowned it, and all thapoſtles too: whiche at lengthe executed the ſame, when by lot they admitted Mat-

H thias to his rowme, ſo that then dyd there in verye dede another take hys place. And to make the matter the clerer, (albeit byſhoppes doe ſtill from time to tyme ſurcede into the Apoſtles places) yet into that noumber of the twelue, after Matthias was once choſen in Iudas ſteede, was there neuer none taken in againe: but thoffice of the Apoſtles being little and little appoynted vnto manye, bothe was tha foreſayde prophecie fulfilled, and that holye noumber therewith fullye at an ende. Wherfore whan Chriſt ſaid, ſuffer theſe my Diſcyples to departe, he deſyred not leaue for theym to departe, but in a maner tolde theim that he himſelfe lycenſed his diſciples ſo to

doe,

Actes.i.

a dooe, to verifye that he hadde earffe spoken, Father I haue kept those that thou gaueff me, and not one of them hath peryffhed, but the sonne of perdicion.

Here me thynketh it good some what to wape, howe effectuallye in these woordes Chryffe foretolde twoo thynges so farre vnlpke, as the desperate deathe of the Traytoure, and the good succeffe of the reffe. For so certaynelpe dydde he tell what should become of bothe parties, that he spoke thereof, as of a thynge not to come, but rather paffe alreadye: Thofe that thou gaueff me (sayde he) theym haue **B** I kepte.

Neyther were they saued harme leffe by theyr owne ffrength, nor preferued by anye gentleneffe on the Iewes behalfe, nor escaped awaye for faulte of diligence in Pylates menne, but I haue safelpe kepte theym, and none of theym all hath miscaried but onelye the soonne of perdicion. For of theym whome thou (O father) ga uef me, was he verelpe one. And I whyle he at my choofynge of hym, wyllyngly recepued me, sette hym at frée libertie to become the child of god wyth the remenaunte that recepued **C** me. But as soone as he of a couetous mynde fondelpe betooke hymselfe vn to the deuill, and forsooke me, and fals ly betrayinge me, refused to be saued by me, whyle he wente aboute to deftroye me, he fell to be the soonne of per dicion. And thus lpke a wretche wret chedly caff he himself away.

And so well assured was Chriffe, what ende thys Traytoure shoulde haue, and so vndoubtedlye shewed he that he shoulde come to naughte, that **D** he playnelpe sayde, he was alreadye loffe. This notwithffandinge, all the whyle Chryffe was in takinge, ffill ffoode (with a full furious ffomake) this wretched Traytoure, amongeff those that tooke hym as theyr headde capitayne and banner bearer, tryum phing of likelithode and reioysinge to beholde, what perill his own fellowes and his maiffer were in. And I vere lpe thynke he looked for none other, but to haue hadde theym taken and flayne euerye chone. For suche is the madde naughtye nature of vngraff full folke, that whome they haue once vniufflye reaffe wyth, those woulde they gladdelpe haue ridde oute of the

way: so sore doth theyr sinnefull wou **E** ded conscience dreade the reproche of theyr vnkynde dealynge. Thus was this Traytoure full gladde, whyle he hoped to haue hadde all his fellowes in holde at once, and lyke a foole caffe no perilles of himselfe at all: nothing leffe miffruffinge than that shortelpe after the dreadefull sentence of God shoulde lighte vppon him, so that he with his owne handes shoulde moffe horriblye hang himselfe.

Here haue I occafyon to lamente and bewaple, the blyndeneffe of oure miserable mortall nature. For many **F** tymes whyle we are in moffe trouble and feare, thoughe we knowe it not, be we in moffe suretie. And contrary wise, ofte tymes whyle we reckon our selues sureff and make moffe merye, than vnwares ffealeth death euen so daynelpe on vs. All the Apoffles saue Iudas were very sore afrayde: recko ning to haue béen carped awaye, and putte to deathe with Chriffe. And yet were they all in case safelpe to escape: wheras Iudas on thother syde which **G** nothing feared at all, but tooke a spe ciall pleasure to sée them so affyghted, loffe hys lpfe for euer and that in fewe howres after.

A cruell delighte it is and very vn naturall, to reioyce and take coun forte at others woe and miserye. Ne uer the more cause hath any manne to reioyce or to accoumpte hys lucke the better, for hauinge power vpon anye bodies lpfe or deathe, as the Traytor trowed he hadde, when he had gotten this bende of souldiours vnto hym. Sith of this may euery man be righte **H** sure, that whom so euer he flayeth, by death shall he him folowe. Yea and so vncertayne is the howre of death, that the partie that so boldelye boaffeth to difpatche another fyrffe, may fortune for all that to goe before hymselfe: as it there fared by Iudas, who deliuered Chriff to the Iewes to be put to death, and yet did he fyrff miserably murder himselfe.

A heauy and dredeful prefident for the hole world to beware, that no man reckõ himself free from Goddes vengeance, that wtthout all feare of God prefūp teouflye attempteth myschiefe, neuer takinge anye recourfe thereof. For all creatures dooe agree to woorke with their creatour, to chaffice and puniff the euyl. The aper is ready, with noy

TT.iij. some

A some and euill breathes to infect and poyson theym, the water with waues to drowne theym, the mountaynes to ouerwhelme them, the vales to ryse vp agaynst them, the earth to gape and open vnder them, hell sodainlye to swalowe them downe, and there the deuill hedlong depe to plunge the in flaming fyry pittes, that shall continue for euer. And al this whyle doth god alone preserue this selp wretched man for al he hath too fowle forsaken him. But he that so foloweth this stubborn stiffe necked Judas, that after grace so often offred, and as ofte agayne refused,

B God at length determineth to offer it him no more, this man is vndoubtedlye in a very miserable case, thys man I saye in howe good plyghte soeuer he fondly weneth himself to be, and seme he to flie neuer so hygh in the ayre, yet walloweth he in dede full lowe in all sorowe and wretchednes.

Wherefore let vs make our prayer vnto our most pitefull sauiour Christ, not eche one for hymselfe alone, but euery man for other to, that we folow **C** not theraumple of the obstinate traytour Judas, but without delaye gladly embrasing goddes grace whan it is offred vs, may through our owne repentaunce and his mercye, be renued afreshe to attayne his endlesse glory.

” *De amputata Malchi auricula.*

” Of the cutting of Malchus eare. Albeit the Apostles, whan they fyrste heard Christ tell theym before, of the thinges whiche they nowe sawe themselues, wer therat full sory and sadde, yet much lesse did it grieue them then, than nowe, whan they presentlye beheld them with theyr owne eyes. For **D** assone as they espyed so manye come vpon them at once, and openlye sayde they soughte Iesus of Nazareth, no longer could they stand in doubte, but that they so sought for him purposelye to apprehend him. And therupon perceiuing what was like to ensue thereon, sundry matters as in such a sodain stytre very sore perplexed theim. First the earnest care they had for theyr dere beloued maister: ouer this, the dreade they stode in what might fall on them selues: and last of all, the shame they haue to breake their bolde boaste and promyse, wherin euerye one precislye sayd, he would neuer forsake his maister, no not to dye therfore.

Thus were theyr myndes with dy-

uers perplexities diuerslye distracted. **E** For as the loue of theyr maister moued them to auoyde, so the feare of themselues willed them to flee. And as the dreade of death draue them fast away, so didde the shame to breake their promyse, perswade them still to tarye. Agayne they ryghte well remembred, howe Christ had before time charged, that none of them for his owne defece shoulde cary neither sticke nor staffe: wheras nowe the same night he gaue a contrarye commaundemente, that whoso lacked a sweord should sell hys coate to bye hym one withall, and all **F** wer it so, that they being but eleuen in noumber, & therto so destitute of weapons, that saue onely two of them neuer a one had anye aboute him, except happely some knyfe to cutte his meate withall, wer sore afflighted to see such a sorte of the Iewes besydes the Romaine souldioures, all so well armed stande there so thicke thronging together about them, yet assone as they bethought them, that when they had said vnto Christ, lo here are two swordes, Christe aunswered they are enough, **G** they not vnderstanding what was the misticall meaning of the matter, sodaynely asked Christ all in hast, whither they should defend him by sword, sayinge: *Domine si percutimus gladio?* Lord shal we stryke with the sworde? But Peter for the feruent affection he bare to his maister, before he had his aunswer drewe out his sworde, and stryking at the bishoppes seruaunte, cutte of hys right eare clene: eyther for that it was his chaunce to stande there nexte vnto him, or elles because among theym all **H** ther was none so busy a braggar. And oute of question it appeareth that he was some very lewde losell, for the Euangelistes write of him, that he was seruaunt to the bishop who was hygh Priest or Prince of the Priestes. And commonly as Iuuenall sayth: Great mennes howlses bee well stored with sawsye malaperte marchauntes. And men learne by their owne experience, that in euery countrey noble mennes seruantes be statelier and much more extreme, than are theyr Lordes themselues.

Nowe to let vs knowe, that this fellowe bare some rule with the bishop, & toke therfore somwhat the more vpon hym, Sainte John immediatly after addeth his name to saying: *Erat women servi*

A ſeruo Malchus. This ſeruantes name was Malchus: whiche thyng theuangeliſte ſeldome vſeth, withoute it bee for ſome purpoſe. And thereupon thynke I that this Iauell that ſo fiercely ruſhed among them, ſette Peter in ſuch a heate, that he fyrſt beganne with hym, and ſo would ſtoutelye haue proceded further, had not Chriſt ſtayde hys bolde courageous ſtomake, ere that he wẽt ſo farre. Who by and by (as he that came not to auoyde death, but to ſuffer it, and if he had bẽen otherwyſe mynded, yet lyttle nede had of any ſuche ayde) both tempered the reſtyewe of hys Apoſtles, and reproued Peters outrageous zeale, and also reſtored the vyle wretchehys eare agayne. For the playner declaration wherof, firſt anſwered he his other diſciples to theyr demaundes, ſaying: Sinite vſ/ʒ huc, adhuc pauliſper ſinite: Lette them alone yet, a little whyle lenger ſuffer theym. For I that wich one word ouerthrewe them all at once, was as ye ſẽe contente for all that to let them ryſe agayne, and ſo for thys once to worke theyr willes vpon me. As yet than thoſe whom I my ſelf owe ſuffer, them ſuffer ye alſo. And the tyme is almoſte come, in whiche I ſhall no more ſuffer theim, to haue any power vpon me. And now in the meane while, neither nede haue I none of your helpe at all.

This was all hys aunſwere loe, that he made vnto the reſt, ſuffer theim yet a while. But ſeuerally turning vnto Peter: mitte gladium in locum ſuum. Put vp (quod he) thy ſworde into his place, as though he would ſay, I will not be defended by ſworde. And ſuche a ſtate haue I choſen thẽe vnto, that I wiil not haue thẽe fight with this kynd of ſweorde, but with the ſweord of goddes word. Let this material ſweord therfore, be put vp into his place, that is to witte into the handes of temporall prynces, as into hys ſkaberd agayne to punyſhe malefactours withal. Ye that be apoſtles of my flocke haue another maner of ſweorde than this pardie, muche more terrible than is any ſweorde made of yron or ſteele. For by that ſweorde, whatſoeuer euill perſone is once caſt oute of the churche, that is to bee vnderſtanden as a rotten member cut of from my myſticall body, is deliuered ſometyme to the deuples handes only to chaſtice his fleſh, to thẽd his ſoule may be ſaued, if ſo be there remayne any hope of amendment in him,

1.Cor.5.

& that he may be graffed and knitte into my body afreſh. And otherwhyles if he be ſo deſperatly diſeaſed, that he be paſt all recouery, than for feare thinfection of him might happely hurt the whole & ſounde, is he perpetuallye condemned vnto the inuiſible death of his ſoule alſo. And of trueth ſo loath am I to haue ye fyghte, with this temporall ſweorde (the meteſt ſkaberd for whiche, marke well what I ſaye vnto ye, are the ſeculare Iuſtices) that I coulde not aduyſe you to occupye the ſpirituall ſweorde, (thuſe wherof perteyneth to you alone) not very often neither: but valiantly be ſtyrring your ſelfe with the ſweorde of goddes word (the cut wherof like a lyttle launſing knife may let out the ſoule corrupcion of the ſoule, and ſo wounde it to the great helpe and health thereof) as for the tother terrible and daungerous ſweord of excommunicacion, that woulde I haue you alwayes kepe within the ſkaberde of mercye and pittie, till an vrgent and woonderous neceſſarye cauſe, enforce you to drawe it oute.

Thus wheras to the remenant of hys apoſtles he ſpake not paſſing two wordes or thrẽe, eyther for that they were meke milde of ſpirite, or not ſo hotte as Peter was, Peters fierce vnbrydeled braydes he calmed and quyeted with a farre lenger proceſſe. For he dyd not alonelye bid him put vp his ſweorde, but tolde him alſo the cauſe why he miſlyked his zeale, how well ſoeuer he meant therein. „

Calicem quẽ dedit mihi pater, non vis vt bibam illẽt „

Why wilt thou not that I ſhal drink „ (quod he) of the cup that my father hath „ geuen me?

Chriſt had long before ſhewed his apoſtles that he muſt goe to Hieruſalem, *Iohn.18.* and ſuffer muche woe by thauncientes and the Scrybes and the Prynces of the prieſtes, and in thend be ſlayne and riſe *Math.16.* the third day agayn. And Peter taking him aſide, began to rebuke hym in thys wyſe: God forbidde maiſter it ſhould ſo fare with thẽe: there ſhall no ſuch thing come to thẽe. Who turned aboute vnto Peter, and ſaid: Geat thee hence behind me Satan, thou haſt no taſte in godlye matters.

Here lo may ye ſe, how ſharply Chriſt reproued Peter, to whom a litle before, *Math.16.* whan he cõfeſſed hym to be the ſonne of god, he had ſaide, Bleſſed art thou Symon ẽ ſonne of Ionas: For fleſh & blud

XX.iiij. hath

A hath not reueled this vnto thee, but my father that is in heauen. And I saye to thee, that thou arte a stone, and vppon thys stone shall I buylde my churche, and hell gates shal not preuaile against it. And vnto thee will I geue the keyes of heauen, and whatsoeuer thou shalte bynde vppon earth, shalbe bound likewyse in heauen, and so forthe.

And here he casteth hym of in a maner, and maketh hym goe behynd him, and playnely sheweth hym that he hindreth hym in hys purpose, and calleth hym Satan, and telleth hym that he sauoureth not godlye thynges but all worldely.

But why dydde he all thys? Marye because he dyscounsayled hym to take thys death vppon hym, whiche he than tolde him that nedes must he suffer, and that by his own will it was resolutelye so determined. And therefore woulde he that they shoulde not onely not lette hym therefro, but also folowe hym by the same waye theymselues. For who so will come after me (sayth he) muste forsake hymselfe, take vppe hys crosse and folowe me.

And besydes all thys he goeth furth further and declareth, that if any man whan nede requireth, wyll refuse to go to death with hym, he shall not auoyde bodely death thereby, but fall from that to a worse. And contrarye wyse who so euer will not stycke to bestowe hys lyfe for me (sayth he) he shall not leese hys lyfe at all but chaunge it for a better. For he that will saue hys lyfe shall leese it, and he that will leese hys lyfe for my sake shall fynde it. And what good geatteth a man, if he wynne the whole worlde, and leeseth hys soule withall? Or what exchange will any man make for his soule? For the sonne of manne shall come with hys Aungelles in the glorye of hys father, and than shall he rewarde euery man accordynge to his dooinges.

I tarye a lyttle longer vppon thys place than peraduenture nedeth. But who is there trowe ye that woulde not with these wordes of Chryste, beynge so sore, so bytinge, and agayne so effectuallye puttynge vs in hope of euerlastynge lyfe, be moued somewhat to digresse from his matter. Howebeit as concerning thys present place, by these woordes of Chryste we see well, howe seuerely Peter was here admonished, to beware that he abused his zeale to the hyndering of Chrisstes death no more.

And yet once agayne loe, as he than didde all hys possible endeuour by wordes, to counsayle him to the contrarye, so nowe laboured he as faste by mayne force and violence vppon the lyke zeale to defende him therfro.

All this notwithstanding, Chryste, because the faulte that Peter dydde, came of a good affection, and also in as muche as goynge to hys passion, he demeaned hymselfe in all poyntes humblye, woulde not to sharpelye reproue hym therefore: but fyrst by reason corrected hym, and after by tellinge hym hys faulte, and at last declared also vnto hym, that if he hymselfe were not wyllynge to dye, lyttle neded he to bee defended eyther by hym or anye other mannes ayde at all, sith his father wold not fayle, if he woulde desyre it of him to sende hym at hys neede a myghtye stronge vnvyncible armie of Aungels from heauen, agaynste those seelye slaues that were come nowe to take him.

So fyrst of all (as I tolde you) dyd Chryste represse the feruent desyre that Peter hadde to stryke, and shewed him the reason why.

> *Calicem quem dedit mihi pater, non vis vt bibam illum?*
>
> What wilte thou not (quod he)
> that I shall drynke of the cuppe
> which my father hath geuen me?

All my lyfe hitherto hathe been a patrone of obedience, and a saumple of humilitie. Was there euer anye thing that I haue eyther oftener or more earnestlye taughte ye, than to bee obediente to youre rewlers, to honour your parentes, to yelde vnto Ceasar, what belongeth vnto hym, and to God likewyse whatsoeuer is dewe to hym? And nowe that I am euen at the laste poynt of my busynesse, and here shall make an ende of altogether, thys godly wonderfull woorke that I haue beene so longe aboute, woulde sse thou haue me oute of hande to marre it euery whytte, and refuse the cuppe that my father thus offereth me, and so the soonne of man to bee dysobedient vnto God hys father?

After this tolde he Peter, that he had doone verye euyll to stryke wyth the sweorde: and that declared he also by the exaumple of the Ciuile lawes, who saythe,

Omnes

Math 26.

Omnes enim qui acceperunt gladium, gladio peribunt.

Who ſo taketh a ſweozde, with the ſweozde ſhall he be ſlayne.

Foz by the Ciuile lawes of the Romaynes, vnder whiche the Iewes at the ſame tyme liued, who ſo euer withoute ſufficient authozitie were ſpyed ſo muche as to haue a ſweozde about him to murther anye manne with, was in a maner in as euyll caſe as he that had murthered one in dede. In howe muche moze daunger is he than that both dzaweth hys ſweozde and ſtryketh wyth it two? And béeynge ſo amaſed and in ſuche feare as Peter was, I can not well belieue he was ſo cyzcumſpecte, that of purpoſe he fozbare to ſtryke at Malchus headde, and onelye ſmote at hys eare, becauſe he mynded not to kill hym, but onely to make him afrayde.

Here if anye manne will perhappes ſaye, that one may lawfully euen with the ſweozde, ſaue an innocent and good manne, from the vyolente handes of myſchieuous rageing ruffians, the diſcuſſinge of that matter, woulde require a longer pzoceſſe, than were conuenient foz thys place. But certaynelye, thoughe Peters tender louynge affeccion towardes Chzyſte, cauſed hys offence to bee ſomewhat the moze excuſable, yet that he hadde no lawefull authozitie to fyghte foz hym, ſuſficientlye appeareth, by that Chzyſte hadde befoze tyme ſo pzecyſely warned hym, that he ſhoulde in no wyſe goe aboute to hynder hys death and paſſion, not ſo much as with one wozd, and leſſe than with anye kynde of vyolence.

Beſydes thys, herewith daunted he Peters haſtye courage too, by ſhewinge hym playnely that of hys defence he had no néde at all.

An putas quia non poſſum rogare patrem meum, & exhibebit mihi modo plus quam duodecem millium angelorum.

Weeneſſe thou (quod he) that I cannot calle vnto my father foz helpe, and he will geue me furthwith aboue twelue legions of Aungelles?

Df hys owne power here ſpeaketh hee but lyttle: but of hys fathers fauoure towardes hym, thereof doothe he ioyfullye talke. Foz ſyth he was goynge to his deathwarde, he woulde in no caſe greatelye auaunce hymſelfe,

noz foz that whyle openlye tell hym that he was in equall power with his father. But to haue it appeare that he neded to be holpé neither at Peters hand, noz at none earthely creatures elles, he ſhewed hym that if he woiſe but aſke it, he ſhoulde not fayle to haue incontinente readye, ſufficiente aſſyſtaunce of Aungelles, from hys almyghtie father in heauen.

Why troweſſe thou (quod he) that I can not make requeſte vnto my father, and he wyll ſende me ſtrayght wayes moze than twelue legions of Aungelles?

As though he woulde ſaye: If this bee not ynoughe to make thee knowe that I haue no neede of thy helpe, that thou ſaweſte me wyth thyne owne eyes by mye onelye woozde, ouerthzowe all thys myghtye bende, and yet neuer towched theym, (agaynſte whome if thou wouldeſte reckon thy ſelſe hable to defend me by thyne own myghte and ſtrengthe, thou werte ſtarke madde and muche to be lamented) yet at the leaſtewyſe, calle to thy remembzance eftſoones, whoſe ſonne thou ſaydeſt I was, whan I aſked you all thys queſtion: Whome doce you ſaye that I am? And thou by and by inſpired by G☉D, madeſte auſwere vnto me agayne. Thou arte Chzyſte the ſonne of the liuyng God. Than ſyth thou knoweſt by hys reuelacyon, that I am the ſonne of God, and ſeeynge thou canſte not bee ignozaunte, that euerye naturalle father will not fayle to helpe hys chylde, weeneſt thou that if I of myne owne chopce were not willynge to dye, my father in heauen woulde not be ready to helpe me?

Math 16.

What thynkeſt thou that if I wold require it of hym, I coulde not haue moze than twelue legions of Angels? and that oute of hand by and by without anye further delaye? Agaynſte ſo manye legions of Aungelles, howe ſhoulde ſuche a ſeelye ſozte of vyle ſlaues and wzetches as they bee, bee hable ſo much as to ſtande on theyz ſete, whan tenne tymes twelue legions of ſuche, as they bee coulde not endure to beholde of one Aungell one angrye looke?

After this fell Chzyſte in hand with the fyzſt point again, as wherin chiefly con-

Math 16.

ly consisted theffect of all the matter.

>> *Quomodo ergo implebuntur scripture, quia sic opor=*
>> *tui fieri?*
>> Howe shall the scriptures be fulfilled
>> than (sayd he) sith so must it nedes be?

The scriptures be full of prophecies concerning Chrisstes death, and full are thei in like maner of the misteries of his passion, and of mankindes redempcion which could neuer haue come to passe, had he not so suffred.

Nowe lest Peter or any other at anye time after, might thus mutter secretlye with himselfe: Sir if thou canst as thou sayest, obteyne so manye legions of thy father, why doest thou not aske theym? To this he sayd. Howe shal than ý scriptures be fulfilled, sith it is behouable so to be. Then seing by the scriptures thou doest so well perceiue, that this is thonly way determined by Goddes iustice & wisedome, to restore mankinde agayne to the felicitie he is fallen fro, nowe if I shoulde heartelye desyre my father to preserue me from deathe, what shoulde I therebyelles dowe, but laboure myne own seif, to hinder the same thing which I came hither for. And therefore to call Angels out of heauen to assist me, what were that, but vtterlye to debarre from heauen all mankynde for euer? For whose redempcion and restitucion into the heauenly blisse, is the speciall cause of my cummyng. So that now fightest thou with thy sweord, not agaynst the wicked Iewes, but rather agaynste all mankynde, in asmuch as the scriptures thou wilte not suffer to be fulfilled, nor me to drynke of the cuppe that my father hath geuen me, through whiche I being without spotte & wemme, myghte pourge and cleanse the fowle deformed spottes of mannes nature.

But marke you here the meruey plous myldnes of Chryst, which was not onely content to stay Peter from striking, but also for our ensample, to dowe good for euill, sette hand to his persecutours eare, that was stricken of, and restored it whole agayne.

No creature liuing is there I trowe in euery part so replenished with soule and lyfe, as the letter of holye writte is full of spirituall misteries. For as we can touche no piece of the bodye, but it hathe soule therein whiche geueth lyfe and sence thereto, be it neuer so small a porcion, so in all scrypture is there no hystory so grosse, (if I maye so name it)

or so base, but that it is quickened with some spirituall lyuely mystery. Wherfore, in Malchus eare whiche Peters sweord cutte of, and by Chryst es holye hande sette on agayne, we must not only consider the history (and yet thereby may we learne many a wholesome lesson to) but dieper must we loke & vewe besydes, the ghostely fruitfull meaning therof pryuely conteyned vnder the litterall sence.

Malchus than whiche in the Hebrew tong signifyeth that we call in englishe a kynge, doothe not withoute good conuenience betoken reason vnto vs. For reason in man ought to rule like a king and so rule dowthe it in dede, whan submitting it self to the obedience of fayth, it serueth God, and hym whoso serueth most, ruleth lyke a kyng.

But this byshop with hys Priestes, the Phariseys, the Scrybes, and thaū cientes of the people, that were wholye geuē to lewde supersticions, which they had matched with the law of god vnder pretence of holynesse, labouryng to destroye all godly vertue, and to ridde out of the waye the author of true religion, dowe well signifye and represent vntovs blasphemous Archheretykes with their complices, the teachers and rynglea ders of deuilishe supersticion.

Than as often as mans reasonable soule, rebelling agaynst Chryst es true fayth, forsaketh Christ, and betaketh it self to heresies, it becometh from thence furth that Arche heretykes bondslaue, whose false errour es by the deuilles deceitful meanes it foloweth. Such a one loe kepeth still hys lefte eare to heare sinister heresies withall: but hys ryghte eare to heare the true fayth withal, that hath he vtterly lost.

Yet doe not al men alwayes this, vpõ like meaning and entent, nor yet woorketh it euer in euerye man lyke effecte neither. For sometime of a mere set malice, do some folke fall to heresies. These mennes eares are not sodaynly cutte of at one stroke: but lyttle and lyttle in processe of time, as the deuil powreth in hys poyson vpon thē, doe they rotte and putrifye. And after ý festred partes are once congeled, than doth the hardenesse therof so stoppe vppe all the wayes, that no goodnes can after enter. These wret ches alas are seldome or neuer perfectly made whole agayn, syth these partes that ý fretting cankar hath clearely ea ten

a aten vp, are vtterly peryſhed foz euer,
ſo that nothyng remayneth in theym
euer to be cured moze.

And the eare that was vppon an
vndiſcrete zeale, at one blowe ſodayn-
lye ſtricken of, and fell downe to the
grounde, betokeneth ſuche perſones,
as being ouercome with ſome ſodeyne
blynde affection, vnder the couloure
of trueth, are caryed cleane there-
fro.

Some there are agayn, whom their
owne good zeale deceiueth. Whereof
Chzyſte ſpeaketh thus: The tyme ſhal
come in whiche who ſo ſlayeth yee,
B ſhall thinke he dothe good ſeruice vn-
to God.

A figure of this ſozte of folke, was
the Apoſtle Saynt Paule.

Other are ther beſyde, whiche hauing
theyz heartes coumbzed with wozldly
affections, lette theyz eares, beeynge
once cut of from hearyng the celeſtial
doctrine, lie there ſtil vpon the groud,
whoſe miſerable eſtate doth Chzyſte
ful often pitie. And the eares that wer
eyther thozowe ſome haſty raſhe mo-
cion oz vnaduyſed zeale, ſo ſmitten of
from the head, with his own hand ta-
C keth he vp from the ground, and with
the ſame ſetteth theim on faſt agayne,
and ſo maketh theim mete to heare the
true doctrine afreſhe.

I wot right well that thold fathers,
as one founde one thinge and ſome o-
ther an other, haue oute of thys one
place by the gracious aſſiſtance of the
holy goſt, gathered many and dyuers
miſteries, all whiche, purpoſe I not
here to rehearſe foz ouermuch diſcon-
D tinuing the pzoces of this ſtozye.

<John.16.>

> Dixit autem Ieſus ad eos qui venerant, Princi-
> pes ſacerdotum & magiſtratas templi & ſeniores
> tanquam ad latronem exiſtis cum gladiis & fuſti-
> bus comprehendere me, quum quotidie fuerim
> vobiſcum in templo, & ſedebam docens, et non
> me tenuiſtis, non extendiſtis manus in me: ſed hec
> eſthora veſtra & poteſtas tenebrarum.

> And Ieſus ſayde to the pzynces of the
> Pzieſtes, thofficers of the temple, and
> the auncientes that came vnto hym:
> hither come ye with ſwoozdes & glea-
> nes to take me lyke a theeſe, whereas I
> was daylye in the temple amonge ye,
> and ſate and taughte ye, and ye layde
> no handes vpon me. But this is your
> ho wer and the power of darkeneſſe.

Theſe woozdes ſayde Chzyſte vnto
the Pzynces of the Pzieſtes, the offi-
cers of the Temple, and thauncientes

that came to take him. But hereupon E
ryſeth there among ſome menne a cer-
tayne doubte, foz that the Euangeliſt
Luke telleth, that Ieſus ſpake theſe
woozdes to the chief Pzieſtes, the offi-
cers of the Temple and thauncientes
of the people, wheras the other Euan-
geliſtes in ſuche ſozte dooe recyte the
matter, that by theyz wzytinge it ap-
peareth they ſente a bende of ſouldy-
oures, and ſome of theyz ſeruauntes
thither, and came not theymſelues at
all.

Thys doubte doe ſome menne aſ-
ſoyle in this wyſe: that Ieſus in ſpea-
kynge theſe woozdes to theym whome F
they ſente, ſpake it to theymſelues,
as Pzynces vſe to talke together by
theyz Embaſſadoures, and pzyuate
perſones commonlye by theyz meſſen-
gers. So what ſo euer we ſaye to the
ſeruaunte that is ſent vnto vs, where-
of he muſt make agayne repozt to him
that ſent him, that ſaye we to his mai-
ſter himſelfe.

Forſoothe foz my parte, all be it I
neuer a deale diſalowe this aunſwer,
yet can I better lyke theyz opinion, G
which thynke that Chzyſt ſpake theſe
woozdes to the Pzynces of the Pzie-
ſtes, thofficers of the temple, and the
auncientes of the people, pzeſetly face
to face. Foz Saynte Luke ſayth not,
that Chzyſte ſpake theſe woozdes to
all the Pzynces of the Pzieſtes, noz
to all thofficers of the Temple, noz
to all the auncientes of the people, but
to thoſe of theym onelye that were
come to take hym. Wherby he ſemeth
playnely to declare, that although by
theym all aſſembled together in coun-
ſayle, thys coumpanye of ſouldiours H
and their owne ſeruauntes were ſente
in al theyz names to apzehend Chziſt,
yet came ther thither with them, ſome
of euery ſozt beſide, aſwel of thaunci-
entes, and Phariſeys, as alſo of the
Pzinces of the Pzieſtes. Whiche opi-
nyon throughlye agreeth wyth the
woozdes of Saynte Luke, and may
ſtande well ynoughe wyth the ſay-
inges of all the other Euangelyſtes
too. Wherefoze Chriſte in ſpeakyng
to the Pzynces of the Pzieſtes, the
Phariſeys and the auncientes of the
people, gaue theym a pzyuye war-
nynge, that they ſhoulde not aſcrybe
the taking of him at that time to their
owne power oz pollicye, noz pleuith-
lye glozye, lyke folke that vnhappely
haue

I haue good happe to doo euyll, as though they hadde wylyly and craftely compassed their matter: syth none of all theyr fonde contryued deuyses, wherby they endeuoured to supprelle the trueth, coulde neuer agaynst him haue any thinge preuayled, but gods highe wisedome hadde proudded and appoynted the tyme, in whyche the Prince of this worlde (the deuil) shold ere he were ware, ryghteouslye leese mankynd (his gylefully gotten pray) euen while he moste laboured vnrigh-rzoullye to kepe it.

B Chrylt dyd also expressely tell them, that little nede had they to haue hyred the traytour, or to come thither with lanternes and torches by nighte, or so manye of theym together with such a bende of souldiours, to sette vpon him with swordes and gleues, seeing they might without their colt and charge, without any labour, without any breking of their slepe, and without any weapon at all, easely oftetymes haue taken him, while he sate teaching ope-lye in the temple among theim. And if

C they would boldly bragge with them-selues, that they hadde circumspectly ordered their doynges, and further-more saye, that though Chrylle called it a thynge easye to be done, yet was it in dede very harde and comberous, and suche as coulde neuer haue been brought to passe without much daun-ger of some tumult and vproare of the people, howe daungerous a matter that was to doo, of late right well ap-peared at the raysing of Lazare. For

John. 11.

they had hadde experience ofter than once, that as well as the multitude lo-ued Chrylle, and as much as they este-med him for his wonderfull goodnes,

D those for all that that wente aboute to take him and kille hym, were so little afrayde of sustayning any harme at theyr handes therefore, that hadde he not skaped through the myddest of the

Luke. 4.

by his owne almyghtie power, they might see good likelihod, that in theyr mischiefe the people woulde haue ta-ken their partes. So vnconstaunte is the common people, and so sone encly-ned to euill.

And to conclude, howe little any man should regarde the common peo-ples fauour, or contrary wise dreade theyr dyspleasure, that that folowed some after well declared: where assone as Chrilt was once apprehended, they

cryed no faster before, Blessed is he that cometh in the name of our lorde,

Mat. 21.

and Osanna in the highest, than now in a fury they cryed out cleane contra-rye, Awaye, awaye with him and cru-cifye him.

Whereby it is euident, that it came of God himselfe, that vntill that tyme, those which woulde so fayne haue ta-ken him, cast perilles where wer none at all, and causelesse quaked for seare,

Psalm. 13.

where neede was none to feare. But nowe as soone as the conuenient tyme was come, that by the payneful death of one man, all menne shoulde be rede-med to the ioyful blisse of the life euer-

F lasting, as many as vnfaynedlye desy-red it, these pieuishe wretched doltes thought, that they by their wyly wits had wilily wrought that thing, which the prouidence of almightie god, with-out whose foreknowledge not so much

Mat. 10.

as a sparowe lighteth on the grounde, hadde of his greate mercy from before all time determined.

Wherein to shewe howe farre they wer deceiued, and to teache them more ouer, that neither the traytours guyle, nor their own craftely contriued trai-nes, nor all the mighte the Romayne souldiers had, coulde haue stode them

G in any stede, had he not been willinge thereto hymselfe, Chrylte sayde vnto theym: But this is youre power, and the power of darkenesse. Which wor-des of his doth the Euangelist saynte Mathew with a strong reason enforce,

Math. 26.

And all this (sayth he) was done to ac-complish that the prophetes had writ-ten.

All the Prophetes euerye where be full of Prophecies concerning Chry-stes deathe. As where it is thus. To

Esaye. 53.

deathe was he caried like a lambe, and of him in the stretes was ther heard no crye. In my handes and my fete made they diepe holes. These woundes had I in the house of those that loued me.

Zacha. 13.

He was accoumpted in the noumber of wicked men, our diseases did he ve-rely beare, and by his smarte were we healed. Throughe the sinnefulnesse of

Esaye. 53.

my people, was he caried to his death.

The Prophetes in manye places playnelye foreshewe Chrylles deathe and passyon, whose Prophecyes see-inge they could not but be fulfylled, it consequently soloweth, that the mat-ter depended not vppon mannes de-terminacion, but rather that he who

from

from before all tyme foreſawe it, and preciſely determined ſo to haue it (the father I meane of Chriſte, and Chriſt hym ſelfe lykewyſe, and the holy ſpirite of theym bothe: whiche three ſo alwayes woozke together, that nothyng is there doone in any creature by anye one of theym, but it is doone equallye by theym all three) bothe foreknewe and appoynted the tyme that was moſt mete for thaccompliſhment thereof.

Nowe whan theſe byſſhoppes and Prynces of the prieſtes, the Scrybes, the Phariſeys, and thauncientes of the people, and to make ſhorte tale, all theſe execrable and deuiliſhe officers, ſo greatly glozied in theym ſelues for their high deuyſes, becauſe they hadde taken Chriſt ſo craftely, nought elles ther whyles dyd theſe madde fellowes blynded with malyce, but muche to theyr owne harme, and to other folkes ſingulare commoditie, vnwares and vnwittingly buſilye helpe to atchieue the bleſſed and reſolute pleaſure of almightie God (and yet not the fathers and the holy ghoſtes alone but Chryſtes own will too) in procuring Chriſt a very ſhorte death, and mankynde a bleſſed lyfe in heauen, and Chryſte for the ſame, honour and glory for euer.

Than ſayde Chryſte vnto theym.

Sed hec eſt hora veſtra & poteſtis tenebrarum.

But thys is youre hower, and the power of darkeneſſe.

Whereas here tofore ye hated me deadlye, and therefore gladdely wold haue diſpatched me, and mighte with muche leſſe buſineſſe eaſely haue done it, hadde not the power of god reſtrayned you from it, yet all that whyle in the temple neither dydde you take me, nor once made offer to laye any hande vppon me. And why ſo trowe ye? Forſoth becauſe the time and hower was not yet come, whiche my father of his vnſearcheable wyſedome, hadde by myne owne conſente appoynted, and not anye conſtellacion of the planets, nor youre ſubtyle conueyghaunces neither. And will ye knowe when? Not ſynce Abrahams dayes, but from before the begynnynge of the wozlde: ſyth from before all tyme ere euer Abraham was made, am I with the father. Thys is therefore youre howre and the power of darkeneſſe: thys is the ſhorte whyle that is graunted yee,

John.8.

and the libertie geuen vnto darkeneſſe, that nowe ye maye in the night, which till this howre ye coulde neuer be ſuffered to bryng to paſſe in the daye, lyke monſtruous rauenynge fowles, lyke ſkrycche owles and hegges, lyke backes, howlettes, nighte crowes, and byrdes of the hellye lake, goe aboute with your billes, your tallentes, your tæth, and your ſhyrle ſhryching outerageouſlye, but all in vayne thus in the darke to flee vppon me. In darkeneſſe be ye, whyle ye aſcrybe my death to your owne ſtrength: and in darkeneſſe ſhall be youre preſidente Pylate too, as long as he ſhall proudly boaſt, that he hath authorizitie eyther to quite me or crucifye me: who albeit myne owne countreye menne and byſſhops ſhall deliuer me into his handes, ſhold haue no power for all that vppon me, were it not geuen hym from my father aboue. And for that cauſe the moze is theyr offence that ſhall betake me vnto him. But thys is youre hower and the ſhorte power of darkeneſſe. And he that walketh in darkeneſſe wotteth not whither he goeth. So doe ye neyther ſee nor know what ye doe. Therfore will I praye my ſelfe for ye, that you maye haue pardone for that you woozke agaynſt me. Yet pardone ſhall yee not all attayne, nor blynde ignozaunce wil not excuſe you all neyther, ſith you are the very cauſe of your ignozaunce your ſelues. Ye putte awaye the lyghte your ſelues ye fyrſte plucke oute bothe your owne eyes your ſelues, and after other mennes too, ſo that the blynde leadeth the blinde, tyll ye both fall into the pytte. This is your ſhorte hower, this is thꝰ reaſonable and vnrewlye power of darkeneſſe whiche nowe cauſeth you with weapon to take me, thus weapoleſſe as I am: that is to ſay, cruel captifes a meke lambe, ſynnefull perſons a ſinneleſſe innocente, the traytor hys maiſter, vyle wretches theyr god. And aſwel as ye haue power vppon me now, ſo ſhall vppon my diſciples other proueſtes and Emperoures after ye, ſome vppon one and ſome vppon another, haue a lyke hower & ſhorte power of darkenes. And verely the power of darkenes may I ryghte well call it. For lyke as whatſoeuer my diſciples ſhal ſuffer or ſay, they ſhall neyther by theyr owne ſtrength ſuffer it, nor of the imſelues ſpeake it, but by my ſtrength valiantly van-

I. John.2.

Math.15.

A lye banquishinge all payne, throughe theyr pacient sufferaunce saue theyr owne soules, and the spirite of my father shall speake in theim, so they that shall persecute theim and put theim to death, shall neither dowe nor saye anye thing of theimselfe: but the prynce of darkenesse, who is alreadye come and hath no power on me, as he maye conuertlye conueygh his venemous poyson into those Tyrantes and tormentours heartes, so will he for the shorte whyle he shalbe thereto lycensed, vtter and practise his might and power by theym. And therfore must the soul- **B** dioures that goe in warrefare with me, not wrestle against flesh & bloude, but againste the princes and potestates, agaynst the worldlye gouernours of their darke regions, and agaynste the wycked spirites in the ayer. So shall Nero starte vppe, by whom shal the Prince of darkenesse slea Peter: and besydes hym another not as yet named Paule, who is still sore bente agaynste me. In lyke maner shall other Emperoures and theyr lieutenauntes deale with other disciples of **C** my flocke, by the sayd Prince of darkenesse. But whan the Gentiles haue fretted their fyll, and the Iewes deuised their vayne deuyses, whan the kinges of the earth haue stonde together, and the Prynces assembled agaynste their Lorde, and agaynst his annoynted, labouring to breake hys bondes, and to cast from them that moste swete yoke, that God of his godnesse by his Bisshoppes shall laye on their styffe neckes, than shall God that dwelleth in heauen laughe theim to skorne and **D** oure Lorde make them a mowe. Who sitteth not as thearthlye Prynces dowe, in a gorgeous charsiotte a litile aboue the grounde, but styeth vppe aboue the westre, and sytteth aboue Cherubin, whose seate is heauen, and whose fote- stole is the earthe, oure Lorde is hys name. He is kinge of kynges and lord of Lordes: a dreadefull king, whiche taketh awaye the spirite of Prynces. This Prince in his wrath shal speake vnto theym, and in hys furye shall he trouble theim. Hys sonne whiche is his annoynted, whome he hath begot- ren this daye, he will make king ouer Sion his holy hill, the hill I saye that shall neuer be moued. And all his ene- mies shal he cast down to be as a fote- stole vnder his fete. Suche as didde

Margin (left): Ephe.6. / Psalm.2. / Psalm.2. / Apoc.19. / Psalm.2.

their endeuour to breake his bondes, **E** and to shake his yoke from them, those he shall spyte of their teeth, rule with an yron rod, and as a brickell earthen *Psal.2.* pot in pieces al to frush them. Against theim all, and agaynste the Prince of darkenesse that setteth theim on, shall my disciples be comforted and streng- thened in our Lord. And hauing thar- *Ephe.6.* mour of god on their backes and their loynes gyrte with the truth, and their bodies fenced with iustice, and theyr feete shodde to be in a readines for the **F** ghospel of peace, and in all thinges ta- king vnto them the pauice of faythe, & putting vpon the the helmet of health, and the sworde of the spirite which is the worde of God, they shall receyue strengthe from aboue, and therewith stand stiffe against the deuils traines, the fayre flatteryng speache I meane whiche he shall vtter by the mouthes of their persecutours, and all to allure them by flattry from truth: and in the day of trouble shal thei mightely with- stande all thopen assaultes of Satan the deuill, and on euerye syde enuiro- **G** ned with the pauice of faythe, by their bitter teares brustynge oute in theyr prayoures, and theyr redde bloud gus- shing oute in thagonie of their payne- full passion, they shall clearely quench and putte oute, all the sperye dartes of the cursed spirite, by his ministers vi- olentlye caste at theym. And so my blessed Martyrs folowynge me with theyr crosse vppon theym, after theyr victorye obteyned agaynst the deuyll the Prince of darkenesse, and all hys earthelye minysters and souldioures throwen downe vnder theyr feete, shal with greate tryumphe be caried vppe alofte, and with wondrefull solemp- nitie enter into heauen. **H**

But yet on the tother syde that now extende your malice vpon me, and the deuelish generacion that shall folowe your malicious eraunple, and those ad- ders brode whiche will with the lyke malice without repentance, extreme- lye persecute my disciples hereafter, shall with perpetual shame be drieuen downe diepe into the darke stampynge fyre of hell. Howebeit, nowe for the while are ye at libertie to vse & practise your power as ye list: whereof yet be- cause you shal not beare your selues to bold, remember hardly, how shortly it shal end, sith this world ye you haue to worke your wicked wylles in, shal not alwaies ch.24.

alwayes endure. Wut for mine electes
sake, that they shall not bee tempted a-
boue that they maye beare, the tyme is
muche abridged, and shall laste but as
it were a verye shorte hower. So that
long shall not this hower of youres be,
nor the power of darkenesse longe en-
dure neither, as that that onelye hathe
but the tyme presente: whiche presente
time is euermore the shortesse, syth lost
hathe it the tyme past alreadie, and the
tyme to come that hath it not yet attay-
ned. Goe too therefore, syth so shorte is
youre hower, leese no part thereof, but
lewdly bestow it as you haue begunne.
And for that you seeke to destroye me,
what ye mynde to dwe, come of and doe
it quickely: take me oute of hande, but
yet let (these my dyscyples) departe.

Howe hys dyscyples forsoke hym.

Tunc discipuli relicto eo, omnes fugerunt.

> Then all his disciples departed
> from him, and lefte hym there a-
> lone.

By thys place loe, maye a man per-
ceue, howe harde and paynefull a thing
the vertue of pacience is. For manye
menne are there verye well willynge,
euen stoutelye to dye, howe sure soeuer
they bee therof, so they may geue stroke
for stroke, and wounde for wounde,
thereby to haue some parte of their will
fulfylled. But marye where all coum-
forte of reuengeynge is gone, there to
take deathe so pacientlye, as neyther to
stryke agayne, nor for a strype to yelde
so muche as an angrye woorde, thys
muste I nedes confesse to bee so soue-
raygne a poynte of pacience, that as
yet were not the Apostles themselues so
strong, as to be hable to climbe so high.
Who hauinge it freshe in theyr remem-
braunce, howe boldelye they hadde pro-
mised rather to be killed with Chryste
than once to shrynke from hym, dydde
abyde at the leaste wyse so farre foorth
by the same, that if he woulde haue ly-
censed theym to fyghte and dye man-
fullye, they shewed theymselues all ve-
rye ready to haue dyed for hym. Which
thinge Peter well declared too in dede,
by that he begoonne to practyse vppon
Malchus. But after that our sauiour
woulde neyther suffer theym to fyghte,
nor to make anye manour resystaunce,
than left they him all alone, and fledde
away euerychone.

Albeit I haue been ere this in some
doubte with my selfe, when Chryst rose
from hys prayoures to see his Apostles
and founde theym aslepe, whither he
went to theym all in twoo sondrye pla-
ces as they were seuered, or to those
onely whome he hadde taken with him
somewhat alofe from the rest, and pla-
ced nerest vnto him, yet whan I consi-
der here these woordes of the Euange-
lyste that they all forsoke him and ran
awaye, I can nowe no more doubte,
but that he went to theym all and found
theym all aslepe. For whereas they
should haue warely watched (as Chryst
hadde so often warned them) and pray-
ed also, for feare of fallynge into tenta-
cion, they through theyr sleaping gaue
the deuill occasion, whyle their myn-
des were wauerynge and carelesse, to
make theym more enclyned to syghte
or to flee, than to be contente to take al
thynges with pacience. Whereupon at
lengthe they lefte him all alone, and got
theym clearelye from hym. Whereby
were veryfyed both this sayinge of our
sauiour Chryste, This nighte shall ye
all haue occasyon in me to fall and this
prophecie lykewyse. I will stryke the
shepehearde and the shepe shall be scat-
tered abrode.

> *Adolescens autem quidam sequebatur eum, a-*
> *mictus sindone super nudo. Et ille reiecta syn-*
> *done, nudus perfugit ab eis.*

And after Chryst, went there a yong
manne, his bodie all bare saue onely for
a lynnen sheete that was caste aboute
him: whiche he lefte behynde him, and
all naked fledde away from them.

What this younge manne was, it is
not perfectelye knowen. Some thinkes
it was Saynte James that was called
our Lordes brother, and surnamed Iu-
stus. Some other agayne reckoned it
was Saint John the euangelist, whom
oure Lorde euer aboue the reste of hys
Apostles singularelye fauoured: who
was as yet but younge, as appeared by
that he liued so many yeres after Chry-
stes deathe. For as testifyeth Saynte
Hierome, he dyed in the three score and
eyght yere after Chrystes passion.

Yet are there of the olde wryters, y
saye that this younge man was none of
the apostles, but a seruant of that house
where Chryste kepte hys maundye that
nighte. Whose mynde in that behalfe
am I most moued to folow. For besides
that my self thinketh it nothing likely,
that an apostle woulde haue none other
apparayle to couer his body with, but a
bare lynnen sheete, namely so loose about
hym,

I haue not
translated
this place as
the latine co-
ppe goeth, but
as I iudge it
shoulde be, be-
cause my
graudfathers
copy was for
lacke of lay-
sure neuer
wel corrected.

Math.26.

This prophe-
cie I will stry-
ke the shepe-
heard &c. was
not written in
my graundfa-
thers coppe,
& therfore I
do gesse that
this or some
other like he
woulde hym-
selfe haue
written.

A him, that he might lightlye caſt it from
hym. To bee of this opinion, leadeth
me alſo both the proceſſe of the hyſtorye,
and the very woordes of him that wrote
the ſame. And amonge them that rec-
ken that he was one of the apoſtles, the
moſte parte thinke it was Saynt John.
But the ſelfe ſame Saynt Johns owne
woordes here folowynge, maketh me
thinke that opinion to haue ſmall like-
lihod to be true, where he writeth thus.

,, Sequebatur autem Ieſum, Simon Petrus & alius
,, diſcipulus, diſcipulus autem ille erat notus pontiſi-
,, fici, et introiuit cum Ieſu in atrium pontificis, Pe-
,, trus autem ſtabat ad hoſtium foras : & exiuit ergo
,, diſcipulus alius qui erat notus pontifici, & dixit
,, hoſtiarie, & introduxit Petrum.

,, And after Ieſus, went Simon Pe-
,, ter and another diſciple, and that dyſ-
,, ciple was well knowen to the byſhop,
,, and with Ieſus he entred into the byſ-
,, ſhoppes hall, and Peter ſtode at y doore
,, withoute. Then foorth went thother diſ-
,, cyple that was well knowen to the byſ-
,, ſhop, and ſpake to the mayde that kepte
,, the doore and let Peter in.

They that wrote that it was Saynt
John theuangeliſt that folowed Chriſt
and ſkaped away whan he was lyke to
haue been taken, dooe ſomewhat ſtag-
ger hereat, that he ſhoulde caſte of hys
lenen ſhete, and naked flee awaye from
them. Which poynte as it ſemed coulde
not well ſtande with thoſe thinges that
foorthwith enſued, as that he entred in-
to the byſhoppes hawle, and let in Pe-
ter (for all menne agree that that was
the Euangeliſt) and ſo neuer lefte hym
till he came to the place where he was
crucifyed, and finally all the whyle he
honge on the croſſe, ſtoode by hym with
his moſte dearelye beloued mother, one
pure vyrgin with another, and at hys
recommendacion tooke hir fro thence-
foorth as hys owne. And without ques-
tion in all thys whyle, and in all theſe
places, hadde he euermore clothes vpon
hym, as he that was one of Chriſtes diſ-
ciples and none of that ſhameleſſe ſecte
of Ciniks. And therefore though hys
wiſedome ſerued him well to know, y
he ſhoulde not ſticke to haue hys bodye
ſeene all naked, where nede or neceſſi-
tie required it, yet without any cauſe of
his owne choyſe, ſo to goe abrode in ope
ſight naked, the maydenlye ſhamefaſt-
nes that he hadde in him, woulde not I
wene ſuffer him ſo to doe.

Nowe to auoyde this inconuenience
they ſaye that he went into ſome corner

in the mene whyle, and apparayled him
ſelfe a freſhe: vpon which poynt though
I purpoſe not preſently to kepe any diſ-
picions, yet is it not (as me ſemeth) a-
ny thing likely ſo to be, ſpecially ſyth I
dowe here ſo well ſee, that he and Peter
ſtill folowed, and with Ieſus entred in-
to the houſe of Annas, who was father
in lawe to the byſhop Cayphas. Agayn
doth this much moue me to be of theyr
mynde, which ſuppoſe that thys young
man was none of thapoſtles, but ſome
ſeruaunte of the houſe where Chryſt
was at his maundie, that theuangeliſt
Saynt Marke dowthe in one ſelfe place
ſhewe, both that thapoſtles fledde away
and that yet this young man taried ſtil
behynde, where he wryteth after thys
ſorte.

Tunc diſcipuli eius relinquentes eum, omnes fugeMath.16
runt. Adoleſcens autem quidam ſequebatur eum. ,,

Than his diſciples forſakynge hym, ,,
fledde away euery chone. But a certain ,,
young man folowed him ſtill. ,,

Loe here he ſayeth that the Apoſtles
fledde, he ſaythe not that ſome of theym
fledde, but that they fledde all. And that
one taried behynde & came after Chriſt,
not of his Apoſtles, (for gone alreadye
were they euerichone) but a certayne
pounge manne: and as it ſhoulde ſeme
ſome ſtraunger, whoſe name eyther he
knewe not, or elles thought it vayne to
rehearſe. So that thys pounge man in
myne opinion, partely vpon the report
he had heard of Chriſt before, and part-
ly for that he preſetly ſaw in him as he
ſerued him at the table where he ſate w
hys diſciples, ſpryſt by the ſecrete woor-
king of the holy ghoſte, conceiued a fer-
uente affectyon towardes hym, and af-
terwardes of hys owne mere deuotion
when Chriſt after his ſupper departed
and wente hys waye, he folowed hym,
though ſomewhat aloſe from the Apo-
ſtles perchaunce, yet ſtill in companye
with them, and ſate downe with them
and roſe with them, and at laſt ſtopped
in amongeſt them, whan theſe wretched
captiues ſodaynely came vppon him to
take hym. After this, whereas all the
Apoſtles euery one for feare fled awaye
whyle the ſouldiers were amaſed and
tooke little hede vnto them, this young
man as he that wiſt well that what loue
he bare to Chryſt was yet to no manne
knowen, was yet ſo muche the bolder
ſtill to abyde there by. But Lorde howe
harde a matter is it to loue, and not diſ-
cloſe it. This young man for all he was
amon-

A amongeſt the thickeſt of them that mor-
tally maligned Chriſt, yet by his pale &
other his demeanor ſo bewrayed he him
ſelf, that they al might wel perceue, that
he whan all the reſte had forſaken hym,
thus folowed Chriſte ſtill, not to hurte
hym, but meanyng to dooe him ſeruice.
Wherupon they eſpyeng at length that
al y̍ remnant of Chriſtes company wer
fled away, vpō this yong man in a gret
fury began they to take hold, who they
ſaw al alone ſo boldelye folowyng him,
Which thing maketh me verely beleue
that they no leſſe ment, then to haue ſer-
ued al the apoſtles in like ſort, had they
not while they wer thus amaſed, ſodein
ly eſcaped frō thē: ſo y̍ therby did y̍ take

B place y̍ Chriſt had by way of commaun
dement ſaid vnto thē before, let theſe (mi
diſciples) depart: which ſaying Chriſtes
pleaſure was, ſhold chiefly ſerue for his
ſpecially choſē apoſtles: yet not for thē
only, but y̍ more bounteouſly to extende
his liberall goodnes, he would it ſhould
ſerue for this yong mā beſide, which be-
ing not called into the bleſſed felowſhip
of his apoſtles, of his own accorde folo-
wed thē, & pryuily wounde in amōg thē.
By meanes wherof did Chriſt both bet-
ter declare his own vnknowē power, &
y̍ more opened y̍ feblenes of this lewd ra
ble, which not onely of ouerſight let goe
his eleuen apoſtles who they wold haue
bene loth ſhold ſo haue ſcaped thē, but al

C ſo as many as they wer, wer not al able
to kepe one pore ſely yong mā who they
had in theyr hold alredy, & as far reſorth
as I can cōiecture, wt their own compa-
ny cloſed in round about. For as faſt as
they held him, quikly caſt he of his ſhete
and ranne away naked from them.

And verely I put no doubtes at al, but
that like as he folowed Chriſt y̍ nyghte,
& could not be pulled from him, but laſt
of all whan all his apoſtles were fledde
and gone, and not than neyther vntyll

D they had with greate extremitie & force,
taken holde on hym, ſo as ſone as he had
oportunitie he retourned into Chriſtes
flock a freſh, & now liueth wch riſt i euer
laſting bliſſe: wher I pray god we may,
& I truſt in god we ſhall, once liue with
him: and than what he was, ſhall wee
learne of him, and diuers other thinges
done that nyght which be not conteined
in writing, ſhall we to our ineſtymable
comfort muche more parfitely knowe.

But in the meane ſeaſon, to make our
ſelues the ſurer and eaſier paſſage thy-
ther, it ſhall ſtand vs in no lytle ſtede, yf

we by this ſleepyng of the apoſtles before
they were taken, and this yong mannes
ſkapyng after he was taken, wyl picke
oute ſome wholeſome aduertiſementes
for oure ſoules behoofe by the waye, to
carpe in our iorney with vs for the bet-
ter atchieupng of the ſame. For thaun-
cyent fathers of the church geue vs cou-
ſayle to beware, that none of vs vppon
ouer muche confydence of oure owne
ſtrengthe, ſhoulde wyllyngly withoute
diſcrecion bring our ſelues in daunger,
happlye to diſpleaſe God. And therefore
yf any man misfortune to come in ſuch

E place, where he parceyueth he ſhall bee
in haſarde to bee forſed to offende God,
there would I aduyſe him to dooe as the
Appoſtles dydde here, whyche before
they were taken, ſpedily gotte theym
theyr waye. Howebeit by this it is not
ment, that the Appoſtles are to be com-
mended for theyr fleenge. Whyche
thoughe Chriſte of hys infynyte mercy
parmytted them for theyr fraylty to do,
yet dydde he nothynge prayſe it at all,
but foretolde theym that the ſelfe ſame
nyghte yt ſhoulde bee an occaſyon for
them to fall. But yf we feele our ſelfes
anye thynge feble and faynte hearted,
than maye wee all ſo farre foorth fol-
lowe theyr example and flee, as we may
thereby wythoute ſynne auoyde the pe-

F ryll of further miſchiefe. Otherwyſe yf
a manne ſhrynke awaye, whan God
biddeth him to abyde ſtil by it (eyther for
hys owne wealthe, or for theirs whome
hee ſeeth he hathe cure and charge of)
and boldelye to truſte in hym, this man
yf hee chaunce not to doe it, for ſauing
his temporall lyfe, or rather to ſaye the
trueth (yf he doe it ſo ſaue hys life here)
thys manne playeth the ſtarke foole in
dede. For what greatter folye canne
there bee deuyſed, than to ſette more
by the ſhorte wretched time of this life,
than by the euerlaſtynge blyſſe in hea-

G uen.

But yf he ſo doe to wynne hymſelfe
endeleſſe wealthe to come, as yf hee hap
ſo voyde, for feare he mighte bee enfor-
ſed to offende Godde, herein dothe hee
bothe verye lewdelye and fooliſhlye to,
ſythe it is alwayes accōpted an heinous
crime to forſake a mans maſter. And he
that ſo forſaketh hym, that he vtterlye
dyſpayreth of hys helpe, is as euyll as
hee that runneth from hys mayſter to
hys mortall enemye. And what woorſe
thynge canne there bee ymagined than
vppon deſpayre of goddes gracious aſ-

ſiſtance,

VV.i.

ſiſtaunce, to flee and geue ouer to his
foe, that place in the fielde whiche God
hathe hymſelfe appointed the to kepe.
Agayne what madneſſe is this foz feare
thou mighteſt myſhappe to dyſpleaſe
Godde by tarynge, by fleynge wyth
oute all paraduenture deadly to offend
hym. Harye whan thou maiſke flee and
Godde therewith not diſpleaſed, than
wout ſayt better is it foz the to be going
betymes than taryinge tyll thou be
caughte, to fail in daunger of an oute
ragious offence. An eaſye matter is it,
and (ſo it bee not agaynſte Goddes wil)
a verye ſure alſo, ſo haſte the awaye in
tyme, where on the tother ſyde to ſtand
ſtyll by it and fyghte, bothe harde is it
and daungerous.

But yet of trueth this yonge mannes
enſaumple teacheth vs, what maner of
menne they be, that maye longeſſe and
moſſe ſafely abide, and yf they foztune
to be taken, ſhall beſt be able to bzeake
loaſe out of theyz takers handes agayn.
Foz the ſayde yonge manne albeit he a
bode laſt of al, and neuer departed from
Chziſte tyll he was layd handes on and
caughte, yet becauſe he had not manye
clothes vpon him, but only a bare plain
lynen ſheete, and that neyther ſurelye
ſewed vnto him, noz faſt girded aboute
him, but ſleightly caſt on his bare body
at aduenture ſo that he mighte eaſilye
ſhake it of agayn, thys yonge manne I
ſaye ſodeinly thzewe it from him, & lea
uinge it behynde him in their handes y
caughte him, ranne awaye from them
naked, and as a man might ſaye left the
the ſhales to pledge and toke hymſelfe y
kernell.

And what betokeneth this vnto vs?
What els trowe you, but that lykewyſe
as a greate goz belyed glotton, ſo cozpu
lente and fatte that he canne ſcantelye
goe, oz he that is ouer peſtered with ma
ny clothes, is nothyng fyt oz handeſom
to runne apaſe, ſo whan anye daunge
rous parſecucion begynneth to dzawe
nere, hardelye ſhall that parſone flee
and ſaue hymſelfe therefro, that hathe
manye bagges of rycheſſe hangynge
rounde aboute hym. No noz very faſt
wyll he runne neyther, whiche how ly
tle ſo euer he hath on his backe, is yet ſo
harde and ſtraght gyzte therein, that
vneth canne he dzawe his bzeathe. Foz
better ſhall he flee that hath many gar
mentes and canne ſoone ſhake them of,
than he that hauyng fewe, hath theym
yet ſo ſurelye faſtened about his necke,

that goe whither ſo euer he will, nedes
muſt he cary them with hym.

We ſee it happeth otherwhiles, but
not ſo oft as I would wiſh we did, how
beit (lauded be god) we ſee it ſo ſomtime,
that gret riche and ſubſtanciall menne,
are content rather to fozgoe all that e
ner they haue in this wozlde at once, thã
with Goddes diſpleaſure ſinnefullye to
reſerue anye one penye thereof. Theſe
folke nowe althoughe they haue manye
clothes vppon them, yet becauſe they be
not to ſtrayghte gyzte vnto them, aſ
ſone as preſent peryll cauſeth them foz
to flee, doe eaſily caſt them of and ſafely
ſcape awaye.

Contrarywyſe ſome doe we ſee (and
of thoſe farre moe than I woulde there
were) whiche hauyng but fewe clothes
and verye lyttle ſubſtance, haue neuer
theleſſe ſo faſtned their affeccõ to y baſe
beggerly baggage, y ſoner wold they be
cõtéted to haue theyz ſkin plucked from
their backs, thã be berieued of ſuch beg
gerlye traſhe. Such a one hadde nede to
get him away betimes. Foz if he be once
caught by his clothes and thereby once
in hande, rather wyll he dye foz it thã
leaue his ſheete behynde him. And to be
bziefe, by the ſaumple of thys yong man
are we taught, foz feare of tribulacion
that maye ſodeynly fall vppon vs, and
daunger that vnwares maye growe to
wardes vs, in caſe we ſhould haue occa
ſion to flee, euermoze to be in a ready
neſſe, and neither to be ſo ouercharged
with manye clothes, noz againe ſo faſt
buckled in one neither, but that aſſoone
as neceſſitie ſhall foze vs, we may caſt
of our light linnen ſheete, and naked
ſcape awaye.

Now who ſo lyſt to looke a lytle far
ther, maye ſee here ſet foozth foz hym to
learne by this yonge mannes deed, ano
ther leſſon beſyde, of muche moze foze
and efficacye: as that the body is lyke a
garmente to the ſoule, whiche the ſoule
putteth on when it firſt entreth into the
wozlde, and whan by death it depar
teth hence, caſteth of agayne. Where
foze the ſoule is ſo muche moze to be e
ſkemed than the bodye, as the body is
moze excellent than the garmente that
it weareth. And as madde a parte were
it foz a manne to leaſe his ſoule foz the
ſauyng of hys bodye, as yf ſome fran
tycke foole would rather haue his body
ſpylte, than departe with his pyld cloke.
Foz of the bodye in thys wyſe ſpeaketh
Chziſt: Is not the body moze wozth thã
                       the

Math.16.

A the garmēt. But mark now how high-
ly he pꝛiseth ꝙ soule, why what art thou
the better saith he, if thou shouldest win
the whole woꝛlde, and sustaine the losse
of thy soule? Oꝛ what erchaunge wyll
any man make foꝛ his soule? And I say

Math.10.

vnto you my friends: Be not afrayd of
them that kyll the bodie, and whan that
is doone are able to dooe no moꝛe. But
I wil tel you whom you ought to feare.
Feare him that after he hath kylled the
body, hath power to cast it into the fyꝛe
of hell besyde. So I say vnto you feare
him.

Thus doth the historie of this yonge
man, put vs in remēbꝛance what state
our body (which is but as it were the
ℬ garmente of our soule) shoulde be in a-
gainste the cumminge of suche extreme
stoꝛmes, as that it be not pampered vp
with ouer farre feeding, and sensually
addycted to foule fleshly lustes, but by
meanes of abstynence consumpnge all
lothesome groosenesse, be made as light
as a fyne lynnen sheete. And also that
we shoulde not so fasten oure affeccion,
thereunto, but that we coulde in Gods
cause be ryght glad to foꝛgoe it. Thys
lesson learne we loe of this yonge man
here, who beynge in wꝛetched captyues
handes, rather than he would be com-
pelled any thyng to do oꝛ say, ꝙ shoulde
soundo to Chꝛistes dishonour, lefte hys
sheete behynde hym, and fledde awaye
ℭ naked from them.

A lyke parte vnto this yong man here,
played there a great while ago an other
yong manne befoꝛe, the holy and inno-
cent Patriarche Ioseph I meane, a no-
table pꝛesident to all that shoulde come
after, that as ware should they be in es-
chewyng the danger of incestious adul-
try, as they would to auoide the peril of

Gene.39.

theyꝛ lyfe. Vppon this yong Ioseph, foꝛ
that he was of parsonage comelye and
amiable to beholde, whom Putipher of
𝕯 his bondslaue had made high Steward
of his house, was Putiphers wyfe by
castyng her eye vppon him so soꝛe enna-
moꝛed, & incensed with her outragyous
sensuall lust, wared at legth so frantick,
that foꝛsyng foꝛ no shame both in woꝛ-
des and countenaunce, vndesyꝛed offe-
red she her selfe vnto hym: and as vn-
wyllyng as she founde hym, neuer cea-
sed by sondꝛye meanes to allure hym.
Yea and whan he playnelye refused her
offer, layde she handes on hym & caught
hym faste by his cloke, and so woulde
this woman(Oh what dishonesty was

this)by foꝛce haue rauished this manne
Who being better contente to dye, than
to commytte so hoꝛryble an acte, and
knowyng therewith howe ieopardous
it would be foꝛ hym, to stande styll by it
and abyde the bꝛunte, where pꝛesente
matter of carnall temptacion was my-
nystred vnto hym, and that the surest
remedy foꝛ a manne to master his sensu-
alitye was foꝛ to flye awaye, lefte hys
cloke in that beastly womans handes,
and makyng haste away, sone gate him
out of doꝛes.

Howbeit as I was about to tell ye, it
is not our cloke, gowne, coate, oꝛ any o-
ther lyke apparayle of our bodye, which
𝕱 we must be content onely to casse from
vs, rather than we would doe any dead-
ly synne, but our owne body to, whiche
is but the garmente oꝛ vesture of oure
soul, in that respect ought we to foꝛsake.
Foꝛ yf we labour with goddes displea-
sure synnefully to saue it, than doe we
bothe leese it and our soule also. But yf
foꝛ goddes sake we canne fynde in oure
heartes paciently to beare the losse ther
of, and lykewyse as an adder so longe
rubbeth his olde wythered skyn(which
I trowe is called in latin *senecta*)among
thoꝛnes and bꝛyers tyll at laste he cast it
qupte awaye, and so leauynge it in the
hedge commeth foꝛthe fresshe and yong 𝕲
agayne, so if we accoꝛdyng to Chꝛistes
counsayle, become wyse as serpentes, *Math.10*
and rubbing of this olde riueled bodye
of ours as the adder dothe his skinne, a-
mong the thoꝛnes of tribulacion foꝛ the
loue of God, leaue it behynde vs in the
woꝛlde, we shal therewith become fresh
and yonge agayne, and so be shoꝛtelye
caryed vp into heauen, where we shall
neuer ware olde after.

Of the takyng of Chꝛist.

Tunc accesserunt, & manus iniecerunt in Iesum, co-
hors autē & tribunus & m'nistri Iudeorum, cōprehen-
derunt Iesum, & tenentes ligauerunt & aduxerunt eū
ad Annam primum, erit enim socer Caiphe. Erat autem
Caiphas qui consilium dederat Iudeis quia expedit vnū
hominem mori pro populo. Et conuenerunt in vnum om-
nes sacerdotes scribe, pharisei & seniores.

Than came they to Iesus & laid hādes
vppon hym, and Pilates souldiers and
theyꝛ captayn, and the Iewes seruants,
toke holde of Iesus. And whan they had
hym faste, they bounde him & bꝛoughte
hym fyꝛst vnto Annas who was father
in law to Cayphas. And Cayphas was
he whiche hadde geuen counsayle to the
Iewes, that it was erpediente one man
shoulde dye foꝛ the people. And all the

W.ii.   pꝛiestes

,, prieſtes, the ſcribes, the phariſeis and ŷ
,, auncientes aſſembled together.

What tyme they fyrſt layd handes vp=
pon Chriſte, therein be the wryters of
diuerſe oppinions. For by occaſyon of
theuangeliſtes ſwordes, agreynge all
well ynough vppon the matter, but dif=
feryng onely in the maner of the reher=
ſall thereof (for one of them begynneth
to tell firſt that that was later done and
an other afterwarde bryngeth in that ŷ
thother made no mencion of at all) the
interpreteurs of the ſame, not denying
B that to be true that anye of the Euange=
liſtes writeth, euery one of them hathe a
ſondrye coniecture by himſelf, fyndyng
yet no faulte with any that holdeth the
contrarye. For Saincte Mathewe and
ſainct Marke reherſe the proceſſe of his
takyng in ſuche order, that a man wolde
thynke that aſſone as Iudas had kyſſed
Ieſus, they layde handes vppon hym
ſtreight. Whiche coniecture bothe dy=
uers other ryghte famous Doctours of
the church, and alſo thercellent learned

Gerrſon.

clerk maſter Iohn Gerſon in his work
entitled *Monateſſron* (which worke of hys,
ſo farreforthe as concerneth thorder of
Chriſtes paſſion, I haue at this preſent
C ſpecially taken vppon me to folowe) not
onely lyketh and alloweth, but himſelfe
alſo in the framyng together of ŷ whole
hiſtory of the paſſion, plainly foloweth
theſame. Neuertheles in this one thing
varying from his oppinion, I haue de=
med it better to be of theyr mind, which
are right notable wryters to, that vpon

verye probable reaſons gathered of the
wordes of ſainct Luke and ſainte Iohn
the Euangeliſtes, do ſuppoſe that after
Iudas had kiſſed our lorde and was re=
turned backe to the ſouldiers & ŷ Iewes
agayn, and after they wer al wt thonely
wordes of Chriſt ſtricken down flat to
the grounde, and after the chief prieſtes
ſeruant eare was cut of & made hole by
Chriſt a freſh, and after he had rebuked
Peter for his fyghtyng, and ſtayed the
reſt of ŷ apoſtles for making any reſy=
taunce, and after he had once more ſpo=
ken to thofficer of the Iewes that were
than preſent with him, and ſhewed the
ŷ they might now at their pleaſure take
him, which erſt they coulde neuer haue
done, and after all the apoſtles were F
ſledde awaye, and finallye after the
yonge manne whom they wer not
able to kepe (as ſure holde as
they had of hym) was ſcaped
ſtoutly (naked as he was)
from them, that the af=
ter al this, dyd they
fyrſt lay hades
vpõ Ieſus.

Syr Thomas More wrote no more of
this woorke: for when he had written
this farre, he was in priſon kepte ſo
ſtreyght, that all his bokes and penne
and ynke and paper was taken from
hym, and ſone after was he putte to
death.

(.⁂.)